Logenmord Jörg Haider?

Für Nataschenka:
Danke, ангел, dass Du immer für mich da bist.
Das werde ich nie vergessen! Я тебя люблю!

Und für Angi:
Es ist schön zu sehen, wie aus einer »kleinen«
Prinzessin eine »große« wird! Hdl!

Guido Grandt

Logenmord Jörg Haider?

Freimaurer und der mysteriöse Tod des Politikers

KOPP VERLAG

1. Auflage Juli 2010

Umschlaggestaltung: Angewandte Grafik/Peter Hofstätter
Druck und Bindung: CPI – Clausen & Bosse, Leck

ISBN 978-3-942016-36-0

MIX
Papier aus verantwortungsvollen Quellen
FSC® C083411
FSC
www.fsc.org

Gerne senden wir Ihnen unser Verlagsverzeichnis
Kopp Verlag
Pfeiferstraße 52
72108 Rottenburg
E-Mail: info@kopp-verlag.de
Tel.: (0 74 72) 98 06-0
Fax: (0 74 72) 98 06-11

Unser Buchprogramm finden Sie auch im Internet unter:
www.kopp-verlag.de

Inhaltsverzeichnis

Hinweis des Autors

Aus juristischen Gründen möchte ich darauf hinweisen, dass die in diesem Buch genannte Gruppierung der »Freimaurer« ein in Literatur und anderen Quellen allgemein benutzter Begriff ist, der nicht bestimmte Freimaurerlogen oder deren Vertreter in Österreich, sei es in Wien oder in Klagenfurt oder sonst wo meint, auch nicht die Großloge von Österreich. Wenn ich also nachfolgend davon spreche, dass, meines Erachtens, Freimaurer in den Tod des BZÖ-Politikers Jörg Haider mit involviert oder ihn gar veranlasst oder durchgeführt haben, dann sind nicht eine *bestimmte* Loge oder deren Mitglieder gemeint, sondern die weltweit umfassende Gruppierung der Freimaurer und ihre Logenbrüder im Allgemeinen.

Genauso verhält es sich mit den Vertretern aus Politik und Wirtschaft oder anderen Gruppen und Gruppierungen, die in diesem Buch genannt werden.

Vorwort[1]

»Für mich gibt es kein links oder rechts,
ich unterscheide nur zwischen Wahrheit oder Lüge.«
Jörg Haider

»Lieber stehend sterben als kriechend leben.«
Jörg Haider

In den frühen Morgenstunden des 11. Oktober 2008 fand der Kärntner Landeshauptmann Jörg Haider auf der Loiblpass-Bundesstraße in der Ortschaft Lambichl unweit von Klagenfurt sein mysteriöses Ende. Viele sagen, er sei »aus dem Weg geräumt« worden. Auch heute noch, fast zwei Jahre danach …

Haider war gewiss einer der umstrittensten Politiker Europas: von den einen als *Nazi* und *Ewiggestriger* beschimpft, von den anderen als *Robin Hood des Volkes* und *Bundeskanzler der Herzen* verehrt. Er beherrschte die Sprache des kleinen Mannes auf der Straße *und* die der Intellektuellen; war genauso im Bierzelt oder in der Disco zu finden wie im Parlament oder auf Staatsvisite. Haider schüttelte die Hände der (vermeintlich) »Bösen«, wie die des irakischen Diktators Saddam Hussein oder des libyschen Revolutionsführers Muammar al-Gaddafi ebenso wie die der »Guten«, beispielsweise des geistlichen und weltlichen Führers der Tibeter, des Dalai Lama oder des Oberhauptes der römisch-katholischen Kirche, Papst Benedikt XVI. Zeit seines Lebens sorgte Haider für aufopfernde Zustimmung oder für bedingungslose Ablehnung seiner Person und/oder seiner politischen Ideen. Er polarisierte wie wohl kaum ein anderer vor ihm.

Seit dem tragischen Tod des BZÖ-Politikers beschäftige ich mich mit diesem Fall, habe unzählige Rechercheergebnisse zusammengetragen, Hunderte von Quellen geprüft, Fakten und Indizien aufbereitet, offizielle und inoffizielle Gespräche mit Behörden, Medien, Experten, Informanten und Vertrauten Haiders geführt und selbst vor Ort recherchiert. Besonders herzlich möchte ich mich bei den vielen österreichischen Informanten bedanken. Für ihre »privaten« Ermittlungen zolle ich ihnen hohen Respekt! Sie haben mich oftmals nächtelang in verschiedenen Foren, telefonisch oder bei persönlichen Treffen mit wichtigen Fakten und Indizien versorgt, auf interessante Spuren gebracht und mich selbstlos unterstützt. Ganz besonders die Mitglieder des Forums *megatreff.at.* Dank auch an einige Logenbrüder, die es trotz des Verschwiegenheitseides wagten, mir wertvolle »interne« Hinweise und Statements zu geben, weil sie selbst mit der aktuellen »Politik« der Freimaurerei nicht einverstanden sind. Das erfordert Mut und ist gewiss nicht selbstverständlich!

Der Grimme-Preisträger Gerhard Wisnewski hat in *Jörg Haider – Unfall, Mord oder Attentat?* (ebenfalls im Kopp Verlag erschienen) Pionierarbeit geleistet und akribisch nachgewiesen, dass das offizielle Ermittlungsergebnis zum Ableben des Kärntner Landeshauptmannes das Papier nicht wert ist, auf dem es geschrieben steht: Der homosexuelle Haider kommt nächtens aus einer anrüchigen Kneipe, setzt sich stark betrunken hinter das Steuer, weil er noch *nach ein Uhr* seiner Mutter persönlich zum Geburtstag gratulieren will (!), rast wie ein Wilder über die Straßen, verliert aufgrund eines Fahrfehlers, überhöhter Geschwindigkeit und seiner Alkoholisierung die Kontrolle über den Wagen und verunglückt tödlich … Ein unglaublicher Sachverhalt, den die Staatsanwaltschaft kurz darauf der geschockten Öffentlichkeit präsentierte, eine *Covergeschichte* – transportiert über die (unkritischen) Medien.

Der angebliche Unfalltod des BZÖ-Politikers war auch meinen Recherchen nach ein Mord – ein *politischer Ritualmord!* Warum es dazu kam, das ist Bestandteil dieses Buches.

Deshalb ergänzt das vorliegende Buch Gerhard Wisnewskis Ausführungen, die sich ausführlich mit dem eigentlichen Tathergang, dem scheinbaren »Unfall« beschäftigen. Nur kurz werde ich nochmals darauf eingehen; für all diejenigen, die Wisnewskis Recherchen nicht kennen.

Im vorliegenden Buch beschäftige ich mich hauptsächlich mit den Hintermännern, den Verantwortlichen des Mordkomplotts und damit, welche »Handschrift« in Form von okkult-freimaurerischen Symbolen am Unfallort, dem *Tatort* hinterlassen wurden. Aus Gründen der Verständlichkeit stelle ich komprimierte »Schnellkurse« über Jörg Haiders private und politische Biographie und zur österreichischen Politik ab

1974 voran (In diesem Jahr griff Haider das erste Mal ein), sowie allgemein zur Freimaurerei. Es folgen Einschätzungen zu meiner »Strafanzeige gegen Unbekannt wegen Mordes an Jörg Haider«, die ich im Juli 2009 als erster (und wohl auch einziger) Journalist gestellt habe. Danach gehe ich auf die »Freimaurerpolitik« in Österreich, vor allem im »Haiderland«, sowie auf diesbezügliche »Umtriebe« vor dem Parlament ein und erläutere einen maurerischen Skandal. Außerdem benenne ich politische Logenbrüder, beleuchte die »geheimbündlerischen« Verquickungen des österreichischen Bundeskanzlers, versuche die Frage zu klären, ob der Kärntner Landeshauptmann ebenfalls ein Freimaurer war oder nicht, beschäftige mich mit seiner Auseinandersetzung mit der *B'nai-B'rith-Loge* in Wien, genauso wie mit seinen »Feinden« in der EU, in den USA und in Israel. Auch gebe ich dem europäischen »Scherbengericht« im Jahr 2000 ausreichend Platz, das nach einer Regierungsbeteiligung Haiders damaliger Freiheitlicher Partei (FPÖ) abgehalten wurde, frage weiter nach den (freimaurerischen) »Mordmotiven« und dem »Nutzen« aus seinem Tod, gehe darauf ein, wie er medial und öffentlich diskreditiert wurde, und vergleiche das Attentat auf ihn mit dem vielleicht folgenreichsten »Logenmord« der Zeitgeschichte: mit dem Mord an dem österreichischen Thronfolger Erzherzog Franz Ferdinand 1914 in Sarajewo, der schließlich zum Ausbruch des Ersten Weltkriegs führte. Dabei dokumentiere ich erstmals erschreckende Parallelen, ohne jedoch kruden Verschwörungstheorien zu unterliegen. Ebenfalls lasse ich deutsche Logenbrüder zu Wort kommen, die die Freimaurerei selbst scharf kritisieren. Bei einem anonym bleiben wollenden Altgroßmeister frage ich nach, ob er sich vorstellen kann, dass Jörg Haider durch »Freimaurerhand« gerichtet wurde, genauso beim Souveränen Großorient von Deutschland und der Großloge von Österreich. Auch persönliche Gespräche mit Vertrauten Jörg Haiders fanden Eingang in dieses Buch: Interviews mit seinem politischen Weggefährten Ewald Stadler, seinem engsten Berater Stefan Petzner und seiner Witwe Claudia Haider.

Natürlich wird man mir eine Verschwörungstheorie vorwerfen, noch bevor Kritiker dieses Buch überhaupt richtig gelesen haben: »Die Freimaurer sind an allem schuld!« Denn schon der Titel sagt ja aus, wohin die Reise geht: *Logenmord Jörg Haider? Freimaurer und der mysteriöse*

Tod des Politikers. Doch dazu gleich vorweg: Alle diesbezüglichen Aussagen kann ich mit Fakten und Indizien aus seriösen Quellen (oftmals aus Insiderkreisen) belegen! Und da, wo es einer journalistischen Spekulation bedarf, wird diese auch für den Leser ersichtlich sein.

Ferner halte ich es mit Gerhard Wisnewski: »... dieses Buch (distanziert sich) nicht nur von Herrn Haider – sondern auch von seinen Kritikern [...] Eine politisch brisante und bedeutende Figur starb plötzlich und unerwartet an einem Scheideweg österreichischer Politik, kurz bevor sie wieder Einfluss auf die Bundespolitik hätte gewinnen können. Daher ist sie schlicht ein Objekt historischer und journalistischer Forschung.«

In meinem zuletzt erschienenen Buch *11.3. Der Amoklauf von Winnenden – Hintergründe, Widersprüche und Vertuschungen* (Kai-Homilius-Verlag, 2010) halte ich fest: » ... in diesem Buch [...] (werde ich) Fakten und Indizien zusammentragen, die eine andere Sprache sprechen, eine andere Wahrheit beleuchten, als die uns vermittelte und stelle letztlich meine eigene Hypothese auf [...] Zu viele Ungereimtheiten können nicht einfach unter den Tisch gekehrt werden, auch wenn es von verschiedenen Akteuren genauso gemacht wurde.« Diese Worte treffen ebenfalls auf meine Haider-Recherchen zu.

Das geistliche und weltliche Oberhaupt der Tibeter und wohl anerkannteste »Friedenslehrer« dieser Zeit, der Dalai Lama, sagte einmal hinsichtlich des Auftrages von Journalisten: »Eine ihrer nützlichsten Aufgaben besteht meines Erachtens darin, *Lüge und Korruption zu bekämpfen.*«

In diesem Sinne soll das vorliegende Buch verstanden werden.

»Zuerst ignorieren sie dich, dann machen sie dich lächerlich,
dann bekämpfen sie dich und dann verlieren sie gegen dich.«
Mahatma Gandhi

Guido Grandt, im Juni 2010

1. Schnellkurs: Jörg Haider[2]

»Wenn man was weiterbringen will, dann muss man aufrütteln, provozieren, polarisieren, damit einem die Menschen zuhören. Feig darf man nicht sein.«
Jörg Haider

Nachfolgend eine kurze private und politische Biographie Jörg Haiders:

26. Januar 1950:	Geburt in Bad Goisern (Oberösterreich)
1956–1960:	Besuch der Volksschule in Bad Goisern
1960–1968:	Besuch des Gymnasiums in Bad Ischl
1968–1969:	Präsenzdienst als Einjährig-Freiwilliger
1969–1973:	Studium der Rechte und Staatswissenschaften an der Universität Wien, Promotion zum Dr. jur.
1973–1976:	Wissenschaftlicher Mitarbeiter/Universitätsassistent am Institut für Staats- und Verwaltungsrecht der Universität Wien
1976:	Heirat der gebürtigen Tirolerin Claudia Hoffmann
1976:	Geburt von Tochter Ulrike
1976–1977:	Angestellter der Firma Kostmann in Klagenfurt, danach Unternehmer
1980:	Geburt von Tochter Cornelia
11. Oktober 2008:	Tod bei einem »Verkehrsunfall« in Lambichl (Gemeinde Köttmannsdorf) nahe Klagenfurt

Wichtigste politische Funktionen:

1974:	Mitglied des Bundesparteivorstandes der FPÖ
1976–1983:	Landesparteisekretär der FPÖ Kärnten
1983–1986:	Mitglied der Kärntner Landesregierung

1986–1989:	Klubobmann der FPÖ
1983–1998:	Landesparteiobmann der FPÖ Kärnten
1986–2000:	Bundesparteiobmann der FPÖ
1989–1991:	Landeshauptmann von Kärnten
1991–1992:	Zweiter Landeshauptmann-Stellvertreter von Kärnten
1992–1999:	Klubobmann der FPÖ
1999–2008:	Landeshauptmann von Kärnten
April 2005:	Haider gründet das »Bündnis Zukunft Österreich«
2005–2008:	Bündnisobmann des BZÖ
2008:	Spitzenkandidat des BZÖ zur Nationalratswahl 2008

2. Schnellkurs: Österreichische Politik (ab 1974)[3]

Parteienglossar (Österreich):

SPÖ (Sozialdemokratische Partei Österreichs/Die »Roten«)
ÖVP (Österreichische Volkspartei/Die »Schwarzen«)
FPÖ (Freiheitliche Partei Österreichs/Die »Blauen«)
BZÖ (Bündnis Zukunft Österreich/Die »Orangenen«)
DIE GRÜNEN

Ein österreichischer *Landeshauptmann* entspricht einem deutschen Ministerpräsidenten (eines Bundeslandes).

Nachfolgend ein kurzer Überblick über die österreichische Politik ab 1974 (In diesem Jahr wurde Jörg Haider das erste Mal politisch aktiv):

1971–1983: Alleinregierung der SPÖ unter Bundeskanzler Bruno Kreisky (SPÖ)
1983–1986: SPÖ/FPÖ-Regierung unter Bundeskanzler Fred Sinowatz (SPÖ)
1986–1987: SPÖ/FPÖ-Regierung unter Bundeskanzler Franz Vranitzky (SPÖ)
1987–1997: SPÖ/ÖVP-Regierung unter Bundeskanzler Franz Vranitzky (SPÖ)
1997–2000: SPÖ/ÖVP-Regierung unter Bundeskanzler Viktor Klima (SPÖ)
2000–2003: ÖVP/FPÖ-Regierung unter Bundeskanzler Wolfgang Schüssel (ÖVP)
2003–2007: ÖVP/FPÖ(BZÖ)-Regierung (Ab 2005 gab es einige Minister vom BZÖ wegen Wechsels von der FPÖ) unter Bundeskanzler Wolfgang Schüssel (ÖVP)

2007–2008:	SPÖ/ÖVP-Regierung unter Bundeskanzler Alfred Gusenbauer (SPÖ)
ab Dez. 2008:	SPÖ/ÖVP-Regierung unter Bundeskanzler Werner Faymann (SPÖ)

3. Schnellkurs: Freimaurerei[4]

- Je nach Legende und Mythos sollen Adam, Noah oder Jesus die ersten Freimaurer gewesen sein.

- Die Freimaurerei soll sich aus dem Isis- und Osiris-Kult des Alten Ägypten entwickelt haben (oder durch die Essäer, Pythagoräer usw.)

- Hirams-Legende: Hiram, Baumeister beim Salomonischen Tempelbau, teilte zur Erleichterung der Lohnauszahlung dem Meister, den Gesellen und den Lehrlingen geheime Losungsworte zu. Drei Gesellen versuchten an dieses »Geheimnis« heranzukommen; Hiram verriet nichts, woraufhin ihn die Gesellen töteten. Die mit den Ereignissen verbundene Legende lebt bis heute rituell in der sogenannten Johannismaurerei fort.

- Nach eigenen »offiziellen« Angaben geht die Freimaurerei auf die mittelalterlichen Dombauhütten und baumeisterlichen Gilden- und Steinmetzbruderschaften zurück.

- 1717 schließen sich vier Bauhütten (Lodges) in London zur ersten Großloge zusammen.

- 1723 verfasst Reverend und Presbyterianer-Prediger James Anderson die sogenannten »Alten Pflichten« (Old Charges), die erste (Großlogen-)Satzung der Freimaurerei.

- Weltweit gibt es über acht Millionen Freimaurer in rund 50 000 Logen.

- Freimaurerei ist die »Königliche Kunst«, die »Lebenskunst«. Die Logen wollen eine Gemeinschaft von »weltweit brüderlich verbundenen Menschen« sein, eine weltbürgerliche Bewegung mit dem »humanitären Ideal des nach Vervollkommnung strebenden Menschen« im Sinne einer »höheren sittlichen Weltordnung«. Menschen sollen nach freimaurerischen Prinzipien »veredelt« werden. An die Stelle materieller Interessen sollen Freigebigkeit, Uneigennützigkeit und Wohltätigkeit treten. Eine »Höherentwicklung« soll erreicht werden. Wissen und Verstehen werden durch Erfahrung, Erleben, Zuhören und Symbolik ersetzt, die zuerst das Unterbewusstsein und dann den Menschen umformen sollen. Freimaurerei gilt als ein Zusammenschluss von Menschen, die nach »irdischer Vervollkommnung« streben.

- In einigen Systemen ist Gott der »Große Baumeister aller Welten«.

- Es gibt drei Logengrade: Lehrling, Geselle und Meister. Diese drei Grade werden auch Johannisgrade, symbolische oder blaue Grade (nach der Farbe auf dem Schurz) genannt. Sie bilden die klassische und ursprüngliche Johannismaurerei (benannt nach Johannes dem Täufer).

- Auf die Johannismaurerei bauen die »Hochgrade« oder »roten Grade« der Andreasmaurerei auf (benannt nach dem heiligen Andreas). Hier gibt es beispielsweise sieben- (»Französischer Ritus«), elf- (»Schwedischer – oder Swedenborg-Ritus«) und 33-gradige Systeme (»Schottischer Ritus«).

- In der »irregulären« Freimaurerei gibt es sogar 90 beziehungsweise 95, 97 oder 99 Grade, wie in der Ägyptischen Maurerei (im »Memphis- und Misram-Ritus«).

- Nur reine Männerlogen werden von der Mutterloge in London (United Grand Lodge of England) als »regulär« betrachtet, die reinen Frauenlogen oder die gemischten Logen, die neben Männern auch Frauen aufnehmen (also zweigeschlechtliche Logen), gelten als »irregulär«.

- Unter den Freimaurern gab und gibt es nicht nur zahlreiche Dichter, Schriftsteller, Philosophen, Komponisten, Schauspieler, Sänger, Maler, Unternehmer und Wissenschaftler, sondern auch weltbekannte Politiker und Adlige (Auswahl):

Amerikanische Präsidenten:
- George Washington
- Thomas Jefferson
- James Monroe
- Andrew Jackson
- James K. Polk
- James Buchanan
- Andrew Johnson
- James Abraham Garfield
- William McKinley
- Theodore Roosevelt
- William Howard Taft
- Warren G. Harding
- Franklin Delano Roosevelt
- Harry S. Truman
- Lyndon B. Johnson
- Gerald Ford

Deutsche Kaiser und Könige:
- Wilhelm I.
- Friedrich II.
- Friedrich Wilhelm II.

Deutsche Politiker:
- Horace Greely Hjalmar Schacht
  (deutscher Bankier und Währungspolitiker, unter Hitler Reichsbankpräsident, Wirtschaftsminister und Minister ohne Geschäftsbereich)
- Gustav Stresemann
  (deutscher Staatsmann, Führer der Deutschen Volkspartei, Reichskanzler, Reichsaußenminister)
- Wilhelm Leuschner
  (hessischer Innenminister)
- Thomas Dehler
  (Bundesminister der Justiz und FDP-Bundesvorsitzender)
- Reinhold Maier
  (FDP-Ministerpräsident von Baden-Württemberg)

- Carlo Schmid
  (einer der Gründerväter der Bundesrepublik,
  SPD-Vizepräsident des Bundestages)
- Holger Börner
  (SPD-Bundesgeschäftsführer und hessischer Ministerpräsident)

Schweizer Politiker: (Bundespräsidenten)
- Jonas Furrer
- Louis Ruchonnet
- Marc Emile Ruchet
- Emil Frey
- Adrien Lachenal

Österreichische Politiker:
Siehe Kapitel 8 »Freimaurerpolitik« in Österreich.

In meinem *Schwarzbuch Freimaurerei – Geheimpolitik, Staatsterror, Politskandale – Von der Französischen Revolution bis zu Uwe Barschel* (Kopp Verlag) beschäftige ich mich ausführlich mit der Historie, der Weltanschauung, den Hintergründen und Akteuren der Freimaurerei – von der Vergangenheit bis in die Gegenwart.

4. Strafanzeige gegen Unbekannt wegen Mordes an Jörg Haider[5]

»Aus tiefster innerer Überzeugung möchte ich sagen, dass die ermittelnde Behörde, besonders der Leiter Herr Dr. Gottfried Kranz, viel zu leichtfertig und respektlos mit dem Tod seines ehemaligen politischen Kontrahenten, dem verstorbenen Landeshauptmann von Kärnten, Dr. Jörg Haider, umgegangen ist.«
Rainer K. (E-Mail an den Autor)

»Unsere österreichischen Behörden scheinen auf dem Haider-Aufklärungsohr taub zu sein […] Ich […] bin davon überzeugt, es ist so ›von oben‹ gesteuert.«
Ute J. (E-Mail an den Autor)

»Sie können sich gar nicht vorstellen, wie sehr ich mich freue und erleichtert bin, dass sich jemand traut, im Fall Haider nun endlich wegen Mord Strafanzeige gegen Unbekannt zu stellen.«
Iris B. (E-Mail an den Autor)

»Ich habe gerade im Web den Hinweis zu Ihrer Anzeige gegen Unbekannt wegen Mordes an Dr. Jörg Haider gelesen. Ich bewundere Ihren Mut und wünsche Ihnen und allen ehrlichen Menschen viel Erfolg! Hoffentlich gelingt die Aufklärung!«
Benno K. (E-Mail an den Autor)

»Danke für Ihre mutige Anzeige!«
Jochen U. (E-Mail an den Autor)

»Vielen Dank für Ihre Courage und Ihre tolle Arbeit!«
Marianne M. (E-Mail an den Autor)

An dieser Stelle möchte ich kurz auf den Sachverhalt des Todes von Jörg Haider in der Nacht vom 10. auf den 11. Oktober 2008 eingehen, damit der Leser sich diesen angeblichen Unfall noch einmal ins

Gedächtnis rufen kann. Die offizielle Darstellung ist schnell erzählt: Der Kärntner Landeshauptmann Dr. Jörg Haider kommt aus einem angeblichen »Schwulenlokal« und ist mit 1,8 Promille Alkohol – also betrunken und fahruntüchtig – alleine in seinem Dienstwagen, einem VW Phaeton, nach Hause ins Bärental unterwegs, um zur 90. Geburtstagsfeier seiner Mutter zu fahren. Haider überholt gegen 1.15 Uhr mit 142 km/h auf der Loiblpass-Bundesstraße in der Ortschaft Lambichl (Tempolimit 70) im Süden Klagenfurts ein anderes Auto, kommt rechts von der Straße ab, gerät dabei in eine Böschung, schlittert an einer Thujahecke entlang, mäht ein Verkehrsschild um, kracht gegen einen Betonsockel, schleudert gegen einen Hydranten und überschlägt sich mehrmals. Haider erleidet schwerste Verletzungen und stirbt. Sein Dienstwagen ist in einem technisch einwandfreien Zustand gewesen, sodass eine Sabotage ausgeschlossen wird.

Zusammengefasst: Der schwer betrunkene Haider, der direkt aus einem Schwulenlokal kommt, rast mit doppelt so hoher Geschwindigkeit, wie erlaubt, in den Tod. Die logische, pointierte Folgerung dieser *Covergeschichte:* Schwul + Alkoholiker + Raser = Tod.

Über Alkohol sagte der begeisterte Sportler Jörg Haider, zu dessen Hobbys Bergsteigen, Jogging und Marathon zählten: »Ich bin im Grunde genommen bei allen Dingen sehr maßvoll. Auch die Verlockungen bei Festen und Feierlichkeiten, tief ins Glas zu schauen oder fest zuzulangen, habe ich eigentlich nicht, weil ich ganz genau weiß, dass das erstens körperlich nicht gut tut und mir das von vornherein auch keinen Spaß machen würde. Auf diese Weise, glaube ich, dient man seiner körperlichen Fitness am besten, indem man kontinuierlich ein relativ maßvolles Leben führt.«

Interessanterweise wurde der Aspekt Haiders angeblicher Homosexualität auch symbolisch über Fotos transportiert. Das bekannteste ist eine Aufnahme, die im Vordergrund den völlig zerstörten Unfallwagen des BZÖ-Politikers und drei Polizeibeamte zeigt und im Hintergrund (an einer Hauswand) das Werbeschild von »Radsport GEROS«: so fotografiert, dass daraus »EROS« wird. Daneben sind zwei hintereinander laufende Langläufer zu erkennen, die sich körperlich sehr nahe kommen.

Gerhard Wisnewski hat in seinem Buch *Jörg Haider – Unfall, Mord oder Attentat,* in dem er allen diesbezüglichen Geschehnissen vor, während und nach dem Unfall nachgegangen ist, eindrucksvoll belegt, dass diese Unfallversion in keiner Weise stimmen kann. Es sei all den Lesern empfohlen, die mehr zu dem unmittelbaren Unfallhergang, dem Unfallfahrzeug und der Rekonstruktion des Unfalles sowie den mutmaßlichen Zeugen erfahren und umfassende Informationen über den Politiker und Menschen Haider erhalten möchten.

Fakt ist, dass die zuständige Staatsanwaltschaft in Klagenfurt schon im April 2009 offiziell das Ermittlungsverfahren zum tödlichen Verkehrsunfall des Kärntner Landeshauptmanns einstellte – mit der Begründung: Fahrfehler, starke Alkoholisierung, überhöhte Geschwindigkeit, keine Manipulation und Fremdeinwirkung am Unfallfahrzeug, keine medizinischen Ursachen (wie ein plötzlicher Herzinfarkt oder eine andere Krankheit). Alles wie gehabt also …

Als ich am 11. Oktober 2008 frühmorgens erstmals in den Medien von dem Unfall des österreichischen BZÖ-Obmanns Jörg Haider höre, ist mein erster Gedanke der an ein Attentat! Die Version des Autounfalls ist zu unglaubwürdig, selbst in den ersten Stunden danach. Seitdem recherchiere ich zu diesem Sachverhalt.

Am 1. Juli 2009 stelle ich bei der zuständigen Staatsanwaltschaft in Klagenfurt »Strafanzeige gegen Unbekannt wegen Mordes an Jörg Haider«. Helmut Jamnig bestätigt einen Tag später die Eingabe. In meiner Anzeige heißt es unter anderem: »Meines Erachtens und meinen Recherchen nach handelt es sich keineswegs, wie von den zuständigen Ermittlungsbehörden, der Staatsanwaltschaft Klagenfurt verlautbart, um einen Unfall, sondern um einen Mord! Die Unfallthese ist im Laufe der Monate seit dem Tod Jörg Haiders noch unhaltbarer geworden, als sie ohnehin schon war. Zwischenzeitlich sind Experten und zahlreiche Zeugen im Buch meines Kollegen Gerhard Wisnewski *Jörg Haider – Unfall, Mord oder Attentat* (Kopp Verlag 2009) oder anderweitig in den Medien zu Wort gekommen, deren Aussagen dagegen sprechen, dass Jörg Haider vom 10. auf den 11. Oktober 2008 betrunken oder gar zu schnell gefahren ist! Diese Sachverhalte werden gerade jetzt wieder in den österreichischen (und ausländischen) Medien diskutiert, weil der Ex-Pressesprecher Haiders, Stefan Petzner, und ebenso Claudia Haider, die Ehefrau des Toten, die offiziellen Verlautbarungen in einem aktuellen Interview infrage stellen. Unabhängig davon haben unbekannte Täter meines Erachtens sogar bestimmte ›Symboliken‹ am Tatort hinterlassen, diese arrangiert, regelrecht inszeniert. Allein diese Arrangements legen nahe, dass es sich bei dem Tod Jörg Haiders nicht um einen zufälligen Unfall gehandelt hat, sondern eher um ein konstruiertes Attentat, um einen geplanten Mordanschlag, bei dem die Täter den ›Wissenden‹ und ›Eingeweihten‹ ganz bewusst ihre ›Handschrift‹ hinterlassen haben, um diesen klar zu machen, dass es eben ein Mord und kein Unfall war! Die ›profane‹, nicht eingeweihte Öffentlichkeit kann diese Symboliken und Zeichen natürlich nicht deuten.«

Gleich darauf verschicke ich folgende Pressemitteilung an rund zweihundert TV-, Rundfunk- und Printmedien in Deutschland, Österreich und der Schweiz:

Pressemitteilung:

Am 1. Juli 2009 stellt der Buchautor und
TV-Produzent Guido Grandt
bei der Staatsanwaltschaft in Klagenfurt

Anzeige gegen Unbekannt wegen Mordes an Jörg Haider!

Rückblick: 11. Oktober 2008: Der österreichische Politiker Jörg Haider stirbt bei einem angeblichen Autounfall. Schnell gehen die Ermittlungen der Klagenfurter Strafverfolgungsbehörden dahin, dass Haider in volltrunkenem Zustand zu schnell gefahren und daher auch »verunfallt« wäre. Gerhard Wisnewski hat in seinem Buch *Jörg Haider – Unfall, Mord oder Attentat?* (Kopp Verlag) akribisch nachgewiesen, dass die der Öffentlichkeit präsentierten Ermittlungsergebnisse eine Farce und faktisch falsch sind!

Publizist Guido Grandt recherchiert für ein neues Buch (ebenfalls Kopp Verlag) seit Haiders Tod auch zu diesem Thema: Seine Recherchen beleuchten jedoch nicht den »technischen Sachverhalt«, sondern gehen der Frage nach den Tätern und dem Tatmotiv nach. Und sie »belegen«, dass Haider ermordet wurde, denn die Täter haben sogar ihre »Handschrift« am Tatort hinterlassen: okkulte Symbole! Diese sind arrangiert, regelrecht inszeniert worden!

Allein durch dieses Arrangement scheint klar, dass es sich bei dem Tod Jörg Haiders nicht um einen »zufälligen« Unfall, sondern um ein »konstruiertes Attentat«, um einen »geplanten Mordanschlag« von Dritten handelte, die wissentlich ihre Symbolik am Tatort (später sogar an Jörg Haiders Sarg) zurückgelassen haben!

Nähere Informationen beim Autor.

Die Resonanz darauf ist bei der herkömmlichen »Mainstream-Presse« gleich null! Nur ein einziges Medium hat meine Anzeige für die Berichterstattung übernommen: der *Schwarzwälder Bote* (vgl. die Artikel: »Grandt: Haiders Tod war Ritualmord« vom 3. Juli 2009 und »Grandt: Die Bombe platzt noch« vom 4. Juli 2009).

Sonst hat sich kein einziger Journalist gemeldet. Aus Erfahrung weiß ich, dass dies keineswegs normal ist. Entweder soll der mutmaßliche Mord an Jörg Haider medial *totgeschwiegen* werden, oder die Redakteure, die meine Pressemitteilung bekommen haben, unterstellen mir möglicherweise eine verpönte Verschwörungstheorie.

Dabei scheinen es gerade die anderen zu sein, die eine Verschwörungstheorie aufstellen, wie (meines Erachtens) die Klagenfurter Staatsanwaltschaft: die vom homosexuellen, betrunkenen, rasenden Haider, der ohne fremdes Zutun tödlich verunglückte. Auch die Mainstream-Medien haben – entgegen jeglicher journalistischer Sorgfalts- und Recherchepflicht – diese Verschwörungstheorie weitgehend und *ohne* Hinterfragen übernommen. Es scheint fast so, als sei die herkömmliche Presse das Sprachorgan der Ermittlungsbehörden und würde deren Meinung ohne kritische Prüfung wiedergeben. Damit degradieren sich, meiner Meinung nach, Qualitätsjournalisten zu besseren »Pressereferenten« der Staatsanwaltschaft.

Am 3. September 2009 schreibe ich an den Klagenfurter Staatsanwalt Helmut Jamnig: »Bitte teilen Sie mir doch schnellstens mit, was in Hinsicht meiner o. g. Strafanzeige von Ihrer Ermittlungsbehörde unternommen wurde …«

Schließlich erhalte ich am 17. September 2009 ein Schreiben der Republik Österreich, Staatsanwaltschaft Klagenfurt (datiert auf den 8. September 2009) von Staatsanwalt Magister Christian Gutschi. Darin heißt es: »Es wird mitgeteilt, dass die am 1.7.2009 bei der Staatsanwaltschaft Klagenfurt eingelangte Anzeige keine Änderung in der Beurteilung des am 2.4.2009 gemäß § 190 Z 1 StPO eingestellten Ermittlungsverfahrens bewirkte.«

Das ist alles. Keine weitere Begründung. Nichts. Ich greife zum Hörer und frage persönlich bei Staatsanwalt Christian Gutschi nach. Er fasst noch einmal zusammen, was er bereits geschrieben hat: Meine Anzeige hätte »keine neuen Erkenntnisse« erbracht. Dagegen führe ich an, dass der von mir recherchierte Sachverhalt komplett *neu* sei und damit auch *weitere* Erkenntnisse ergeben hätte, die juristische Konsequenzen erforderten. Doch der Staatsanwalt bleibt unnachgiebig: »Das Verfahren bleibt eingestellt!«

Genauso ergeht es einer Interessensgemeinschaft aus der Steiermark, deren Korrespondenz mir vorliegt. Die Sprecherin fragt bei Staatsanwalt Gottfried Kranz Folgendes an:

»Im Namen einer politisch bewegten Interessensgemeinschaft aus dem Land Steiermark (FPÖ und BZÖ) ist die Staatsanwaltschaft Klagenfurt (SPÖ) dringend ersucht, uns im genannten öffentlich-politischen Interesse zu den Unfallfakten des verstorbenen LHs von Kärnten Dr. Jörg Haider zwei grundsätzliche Fragen zu beantworten bzw. behördliche Auskunft zu erteilen.

1.) Können Sie, Herr Gottfried Kranz, uns mit Ihrem Namen persönlich bestätigen, dass *nach* dem 12. Oktober 08 tatsächlich *keine* weiteren Anhaltspunkte zu einem allfälligen Sabotageakt mehr gefunden worden sind?

2.) Können Sie, Herr Gottfried Kranz, uns mit Ihrem Namen persönlich versichern, dass beim Tod von Dr. Jörg Haider tatsächlich, definitiv und zu 100 Prozent ein Attentat, ein Verbrechen bzw. Mord auszuschließen ist? Wir freuen uns auf eine baldige Antwort von Ihnen als Leiter der Staatsanwaltschaft Klagenfurt und Hauptverantwortlichem der Fall-Jörg-Haider-Ermittlungen, da unsere Interessensgemeinschaft zunehmend der Meinung ist, dass von den Medien die Öffentlichkeit bis heute nur sehr unzureichend bzw. faktenbezogen gar nicht zuverlässig und vertrauenswürdig zum Tod vom LH Dr. Jörg Haider unterrichtet wurde. Dieses E-Mail ergeht ebenso an das Justizministerium als dringende Anfrage an die damals verantwortliche Frau Justizministerin Maria Berger (SPÖ).«

Doch Gottfried Kranz hüllt sich in Schweigen. Die Sprecherin der Interessensgemeinschaft hakt nach. Schließlich antwortet der Leiter der Staatsanwaltschaft Klagenfurt doch noch: »Ich verweise auf die seinerzeitige Presseaussendung. Für weitere Auskünfte gibt es keine Veranlassung.«

In einer E-Mail schreibt mir die Sprecherin der Interessensgemeinschaft: »… er (Gottfried Kranz; Anm. d. Verf.) hat es in einem Retour-Mail an mich persönlich abgelehnt, in seinem eigenen Namen einen Mord an Jörg Haider, Verbrechen und Sabotage auszuschließen […] Kann man sich als leitender Ermittler (SPÖ-Mann) im ohnehin mysteriösen Fall eines unbequemen Rechtspolitikertodes so einen Fehler leisten? Ich hoffe sehr, er darf keineswegs mehr mit dem Fall betraut werden! Es ging mir also nicht darum, dass er einen möglichen Mord zugeben, sondern ausschließen (!) sollte. Und das hat Dr. Gottfried Kranz nicht fertiggebracht. Er hat mich stattdessen an verblichene, ›seinerzeitige Presseaussendungen‹ verwiesen, die ja auch nur einen ›Fahrfehler‹ bestätigen, nicht mehr …«

Ich bin davon überzeugt, dass das Ermittlungsverfahren zur Klärung der Todesursache des BZÖ-Politikers ganz einfach nicht mehr aufgerollt werden *soll!* Die Verantwortlichen möchten keinesfalls das Risiko eingehen, Haiders Geist aus seiner letzten Ruhestätte zu befreien, wie einst Aladin den Dschinn aus der Wunderlampe. Zu groß ist die Gefahr, dass die zwischenzeitlich wieder »geordnete« Politik in der Alpenrepublik erneut durcheinandergewirbelt werden könnte, wie zu Lebzeiten Haiders. *The Game is over,* tönt es noch immer lauthals über die Medien. Dabei hat es gerade erst angefangen …

5. Freimaurerische »Drohung«[6]

»Um klar zu sehen, genügt oft ein Wechsel der Blickrichtung.«
Antoine de Saint-Exupéry (frz. Schriftsteller)

Jörg Haider hat selbst jetzt noch – fast zwei Jahre nach seinem tragischen Tod – genügend Anhänger. Nicht nur in Kärnten, sondern überall in Österreich und weit darüber hinaus. Menschen aus seinem Umfeld, Leute vor Ort, verschiedene Informanten, die sich zumeist in Foren mit vielen tausend Mitgliedern zusammengefunden haben, recherchieren selbst privat, um die Spekulationen und Ungereimtheiten zu klären. Ihre Erkenntnisse tauchen bei keiner Polizei, bei keiner Staatsanwaltschaft und in keinem Medium auf. Sie sind davon überzeugt, dass der BZÖ-Politiker eben *nicht* bei einem »normalen« Unfall ums Leben gekommen ist, sondern dass der Unfall fingiert war! Ich stehe mit vielen dieser Menschen in Kontakt, die ihre Freizeit dazu benutzen, Licht ins Dunkel des Todes von Jörg Haider zu bringen. Ihre Recherchen sind oft verblüffend genau, detailliert, authentisch und damit nicht einfach so beiseitezuschieben.

Was es heißt, gewissen »Kreisen« zu nahe zu kommen oder Erkenntnisse zu sammeln, die genau diesen gefährlich werden könnten, hat einer dieser Menschen am eigenen Leib erfahren. Um welche Erkenntnisse es sich dabei handelt, möchte ich an dieser Stelle nicht erwähnen, um seine Anonymität zu schützen, doch sind sie nach sorgfältiger Prüfung mit in dieses Buch eingeflossen. Aus persönlichen Gründen und aus Angst vor weiterer Nachstellung möchte diese Person anonym bleiben. Ich werde sie deshalb nur *Nestor* nennen. Nach intensiven »privaten« Recherchen, die auch in verschiedenen Foren veröffentlicht wurden, erhielt *Nestor* Anfang 2009 eine Mail mit folgendem Absender und Wortlaut:

illuminus@loge69.il
»Sie werden aufgefordert, jegliche Nachforschungen zum Thema 2008/10/11 einzustellen, dies ist unsere einzige Aufforderung. Handeln Sie danach!« **Der Großmarschall, E. D. Cunt**

Nestor bat mich um meine Meinung dazu und fragte, ob das Ganze irgendwie mit Freimaurerei in Verbindung stehen könnte. Er hatte Bedenken, weil zu jener Zeit, als er mich kontaktierte, quasi der »Jahrestag« dieses ominösen Schreibens vor der Tür stand. Wer jedoch letztlich hinter der E-Mail steckte, war zu diesem Zeitpunkt nicht mehr zu eruieren, weil es die Adresse längst nicht mehr gab. Meine Einschätzung: *Illuminus* steht für Illuminaten, kann aber eine Tarnung für Freimaurer sein. Die *Loge 69* selbst kenne ich in diesem Zusammenhang nicht, aber *69* steht auch für die Namen *Jah-bu-lon* oder *Jubela-o-um* und wird überwiegend in Ritualen der *Royal-Arch*-Freimaurerei benutzt. Es ist eine Abkürzung für die mystischen Namen der drei Gesellen *(Jubela, Jubelo und Jubelum),* die den »Freimaurer-Schöpfer« Hiram Abif ermordeten. Die Namen werden vom Hebräischen abgeleitet (*Jobel* = Trompete). Die E-Mail-Länderkennung *il* steht für Israel. *10/11* weist natürlich eindeutig auf den 11.10. (Haiders Todesdatum) hin. Der Rang des *Großmarschalls* kommt bei den Templern und auch bei den Freimaurern vor. So taucht beispielsweise im sogenannten Hohen Kapitel der Ritter vom Rose-Croix im 18. Grad der *H.G.M.,* der Hocherlauchte Groß-Marschall auf. Die Unterschrift *cunt* ist ein englisches Schimpfwort, eine vulgäre Bezeichnung für die weiblichen Genitalien …

Soweit also die Analyse der E-Mail-Drohung. Meines Erachtens ist sie nicht zufällig auf diese Weise verfasst worden. Aufgrund des eben dargestellten Hintergrundwissens und der Symboliken stammt sie genau aus den Kreisen, die *Nestor* von Anfang an vermutete: von den Freimaurern.

6. »Freimaurerische Okkultsymbolik« am Unfallort Jörg Haiders[7]

»Alles kann, aber nichts muss Symbol sein.«
Michael Kraus (Hg.): »Die Freimaurer«

»Bei dem ›Unfall‹ von Jörg Haider handelte es sich höchstwahrscheinlich eben nicht um einen Unfall. In Wirklichkeit sprechen alle Umstände für ein sorgfältig inszeniertes Attentat.«
Gerhard Wisnewski (Publizist, Grimme-Preisträger)

»Ich halte die Ermittlungen zum Tod von Jörg Haider für einen Justiz-Skandal […] Der Tod Jörg Haiders gehört neu untersucht.«
Stefan Petzner (Ex-Pressesprecher Jörg Haiders und engster Vertrauter)

In diesem Kapitel möchte ich die in meiner Strafanzeige und der Pressemitteilung erwähnten freimaurerischen und okkulten Symbole erläutern, die am Tatort Jörg Haiders sowie an und in seinem Unfallwagen zurückgelassen wurden. Sie sind äußerst brisant, zeigen sie doch die *Handschrift* der Täter!

Symbole sind in der Freimaurerei wichtig, durchdringen sie doch das gesamte geistige Leben der Logenbrüder wie auch ihre Handlungen. Die Freimaurerei besteht aus einem symbolischen System, »das weder neuartig in seinen Mitteln, noch eigentlich schöpferisch in seinem geistigen Inhalt ist«. Und das Symbol überführt »Abstraktes« in »Gegenständliches«, klärt somit auf. »Es kann allerdings auch verhüllen, jedoch nur in dem Sinn, dass seine Bedeutung einem eingeweihten Kreis zugänglich gemacht wird, während Nichteingeweihten der Inhalt des Symbols verschlossen bleibt.« (*Internationales Freimaurerlexikon,* S. 821 f.).

Und genau darum geht es: Symbole von etwas Abstraktem in etwas Begreifbares überführen! Symbole können aber auch verhüllen, sodass nur Logenbrüder ihre Bedeutungen erkennen. Alle anderen verstehen sie nicht.

An dieser Stelle möchte ich kurz das sogenannte Freimaureralphabet erwähnen, eine monoalphabetische Substitutionschiffre, eine Geheimschrift, ein »Freimaurercode« also, der auf der »Kabbala der neun Kammern« (Aik Bechar) basiert. Diese Chiffreschrift war in der Freimaurerei des 18. Jahrhunderts weit verbreitet. Und mit besonderen Variationen dieser Schrift wurden gar freimaurerische Bücher gedruckt (beispielsweise 1794 das *Browne's Master Key* oder 1802 das *Masonic Treatise*). Nähere Informationen zum freimaurerischen Alphabet finden Sie in dem Buch *Die geheimen Zeichen und Rituale der Freimaurer* von Karl-Heinz Zunneck (Kopp Verlag).

Auch auf Österreichs bekanntestem architektonischen Wahrzeichen und Nationalheiligtum, dem Wiener Stephansdom, sind Steinmetzzeichen – Freimaurercodes – angebracht! Doch nur die wenigsten wissen es. So ist beispielsweise am Riesentor Jesus Christus mit entblößtem linken Bein abgebildet. Er sitzt segnend auf einem Regenbogen, in der linken Hand hält er das Buch des Lebens, der Wahrheit und der Weisheit. Dies ist eine Andeutung des Einweihungsrituals in die Freimaurerei, in dem der Anwärter, der Neophyt, bei der Aufnahme in den Lehrlingsgrad das linke Knie entblößt tragen muss. Weiterhin sind am Riesentor auch ein Baumeister und ein Geselle der Dombauhütte dargestellt.

Symbole sind sehr wichtig. Meist werden sie nur von Freimaurern oder anderen »Eingeweihten« und »Wissenden« verstanden. Die Nichteingeweihten haben keinen blassen Schimmer davon. So wie im Fall Haider. Denn nach seinem angeblichen Unfall – ich werde in der Folge von einem *politischen Ritualmord* sprechen (siehe »Exkurs II: Der politische Ritualmord«) – haben die Täter (vielleicht auf Weisung der Hintermänner) solche Symbole am Tatort zurückgelassen. Manche dieser Symbole wurden von ihnen sogar regelrecht arrangiert und inszeniert!

Ich werde nicht müde zu betonen, dass die »Eingeweihten«, ob Mitglieder von Freimaurerlogen oder anderen Geheimbünden, sehr wohl um diese okkult-magischen Interpretationen wissen. Sie können und werden diese Symbole entweder als pure Information, als Machtexempel oder auch als Warnung verstehen. Aber nur, wenn sie davon Kenntnis haben. Und auch dafür wurde gesorgt!

So sickerten auf höchst ungewöhnlichem Wege diese »inszenierten« Fotos an die Presse und damit an die Öffentlichkeit: Angeblich wurden sie unerlaubt und damit widerrechtlich von einem Polizeibeamten mit seiner Privatkamera geschossen, der sie dann weitergegeben, sprich auf »eigene Faust« an österreichische und deutsche Boulevardblätter verkauft haben soll. Der Kärntner Polizist wurde deswegen vom Dienst suspendiert. Wegen Verletzung des Amtsgeheimnisses drohten ihm zunächst ein Prozess sowie ein internes Disziplinarverfahren. Bei den ersten Vernehmungen soll er sofort geständig gewesen sein. Dennoch blieb von den Sanktionen gegen ihn nicht viel übrig, nur intern soll er bestraft worden sein. Über Art und Umfang wurde aber keine Auskunft erteilt. Im Gegenteil sickerte durch, der Polizist sei schon längst wieder im Dienst, wenn auch an einer anderen Stelle. Die zuständige Staatsanwaltschaft stellte das Verfahren »still und heimlich« ein.

Eine weitere anzuzweifelnde Geschichte, die meines Erachtens nur einen Zweck hatte: die *Signalfotos* auf diesem Wege an die Öffentlichkeit zu lancieren, damit sie schließlich rund um die Welt gingen. Bewusst inszeniert, um die Wissenden zu informieren und/oder zu warnen und die ahnungslose Bevölkerung zu täuschen. Machen wir uns deshalb jetzt an die längst überfällige Aufklärung der diesbezüglichen Symbolik.

6.1 Haiders Todeszeitpunkt (Tatzeit)

Zu Beginn eine Begebenheit, die in den Medien nur angedeutet wurde: Im September 2008 teilte die österreichische Numerologin Tina Puchinger Jörg Haider und dessen Team telefonisch und per E-Mail mit, dass »höchste Bedrohung auf ihn lauere«. Puchinger will eine Unfallsituation vorhergesehen und ihm geraten haben, dass »er immer einen Chauffeur an seiner Seite hat und nicht alleine ist«. Haider soll sich für diese Information schriftlich bedankt haben, denn er kannte wohl die Zahlenmysterikerin schon aus früheren Weissagungen. Puchinger will beim Kärntner Landeshauptmann die Zahl 16 erkannt haben, die »Katastrophe und Zerstörung von außen bedeutet«, wie sie erklärte.

Zahlen spielen auch beim Todestag Jörg Haiders eine große Rolle. Als sein offizieller Todestag gilt der 11. Oktober 2008. Ein Samstag. Der Samstag ist im okkult-magischen Weltbild dem Planeten Saturn zugeordnet, dem Tag des Todeszaubers, des Schadenszaubers aller Art, der Rituale sowie der Zerstörung.

Die 11 steht aber auch für das *Böse.* Diese negative Deutung entwickelte sich aufgrund der Bedeutung der 10 als Zahl der Gebote Gottes. Elf als Zehn plus eins (10 + 1 = 11) wurde somit zur Symbolzahl der Übertretung des Gesetzes, zur Zahl der Sünde!

Die 11 ist auch die Zahl der Apostel, nachdem der Verräter Judas Ischariot aus dem Jüngerkreis ausgeschlossen wurde; ebenso eine Zahl der Rache, wie mich ein Geheimbund-Insider aufklärte. Zur 11 erklärte der Mentor des Neo-Satanismus Aleister Crowley einst in seiner Teufelsbibel *Liber Al vel Legis,* dem *Buch des Gesetzes:* »Meine Zahl ist 11, wie die Zahl all jener, die zu uns gehören [...] 11 ist die große magische Zahl [...] die magische Kraft selbst.«

In der Quersumme ergibt das offizielle Todesdatum Jörg Haiders (11.10.2008 = 1 + 1 + 1 + 0 + 2 + 0 + 0 + 8) die Zahl 13. Die 13 »ist Ordnungszahl der politischen Kräfte«, so mein Informant, der unbedingt anonym bleiben möchte. Die Zahl 13 gilt in der christlichen Tradition aber auch als »Unglückszahl« (während andere Kulturen sie als »Glückszahl« betrachten), denn Jesus hatte 12 Jünger, zusammen mit ihm waren sie also 13. Beim letzten Abendmahl wurde Jesus vom 13. in der Runde verraten – von Judas Ischariot. Deshalb wurde der 13 eine unheilvolle Bedeutung in der christlichen Kultur zugeschrieben.

Die 11 (Der Name *Joerg [Jörg] Haider* besteht ebenfalls aus elf Buchstaben) ist in der Zahlenmagie, die mit Bildern des Tarot, der Astrologie, der Numerologie, der Kraft der Visualisation und der Symbolik verschiedener Weisheitsschulen und dabei besonders mit der ägyptischen Tradition arbeitet, zudem auch (in der Quersumme 1 + 1) die 2.

Die 2 wiederum ist die Zahl der Entzweiung, der Polarität, des Zwists, der Zwietracht, des Bösen, des negativen Gegensatzes. Es ist ein fundamentales okkult-religiöses Bedürfnis, die Entzweiung aufzuheben, die Einheit herzustellen und damit aus Zwei die Eins zu machen. Die 2 ist aber auch die Zahl der Dualität, wie beispielsweise von Gut und Böse, von Gott und seinem gefallenen Engel Luzifer, der ihm gleich sein wollte.

Die 2 beinhaltet aber auch eine Art von Kenntnis oder Wissen. Im *Praktischen Lehrbuch der Kabbala – Magie und Mystik der Namen und*

Zahlen steht hierzu: »… der Wissende hat den Sieg über das noch Verborgene und den Unwissenden errungen. Wissen ist daher Macht.« In der jüdischen Geheimlehre der Kabbala, den mystischen Lehren innerhalb des Judentums, wird die 2 dem zweiten Namen Gottes (»Bachour«) zugeordnet, sowie dem Engel zweiter Ordnung (»Ophanim«) und den »Cherubims«, durch deren Dienstleistung Gott das Chaos ordnete.

In der Bibel ist die 2 die natürliche Zahl der Entscheidung. »Niemand«, so heißt es beispielsweise bei Matthäus (6,24), »kann zwei Herren dienen«. Oder: »Zwei werden mahlen auf der Mühle; eine wird angenommen, und die andere wird verworfen werden« (Mt 24,40–41). Aber die 2 hat in der Bibel auch noch eine andere Bedeutung: die vom zweiten *Tod,* dem endgültigen, dem ewigen Tod, der das Tor zum Leben in der Neuen Welt auf immer verschließt (Offenbarung des Johannes 2,11; 20,6; 20,14; 21,8).

Die 2 ist genauso in den zwei Säulen *Jachin* und *Boas* vor dem Salomonischen Tempel zu finden, die in der Freimaurerei eine wichtige Rolle spielen, ebenso in den zwei Cherubim-Figuren, die im Allerheiligsten des Tempels standen.

Im (Crowley-Toth-)Tarot stellt die 2 die Karte der Hohepriesterin dar, die der Göttin Isis in der ägyptischen Mythologie. Sie war die Schwester und Gemahlin des Gottes Osiris, mit dem sie einen Sohn zeugte: Horus. Isis galt jedoch nicht nur als Göttin der Liebe, als Gottesmutter, als Sonnenmutter, als Königin des westlichen Himmels, sondern auch als Göttin der Toten und der Magie, als mächtige »Zauberin«. Sie soll Gott Re die Magie gestohlen haben, um sich so zur Herrscherin über die Welt aufzuschwingen.

Die Freimaurer sprechen im Zusammenhang mit Isis auch von den sogenannten Ägyptischen Mysterien, zu denen neben den Osiris-Mysterien auch die Isis-Mysterien gehören. Mysterien (griech. mysterion = Geheimnis) bezeichnen bei den alten Völkern der Ägypter, Römer und Griechen Geheimkulte mit stufenweiser Einweihung. Im *Internationalen Freimaurerlexikon* (S. 588) steht dazu: »Unter ihrem Schleier wurden die höchsten und heiligsten Wissenschaften und Lehren eingeführt und verbreitet. Sie bestanden nach den Anschauungen der damaligen Zeit in der Kenntnis aller sichtbaren und unsichtbaren Kräfte des Universums und deren geheimen oder offenbaren

Wirkungen; sie enthielten die Erklärung der Natur, die Erkenntnis des Verhältnisses aller Dinge, sie erstreckten sich sowohl über das geistige als über das sinnliche Gebiet.« Und: »Wer dieser im Besitz der Priester befindlichen Lehren teilhaftig werden wollte, musste eingeweiht werden, sich schweren Prüfungen unterziehen, die ihn im Falle des Bestehens stufenweise vorwärts brachten und schließlich zur Vereinigung mit der Gottheit führten.«

Der Freimaurerbund ist der »einzige echte Mysterienbund, der in der Gegenwart noch lebendig ist«, heißt es weiter. »Der echte Mysterienbund schließt sich gegen Unberufene ab und übt einen Kult aus, der nur seinen Mitgliedern zur Kenntnis kommt.« Neben den Osiris-Mysterien handelt es sich auch bei den Isis-Mysterien um Tod und Wiedergeburt, vor allem um das Sterben. Hierzu sagte ein griechischer Philosoph: »Im Sterben widerfährt der Seele dasselbe wie denen, welche in die großen Weihen eingeführt werden, weshalb auch das Wort von der Tatsache des Sterbens (teleustan) dem Wort des Eingeweihtwerdens (teleistai) entspricht.«

Zusammenfassung: Jörg Haiders Todestag, ein Samstag, gilt auch als Tag des Todeszaubers. Die 11 ist eine Symbolzahl der Übertretung des Gesetzes, eine Zahl der Sünde! Die 11 als 2 (1+1) steht zudem für Entzweiung, Zwietracht und das Böse, sowie für Isis als Göttin des Todes und der Magie, zu deren Ehren Mysterienbünde wie die Freimaurer von Isis-Mysterien sprechen, bei denen es wiederum hauptsächlich um das Sterben geht. Niemand kann zwei Herren dienen (den Freimaurern und Haiders Partei, die keine »maurerkonforme« Politik macht?) und niemand darf die Gesetze (der Freimaurer) übertreten. Denn er begeht damit eine Todsünde und wird aus dem »Zwölferkreis« (der Apostel; hier: aus den Reihen der Freimaurer) ausgeschlossen und bestraft (wie Judas Ischariot, der einst den Gottessohn verraten hatte; wie Haider, der die Freimaurerei verraten hat) mit dem zweiten Tod, dem endgültigen, dem ewigen Tod, der das Tor zum Leben auf immer verschließt. Durch Haiders Tod wurde aus der Entzweiung symbolisch wieder die Einheit hergestellt, das heißt der Zustand, der vorher herrschte (Große Koalition), erreicht. Das Chaos wurde wieder geordnet.

6.2 Haiders Fahrzeug

Haider stirbt in einem VW des Modells *Phaeton* – wie einst auch der österreichische Thronfolger Franz Ferdinand beim Attentat in Sarajewo (siehe Kapitel 18 »Der Doppelmord an Erzherzog Franz Ferdinand und Jörg Haider«).

Phaeton, der »Lodernde«, gilt in der griechischen Mythologie als Sohn des Sonnengottes Helios. Einst erbat sich der Sohn von seinem Vater, für einen Tag den Sonnenwagen lenken zu dürfen. Helios versuchte ihn von seinem Plan abzubringen, doch vergeblich. Als die Nacht zu Ende ging, bestieg Phaeton den kostbaren Sonnenwagen und raste los. Doch bald geriet er außer Kontrolle, kam dadurch von der täglichen Fahrstrecke zwischen Himmel und Erde ab und löste eine Katastrophe aus, von der Ovid berichtete: »Die Erde geht in Flammen auf, die höchsten Gipfel zuerst, tiefe Risse springen auf, und alle Feuchtigkeit versiegt. Die Wiesen brennen zu weißer Asche; die Bäume werden mitsamt ihren Blättern versengt, und das reife Korn nährt selbst die es verzehrende Flamme […] Große Städte gehen mitsamt ihren Mauern unter, und die ungeheure Feuersbrunst verwandelt ganze Völker in Asche.«

Zeus bereitete dem Chaos ein Ende, bestrafte Phaeton und zertrümmerte mit einem Blitzstrahl den Sonnenwagen. Der Wagenlenker stürzte in die Tiefe, landete tot in einem Fluss. Später stand auf seinem Grabstein: »Hier ruht Phaeton, der Lenker des väterlichen Wagens. Zwar konnte er ihn nicht steuern, doch starb er als einer, der Großes gewagt hatte.«

In der Sage wurde Phaeton zum Morgenstern, zur Venus, die mit dem historisch-astronomischen Symbol des geometrischen Fünfzacksterns, des Pentagramms, dargestellt wird. Die Venus wiederum wird in der biblischen Analogie mit Luzifer (Satan) in Verbindung gebracht, der, nachdem er sich gegen den Allmächtigen auflehnte, ebenfalls aus dem Himmel gestürzt wurde. Phaetons griechischer Name Eosphoros lautet im Lateinischen Luciferus, »Lichtbringer«.

Zusammenfassung: Haider stirbt in einem Wagen namens Phaeton. Er selbst hat sich gegen die allmächtigen Freimaurer-Politiker aufgelehnt, hat damit Großes gewagt und wurde nach von seinem Aufstieg (nach den letzten Wahlen) mit einem »Blitzstrahl« vom »Himmel« herab auf die Erde geholt, zertrümmert und so für alle Zeiten zerstört.

6.3 Haiders Schuh

Ein *Signalfoto* zeigt Haiders rechten Schuh, der, einfach mitten im Gras stehend, abgelichtet wurde. Anscheinend, so die Botschaft dahinter, hatte ihn der Politiker beim Unfall verloren. Aber genau so war es eben nicht! »In Wirklichkeit befand sich dieser Schuh nämlich im geschlossenen Kofferraum des Autos«, weiß Gerhard Wisnewski zu berichten. Ein Angehöriger Haiders sagte ihm, dass es sich um einen Trachtenschuh handelte, den Haider an diesem Abend aber *nicht* getragen haben soll. »Der unbekannte Fotograf muss also zu dem Wrack hingegangen, den Kofferraum geöffnet, den Schuh entnommen, ins Gras gelegt und fotografiert haben«, resümiert Wisnewski weiter. »Da der Schuh [...] extra aus dem Kofferraum entnommen worden sein muss, muss der ›Regisseur‹ (dieses Arrangements; Anm. d. Verf.) und Fotograf dieses Bildes ein Interesse gehabt haben, dieses Motiv darzustellen.«

Haiders Schuh, dem Kofferraum entnommen und so in Szene gesetzt und arrangiert, damit dieses Foto mit Signalwirkung gemacht werden konnte? Doch das ist nicht nur sehr ungewöhnlich und merkwürdig, sondern zudem auch die Manipulation eines Tatortes! Dazu kommentiert das Nachrichtenmagazin *News* in seiner Ausgabe vom 30. Oktober 2008: »Ein Klassiker ist auch jene Massenmail, die sich auf einen am Tatort fotografierten einzelnen Schuh bezieht und einen Zusammenhang mit einem angeblichen Freimaurerritus herstellt, wonach man bei der Einführung in die Loge mit verbundenen Augen und mit nur einem Schuh gehen müsse. Einzig: Haider kam vor seinem Unfall nicht aus einer Freimaurerloge, sondern aus einer Szene-Bar. Und mit verbundenen Augen ist er auch nicht Auto gefahren, sondern mit 1,8 Promille Alkohol im Blut.«

Abgesehen davon, dass der für diesen Artikel zuständige Redakteur die diesbezügliche »Freimaurersymbolik« lächerlich macht – entweder absichtlich oder weil er keine Ahnung von ihr hat – möchte ich nachfolgend die symbolische Bedeutung des Schuhs erläutern.

In der okkult-magischen Weltanschauung kann ein Schuh auch ein Symbol dafür sein, Bann und Zauber (Magie) zu lösen. Wisnewski spricht in diesem Zusammenhang vom Schuh als einem Todessymbol. Und tatsächlich: In den teutonischen Traditionen wurden die Toten mit sogenannten Totenschuhen ausgestattet, damit sie die mühselige Reise in die jenseitige Welt antreten konnten. Auch in der Freimaurerei hat der Schuh symbolträchtige Eigenschaften. So steht im *Internationalen Freimaurerlexikon* (S. 760): »Schuh, Pantoffel, ein uraltes, biblisches Rechtssymbol, das auch in der freimaurerischen Ritualistik Verwendung findet.«

Es gibt einen Hinweis auf das Buch Ruth (4,7) im Alten Testament: »Es bestand vormals in Israel folgender Brauch bei der Einlösung und beim Tauschgeschäft, um jegliche Angelegenheit zu bekräftigen: Man übergab dem Partner seinen Schuh, den man ausgezogen hatte. Das galt als Bezeugung in Israel.«

Wichtig an dieser Stelle: Die Freimaurer bekennen, dass der Schuh ein (biblisches) Rechtssymbol ist, das auch in der freimaurerischen Ritualistik Verwendung findet.

Im *Vergleichenden Handbuch der Symbolik der Freimaurerei* von 1861 heißt es: »Ehe der aufzunehmend Maurerlehring in die Loge, in den Tempel Gottes und vor Gott, in das Licht treten darf, muss er zuerst den linken Schuh niedertreten oder sollte vielmehr die Schuhe ganz ausziehen, um mit bloßen Füßen der Loge und dem Tempel Gottes, Gott zu nahen, indem nach einem uralten morgenländischen und besonders auch ägyptischen Gebrauche die Priester nur mit bloßen und mit reinen Füßen den Tempel Gottes betreten und deshalb beim Eingang in denselben ihre schmutzigen Schuhe zurücklassen und die Füße reinigen sollten. [...] Indem der Maurerlehrling vor seinem ersten Eintritte in die Loge, in den Tempel Gottes gleichfalls symbolisch die Schuhe ablegen muss, soll er daran erinnert werden, dass er den heiligen Boden rein und demütig zu betreten habe.«

Um den Lehrling blind und ungeschickt zu machen, werden ihm seine Augen verbunden – symbolisch, um zu lernen, dass er und sein Körper nicht vollkommen sind und er an seiner Persönlichkeit arbeiten muss.

Kritiker werden mir bei dem Schuhbild vorschnell entgegenhalten, dass das Foto nicht Haiders *linken*, sondern *rechten* Schuh zeigen würde.

Und sie haben damit auch Recht. Ein symbolbewanderter Informant hat mir auf meine diesbezügliche Frage erklärt, in diesem Fall wäre der rechte Schuh als Signalfoto verwendet worden, weil Haiders Politik für viele seiner Gegner auch als rechts gegolten habe. Zudem käme es hierbei lediglich auf das Symbol des Schuhes an; einen linken abzulichten wäre wohl zu »eindeutig« gewesen.

Zusammenfassung: Der Schuh gilt in der Freimaurerei als Todessymbol beziehungsweise als Recht- und Richtsymbol, mit dem unter anderem auch etwas eingelöst werden kann (in dem Fall der Tod Haiders).

6.4 Haiders Brille

Haiders Brille ist so arrangiert worden, dass sie – am Tatort auf dem Boden – direkt auf einen Zeitungsausschnitt »blickt«, der zufälligerweise auch da liegt. Er zeigt unter anderem einen abstürzenden Börsenkurs. Das rechte Glas der Brille scheint zu fehlen, was bedeuten könnte: »Auf dem rechten Auge blind.« Die Brille ist ein Symbol für Sehen, Erkenntnis und Wissen. Zudem steht sie für: Licht auf etwas werfen, seinen Blick, die Aufmerksamkeit auf etwas richten.

Haider blickt auf einen abstürzenden Börsenkurs, weiß also um den (drohenden) Staatsbankrott und ist auf dem rechten Auge blind.

6.5 Zweig

Neben Haiders Brille liegt ein Zweig einer »grünenden« Thujahecke. Nicht nur, dass die Thuja allgemein und in der okkulten Weltanschauung als Friedhofsgewächs gilt; der immergrüne Akazienzweig ist auch bei den Freimaurern ein wichtiges, ein allegorisches, ein sinnbildliches Symbol des Geistes, des Lebens und der Meisterschaft, vor allem des Meistergrades. Es wird bei Beerdigungen verwendet, ebenso wie beispielsweise auf freimaurerischen Symboltafeln und Teppichen und beim Ritual zur Meistererhebung. Mit einem Akazienzweig wurde in der Freimaurerlegende auch der Ort des getöteten Baumeisters des

Tempels, Hiram Abif, gekennzeichnet. Oft sind dahin gehend Darstellungen zu finden, die den Akazienzweig auf einem Grabhügel oder Grab zeigen. In Traditionen, die älter sind als die Bibel, wurde behauptet, dass jeder Mensch, der einen Zweig von einer lebenden Akazie bricht, noch im selben Jahr sterben würde. Innerhalb der Freimaurerei wird darüber diskutiert, ob mit dem Akazienzweig nicht einfach die Symbolik des grünenden Zweigs auf dem Erdhügel gemeint ist.

Zusammenfassung: Der grünende Zweig ist ein unverkennbares Symbol in der Freimaurerei, er steht für Beerdigung oder Grab.

6.6 Kerze

In der Freimaurerei gibt es weitere Symbole für den Tod. Die allegorischsten davon sind der Totenschädel und die Sanduhr (siehe Kapitel 6.9 »Haiders fehlende Uhr«) und eines, das gleichzeitig auch ein Sinnbild für Opferablösung ist: die Kerze.

Ein weiteres (Signal-)Foto, das im Kontext von Haiders Unfall verbreitet wurde, betont dies mehr als deutlich: Im Bildhintergrund rechts ist der zerstörte Phaeton zu sehen, links ein Polizeibeamter und im Vordergrund ein rotes Grablicht mit brennender Kerze.

6.7 Rose

In einem Haider-Forum wird ein Nachtfoto von der Unfallstelle veröffentlicht. Auf dem Foto liegt eine rote geschlossene Rosenknospe auf dem Asphalt neben der Beifahrerseite von Haiders Phaeton. Allerdings gibt es, so versichern die ortskundigen Forumsteilnehmer, gar keine Rosenbeete in dieser Gegend, auch keine bei dem Unfall eventuell niedergefahrenen. Wo also kommt die Rosenknospe her? Wurde sie hinterlegt? Spekulationen, Haider hätte noch nach Mitternacht einen geöffneten Blumenladen gefunden, um seiner Mutter zum Geburtstag einen Rosenstrauß zu kaufen, sind wohl ins Reich der Phanatasie zu verweisen! Zumal es meines Wissens keine einzige Meldung gibt, dass ein solcher Strauß im Wagen gefunden wurde.

Aus diesem Grund ist die Annahme berechtigt, die Rosenknospe sei ebenfalls *absichtlich* hinterlegt worden, denn auch die Rose besitzt eine enorme symbolische Bedeutung. Schon vor 7000 Jahren wurde die Rose als Grabbeigabe in den Tsudengräbern im Altai verwendet. Die ursprünglich weiße Rose soll, der Legende nach, durch das Blut von Menschen rot geworden sein; die erste Rose sei gar aus dem Lebenssaft Adonis entstanden. Der mittelalterliche Mystiker Albertus Magnus meinte, die Rose sei durch das während der Passion geflossene Blut Christi rotgefärbt worden. Rot steht für Materie, Leib und Blut – in der Freimaurerei auch für die Hochgrade, die als *rote Freimaurerei* bezeichnet werden. Im »Hohelied Salomos« im Alten Testament heißt es: »Mein Freund ist mein […], der unter den Rosen weidet.«

Bereits in der Antike wurde die »Königin der Blumen« als Symbol des Kosmos gesehen; in der Kulturgeschichte hat sie göttliche Bedeutung: sie ist Inbegriff der Gesetzmäßigkeit und der Schönheit. Rosen wurden auch zu mystischen Symbolen der Alchemie und der hermetischen Künste. Im Mittelalter wird die Rose oft als Pentagramm dargestellt, als ein Symbol der Bauhütten. Hier ist die Wurzel unmittelbar im freimaurerischen Brauchtum zu finden. Auch in der spätromanischen und gotischen Architektur hat sie ihren festen Platz. Zum einen spielt die Rose als Sinnbild der Schönheit und der Sehnsucht nach einem höheren Leben im maurerischen Ritual eine wichtige Rolle. Zum anderen ist sie aber auch ein Symbol der Verschwiegenheit (»sub rosa«), über das strengstes Stillschweigen bewahrt werden muss!

»Rosen waren der stete Schmuck der Einweihungsstätten und der Mysterienfeste. Was die Eingeweihten, die mit der Rose Geschmückten als Geheimnis (sub rosa) erfahren hatten, sollten sie unverbrüchlich verschweigen; und demnach ist die Rose, zumal bei den Maurern, auch das Symbol der versprochenen, aber auch treu zu beobachtenden Verschwiegenheit«, heißt es im *Vergleichenden Handbuch der Symbolik der Freimaurerei* aus dem Jahre 1863. Doch die Rose hat noch eine andere Bedeutung: »Die Rose ist […] auch das Symbol des letzten Gerichtes, des ewigen Richters, der über den Sternen still und verborgen thront, aber dennoch Alles sieht, lohnt und straft. Vorzüglich dem alten deutschen Rechte war die grüne Blume oder Rose das Symbol des Urtheils, des stillen und verborgenen Gerichtes, der Vehme. Auf dem Dolche des rächenden Vehmrichters, der einen Vervehmten getödtet, und zum Zeichen, dass die That von der heiligen Vehme herrühre, das Werkzeug zurückgelassen hatte, war an dem bleiernen Griffe, eine Rose abgebildet. Was daher der Maurer und der Mensch selbst auch im Geheimsten beginnen und unternehmen möge, niemals soll er dabei vergessen, dass es der Allsehende und Allwissende doch sieht und weiss und einstens richten wird.«

Das höchste Fest der Freimaurer ist das sogenannte Johannisfest, bei dem die Brüder sich selbst und die Loge mit Johannisrosen schmücken. (Johannis-)Rosen spielen auch bei rituellen Handlungen auf freimaurerischen Trauerfeiern, also bei der Grablegung eine Rolle. Der erste Logenbruder legt eine rosa Rose auf den Sarg, da wo das Haupt des Toten ruht und sagt: »Zu Haupt die sanft Erglühende.« Der zweite legt eine rote Rose ans Fußende mit den Worten: »Die Dunkle niederwärts.« Und der dritte legt eine weiße Rose dahin, wo das Herz des Verstorbenen ist, und spricht: »Die Weiße, hold Erblühende, die leg ich Dir aufs Herz.«

Interessant ist, dass neben Haiders Fahrzeug eine rote Rosenknospe auftaucht, die Dunkle niederwärts. Dieser Spruch bezieht sich auf das irdische Verhaftetsein, die Körperlichkeit.

Zusammenfassung: Die Rose deutet an, dass die Freimaurerei mit ihrem »allsehenden Auge« vieles wusste, Haider gegen das Verschwiegenheitsprinzip entweder schon verstoßen hatte oder verstoßen wollte und daher von einem (maurerischen) »Feme-Richter« des verborgenen »letzten Gerichts« verurteilt, als »Verfemter« bestraft, sein irdisches Verhaftetsein, seine Körperlichkeit niederwärts getreten, er also getötet wurde!

6.8 Backstein

Im Sommer 2009 bekam ich von einem anonym bleiben wollenden Informanten den Hinweis, dass Fotos vom Innenraum des Wagens von Haider existieren, die ein weiterer »Beweis« für meine Ritualmordtheorie sein könnten. Tatsächlich taucht hier ein eindeutiges Symbol auf: ein Backstein, ein Pflasterstein, ein rohbehauener Stein also, der direkt unter dem Fahrersitz, unter Haiders Sitz, zu sehen ist!

Mir ist durchaus bewusst, dass Bilder mit den verschiedensten Programmen bearbeitet und damit auch verfälscht werden können. Aber zwei gewichtige Gründe sprechen gegen ein manipuliertes Foto: Erstens ist mein Informant absolut vertrauensvoll. Zweitens scheint das Foto unverkennbar den Innenraum von Haiders Phaeton zu zeigen, weil einige Personen aus Haiders Umfeld dessen Schlüssel (mit Anhänger) identifizieren konnten, der auf dem Rücksitz hinter dem Fahrersitz liegt. Zudem ist auch auf einem anderen Foto, das die gesamte Wrackszenerie (also die Totale des Wagens mit Innenraum) zeigt, der Backstein unter dem Fahrersitz zu erkennen.

Dennoch gibt es seltsamerweise verschiedene Fotos vom Innern des Phaeton-Wracks. Einmal zeigen sie ein wildes Durcheinander auf dem Rücksitz und auch der Backstein fehlt, das andere Mal ist alles fein säuberlich aufgeräumt, mit Backstein unter dem Fahrersitz! Also doch eine Manipulation? Denn schließlich kann nur ein Fotoszenario stimmen! Wie dem auch sei, sollte das Foto mit dem Backstein nachträglich arrangiert worden sein, wie einige andere auch, dann wäre dies erneut ein Beleg für ein beabsichtigtes Signalfoto.

Der Stein an und für sich hat eine fulminante Bedeutung in der Freimaurerei. Nachfolgend möchte ich die drei wichtigsten Definitionen erläutern:

- Der *raue, rohe, unbehauene Stein* ist das Sinnbild der Unvollkommenheit und des Verstandes, auch des freimaurerischen Lehrlings, der neu in den Bund aufgenommen wird, sozusagen wie ein roher Stein gerade aus dem Steinbruch kommt. Seine Kanten und Ecken, die seine üblen Gewohnheiten, Leidenschaften und Schwächen darstellen, müssen beseitigt, behauen werden. Der rohe Stein versinnbildlicht zudem Menschen, die nur aus (rohen) eigenen Trieben leben. Das Behauen dieses Steines wird in der Freimaurerei als »soziale Selbsterziehung« verstanden.

- Der *behauene, kubische Stein* ist das große soziale Symbol der Freimaurerei, ein Symbol des geläuterten Gewissens und des freimaurerischen Gesellen, der die Form des vom Lehrling behauenen Steins vollendet hat. Bei ihm sind die Unebenheiten des rauen Steines durch die Freimaurerschule beseitigt worden, sodass er fugenlos in das Fundament des Menschheitstempels passt; in die harmonische menschliche Gesellschaft.

- Der *zerbrochene Stein* versinnbildlicht den Tod des Meisters und ist ein Symbol der Vergänglichkeit.

Zweifellos also steht der Stein und damit auch der profane Back- oder Ziegelstein, als roher, als unbehauener Stein in der Freimaurertradition. Dass ein solcher Stein unter dem Fahrersitz von Haiders Phaeton liegt, kann kein Zufall sein! Im Gegenteil – ein eindeutigeres Freimaurersymbol gibt es nicht!

Bei einem anderen politischen Ritualmord, der schon etwas zurückliegt, spielten ebenfalls Backsteine eine symbolträchtige Rolle. Damals ging es um eine Staatsaffäre in Italien, die von der Freimaurerloge *Propaganda Due* (P2) geprägt wurde, in die auch der sogenannte »Bankier Gottes«, Roberto Calvi, verwickelt war. Hier zeigte sich zum ersten Mal auf europäischer, ja vielleicht sogar auf weltweiter Bühne, welche unheilvolle Macht ein Geheimbund, eine Freimaurerloge tatsächlich haben kann: Geheimpolitik, konspirativer Lobbyismus, innenpolitisches Desaster, umstürzlerische Betätigung, verdeckte Terroranschläge, militante Schattenregierung. All das kann man in meinem *Schwarzbuch Freimaurerei* nachlesen. An dieser Stelle nur so viel: Roberto Calvi hatte es sich mit den Freimaurern der P2-Loge verscherzt, nachdem er für sie illegale Bankgeschäfte in Milliardenhöhe durchgeführt und dann versucht hatte, sein eigenes Süppchen zu kochen. Für diesen Verrat wurde er bestraft. Auch Papst Johannes Paul I. kam in diesem Kontext zu Tode, nachdem er dabei war, die dubiosen Bankgeschäfte, auch der Vatikanbank, zu durchschauen und aufzudecken. Anzumerken ist, dass Roberto Calvi Mitglied der P2-Maurer war. Am 17. Juni 1982 wurde er an einem Baugerüst erhängt unter der Blackfriars-Bridge in London gefunden. Ersticken durch Erhängen war die offizielle Todesursache. Ein Selbstmord scheinbar. Aber eben nur scheinbar. In Wirklichkeit wurde Calvi umgebracht. Die Täter hatten sogar etwas Symbolisches zurückgelassen: fünf Kilo Backsteine (also *roh behauene* Steine) in seinen Hosentaschen. Es waren insgesamt vier Steine, von denen einer so grob in seinen Hosenschlitz gestopft wurde, dass ein Hosenknopf abriss. Insider sprachen von »rituellen Ziegelsteinen«, die der P2 zugeordnet wurden. Eine Warnung an andere Verräter. Für Experten ist dieser »Ritualmord« ein Musterbeispiel in der Geschichte der Kriminalistik.

Zusammenfassung: Jörg Haider galt den Freimaurern wohl als *rohbehauener Stein*, als ein *Lehrling*, ein Anfänger in der Bruderschaft, der es noch zu nichts gebracht hatte. Er war zu unwürdig, um »in den Menschheitstempel eingefügt« zu werden. Daraufhin deutet der Backstein (Pflasterstein), der hier auch als ein Symbol des Verrats betrachtet werden muss.

6.9 Haiders fehlende Uhr

Noch wenige Stunden vor dem verhängnisvollen »Unfall« trug Haider eine Armbanduhr. Doch am Tatort war sie nicht mehr aufzufinden, weder an seinem Arm, noch sonst wo. Die Uhr blieb verschwunden. Hatte sie jemand von den Einsatz- oder Rettungskräften an sich genommen? Kaum vorstellbar, dass einer von ihnen den toten Landeshauptmann von Kärnten bestohlen und damit Leichenfledderei begangen hatte. Im Kontext dieser Betrachtung liegt daher nahe, dass jemand die Uhr *absichtlich* verschwinden ließ. Da die fehlende Uhr auch in der Presse thematisiert wurde, war das Ziel erreicht: öffentliche Aufmerksamkeit. Ein weiteres Signal an die Eingeweihten? Denn diese wissen sehr wohl um die freimaurerische Bedeutung der Uhr: Zumeist als Sanduhr oder Stundenglas dargestellt, ist sie das Sinnbild der Vergänglichkeit (alles Irdischen) und der Flucht der Zeit sowie ein Symbol des Todes! Ein »memento mori« (dt.: »Gedenke zu sterben«), das auch in einzelnen Ritualen vorkommt.

6.10 Die Zahl 666

Das Foto mit dem beschädigten Phaeton im Vordergrund und dem Feuerwehrauto im Hintergrund ging um die Welt. Auch dieses sieht irgendwie gestellt aus. Sofort fällt das Kennzeichen des Rettungsfahrzeugs ins Auge: *K.72.666.* Nur wieder ein »dummer Zufall«? Oder ein bewusst in Szene gesetztes Signalfoto, das eine weitere Botschaft enthält, nämlich die der Zahl 666?

Zunächst möchte ich die religiöse und okkulte Bedeutung dieser Zahl erläutern. Erstmals genannt wird sie in der Bibel, genauer in der Offenbarung des Johannes (13,18): »Wer Verstand hat, der berechne die Zahl des Tieres; denn es ist eines Menschen Zahl, und seine Zahl ist sechshundertsechsundsechzig«. Das Tier mit den zehn Hörnern und sieben Köpfen steht mit dem großen Drachen in Verbindung und wird im Christentum auch mit dem *Antichristen* gleichgesetzt. Horst E. Miers erklärt dazu im *Lexikon des Geheimwissens,* dass die Zahl 666 sich aus der Quersumme der einzelnen Buchstabenwerte der Wörter »Latinus« (griech. geschrieben) oder »Romanus« (hebr. geschrieben) ergibt. Die 666 ist aber auch die verkehrte Neun, die in ihrer Quersumme jeweils 18 und damit wieder die Neun (1 + 8) ergibt. Die 18 wiederum wird als Unglückszahl angesehen, symbolisiert sie doch die Kraft des »Lichtbringers« Luzifer, dem Gegenpol des Guten. Sie steht aber auch für die Kraft der Schlange, die sich »verkehrt« hatte und deshalb »teuflisch« wurde, ebenso für das Symbol des Auges, dem Symbol des ägyptischen Todesgottes Osiris. Das Auge wiederum fand auch Eingang in die christliche Mystik. »Das Auge ist das Licht des Leibes. Wenn dein Auge rein ist, ist dein ganzer Leib licht« (Matthäus 6,22).

Bei verschiedenen Darstellungen wird das Auge oftmals in einem Dreieck eingeschlossen, das von Strahlen umgeben ist. Das ruft Assoziationen zum Schlussstein einer Pyramide hervor und damit auch zur Freimaurerei. In vielen Logen des Ersten Grades thront das Allsehende Auge im Osten, über dem Platz des Meisters vom Stuhl. Für Freimaurer ist das *Auge der Vorsehung* ein Symbol, das den Menschen an (die alle Geheimnisse durchdringende ewige) Wachsamkeit Gottes, des »Allmächtigen Baumeisters aller Welten« gemahnen soll.

Der Begründer des modernen (Neo-)Satanismus Aleister Crowley verstand unter der 666 »Das Große Tier« (Antichrist), oder das »Ewige Wort«. Die Zahl war für ihn die Zahl der Verblendung, der Erblindung und der Faszination. Crowley selbst nannte sich auch »To Mega Therion« (»Das Große Tier 666«). Rudolf Steiner, der Begründer der

Anthroposophie, las aus den Zahlenwerten des Sonnendämons Sorat, der ein Gegner des Lamms war, die Zahl 666 heraus (siehe auch Kapitel 7). Interessanterweise ergibt der römische Titel des Papstes, »Stellvertreter des Sohnes Gottes« (Vicarius filii Dei), der einst auf der Tiara, der Papstkrone prangte, zusammengezählt ebenfalls die Zahl 666!

Wir sehen also, dass die Zahl 666 eine vielseitige religiöse und okkulte Bedeutung hat und auch in der Freimaurerei (durch das Allsehende Auge) fest verankert ist.

Nun taucht also ausgerechnet bei Haiders Unfallwrack ein Feuerwehrfahrzeug auf, dessen Nummernschild (neben der 72) die Zahl 666 aufweist. Dabei soll es sich um ein altes Nummernschild handeln, denn in Österreich gebe es seit vielen Jahren andere Kennzeichen, wurde mir mitgeteilt. Manch einer spricht gar von einer bewussten Fotomontage: nicht des Nummernschildes, sondern des Rettungsfahrzeugs, das in das Bild »hineinkopiert« worden sein soll, um diese Signalwirkung zu erzielen. Gerhard Wisnewski berichtet, dass er bei einer Anfrage bei der Freiwilligen Feuerwehr Köttmannsdorf erfahren hätte, dass das Fahrzeug zu Maria Rain gehöre. Das bestätigt mir auch ein Informant vor Ort. Maria Rain liegt rund eineinhalb Kilometer von der Unfallstelle entfernt. Der Informant teilt mir weiterhin mit, dass bei der Versicherungsauskunft das Fahrzeug nicht gespeichert sei. »Es ist schon komisch, dass eine Feuerwehr mit einem nicht zugelassenen Kennzeichen umherfährt«, schreibt Wisnewski. Das will ich genauer wissen und bitte meinen Informanten noch einmal um dementsprechende Prüfung. Kurz darauf lässt er mir den Beleg vom *Register über die Haftpflichtversicherung der in Österreich zugelassenen Fahrzeuge* zukommen, bei dem Auskünfte über den Haftpflichtversicherer des Kraftfahrzeugs eingeholt werden können. »Bei nicht versicherungspflichtigen Fahrzeugen erhalten Sie Name und Anschrift des Halters«, heißt es dazu auf der diesbezüglichen Homepage (http://khv.vvo.at/ZulassungsAuskunft/KZSuche).

Das Ergebnis ist wirklich verblüffend: »Zum angegebenen Unfalldatum war *kein* Fahrzeug mit diesem Kennzeichen zugelassen.«

Ist es also wirklich vorstellbar, dass die Feuerwehr mit einem Fahrzeug *ohne* Versicherungsschutz und *ohne* zugelassenes Kennzeichen herumfährt? Wenn nicht, dann würde es heißen, dass das Foto tatsächlich dementsprechend manipuliert, das Rettungsfahrzeug mit der Nummer 72666 hineinretouchiert wurde, um die Zahl des Bösen, des Antichristen, der Freimaurer für die Eingeweihten nach außen zu transportieren!

Aber es gibt noch einen weiteren interessanten Aspekt rund um die Zahl 666: Einer meiner Informanten hat die angebliche Zeugin Sandra S., die den Unfall gesehen haben will, in Lambichl bei Klagenfurt aufgesucht. Gerhard Wisnewski erklärt in seinem Buch diesbezüglich: »Der Name der ›Zeugin‹ wird gehütet wie ein Staatsgeheimnis. Na wenn schon: Ist das, was sie beim Tod Jörg Haiders erlebte, nicht ihre Privatsache? Mitnichten: Die Frau ist die einzige Zeitzeugin, die das mysteriöse Ableben einer zeitgeschichtlichen und öffentlichen Person beobachtet hat [...] Daher sind ihre Beobachtungen auch nicht Privatsache, sondern von höchst öffentlichem Interesse. Doch alle mauern: sie selbst, aber auch die Staatsanwaltschaft – alle.«

Genauso ergeht es auch meinem Informanten. Sandra S. weist ihn ab. Doch er stellt noch etwas fest: Auf ihrem Grundstück befindet sich ein neuer VW mit dem Kennzeichen »KL 666«.[8] Wiederum taucht die »Unglückszahl« 666 wie ein Blitz aus heiterem Himmel auf! Erneut nur ein Zufall, wie im Zusammenhang mit dem Feuerwehrfahrzeug? Mein Informant glaubt nicht daran und stellt eigene Nachforschungen an. Demnach ist das Fahrzeug am 22. August 2008 bei der Zürich-Versicherung angemeldet worden. Also rund zwei Monate vor Jörg Haiders Tod ...

Zusammenfassung: Die Zahl 666 als Symbol des Tieres aus der Offenbarung, des Antichristen, der Schlange, des Bösen, des Unglücks aber auch der Freimaurerei (in Form des Allsehenden Auges) ist ebenfalls ein deutliches Signal für die Eingeweihten.

6.11 Zahlensymbolik an Haiders Sarg

Zahlenmagie, Zahlenmystik und Zahlensymbolik beruhen seit den Pythagoräern auf der »Suche nach kosmischer Gesetzmäßigkeit«. Überall in der Schöpfung lassen sich Zahlenverhältnisse erkennen – die Zahl selbst wird zum »ordnenden Wesen der Dinge«, besitzt eine geheime Bedeutung. Schon im Alten Testament heißt es: »Du hast alles geordnet nach Maß, Zahl und Gewicht« (Weish. 11,22). Auch in okkulten und esoterischen Lehren kommt die Zahl vor und spielt in der Freimaurerei als Symbol eine Rolle. »Es genüge die Andeutung, dass diese Zahlen in der Geschichte der Männerbünde allerorten eine große Rolle spielen ...« (*Internationales Freimaurerlexikon,* S. 823) Der Souveräne GrossOrient von Deutschland (SGOvD) wird konkreter: »Seit frühester Zeit haben die Menschen einzelnen Zahlen besondere Kräfte zugeschrieben und sie als Symbole genutzt; einige gelten als ›heilig‹. Auch die Freimaurerei bedient sich der Zahlensymbolik.« Der Freimaurer Alfried Lehner spricht davon, dass Zahlensymbole »heute in der Freimaurerei eine so bedeutende Rolle spielen«.

Eine Zahlensymbolik wurde sogar *nach* dem Mord und *nach* den Symbolarrangements am mutmaßlichen Unfallort, dem Tatort, hinterlassen: am Sarg des Kärntner Landeshauptmannes!

Auf der Sargplakette wird Haiders Geburtsdatum (richtig) mit dem 26.1.1950 angegeben, allerdings sein Todesdatum (falsch) mit dem 11.10.***10.***2008!

Es wurde also *zweimal* der 10., der Monat Oktober, notiert! Zufall? Versehen? Ein Schreibfehler der trauernden Familie oder eine Panne des Beerdigungsinstituts? Wohl kaum, denn die Bilder von Haiders Begräbnis gingen rund um die Welt (vor allem über das Internet), und zahlreiche Staatsgäste wie beispielsweise der österreichische Bundespräsident und der Bundeskanzler waren anwesend und hielten eine Rede. Eine Informantin berichtet mir, dass sie ein Telefongespräch mit dem zuständigen Bestattungsunternehmen *Pax* in Klagenfurt »mitgeschnitten« habe, indem betont würde, dass der »Fehler« bei *Pax* selbst liege, genauer beim Sargplakettengraveur. Doch sie glaube das nicht, besonders nicht bei einem »Auftrag zu einem Staatsbegräbnis«, sondern meint »Täterbotschaften« zu erkennen.

Vielleicht aber war auch das offensichtlich manipulierte (falsche) Todesdatum gar nicht am Sarg selbst angebracht, sondern lediglich auf dem Foto, also dementsprechend bearbeitet worden. Das zumindest mutmaßt die Fachzeitschrift *mysteries:* »Wurde das Foto womöglich gar nachträglich retouchiert? ›mysteries‹ nahm es mittels ›Photoshop‹-Software genauer unter die Lupe und stellte zumindest einige perspektivische Ungereimtheiten fest, die ziemlich seltsam anmuten. Grund: Die Plakette scheint sich bei genauerer Betrachtung links oben regelrecht nach vorne zu wölben. Und auch die Farben der entsprechenden Holzmaserung ändern sich in starker Vergrößerung etwas zu unrealistisch.«

Ich möchte es genauer wissen und setze mich Ende Juli 2009 telefonisch mit *Pax Bestattung* in Klagenfurt in Verbindung. Den Geschäftsführer bekomme ich nicht an die Strippe. Er ist zwei Wochen im Urlaub, wird mir gesagt. Als ich den Mitarbeiter frage, wie und warum ein solcher Fauxpas bei dem renommierten Bestattungsunternehmen eigentlich passieren könne, sagt er mir nach einigem Hin und Her, dass die Sargplakette ja vielleicht *ausgetauscht* worden wäre. Wer könnte denn Interesse daran haben, so etwas zu tun, frage ich nach? Der Mitarbeiter erklärt mir, dies nicht zu wissen und dass er mir nun keine weiteren Auskünfte mehr geben könne. Ich solle in zwei Wochen wieder anrufen und seinen Chef fragen. Das tue ich dann auch, erreiche ihn aber nicht; auf einen Rückruf warte ich ebenfalls vergebens.

Monate später, im Februar 2010, versuche ich des Öfteren erneut mein Glück, aber der Chef des Bestattungsunternehmens scheint weder dienstlich auf seinem Festnetz, noch auf seinem Handy erreichbar zu sein. Also schreibe ich ihm eine E-Mail mit folgenden Fragen:

»Wie kommt Ihres Erachtens das falsche Datum auf die Gravur (zweimal der Monat 10 gestanzt)? Wer ist dafür verantwortlich? Es ist schwer vorstellbar, dass einem solch renommierten Institut wie Ihrem, ein solcher Fehler bei einem Staatsbegräbnis passiert. Was meinen Sie dazu? Ende Juli 2009 erklärte mir (telefonisch) einer Ihrer Mitarbeiter, dass die Plakette vielleicht ausgetauscht worden wäre. Stimmt das? Wenn ja, warum und vor allem, von wem?«

Doch leider erhalte ich keine Antwort auf meine Fragen, und auch telefonisch bleibt der Chef des Bestattungsunternehmens weiterhin unerreichbar.

Der Sinn der manipulierten Sargplakette oder des retouchierten Bildes ist jedoch eindeutig: Es ist ein weiteres Signalfoto mit der entsprechenden Zahlensymbolik:

26.1.1950 = 2 + 6 + 1 + 1 + 9 + 5 + 0 = 24 = 2 + 4 = **6**

11.10.**10**.2008 = 1 + 1 + 1 + 0 + 1 + 0 + 2 + 0 + 0 + 8 = 14 = 1 + 4 = **5**

Das ergibt: 6 + 5 = **11** = 1 + 1 = **2**

Wie ich bereits in Kapitel 6.1 »Haiders Todeszeitpunkt (Tatzeit)« erläutert habe, gilt die 2 in der okkult-magischen Vorstellung auch als Zahl der Entzweiung, der Polarität und des Bösen. Die Zahlensymbolik der 2 finden wir auch am Autowrack Haiders: Zwei Nummernschilder fehlen, ebenso zwei Kotflügel und zwei Scheinwerfer, in der Motorhaube sind zwei Löcher nebeneinander zu erkennen, zwei Scheibenwischer stehen senkrecht hoch, zwei Türen fehlen am Fahrzeug und liegen auf der falschen Seite neben dem Fahrzeug parallel nebeneinander (siehe dazu auch die detaillierten Ausführungen Gerhard Wisnewskis über den Tod Haiders). Das alles kann einfach *kein* Zufall mehr sein. Es muss sich dabei um eine bewusste Inszenierung und Manipulation am Unfallort handeln.

An dieser Stelle möchte ich erwähnen, dass Jörg Haider in seinem letzten Interview in den *News,* fünf Tage vor seinem Tod, mit einer 2er-Symbolik auf entsprechenden Fotos in Szene gesetzt wurde. Ob bewusst oder unbewusst vermag ich nicht zu beurteilen. Zwei Bilder der *News*-Diashow (http://www.news.at/nw1/gen/slideshows/slide/show;politik/inland/bzoe/haider/letztes_interview/;kid;13?flags=ref;/custom?q) bedürfen einer besonderen Beachtung: Ein Foto zeigt Haider frontal bis zur Brusthöhe. Sein Bild spiegelt sich in einem Fenster oder Spiegel, sodass der optische Eindruck von *zwei* identischen Personen entsteht. Auf einem anderen Foto hält der Landeshauptmann vor dem Gesicht *zwei* entflammte Feuerzeuge in den Händen …

Doch zurück zur Symbolik auf seinem Sarg: Welche Bedeutung könnte die doppelte Zehn, die 10 überhaupt haben? Die 10 (die für den 11.10., den Oktober steht) taucht schon früh in der menschlichen Gedankenwelt auf, was damit zusammenhängt, dass wir *zehn* Finger haben und wir an diesen abzählen können. Auch im Alten und Neuen Testament hat die 10 eine große Bedeutung. Beispiele: Gott hat die Welt mit 10 Worten erschaffen (Gen 1,1–2,4a), es gibt die 10 Gebote (Ex 20,1–17; Dtn 5) und die 10 Plagen Gottes gegen Ägypten (Ex 7–12). Am 10. Tag nach der Himmelfahrt Jesu kam der Heilige Geist über die Jünger. 10 Hörner hat das Tier aus dem Abgrund (Offb 12,3; 13,1; 17,3.12.). Die 10 im Hebräischen ist *jod,* im Griechischen *jota,* also jeweils der erste Buchstabe des Namen »Jesu«. Im Lateinischen aber bedeutet die 10 »X« und ist damit das Symbol des Kreuzes!

Die 10 ist auch die Zahl der Dezimierung sowie die sogenannte Dreieckszahl, die als solche die Grundzahlen 1, 2, 3 und 4 enthält. Somit ist gleichsam alles in ihr enthalten.

Die Dreieckszahl bildet wiederum eine Pyramide, ein Dreieck, eines der Ursymbole (wie beispielsweise auch das Viereck, das rechtwinklige Quadrat) der Freimaurerei!

Zusammenfassung: Die am Tatort überall präsente Symbolik der 2 steht meines Erachtens dafür, dass Haider entzweit hat und daher böse war oder das Böse ihn gerichtet hat, je nach Auslegung. Die 10 steht genauso für das Kreuz wie für die Kreuzigung und damit für Opferung und Tod und Dezimierung. Als Dreieckszahl bildet sie eine Pyramide, ein Dreieck, ein Ursymbol in der Freimaurerei.

Ein zahlenkundiger Informant wies mich darauf hin, dass der manipulierte Todestag auf Haiders Sargplakette (wenn die jeweilige Nullen weggelassen werden) folgendermaßen aussieht: 11 + 1 + 1 + 2 + 8 und dies in der Quersumme die 23 gibt. Diese symbolträchtige Zahl wird auch als Erkennungsmerkmal dem Geheimbund der Illuminaten zugeschrieben.

Weitere Informanten haben mich noch auf einen anderen interessanten Aspekt aufmerksam gemacht: Vielleicht wurde die zweite 10 auch angebracht, um die Botschaft zu übermitteln, dass Jörg Haider *offiziell* am 11.10. verstorben sei, *inoffiziell* aber bereits am 10.10.! Vielleicht war geplant, Haider schon am 10. zu ermorden? Ein Plan, der aber aus unterschiedlichen, nicht planbaren zeitlichen Abläufen heraus doch erst kurz nach dem 10. (gegen 1.15 Uhr) in die Tat umgesetzt werden konnte. Denn am 10. feiern die Kärntner ihren »Feiertag der Volksabstimmung«. (Am 10. Oktober 1920 hatte sich bei einer Volksabstimmung im Grenzgebiet Südkärntens der größte Teil der Bevölkerung für einen Verbleib bei Kärnten entschieden und nicht für einen Beitritt zum Königreich der Serben, Kroaten und Slowenen [SHS-Staat]).

Ein Zeichen, wie mächtig die Täter sind, dass sie Haider sogar an dem symbolträchtigsten, wichtigsten Kärntner Feiertag nach Gutdünken töten konnten, wie einst auch den österreichischen Thronfolger Franz Ferdinand, auf den ebenfalls ein Attentat an einem wichtigen Feiertag verübt wurde (siehe Kapitel 18 »Der Doppelmord an Erzherzog Franz Ferdinand und Jörg Haider«).

Der ehemalige stellvertretende Landesamtsdirektor Karl Anderwald vergleicht die Zeit von Haiders Unfall mit dem Datum des Attentats auf den damaligen Landeshauptmann von Kärnten, Leopold Wagner, einem Freimaurer: »Die Zeit um den 10. Oktober, den Kärntner Landesfeiertag, war für beide Politiker schicksalshaft. Auf Leopold Wagner wurde am 6. Oktober 1987 ein Schussattentat verübt, das letztlich zum Ende seiner Karriere führte, bei Jörg Haider waren es die Morgenstunden des 11. Oktober 2008. Eine weitere tragische Gemeinsamkeit war, dass das Ableben der beiden lang gedienten Landeshauptmänner [...] nur wenige Tage auseinander lag.« (siehe Kapitel 8.2.3 »Logenbruder Leopold Wagner [SPÖ]: Kärntner Landeshauptmann, Hitlerjunge und Freimaurer«)

An einem 10. Oktober starb noch ein anderer bedeutender Politiker, mit dem ich mich in meinem *Schwarzbuch Freimaurerei* ausführlich beschäftigt habe: der schleswig-holsteinische Ministerpräsident Uwe Barschel, der meines Erachtens ebenfalls ermordet wurde. Auch in seinem Fall gab es zahlreiche Symboliken.

6.12 Freimaurerische »Ballotage-Symbolik«

Tausende Menschen waren bei Haiders Trauerfeier am 18. Oktober 2008 in Klagenfurt anwesend. Sie alle wurden Zeugen eines Rituals, das die meisten von ihnen allerdings nicht deuten konnten: Fünf Minuten, nachdem die Trauerfeier offiziell begonnen hatte und der Gesang der Kärntner Chöre verklungen war, Bischof Alois Schwarz Gott gebeten hatte, er möge »uns den Respekt und die Wertschätzung für den verstorbenen Landeshauptmann erhalten« und das musikalische Bläser-Intermezzo noch über dem Neuen Platz nachklang, stiegen gegen 11:55 Uhr zahllose weiße und schwarze Luftballons in den azurblauen, wolkenlosen Himmel. Dem Anschein nach waren es gleich viel schwarze wie weiße Ballons.

Eine weitere Symbolik, die, wie mir Insider versicherten, stark an den maurerischen Brauch der sogenannten Ballotage oder Kugelung erinnert! So nennt man eine geheime Abstimmung bei den Freimaurern, zumeist bei Aufnahmen, aber auch bei Entscheidungen zu bestimmten

Fragen. Die Freimaurer selbst sprechen diesbezüglich von einem »weitverbreiteten demokratischen Abstimmungsverfahren«. Dazu erhält jeder stimmberechtigte Logenbruder weiße und schwarze Kugeln. Je nach seinem Gutdünken und seiner Auffassung wirft er bei der Abstimmung über bestimmte Fragen oder Aufnahmegesuche entweder eine weiße oder schwarze Kugel. Ein Brauch, über den geschrieben steht:

»Alter Brauch wars, mit schwarzen und weißen Steinchen Schuldig zu sprechen, die einen, die andern von Schuld zu befrein«.

Wenn nur weiße Kugeln gefallen sind, sprechen die Freimaurer von einer *hellleuchtenden Kugelung*, von einer *trüben*, wenn zwei schwarze und von einer *dunklen*, wenn mindestens drei schwarze Kugeln geworfen wurden. Bei einer hellleuchtenden Kugelung wird der Suchende in die Loge aufgenommen – eine trübe oder gar dunkle Ballotage bedeutet Ablehnung.

Zusammenfassung: Bei Haiders Trauerfeier stiegen wohl gleich viel schwarze wie weiße »Kugeln«, sprich Luftballons in den Himmel. Dieses freimaurerische Ballotage-Ergebnis hätte bei einem eventuellen Aufnahmegesuch oder bei einer wichtigen Entscheidung (eventuell über sein Weiterleben oder seinen Tod) ein negatives Ergebnis bedeutet!

6.13 Resümee

Nach meinen diesbezüglichen Ausführungen wird der Leser nun erkannt haben, dass es an Haiders Tatort nur so wimmelte von Symbolen! Diese Symbole sind meines Erachtens kein Zufall, sondern von den Verantwortlichen, den Hintermännern und Tätern, die Jörg Haiders Ermordung planten und durchführten, bewusst ausgewählt und arrangiert worden, um die Eingeweihten, die Wissenden zu informieren. Denn nur diese können die Symboliken auch deuten, während sie der profanen Öffentlichkeit verschlossen bleiben. Zwangsläufig weiß also jeder, der ein Logenbruder ist, dass die Täter auch Freimaurer sein müssen. Dasselbe aber wissen auch die Politiker und Ermittler (Staatsanwaltschaft, Polizei), die ebenfalls der »Diskreten Gesellschaft« angehören. Aus Insiderkreisen wurde mir berichtet, dass es aus diesem Grund dazu kommen könnte, die Ermittlungen nicht richtig zuzulassen: Keiner will sich letztlich eines Bruderverrats schuldig machen oder sich gar mit der Loge anlegen!

7. »Anstrengung gehört dazu, um die tiefsten Geheimnisse zu verstehen«[9]

»Wer Verstand hat, der berechne die Zahl des Tieres; denn es ist eines Menschen Zahl, und seine Zahl ist sechshundertsechsundsechzig.«
Offenbarung des Johannes, 13,18

Eine Informantin machte mich im Fall Haider auf ein weiteres mysteriöses Indiz aufmerksam, auf das ich im Folgenden eingehen möchte. Auch wenn inzwischen viele Videos und Bilder aus der Unfallnacht aus den verschiedensten Media-Archiven und Plattformen verschwunden sind, existieren immer noch einige. Beispielsweise in der Videothek des Schweizer *Tagesanzeigers* (http://www.tagesanzeiger.ch/videotv/?video_id=9978)/Stand März 2010). Bei den Aufnahmen handelt es sich um sogenanntes »Rohmaterial« der Nachrichtenagentur Reuters (6024WD), unkommentiert, ohne Interview nur mit Atmo (Hintergrundgeräuschen). Benannt sind die Daten mit: *Austria-Haider Crash/ Duration: 2.28/Date Shot: October 11, 2008.*

Sie zeigen unter anderem Einsatzkräfte am Tatort, die mit Taschenlampen in den Innenraum des zerstörten Haider-Fahrzeuges leuchten. Bei ungefähr 0:40 (Achtung: der Timecode läuft bei diesem Video nicht *auf*-, sondern *ab*steigend) sind zwei Beamte zu sehen, die vor einem Polizeifahrzeug knien. Der linke Beamte, ein Mann, hält eine Stablampe in der Hand, mit der er etwas zu seinen Füßen beleuchtet. Was das ist, ist nicht zu erkennen. Rechts von ihm kniet eine Polizistin, die ebenfalls zu Boden blickt. Nach dem Schnitt ist in einer Naheinstellung eine Spritze zu erkennen, mit der eine Flüssigkeit auf dem Boden aufgezogen und in ein Glasröhrchen geträufelt wird. Jetzt scheint es sich um andere Beamte zu handeln, zumindest bei der rechten Person, denn es ist keine Frau mehr, sondern ein Mann zu sehen (obwohl dies aufgrund der schlechten Lichtverhältnisse schlecht zu erkennen ist). Allerdings gibt es ein unverkennbares Merkmal: die Warnwesten, die normalerweise mit »Polizei« beschriftet sind. Doch die Weste des linken Beamten scheint diesbezüglich einen unvollkommenen Schriftzug aufzuweisen, nämlich nur »Pol zei«. Das »i« scheint zu fehlen und auch nicht in einer Stofffalte verborgen zu sein. Unabhängig davon ist die Aufschrift der Warnweste der rechten Beamtin (in der vorherigen Einstellung bei 0:40 – 0:37) interessant: Sie zeigt keine Buchstaben wie nach dem Schnitt und dem Kameraaufzieher (beginnt etwa bei 0:32) und auch keine Blendstreifen über der Schulter, sondern lediglich ein merkwürdiges Abzeichen, ein Symbol, das aussieht wie ein liegendes Y mit einem Haken nach rechts.

Meine Informantin schrieb diesbezüglich schon im Januar 2009 an das österreichische Bundesministerium für Inneres: »Ich habe in den Medien schon vor längerer Zeit ein Foto von einem Unfall entdeckt und möchte hiermit anfragen, welche Bedeutung ›dieses‹ Zeichen auf einer polizeilichen Warnweste hat …«

Die Antwort der Bürgerdienst- und Auskunftsstelle im Januar 2009 ist unglaublich (Hervorhebungen durch den Autor): »Zu Ihrer Anfrage […] teile ich Ihnen mit, dass die beiden auf dem Foto dargestellten Warnwesten nicht den vom Bundesministerium für Inneres beschafften Warnwesten für die Bundespolizei entsprechen. **Das dargestellte Abzeichen ist uns leider nicht bekannt.**«

Dieser Sachverhalt ist so bedeutend, dass ich, als ich ein Jahr später davon erfahre, im Februar 2010 ebenfalls an das Bundesministerium für Inneres schreibe:

»… (Bei Ihrer Antwort) wird Bezug genommen auf Fotos (und laufende Bilder), die im ORF zu sehen waren […], bei denen Beamte mit Warnwesten ausgestattet sind, die laut Ihrer obigen Antwort ›nicht den vom Bundesministerium für Inneres beschafften Warnwesten für die Bundespolizei entsprechen.‹

Fragen: Was für Warnwesten waren das dann? Von was für einer Dienststelle sind die zu sehenden Beamten? Warum tragen diese Beamten Warnwesten, die von Ihnen nicht verifiziert werden können? Haben Sie das jemals hinterfragt?

Bei der Beamtin rechts im Bild ist ein Symbol/Abzeichen auf der Warnweste zu erkennen, von dem Sie in Ihrer obigen Antwort schreiben: ›Das dargestellte Abzeichen ist uns leider nicht bekannt.‹

Fragen: Haben Sie nach der diesbezüglichen Information […] recherchiert, um welches Abzeichen es sich handeln könnte? Wenn ja, welches ist es? Wenn nein, warum nicht? Wie kann es sein, dass sich

Beamte am Unfallort aufhalten und/oder Dr. Haider versorgen (Das ist nicht zu sehen), von denen Sie nicht sagen können, woher ihr(e) Abzeichen auf den Warnwesten kommen? Heißt das, dass sich Personen am Unfallort aufgehalten haben, von denen weder das Bundesinnenministerium noch die Polizei etwas weiß?«

Der Sprecher des Ministeriums Oberst Rudolf Gollia erklärt mir: »... die Überziehweste, die von der Polizistin getragen wird, wurde von der Kärntner Polizei angekauft, es ist kein Kleidungsstück, das zentral beschafft wurde. Es ist aber klar dokumentiert, dass es sich bei der Frau um eine Polizistin des Landespolizeikommandos Kärnten handelt.«

Soweit so gut, mag man meinen, doch der Oberst hat vergessen, die Frage zu beantworten, welches Abzeichen auf der Warnweste der Beamtin zu erkennen ist. Deshalb frage ich nochmals nach.

Gerhard Pichler vom Referat I/5/a antwortet: »Nach telefonischer Rücksprache mit Herrn Oberst Mag. Rudolf Gollia darf ich Sie ersuchen, sich bezüglich der gestellten und allfälligen Fragen mit Herrn Oberstleutnant Gottlieb Türk von der Stabsabteilung des Landespolizeikommandos Kärnten [...] in Verbindung zu setzen.«

Ich werde mit meiner Frage also herumgereicht wie ein sprichwörtlicher »alter Schuh«. So schreibe ich also an den Oberstleutnant und hake nach, was denn nun für ein Abzeichen auf der Warnweste angebracht sei.

»Wie Ihnen bereits mitgeteilt wurde, handelt es sich bei der im Video zu sehenden Beamtin eindeutig um eine Mitarbeiterin des Landespolizeikommandos Kärnten«, meint Gottlieb Türk lapidar. »Die Warnweste, die sie trägt, ist eine offizielle dienstliche Polizeiweste mit der Aufschrift Polizei.«

Dabei möchte ich es allerdings nicht bewenden lassen, denn schließlich ist meine entscheidende Frage noch immer nicht ausreichend beantwortet worden. »Ich muss Ihnen [...] widersprechen und bitte Sie noch einmal folgendes Video [...] anzuschauen«, schreibe ich zurück. »Hier ist eindeutig zu erkennen, dass auf der Weste der Beamtin rechts **nicht** Polizei steht, sondern ein Abzeichen/Symbol zu erkennen ist. Das hat auch Eva Högl vom Bürgerdienst/Auskunftsstelle des Bundesministerium für Inneres in ihrer Mail vom 20. Januar 2009 so gesehen, in der sie schreibt: ›Das dargestellte Abzeichen ist uns leider noch nicht bekannt.‹ Also noch einmal meine Frage: Was für ein Abzeichen ist das, das eindeutig zu sehen ist?«

Aus der Antwort des Oberstleutnants ist wohl eine gewisse Verstimmung herauszulesen: »Auf dem Video ist die Beamtin auch kurz vor und nach dem von Ihnen erwähnten Zeitpunkt zu sehen, wo eindeutig zu sehen ist, dass es dieselbe Weste ist, wie sie alle anderen auch tragen. Darauf ist der Schriftzug ›Polizei‹ zu lesen. Bei Minute 00:39 wirft die Weste offenbar Falten, weshalb der Schriftzug nicht oder nur verzerrt zu sehen ist. An diesem Umstand besteht absolut kein Zweifel, weil die Beamtin von uns identifiziert wurde und feststeht, dass sie diese Weste zu dem Zeitpunkt getragen hat. Der Bürgerdienst hat Ihnen offenbar in Unkenntnis dessen, dass diese Westen bei der Kärntner Polizei in Verwendung stehen, Auskunft erteilt, was ich bedaure. Ich hoffe nun Ihre Fragen erschöpfend aufgeklärt zu haben …«

Doch das hat er nicht, denn meines Erachtens ist es kein »Faltenwurf« der Warnweste, sondern eindeutig ein Symbol! Aus dem Stegreif fällt mir jedoch nicht sofort ein, wo ich es schon einmal gesehen habe und auch nicht, was es bedeutet. Beim Sichten meines umfangreichen Archivs, das aus rund fünftausend Büchern und Hunderten von Aktenordnern, Filmen und Dateien besteht, werde ich schließlich fündig: Die Abbildung auf der Polizeiwarnweste zeigt das Symbol des Dämoniums der Sonne, des Sonnendämons mit dem okkulten Namen Sorat! In der Anthroposophie wird Sorat auch als »Widersacher« bezeichnet, wie in der christlichen Tradition Luzifer, Satan oder der Antichrist. Er ist das gegnerische Prinzip des guten Sonnengottes (des »Lammes«), die Gewalt, die in den bösen Kräften des Menschen wirkt und im Buch der Apokalypse als das Tier mit den zwei Hörnern beschrieben wird (als Widersacher des Lammes). So jedenfalls erklärt es Rudolf Steiner, der Mentor der Anthroposophie und Begründer der Waldorfschulen (siehe Rudolf Steiner, *Ursprungsimpulse der Geisteswissenschaft* [GA 96] und *Die Apokalypse des Johannes* [GA 104]).

Sorats Zahl ist 400 200 6 60. Das entspricht 666 und – von rechts nach links gelesen – den hebräischen Buchstaben *Taw, Resch, Waw* und *Samech.* Laut des deutschen Universalgelehrten, Theologen, Juristen, Arztes und Philosophen Heinrich Cornelius Agrippa von Nettesheim (1486–1535), der sich mit Magie, Kabbala, Astrologie, Natur- und Religionsphilosophie befasste und zu den bedeutenden Gelehrten seiner Zeit gehörte, ergibt der Name des Tieres 666 ebenfalls den Namen Sorat.

»Und jedes solches geistiges Wesen hat man bezeichnet nicht nur mit seinem Namen, sondern auch mit einem ganz bestimmten Sinnbild, mit einem symbolischen Zeichen«, ergänzt Steiner. »Für Sorat, den Sonnendämon, gab es dieses Zeichen [...] einen dicken Strich, der in sich selbst zurückgebogen ist und vorne zwei gebogene Spitzen hat.« Und weiter: »Der schwarze Magier verwendet das Pentagramm so, dass die ›zwei Hörner‹ nach oben gehen und das eine, die Spitze, nach unten [...] Es wird sich letzten Endes die Menschheit spalten in Wesen, welche die weiße, und in solche, welche die schwarze Magie treiben. So ist in dem Geheimnis von 666 oder Sorat das Geheimnis der schwarzen Magie verborgen.« (Rudolf Steiner, *Ursprungsimpulse der Geisteswissenschaft* [GA 96])

Unglaublich, aber es gibt wohl keinen Zweifel daran: Das Abzeichen auf der Warnweste der Beamtin und das Sorat-Symbol scheinen exakt dasselbe zu sein!

Sicher hat das Ganze lediglich so viel mit Anthroposophie zu tun, als dass Rudolf Steiner schon früh das Geheimnis dieses Symbols entschlüsselte. Zurück bleibt die Erkenntnis, dass sich bei den Ermittlungen (laut Video beziehungsweise Foto) wohl zumindest eine (mutmaßliche) Polizeibeamtin in der Mordnacht am Tatort Jörg Haiders befunden hat, die ein verschlüsseltes Symbol für schwarze Magie, für die Zahl 666, für den Antichristen auf ihrer Warnweste trug! »Anstrengung gehört dazu, um die tiefsten Geheimnisse zu verstehen« (Steiner).

8. »Freimaurerpolitik« in Österreich[10]

»... nicht alle Politiker, die Freimaurer waren, handelten nach dem Humanismus- und Toleranzprinzip, welche die bestimmenden Ideale dieses weltumspannenden Bundes darstellen. Dem gegenüber stehen jene herausragenden Politikerpersönlichkeiten, die im Sinne des freimaurerischen Gedankengutes an der sozialen und humanitären Weiterentwicklung der Menschheit gearbeitet haben.«
Michael Kernstock (Herausgeber des *Freimaurer-Politiker-Lexikons*)

»... der freimaurerische Gedanke hat höchste Aktualität.«
Michael Kraus
(ehemaliger Großmeister der Großloge von Österreich)

Auch in Österreich ist eine lange traditionelle Freimaurerei bekannt, in der sich hochrangige Persönlichkeiten aus den verschiedensten gesellschaftlichen Schichten tummel(te)n. Diese Tradition reicht rund 270 Jahre zurück. Die erste Loge *(Aux trois canons)* wurde 1742 in Wien gegründet. Eine der ersten bekannten Persönlichkeiten der Freimaurerei war Herzog Franz Stefan von Lothringen, der Gemahl Maria Theresias und spätere Franz I. (1706–1765), Kaiser des Heiligen Römischen Reiches, der 1731 im Haag durch eine englische Deputation in den Freimaurerbund aufgenommen wurde. Später zeigte der prominente Logenbruder dann ausgesprochen alchimistische Tendenzen.

In Österreich gibt es vier Perioden der Freimaurerhistorie:

1742–1793: Nach diesen 51 Jahren blieb die Freimaurerei (mit einem kleinen Zwischenspiel im Oktober 1848) fast achtzig Jahre lang verboten.
1868–1918: Die sogenannte »Grenzlogenzeit« umfasste 50 Jahre.
1918–1938: 20 Jahre Freimaurerei in der I. Republik.
1945 bis heute: der bislang längste kontinuierliche Abschnitt der österreichischen Freimaurerei.

»Geht es um informelle Netzwerke, ist Österreich eine Supermacht. Nicht nur, dass an der Schnittstelle von Politik, Wirtschaft und Society in diesem kleinen Land ohnehin jeder jeden kennt. Die Österreicher sind natürlich auch ausgesprochene Vereinsmeier. Je nach ihrer gesellschaftlichen Stellung und ihren persönlichen Vorlieben sind sie Mitglieder in den exklusiven Clubs der Mächtigen, in einer Loge der Freimaurer …«, schreiben der ehemalige *Profil*-Redakteur und Wirtschaftskorrespondent der *Süddeutschen Zeitung,* Roland Bettschart und die Ex-Kabinettchefin im österreichischen Gesundheitsministerium Birgit Kofler 1999 in ihrem Buch *Nobelclubs in Österreich – Wo Einfluß, Macht und Geld verkehren.* Und weiter: »… natürlich ist es dabei für die Absicherung des persönlichen Einflusses, für das Abschließen von Geschäften und für die Entwicklung der eigenen Karriere nicht ganz gleichgültig, wo man Mitglied ist […] Und wer gleich bei mehreren solcher Clubs Mitglied ist, verknüpft Seilschaften zu hocheffizienten Netzwerken mit beträchtlicher Spannweite.«

Solche »Netzwerker« und vor allem auch Freimaurer gibt es nicht nur in der Wirtschaft und in der Politik, sondern auch in den Medien, beispielsweise im ORF. So war der Intendant Hellmut Andics ein bekennender Freimaurer. Ein ORF-Redakteur gestand sogar: »Bei uns sind so viele in einer Loge, dass die Mitgliedschaft allein für eine Beförderung auch nichts mehr hilft.«

Knapp siebzig Logen mit etwa 3000 Mitgliedern, konstituiert als Vereine, sind heute in Österreich aktiv, die sich in der Großloge von Österreich, der Dachorganisation, zusammengeschlossen haben. Allein in Wien gibt es annähernd vierzig Logen, weitere in Graz, Klagenfurt, Villach, Linz, Salzburg, Innsbruck, Sankt Pölten, Klosterneuburg und im Burgenland. Zudem ist auch die Forschungsloge *Quatuor Coronati* in Österreich aktiv.

Ex-Großmeister Michael Kraus bringt das Anliegen der österreichischen Freimaurerei auf einen Nenner (Hervorhebung durch den Autor): »Unsere Verbindung zur Außenwelt sind wir Brüder selber, und zur Verstärkung der Wirksamkeit unserer Erkenntnisse sind es auch die Kandidaten, die wir Suchende nennen, die nach Möglichkeit schon **an den Stellen sitzen,** von wo aus diese katalytische Kraft einsetzen kann. **Die in unserem Sinne ›Richtigen‹** auszuwählen und sie in unserem Geiste zu schulen, ist und bleibt die wichtigste Aufgabe ...« Zudem ergänzt er, dass sich die österreichischen Freimaurer zu einer »Weltverschwörung zum Guten« bekennen.

Der Wiener Publizist Robert A. Minder spricht in seinem *Freimaurer Politiker Lexikon* davon, dass die »österreichische Freimaurerei bis heute [...] großen Wert auf Anonymität, die sogenannte ›Deckung‹ legt.« Trotzdem sind einige Namen publik geworden (siehe Kapitel 8.2 »Österreichische Logenbrüder«).

8.1 »Freimaurereinfluss« in der österreichischen Politik[11]

Wie sehr sich österreichische Politiker der Freimaurerei »anbiedern« können, zeigt ein Beispiel aus der Vergangenheit. Der Abgeordnete Dr. Foregger erklärte am 7. November 1874 im Reichsrat: »Wenn ich Ihnen Gründe vorführen soll, die für die Zuverlässigkeit des Maurertums in Österreich sprechen, so muss ich gestehen, ich bin in Verlegenheit, weil sich mir eine solche Fülle des Materials aufdrängt, dass ich kaum weiß, wo ich zuerst zugreifen soll.« Und weiter: »... Ich finde, dass die Maurerei nicht nur nicht gefährlich, sondern dass sie für den Staat sogar sehr wünschenswert sei und ein Staat, der seine Zwecke richtig auffasst, der müsste meines Erachtens die Maurerei fördern, wie er nur kann, weil sie ihm die besten Staatsbürger erzieht und seine Zwecke fördert, so weit es in ihrer Macht steht.«

Eindeutiger kann politische »Freimaurer-PR« wohl nicht mehr sein! »Wenn auch die Politik in der Freimaurerei nichts zu suchen hat, so hat, recht verstanden, die Freimaurerei sehr wohl etwas in der Politik zu suchen«, gestand bereits Erhard Hornig in Heft 3 der von den Vereinigten Großlogen von Deutschland herausgegebenen Zeitschrift *Die Bruderschaft* vom 15. Mai 1959. Und er ergänzte: »Die Freimaurerei kann und soll aus dem moralischen Gehalt ihres Wesens die Ideale der Toleranz und Humanität auch in das Spiel der politischen Kräfte hineintragen.«

Das masonische Netzwerk in der Alpenrepublik ist »außerordentlich stark«, wie sich der ehemalige Großmeister der Großloge von Österreich Michael Kraus einmal ausdrückte, der auch Vorstandsvorsitzender der Shopping City Süd und Chef der Donau-Finanz Treuhand in Wien war. Natürlich haben sich die Freimaurer auch hier in der Politik breitgemacht. »Nirgendwo außer in der Familie und in den jugendlichen Schuljahren schließt man so enge und herzliche Freundschaftsbeziehungen wie in diesem Bund – und das über Partei-, Religions- und Ideologiegrenzen hinweg [...] Unsere Mitgliederzahl steigt ständig und wir sind auch für junge Kandidaten attraktiv«, so Michael Kraus. Dasselbe hatte schon Jörg Haider gewusst und öffentlich gesagt, beispielsweise in einem Interview in der *Kleinen Zeitung* im September 2008: »Freimaurer haben wir in Österreich auch genügend, bis in Regierungsränge.«

Haiders Parteifreund Ewald Stadler behauptete dies ebenfalls (siehe auch 20.2 »Freimaurerexperte und politischer Weggefährte: Interview mit Ewald Stadler [BZÖ]«). Stadler meinte, dass in Österreich die »Liste der Verstrickungen und Überschneidungen zwischen österreichischen Politikern und Logenbrüdern sehr lange« wäre. In der Politik habe die Freimaurerei seit den neunziger Jahren ihre traditionell sozialdemokratische Dominanz auch auf die christdemokratische ÖVP ausgeweitet.

Tatsächlich haben die Freimaurer in Österreich – so Michael Kraus – einen »gewissen politischen Einfluss«, wie in anderen Nationen auch.

Ein anderer Logenbruder bekennt sogar: »Die Freimaurerei unterstützt keine Partei, macht keine Öffentlichkeitsarbeit, investiert in keine Unternehmen, lehrt in keiner Schule, predigt keine Doktrin. Einzelne Freimaurer tun das alles, aber nicht als Vertreter der Freimaurerei, sondern in ihrem jeweiligen Amt oder Beruf [...] Und sie sollen sich dazu angehalten fühlen, dabei die humanitäre Ethik in die Tat umzusetzen – ohne dass die Freimaurerei selbst in Erscheinung tritt.«

Ein weiterer Freimaurer ergänzt: »Es ist für die Freimaurerei sogar wichtig und notwendig, dass einzelne Brüder im Interesse der Freimaurerei sich öffentlich deklarieren, um rechtliche oder wirtschaftliche Außenbeziehungen wahrzunehmen (Damit sind wohl auch politische gemeint; Anm. d. Verf.). Jeder Freimaurer ist verpflichtet, seine persönlichen ethischen Grundsätze nach der Logenarbeit im Leben in die Tat umzusetzen. Zunächst verwirklicht der Freimaurer seine individuellen Konzepte in seinem Beruf, in seiner Familie oder in seinem Freizeitclub (und wohl auch in der Politik; Anm. d. Verf.)«.

Die Großloge von Österreich selbst will »keine politischen Devisen« ausgeben. So steht in ihren *Allgemeinen freimaurerischen Grundsätzen:* »Die Freimaurerei schließt jede Parteinahme des Bundes in politischen und religiösen Fragen aus. Es sind daher alle Abstimmungen und Beschlüsse, die die individuelle Freiheit der Mitglieder in dieser Richtung beeinträchtigen könnten, untersagt.« Ein Versuch der »politischen Steuerung« der österreichischen Freimaurerei sei völlig ausgeschlossen.

Doch warum spricht der ehemalige Großmeister Michael Kraus dann von einem »gewissen politischen Einfluss« der Freimaurerei?

Ein anderer Logenbruder wird ebenso konkret, wenn er berichtet, dass Freimaurer »verschiedener politischer Überzeugung in brüderlicher Verbundenheit ein und derselben Loge angehören können und dass gar nicht so selten Freimaurer in ihren politischen Äußerungen so zurückhaltend sind, dass ihre politische Zuordnung nicht einmal erkennbar ist.« Die Brüder einer Loge würden eben nicht eine politische Einstellung, sondern Werte verbinden.

Aber auch dies scheint Augenwischerei zu sein.

In *Die Freimaurer,* einem 2007 vom damaligen Großmeister Michael Kraus herausgegebenen Buch, heißt es: »Aber wie immer es die Freimaurer mit dem politischen Diskurs in ihren Logen halten, der einzelne Freimaurer ist keineswegs zu politischer Abstinenz und Neutralität angehalten, im Gegenteil.«

Also was denn nun? Einmal sollen die Logenbrüder *nichts* mit Politik am Hut haben, das andere Mal seien sie keinesfalls zu politischer Neutralität und Abstinenz angehalten.

Weiter postuliert Kraus: »... Freimaurer sein heißt unter anderem, sich mit lebenswichtigen Themen zu befassen und Lösungen zu suchen, die dem Geist der Freimaurerei entsprechen, und dazu gehören zweifellos die, die sich auf die Gesellschaft und den Staat beziehen. Es ist aber seine ganz persönliche Entscheidung, ob und wie weit er sich in der Politik engagiert. Jedes Mitglied einer Loge kann sich in Parteien und politischen Vereinen betätigen und auch in einer Partei politische Funktionen betätigen.«

Diese Aussagen brauchen wohl nicht mehr kommentiert zu werden. Freimaurerei geht also auch in Österreich Hand in Hand mit der Politik, solange sie sich den staatlichen Gesetzen unterordnet. Doch auch diese »Unterordnung« scheint für die Elite-Brüder des Geheimbundes *endlich* zu sein. Michael Kraus schreibt: »Diese Unterordnung unter das staatliche Gesetz muss aber für den Freimaurer [...] dort ihre Grenze finden, wo die persönliche Integrität und Würde des Einzelnen gefährdet sind.« Freimaurer sollen sich im Leben bewähren, »auch durch politisches Denken und Handeln«, so der damalige Großmeister.

Zurückblickend haben österreichische Maurer bereits kurz nach Ende des Zweiten Weltkrieges für Furore gesorgt. So existierte ein gewisses Misstrauen in allen Parteien gegen die Brüder im Geiste. »Unzulässige Gruppenbildung innerhalb einer Partei« und »parteischädigendes Verhalten durch Zusammenarbeit von Freimaurern über Parteigrenzen hinweg« lauteten zwei Vorwürfe. Nicht zu vergessen auch die privaten Zugehörigkeiten als »Karrierebeschleuniger«. ÖVP- und SPÖ-Parlamentarier kamen in die Kritik. Sogar Mitglieder der früheren NSDAP, wie beispielsweise Christoph Klauser, Erwin Frühbauer oder der »höhergradige HJ-Führer« (Eigendefinition) Leopold Wagner (siehe Kapitel 8.2.3 »Logenbruder Leopold Wagner [SPÖ]: ›Kärntner Landeshauptmann, Hitlerjunge und Freimaurer‹«) wurden von der freimaurerischen Bruderkette aufgenommen! Zudem soll selbst der Vizegroßmeister von Österreich, Kurt Baresch, ein ehemaliger SS-Mann gewesen sein, der aber scheinbar erst in dieses Amt gewählt wurde, nachdem »gesichert« war, dass er sich im Dritten Reich nichts hatte zuschulden kommen lassen.

Bereits 2007 habe ich bei der Großloge von Österreich Folgendes angefragt: »In Österreich gehen die politischen ›Brüder im Geiste‹ offener mit ihrer Freimaurer-Mitgliederschaft um als in Deutschland. Warum? In Österreich ist sehr gut zu sehen, welche ›Machtfülle‹ Freimaurer politisch besitzen (Fred Sinowatz war beispielsweise Kanzler, viele Freimaurer sitzen in der SPÖ, der ÖVP, der FPÖ etc.). Auch ehemalige Nazis wurden in den Freimaurerbund aufgenommen (wie beispielsweise Erwin Frühbauer, Leopold Wagner, Kurt Baresch etc.). Warum?«

Der damalige Großmeister Martin Kraus antwortete: »Ich kann überhaupt nicht nachvollziehen, dass in Österreich die ›politischen Brüder im Geiste‹ offener mit ihrer Freimaurermitgliedschaft umgingen als in Deutschland. Es ist jedem Freimaurer überlassen, sich selbst zu seiner Mitgliedschaft zu bekennen, es ist mir aber kein einziger Fall in der Gegenwart bekannt, wo ein österreichischer Politiker aus dem Umstand seiner Mitgliedschaft eine politische Aussage abgeleitet hätte. Zur Frage der Mitgliedschaft ›ehemaliger Nazis‹ möchte ich mich aus prinzipiellen Gründen nicht äußern, weil es zu unseren Prinzipien gehört, lebende Mitglieder des Bundes nicht öffentlich zu diskutieren. Es sei aber schon darauf hingewiesen, dass in vielen anderen Lebensbereichen sogenannte ehemalige Nazis aufscheinen, die sich in ihrem späteren Leben von ihrer Vergangenheit abgewandt und ihre Fehler erkannt haben. Verzeihen ist wohl auch eine menschliche Eigenschaft und Tugend, die mit den Prinzipien des freimaurerischen Gedankens in einem sehr positiven Zusammenhang steht. Aber das kann man ja auch schon in der Zauberflöte nachlesen.«

Freimaurer, die, wohl aus politischen Erwägungen, Nazis *verzeihen* – wenn das nicht Stoff für einen neuen Polit-Krimi in der Alpenrepublik ist?

Ein weiterer prominenter Freimaurer war der SPÖ-Landespolitiker Theodor Kery im Burgenland (siehe Kapitel 8.2.2 »Logenbruder Theodor Kery [SPÖ]: ›Sturmabteilung [SA], NSDAP und Freimaurer‹«). Auch bei ihm – wie auch bei den schon erwähnten SPÖ-Politikern Leopold Wagner und Erwin Frühbauer in Kärnten – kam Kritik an der Doppelmitgliedschaft in der SPÖ und dem Freimaurerbund auf.

Fakt scheint zu sein, dass bekannte und umstrittene Politiker wie beispielsweise Leopold Wagner, Ernst Koref, Helmut Zilk (siehe Kapitel 8.2.4 »Logenbruder Helmut Zilk [SPÖ]: ›Spion und Freimaurer‹«) und Rudolf Streicher nicht nur in ihrer Partei, sondern auch einhellig als »Brüder« in Freimaurerlogen saßen, ebenso Staatssekretäre wie beispielsweise Eugen Veselsky. Nationalräte, Landtagsabgeordnete und Stadträte waren und sind bekennende Freimaurer. Nicht zu vergessen, dass 1983 ein Freimaurer Bundeskanzler der Zweiten Republik geworden ist: Mit Fred Sinowatz saß erstmals ein Logenbruder im bedeutendsten politischen Amt Österreichs!

8.2 Österreichische Logenbrüder[12]

Der berühmteste Österreicher weltweit, der dem Freimaurerbund angehörte, war wohl Wolfgang Amadeus Mozart (1756–1791). Mozart, der 1784 in die Loge Zur Wohltätigkeit eingeführt wurde, hatte sich in seinem bekanntesten Werk *Die Zauberflöte* nicht nur zu den Idealen und Ritualen der Freimaurer bekannt, sondern diese scheinbar auch verraten. Deshalb gab und gibt es viele Spekulationen um seinen mysteriösen Tod, bei dem Gift eine Rolle spielte, das ihm seine Logenbrüder verabreicht haben sollen …

Nachfolgend eine kleine Auswahl bekannter österreichischer Freimaurerpersönlichkeiten, bei der ich mich ausschließlich auf jene beschränke, die sich politisch betätig(t)en:

Franz Stefan von Lothringen (1706–1765), erst Herzog, dann Kaiser Franz I., Gemahl Maria Theresias

Wenzel Anton, Fürst von Kaunitz (1711–1794), Hof- und Staatskanzler unter Kaiserin Maria Theresia, leitete die österreichische Außenpolitik

Tobias Phil. Gebler (1726–1786), k. u. k.-Staatsrat, Mitglied des geheimen Rates unter Maria Theresia und damit Leiter der äußeren österreichischen Angelegenheiten, Hofrat, Vizekanzler der böhmisch-österreichischen Hofkanzlei

Leopold Graf Kolowrat-Krakowsky (1727–1809), österreichischer und böhmischer Vizekanzler, Hofkammerpräsident und Präses der Ministerial-, Banco- und Hof-Deputation, Oberster Kanzler und Leiter der Vereinigten Hofstelle (Finanz- und politische Verwaltung), Direktorialminister einer neuen Zentralbehörde, erster dirigierender Staatsminister

Karl Borromäus Josef, Fürst von Liechtenstein (1730–1789), Wirklicher Geheimer Rat und Feldmarschall

Ernst Christoph, Fürst von Kaunitz (1737–1797), Sohn Wenzel Antons, Obersthofmarschall

Melchior Edler von Birkenstock (1738–1809), Hofrat und Reformator des österreichischen Schulwesens

Albert Kasimir, Herzog von Sachsen-Teschen (1738–1822), Statthalter in Ungarn, Generalgouverneur der Niederlande, Schwiegersohn Maria Theresias

Dominicus Andreas, Fürst von Kaunitz (1739–1812), Sohn Wenzel Antons, Botschafter und Obriststallmeister

Joseph Valentin Eybel (1741–1805), Rat der niederösterreichischen Landesregierung und Theologe

Franz Georg Karl, Graf (später Fürst) von Metternich (1746–1818), Staatsmann

Karl Anton Graf (später Fürst) zu Salm-Reifferscheid (1750–1838); Kämmerer, Gubernalrat in Brünn

Josef Franz Ratschky (1757–1810), Staats- und Konferenzrat und Dichter

Martin Josef Prandstetter (1760–1798), Magistrat der Stadt Wien

Franz Josef Graf Saurau (1760–1832), Regierungspräsident von Niederösterreich, Berater Kaiser Franz II., Oberster Kanzler und Leiter der Wiener Hofkanzlei

Hippolyt Tauschinsky (1839–1905), erster Obmann der geeinten sozialdemokratischen Partei und Historiker

Franz Schuhmeier (1864–1913), Führer der österreichischen Sozialdemokratie, Reichsrats- und Landtagsabgeordneter, Gemeinderat der Stadt Wien

Ferdinand Hanusch (1866–1923), Arbeiterführer, erster Staatssekretär (Minister) für soziale Fürsorge der Republik Österreich

Julius Tandler (1869–1936), Sozialdemokrat, Unterstaatssekretär für das Gesundheitswesen, Wiener Stadtrat, Arzt und Universitätsprofessor

Karl Renner (1870–1950), sozialdemokratischer Politiker, ehemaliger erster Präsident des Nationalrates; trat für den Anschluss Österreichs an das Deutsche Reich ein

Friedrich Hertz (1878–1964), Berater für internationale Beziehungen im Bundeskanzleramt, Soziologe, Historiker und Nationalökonom

Karl Honay (1891–1959), SPÖ-Politiker, ehemaliger Bundesratspräsident

Ernst Koref (1891–1988), Landesparteivorsitzender der SPÖ Oberösterreich

Richard Nikolaus Graf von Coudenhove-Kalergi (1894–1972), Begründer der »Paneuropa-Bewegung«, die einen europäischen Staatenbund anstrebt

Franz Jonas (1899–1974), Bundespräsident (SPÖ)

Theodor Kery (geb. 1918), burgenländischer Landeshauptmann (SPÖ)

Jörg Mauthe (1924–1986), Wiener Landtagsabgeordneter (ÖVP)

Erwin Frühbauer (geb. 1926), SPÖ-Politiker in Kärnten

Leopold Wagner (1927–2008), Landeshauptmann von Kärnten (SPÖ)

Helmut Zilk (1927–2008), Unterrichtsminister und Bürgermeister von Wien (SPÖ)

Fred Sinowatz (1929–2008), Bundeskanzler (SPÖ)

Ernst Eugen Veselsky (geb. 1932), Nationalratsabgeordneter (SPÖ), Mitglied des Bundesrates, Staatssekretär im Bundeskanzleramt

Rudolf Streicher (geb. 1939), Bundesminister für öffentliche Wirtschaft und Verkehr (SPÖ)

Zudem möchte ich die politischen »Logenbrüder« aufführen, die von Ewald Stadler immer wieder öffentlich genannt wurden:

Heinz Fischer (geb. 1938), österreichischer Bundespräsident (SPÖ)

Werner Faymann (geb. 1960), österreichischer Bundeskanzler (SPÖ)

Franz Vranitzky (geb. 1937), ehemaliger österreichischer Bundeskanzler (SPÖ)

Hannes Androsch (geb. 1938), Ex-Vize-Kanzler und ehemaliger Bundesminister für Finanzen (SPÖ)

Christian Broda (1916–1987), Ex-Justizminister (SPÖ)

Caspar Einem (geb. 1948), Ex-Bundesinnenminister und Ex-Bundesminister für Wissenschaft und Verkehr (SPÖ)

Erwin Frühbauer (geb. 1926), Ex-Verkehrsminister (SPÖ)

Peter Ambrozy (1946), Ex-Landeshauptmann von Kärnten und ehemaliger stellvertretender Bundesparteivorsitzender der SPÖ

Peter Kostelka (1946), ehemaliger Obmann des SPÖ-Klubs im Nationalrat

Hans Hobl (1927), ehemaliger Nationalratsabgeordneter (SPÖ)

Kurt Heindl (1936), Ex-Nationalratsabgeordneter (SPÖ)

Michael Ausserwinkler (1957), Ex-Bundesminister für Gesundheit, Sport und Konsumentenschutz, sowie Ex-Landeshauptmann der Kärntner SPÖ und Ex-Landeshauptmannstellvertreter von Kärnten

Herbert Paierl (1952), früherer steirischer Landesrat (ÖVP)

Alexander Van der Bellen (1944), Ex-Bundessprecher (DIE GRÜNEN), Nationalratsabgeordneter, der zwischenzeitlich jedoch kein Logenbruder mehr sein soll (siehe Kapitel 8.2.5 »›Logenbruder‹ Alexander Van der Bellen: Ex-Bundessprecher und Ex-Freimaurer«)

Kurt Grünewald (1948), Nationalratsabgeordneter (DIE GRÜNEN)

An dieser Stelle möchte ich noch kurz auf den Sozialdemokraten Ferdinand Hanusch (1866–1923) eingehen, den großen Arbeiterführer und ersten Staatssekretär für soziale Verwaltung der Ersten Republik: Hanusch war nicht nur sozialdemokratischer Abgeordneter (Mitglied der Nationalversammlung und des Nationalrats), sondern auch zugeteilter Meister der Loge Lessing. »Binnen zwei Jahren gelang es ihm, unter den schwierigsten Verhältnissen den humanitären Geist der Loge in eine sozialpolitische Gesetzgebung umzusetzen, die vorbildlich geblieben ist«, schreiben die Logenbrüder Gustav Kuéss und Bernhard Scheichelbauer in *200 Jahre Freimaurerei in Österreich.* Auch dies zeigt die immense Auswirkung freimaurerischen Denkens auf die Politik!

Nachfolgend beschäftige ich mich etwas näher mit der Freimaurer-Politik der »Neuzeit« in der Alpenrepublik. Dabei lege ich das Augenmerk nicht auf ihre politischen Werdegänge und Betätigungen – die sind ausreichend dokumentiert –, sondern auf jene Aspekte und Sachverhalte, die weniger bekannt sind.

8.2.1 Logenbruder Franz Jonas (SPÖ) – »Bundespräsidentschaft und Freimaurer-Geheimsprache«[13]

Wichtigste politische Funktionen:

1950–1965:	Mitglied des Bundesvorstandes und stellvertretender Parteivorsitzender der SPÖ
1951–1965:	Bürgermeister und Landeshauptmann der Stadt Wien
1952–1953:	Mitglied des Bundesrates
1953–1965:	Abgeordneter zum Nationalrat
1965–1974:	Bundespräsident

Wenn es um die Person Franz Jonas geht, wissen die wenigsten heute noch, dass er 1918 in die Volkswehr eintrat, an den Abwehrkämpfen in Kärnten teilnahm, ein Aktivist der Revolutionären Sozialisten war und einst, zusammen mit seiner Frau Margarete, der Katholischen Kirche den Rücken kehrte.

Franz Jonas wurde am 23. Mai 1965 in direkter Volkswahl zum österreichischen Bundespräsidenten gewählt und am 25. April 1971 für eine zweite Amtsperiode wiederbestellt. 1970 ermöglichte er die Bildung einer Minderheitsregierung der SPÖ unter Bruno Kreisky, die ein Jahr später zu einer Alleinregierung der SPÖ führte und in Folge eine grundlegende Umgestaltung der sozialen und politischen Verhältnisse Österreichs Zweiter Republik ermöglichte. Am 24. April 1974 verstarb Jonas an Krebs.

In Bezug auf Kultur und Bildung verkörperte er zeit seines Lebens den sozialdemokratischen Leitspruch »Wissen ist Macht«. Er blieb ein »unermüdlich Lernender«. Das »Gemeinsame über das Trennende« zu stellen war seine Devise. Schon früh erkannte er die grundlegende Bedeutung der europäischen Verständigung und die Notwendigkeit, auch den Osten in ein gemeinsames Europa mit einzubeziehen. Ganz nach der freimaurerischen Idee der »One World«, die nur erreicht werden kann, wenn alle Nationen zu einem *einzigen* Staat verschmelzen. Denn Franz Jonas war nicht nur politisches Staatsoberhaupt Österreichs, sondern auch Logenbruder, Mitglied einer Wiener Loge. Interessanterweise – und das ist noch weniger bekannt, sprach er die »Welthilfssprache« *Esperanto,* die überwiegend aus den romanischen und germanischen Sprachen zusammengesetzt ist. 1887 wurde sie vom Warschauer Augenarzt Ludwik Lejzer Zamenhof erfunden, der sich selbst des Decknamens Dr. Esperanto bediente, was so viel wie »der Hoffende« heißt. Ob Zamenhof selbst auch Mitglied einer Freimaurerloge war, ist nicht bekannt. Jedenfalls wirkte er bei einer »Menschheitslehre« (»Homaranismo«) mit, die für eine völkerverbindende und tolerante Weltanschauung stand, die (zufällig) die der Freimaurer ähnelte.

Heute gibt es viele Esperanto-Organisationen, auch Jugendorganisationen und sogar einen Esperanto-Weltbund (UEA). Diese »Welthilfssprache« (»Plansprache«) soll die Verständigung zwischen Menschen verschiedener Völker erleichtern, damit kulturelle Gleichberechtigung ermöglichen und einfacher zu erlernen sein, als jede Nationalsprache. So steht es zumindest auf der Homepage *esperanto.net.* Zwischenzeitlich soll es in rund 120 Ländern zirka drei Millionen Esperanto-Sprecher geben.

Doch Esperanto ist noch etwas anderes als nur eine »Welthilfssprache« – sie ist zudem eine Art Geheimsprache der Freimaurer! Sie wird »auch von zahlreichen Freimaurern als ein Weg zur internationalen Verständigung und als Mittel zur Völkerversöhnung betrachtet« (*Internationales Freimaurerlexikon,* S. 270).

1905 wurde auf dem ersten Esperantokongress in Boulogne sogar die Vereinigung *Esperanto-Framasona* gegründet, die sich dann zur *Universala Framasona Ligo,* der Allgemeinen Freimaurerliga wandelte. Die entsprechende Esperanto-Gruppe war seitdem auf allen Esperanto-Kongressen vertreten. Eugen Lennhoff, einer der Autoren des *Internationalen Freimaurerlexikons,* Logenbruder und Mitglied der Loge Zukunft, Großbeamter der Großloge von Wien, sowie Großkommandeur des Obersten Rates des A. und A. Schottischen Ritus von Österreich, war selbst eine Zeit lang ehrenamtlicher Geschäftsführer der Allgemeinen Freimaurerliga, von der es noch rund sechzig Landesgruppen geben soll.

Lassen wir noch einmal das *Internationale Freimaurerlexikon* (S. 270) betreffs Esperanto und Freimaurerei zu Wort kommen: »1913 fand in Bern die erste ganz in E.(speranto; Anm. d. Verf.) abgehaltene Tempelarbeit statt, deren Ritualübersetzung von Dr. Fritz Uhlmann, Basel, stammte. In Paris wurde eine Loge ›E‹ unter der *Grande Loge de France* gegründet, die in dieser Sprache arbeitete.«

Doch noch mehr wird verraten: »Anlässlich des Esperanto-Kongresses in Bern 1913 wurde auf Veranlassung des Schweizers Dr. Fritz Uhlmann der Vereinszweck (der *Esperanto Framasona;* Anm. d. Verf.) erweitert; nicht mehr die Ausbreitung der Esperantosprache sollte das Hauptziel sein, sondern die Vereinigung von Freimaurern aller Riten u. a. auch auf dem Weg über die Welthilfssprache.« (S. 313)

Im Jahr 1908 geschah nicht nur für die Esperanto-Bewegung etwas Einmaliges, sondern auch für die Freimaurer: Am 13. August 1908 wurde ein neuer unabhängiger »Esperanto-Staat« gegründet! Mitten im Herzen Europas, in Neutral-Moresnet, einem kleinen Territorium am Rande Belgiens und den preußischen Rheinprovinzen. Der Name des Esperanto-Staates lautete *Amikejo* (»Ort der Freunde« oder »Tempel der Freundschaft«). Dies erinnert sehr an den freimaurerischen »Tempel der Menschheit«. *Amikejo* war das Resultat eines Projektes einer »universellen Nation«, die Verbindung eines »humanistischen Ideals«, in der nur Esperanto gesprochen und Esperantisten aus aller Welt zu einer »Esparantistengemeinschaft« geschmiedet werden sollten! Von Amikejo aus sollte dann die ganze Erde »esperantisiert« werden! Natürlich berichtete die Weltpresse davon, aber die Verantwortlichen waren vorsichtig und vermieden es sorgfältig, Esperanto mit Dingen zu vermischen, die politisch oder religiös sein könnten. Auch das erinnert stark an die Freimaurerei. Ebenso die dritte Strophe des *Amikejo-Liedes:* »Menschheit, o komm doch nach Amikejo! Es lebe hoch der Internationalismus! Lasst uns alle unsere Gabe bringen auf der Freundschaft schönem Altar!«

Wilhelm Molly, der stellvertretende Bürgermeister von Neutral-Moresnet war maßgeblich an der Gründung dieses neuen europäischen Staates beteiligt. Auch er war ein Freimaurer, Mitglied der Loge zu den drei Weltkugeln!

Mit *Amikejo* hatten wohl auch Freimaurer ihren ersten unabhängigen Staat gegründet! Wer weiß, wie das alles ausgegangen wäre, hätte nicht die Unterzeichnung des Versailler Vertrages am 28. Juni 1919 diesem »Spuk« ein Ende bereitet. Neutral-Moresnet hörte auf zu bestehen, wurde mit den beiden Nachbargemeinden zusammengefasst und gehört heute der belgischen Provinz Lüttich an.

Zurück zum ehemaligen österreichischen Bundespräsidenten und Freimaurer Franz Jonas: Er sprach nicht nur Esperanto, sondern wurde sogar 1924 zum Sekretär des Österreichischen Arbeiter-Esperanto-Bundes gewählt und brachte es dort bis zum zweiten Bundesvorsitzenden.

8.2.2 Logenbruder Theodor Kery (SPÖ) – »Sturmabteilung (SA), NSDAP und Freimaurer«[14]

Wichtigste politische Funktionen:

1951–1962:	Mitglied des Burgenländischen Landtags
1960:	Zweiter Landtagspräsident
1967–1987:	Mitglied des Bundesparteivorstandes der SPÖ
1969–1987:	Landesparteiobmann der SPÖ Burgenland
1979–1983:	Stellvertretender Parteivorsitzender der SPÖ
1979–1983:	Mitglied des Parteipräsidiums der SPÖ
1966–1987:	Landeshauptmann des Burgenlandes

Schon mit zwanzig Jahren wurde Theodor Kery Mitglied des paramilitärischen Kampfverbandes der SA, einer Nazi-Schlägertruppe, die einst zur Einschüchterung politischer Gegner eingesetzt wurde, um die öffentlichen Versammlungen von Adolf Hitlers NSDAP zu schützen. Außerdem wurde Kery in den Nationalsozialistischen Lehrerbund (NSLB) aufgenommen und stellte 1939 Antrag auf Parteimitgliedschaft in die NSDAP, der knapp vor Kriegsende noch entsprochen wurde. Nachdem er sich in den letzten Kriegsjahren an die Ostfront gemeldet hatte, aber an die französische Westfront kam und dabei in britische Gefangenschaft geriet, konnte er 1947 als »Minderbelasteter« wieder in den österreichischen Schuldienst im Bundesland Burgenland eingestellt werden. 1948 holte ihn die SPÖ in ihre Reihen. Der Ex-Nazi arbeitete sich langsam hoch und wurde 1966 Landeshauptmann des Burgenland. Dieses Amt hatte er einundzwanzig Jahre inne. Zudem avancierte er zu einem Freimaurer. Zu seinen Freunden in der Landesregierung gehörte unter anderen auch der langjährige Parteisekretär und Logenbruder Fred Sinowatz, der spätere Bundeskanzler.

Kery galt als schroff und sprunghaft, als »Chef«, der »einsame Entscheidungen« traf und sogar unerlaubte Waffen sammelte. Der Spruch von »Kerys Feudal-Hofstaat« ging um. Er musste sich Kritik stellen, Verfilzungen mit der Wirtschaft zugelassen zu haben, wie beispielsweise in einem Wohnbauskandal. Die Beliebtheit Theodor Kerys ließ schließlich immer mehr nach, nicht nur in den Medien, sondern auch in der Öffentlichkeit. Ein dramatischer Wahlverlust Ende der achtziger Jahre läutete schließlich das Ende der Ära des Freimaurers ein, und Kery trat abrupt von der Bühne der Landespolitik ab.

8.2.3 Logenbruder Leopold Wagner (SPÖ) – »Kärntner Landeshauptmann, Hitlerjunge und Freimaurer«[15]

Wichtigste politische Funktionen:

1966–1970:	Abgeordneter zum Bundesrat
1974–1988:	Landeshauptmann von Kärnten
1974–1989:	Mitglied des Parteivorstandes der SPÖ
1979–1983:	Stellvertretender Vorsitzender der Bundes-SPÖ
1979–1983:	Mitglied des Parteipräsidiums der SPÖ

Wenn man auf die Homepage des Parlaments der Republik Österreich auf den Namen Leopold Wagner klickt, dann bekommt man einige Informationen über seine Schul-, Berufs- und Politiktätigkeit, keine aber über seine Vergangenheit als Hitlerjunge und seine Betätigung als Freimaurer!

1975 gab der »machtbewusste und selbstherrliche« Wagner im »national und patriotisch« geführten SPÖ-Wahlkampf zu, er »glaube auch in nationalen Kreisen eine gewisse Wertschätzung zu finden, da er zwar kein Napola-Schüler, aber immerhin ein hochgradiger Hitlerjunge gewesen sei«!

Nun stelle man sich diese Äußerung heute einmal vor: Jörg Haider wurde zeit seines politischen Lebens als Rechter oder verkappter Nazi bezeichnet, selbst noch nach seinem Tode, während sein Vorgänger Wagner offen zugab, ein »Hitlerjunge« gewesen zu sein, dazu noch ein »hochgradiger«! Aber warum gab es hinsichtlich Wagners Person keine Proteste? Warum wurde er nicht verunglimpft? Die Antwort scheint auf der Hand zu liegen: Er gehörte eben der *richtigen* Partei an, der SPÖ, und nicht – wie Haider – der FPÖ und später dem BZÖ. Bei diesem Beispiel scheint sehr schnell die Doppelmoral deutlich zu werden, die in Österreich politisch und auch medial herrscht.

Zudem war Wagner Freimaurer, konnte sich also auf die funktionierende »Bruderkette« verlassen. Wie 1965, als er zum Landesparteisekretär der SPÖ bestellt wurde, weil dieses Vorhaben bis zuletzt geheim geblieben war. Und die, die in diesen Coup eingeweiht waren, die Parteigranden und vermutlich auch Logenbrüder, verständigten sich mit dem Code: »Ist der Wagen schon vorgefahren?«

Wagner bedrohte den damaligen ÖVP-Klubobmann Georg Wurmitzer einmal mit »psychischer Vernichtung«, was er Jahre später abschwächte und meinte, Wurmitzer hätte ihn falsch verstanden. Freimaurer Wagner regierte mit eiserner Faust. »Ich war der Chef«, sagte er einmal. »Ich ließ keine Cliquen zu.«

Andere meinten, innerparteiliche Kritiker wären »gnadenlos eliminiert« worden. Zwar hatte er den »SPÖ-Bonapartismus«, der damals in Kärnten herrschte, den Alleinvertretungsanspruch seiner Partei, die das ganze Land als »Eigentum« der Roten betrachtete, nicht erfunden, dafür aber ausgebaut und mehr noch: zu einem perfekten Netzwerk, zu einem autoritären Informanten- und Disziplinierungssystem gemacht! Ohne sein Wissen und Zutun konnte niemand im Land mehr Karriere machen.

Karl Anderwald, stellvertretender Landesamtsdirektor von Kärnten (1999–2002) sagte bezüglich dieses »SPÖ-Bonapartismus«: »Es entsprach dem damaligen Selbstverständnis der SPÖ, das ganze Land quasi als Eigentum der Partei zu betrachten. Der kontinuierliche Aufbau und das Bewahren der Macht waren oberste Ziele.«

Und genau darauf war Logenbruder Wagner stolz. Er hatte auch, nach eigenen Worten, Jörg Haider immer brav unter Kontrolle, den er als seinen »Ziehsohn« bezeichnete. Willy Mitsche, einst im ORF Kärnten als politischer Journalist tätig, dann Chefredakteur, ORF-Landesdirektor und ORF-Hörfunkdirektor, erinnert sich an eine Begebenheit, die sich 1984 zugetragen hatte: »Nach dem Ende einer Pressekonferenz in Pritschitz am Wörther See blieben Haider, der damalige Chefredakteur der *Kärntner Tageszeitung* (zu jener Zeit im Eigentum der SPÖ), Ernst Primosch und ich noch ein wenig sitzen, und nach einem Gläschen Wein sagte ›Neste‹ (Primosch) zu Haider: ›Du Jörg, du musst schon verzeihen, dass ich dich nahezu jeden Tag in Kommentaren attackiere, aber der Poldi (gemeint war Wagner) will das so.‹«

Freimaurer Wagner versuchte also, seinen Konkurrenten Haider »klein zu halten« oder »klein zu machen« – das kam wohl auf die jeweilige Betrachtungsweise an. Doch Haider wäre nicht Haider gewesen, wenn er nicht geantwortet hätte: »Neste, mir ist egal, was du schreibst, Hauptsache du schreibst irgendetwas über mich.« Wagner meinte ferner, dass Haider eine »wirklich politische Funktion« in Kärnten nicht erreichen könnte und spielte damit wohl auf das Amt des Landeshauptmannes an. Dafür wäre er in der »falschen Partei«. Er sagte: »Wenn er bei uns wäre, könnte er das vielleicht erreichen, aber so nicht.«

Am 6. Oktober 1987 wurde Leopold Wagner Opfer eines Attentats. Ein früherer Schulkollege (Wagner war einst Lehrer gewesen) schoss auf ihn, verletzte ihn schwer, aber er überlebte. Dennoch war diese Tragödie der Anfang vom Ende seiner politischen Karriere, auch wenn er wieder seine Funktionen ausüben konnte und sich, treu der freimaurerischen Devise, für ein Pro-EU-Komitee in Kärnten zur Verfügung gestellt hatte. 1989 verlor die SPÖ die Landtagswahl mit hohen Verlusten, sodass es selbst innerhalb der Partei zu massiver Kritik an Wagner kam. Angeprangert wurden vor allem seine Alleinherrschaft und die Versäumnisse in der Landespolitik. Notgedrungen musste er auch seinen Irrtum in Bezug auf Jörg Haider einsehen, der sein Nachfolger als Landeschef in Kärnten wurde, ihm ordentlich einheizte und erfolgreich Machtmissbrauch, Parteibuchwirtschaft und Wirtschaftsinkompetenz der Kärntner SPÖ thematisierte.

Wagner war der längstdienende Landeshauptmann Kärntens. Er hatte durchgehend von 1974 bis 1988 regiert. Schließlich schied er aus dem Bund der Freimaurer aus, wie es hieß, obwohl die Mitgliedschaft eigentlich für das ganze Leben geschlossen wurde. Wie dem auch sei: Vermutlich hatte er seine maurerische Arbeit erledigt, die wohl nicht für jeden Logenbruder zufriedenstellend gewesen war.

Wagner und sein einstiger politischer Kontrahent Haider starben beide im Herbst 2008. Vielleicht eine Ironie des Schicksals, dass Jörg Haider eine Woche vor seinem eigenen Tod auf dem Begräbnis des Altlandeshauptmannes Wagner zusammen mit dem damaligen Bundeskanzler Alfred Gusenbauer ein Gebet für den Nächsten gesprochen hatte, der aus ihrer Mitte scheiden würde.

8.2.4 Logenbruder Helmut Zilk (SPÖ) – »Spion und Freimaurer«[16]

Wichtigste politische Funktionen:

1983–1984: Bundesminister für Unterricht und Kunst
1984–1994: Bürgermeister von Wien und Landeshauptmann des Bundeslandes Wien

Schon früh gehörte der Ex-ORF-Fernsehdirektor und spätere Ombudsmann der *Kronen Zeitung* Helmut Zilk zum Kreis der »Erlauchten«, sprich zum Club 45. Der Club, der 1973 von führenden SPÖ-Mitgliedern gegründet worden war, umfasste rund dreihundert »hochanständige, honorige« Persönlichkeiten, wie es Bruno Kreisky einmal ausdrückte; darunter auch Freimaurer wie Fred Sinowatz und Ernst-Eugen Veselsky.

Zilk, der vor seinem politischen Engagement bei den Sozialdemokraten kurzzeitig der KPÖ (Kommunistische Partei Österreichs) angehörte, war bekannt für seine Bürgernähe, wirkte telegen, war gebildet, manchmal auch »goschert«, also großmäulig, wie die Wiener sagen, laut und polemisch. Am 5. Dezember 1993 wurde er bei einem Briefbombenattentat des Terroristen Franz Fuchs an der linken Hand schwer verletzt und verlor dabei zwei Finger.

Zilk war jedoch nicht nur ein beliebter Politiker, sondern auch ein Freimaurer, Mitglied einer Wiener Loge. Er selbst hatte nie einen Hehl daraus gemacht und sich mehrfach dahingehend geoutet. Einer seiner politischen Kontrahenten, der Wiener ÖVP-Stadtrat und Abgeordnete zum Wiener Landtag, Jörg Mauthe, ein freimaurerischer Bruder, warf ihm einst »Mittelmäßigkeit« vor sowie einen Mangel an Utopien und Visionen, um Wien »wieder zur strahlenden Metropole Mitteleuropas« zu machen.

Was zunächst nur die allerwenigsten wussten: Freimaurer Helmut Zilk war auch ein Top-Spion! Unter den Decknamen »Johann Maiz« oder »Holec« schnüffelte er zwischen 1965 und 1968 für den tschechoslowakischen Geheimdienst seine eigenen Parteifreunde in der SPÖ aus. Genauer: Er lieferte Informationen aus dem inneren Kreis der Sozialdemokraten zur Außenpolitik der damaligen ÖVP-Alleinregierung, zur Frage der Restitution der Altösterreicher (Rückgabe von während des Naziregimes enteigneten Vermögenswerten, überwiegend von Juden) und über Sudetendeutsche in der Alpenrepublik. Von »Geschenken« ist die Rede, wie etwa einem Luster aus böhmischem Bleikristall, und von Honoraren, die der heutigen Kaufkraft von etwa 30 000 Euro entsprechen. Das belegten Quittungen, die das Nachrichtenmagazin *Profil* im März 2009 veröffentlichte. Seine Spitzeltätigkeit setzte Logenbruder Zilk auch noch fort, *nachdem* er 1967 Fernsehdirektor des neuen ORF geworden war!

1968 – nach dem Einmarsch der Sowjetunion in die Tschechoslowakei – wurde die österreichische Staatspolizei vom amerikanischen Geheimdienst CIA über die Agententätigkeit des SPÖ-Politikers informiert. Daraufhin wurde Zilk vernommen, aber seltsamerweise waren die dementsprechenden Akten nach Auskunft des Innenministeriums verschwunden! Im März 2009 erklärte ÖVP-Innenministerin Maria Fekter, dass die »Zilk-Akten« schon Ende der 60er-, Anfang der 70er-Jahre vernichtet worden seien! Der Freimaurer selbst bestritt zu seinen Lebzeiten die Vorwürfe der Spionagetätigkeit und hatte auch nach seinem Tod einen prominenten Mitstreiter: SPÖ-Bundeskanzler Werner Faymann. Dieser glaubt den Beweisen nicht, ist sogar empört darüber und will dafür sorgen, »dass Zilks Andenken nicht zerstört wird!«

Ein Bundeskanzler, der sich also für einen Spion einsetzt, der die eigene Partei ausschnüffelte? Setzt sich hier ein Logenbruder für den anderen ein? Ob Faymann jedoch tatsächlich zu den Freimaurern gehört, kann nicht belegt werden, auch wenn der BZÖ-Politiker Ewald Stadler dies behauptet (siehe hierzu auch Kapitel 9 »SPÖ-Bundeskanzler Werner Faymann: ›Freimaurer, Rotarier oder Bilderberger?‹« und Kapitel 20.2 »Ewald Stadler [BZÖ]: Freimaurerexperte und politischer Weggefährte«).

Wie sehr die österreichischen Behörden das Thema bewusst aussparen und wegsehen, belegt die Homepage der Stadt Wien (www.stadtwien.at) zum Thema »Wiener Bürgermeister«. Unter dem Stichwort Helmut Zilk ist nichts von alldem zu lesen (Stand März 2010)! Es wird weder seine Freimaurerzugehörigkeit noch seine Spitzeltätigkeit erwähnt! Soviel zur offiziellen »Vergangenheitsbewältigung«.

Trotz seines unglaublichen Verrats an den eigenen Parteigenossen und den österreichischen Wählern wurde dem Altbürgermeister nach seinem Tod im November 2008 ein Staatsbegräbnis gewährt: mit dem Bahrtuch der Stadt Wien, einer Ehrenwache und einer Aufbahrung im Stephansdom, wo das Volk Abschied von ihm nehmen konnte. Ein feierliches zweistündiges Requiem schloss sich an. Zuvor wurde eine nichtöffentliche Trauersitzung im Festsaal des Wiener Rathauses zelebriert, bei der die österreichische Politprominenz anwesend war, angeführt von Bundespräsident Heinz Fischer. Der damalige SPÖ-Bundeskanzler Alfred Gusenbauer machte in seiner Trauerrede für die *Wissenden* und *Eingeweihten* wohl alles klar, als er von Zilks Errungenschaften, Leistungen und »spiritueller und moralischer Botschaft« sprach. Die Logenbrüder dürfte es gefreut, das Volk nichts davon verstanden haben. Ausgelassen bei seiner Rede hatte der Bundeskanzler Zilks Tätigkeit als Spion. Schließlich endete die Trauerzeremonie für den Freimaurer mit einem Fackelzug des Bundesheeres und der Beisetzung auf dem Wiener Zentralfriedhof. Natürlich nicht ohne vorherige Grabsegnung durch Kardinal Christoph Schönborn und dem von den Gardemusikern gespielten Lied »Ich hatte einen Kameraden«. Einen Kameraden jedoch, der wohl über Jahre hinweg eigene Parteifreunde, die Bundesregierung und das österreichische Volk, sowie die in der Alpenrepublik lebenden Sudetendeutschen nicht nur belogen, sondern auch verraten hatte. Auch das deutsche Nachrichtenmagazin *DER SPIEGEL* fand in einem Nachruf auf Helmut Zilk nur lobende Worte: »Zeit seines Lebens stand der gebürtige Wiener für Aufrichtigkeit …«

Die Huldigung seiner Person kann ich nur damit erklären, dass er als Logenmitglied größere Privilegien als andere genoss und ihn seine Freimaurerbrüder in der »verfreimaurerten« österreichischen Politik nicht im Stich ließen. Egal, was er sich hatte zuschulden kommen lassen.

8.2.5 Logenbruder Alexander Van der Bellen (DIE GRÜNEN) – »›Ex-Bundessprecher und Ex-Freimaurer‹«[17]

Wichtigste politische Funktionen:

1994:	Nationalratsabgeordneter
1997–2008:	Bundessprecher der GRÜNEN
1999–2008:	Klubobmann im Nationalrat

Ewald Stadler (BZÖ) behauptete 2006 und zwei Jahre darauf in einer scharfzüngigen Rede im österreichischen Parlament, dass der einstige Vorsitzende der GRÜNEN, langjährige Bundessprecher und nunmehrige außenpolitische Sprecher im Nationalrat, der russischstämmige

Alexander Van der Bellen, Freimaurer sei. Später, in einem persönlichen Gespräch im Sommer 2009 erklärte mir Stadler, Van der Bellen hätte ihm selbst gesagt, kein Logenmitglied mehr zu sein.

Van der Bellen gesteht im September 2008, »Mitte der 1970er-Jahre in die damals einzige Innsbrucker Loge aufgenommen« worden und dort »etwa ein Jahr lang aktiv« gewesen zu sein, was heißen würde, dass er an den Sitzungen teilgenommen hat. Und weiter: »Danach habe ich als rein passives Mitglied noch etwa zehn Jahre lang den Mitgliedsbeitrag bezahlt und bin schließlich auf meinen expliziten Wunsch hin ausgeschieden.« Normalerweise jedoch wird der Bund mit den Freimaurern für das ganze Leben geschlossen und nicht etwa in »Teilzeit«. Wie dem auch sei, der Ex-Vorsitzende der GRÜNEN und Nationalrat bekennt also offen seine frühere Mitgliedschaft bei den Freimaurern! Allerdings verharmlost er: »Meine Loge in Innsbruck war jedenfalls ein Klub ehrenhafter Bürger, mit interessanten Diskussionsabenden (ohne jeden Beleg für irgendeine Verschwörungsabsicht) auf relativ hohem intellektuellen Niveau. Über andere Logen kann ich keine Auskunft geben.«

Diese Aussagen stammen aus dem Forum »Mein Parlament« des *Kuriers,* wo Van der Bellen auf die kritische Frage einer Forumsteilnehmerin antwortet. Interessanterweise sind diese Einträge zwischenzeitlich gelöscht.[18]

Fakt ist: Nachdem Ewald Stadler immer wieder für seine Freimaurer-Äußerungen Kritik einstecken musste, behielt er in dieser Hinsicht doch recht: Alexander Van der Bellen war einst ein bekennender Freimaurer gewesen.

8.3 Anfrage bei den österreichischen Parteien betreffs Freimaurerzugehörigkeit ihrer Mitglieder[19]

Für mein *Schwarzbuch Freimaurerei – Geheimpolitik, Staatsterror, Politskandale* habe ich im Sommer 2007 neben den Parteien aus der Schweiz und Deutschland auch die aus Österreich befragt. Ich fragte, was ihre parteiinterne Meinung zum Freimaurertum sei, ob es Politiker in ihrer Partei gebe, die dem Freimaurerbund angehören und wenn, wie diese Politiker die Weltanschauung der Freimaurer mit dem Staatsamt vereinbaren könnten. Weiter fragte ich, ob es nicht gefährlich für eine Demokratie sei, wenn sich eine politische, geistige und wirtschaftliche Elite in geheimen Kreisen treffe, dort »unöffentliche« Riten betreibe und Dinge bespreche, von denen die Öffentlichkeit nichts mitbekomme, sowie einer Hierarchie unterstehe, die für jeden Außenstehenden undurchschaubar sei.

Alle befragten Parteien, sowohl die aus Deutschland und der Schweiz, wie auch die aus Österreich haben sich um eine Antwort gewunden oder gleich gar keine gegeben. Im Einzelnen reagierten die österreichischen Parteien wie sie folgt:

SPÖ (Sozialdemokratische Partei Österreichs): Keine Antwort.

ÖVP (Österreichische Volkspartei): »Leider können wir Ihnen bei Ihrer Recherche nicht weiterhelfen, weil sich diese Fragen gänzlich unserer Kenntnis entziehen.«

FPÖ (Freiheitliche Partei Österreichs): Keine Antwort.

DIE GRÜNEN: »Wir haben uns Ihre Fragen durchgelesen und sind zu dem Schluss gelangt, dass wir zur Aufklärung Ihres Themas ›Politik und Freimaurerei‹ leider keinen Beitrag leisten können.«

9. SPÖ-Bundeskanzler Werner Faymann – »Freimaurer, Rotarier oder Bilderberger?«[20]

»Der Einzelne steht wie gelähmt vor einer Verschwörungstheorie, die so monströs ist, dass er sie einfach nicht fassen kann.«
J. Edgar Hoover, Leiter des FBI und Freimaurer

»Aber ich meine, es ist besser, für das Erlangen von Freiheit Risiken auf sich zu nehmen, als durch mutloses und verantwortungsloses Verhalten mit dem Preis der Unterjochung zu bezahlen. Denn wer frei sein will, muss auch den Mut aufbringen, dafür etwas zu tun.«
Jörg Haider

Der ranghöchste österreichische Politiker, SPÖ-Bundeskanzler Werner Faymann, scheint *keine* Berührungsängste mit geschlossenen Zirkeln, Eliteclubs und Geheimgesellschaften zu haben. So soll Faymann unter anderem auch beim *Rotary Club Wien Stephansplatz* anzutreffen sein, genauer beim Café Demel auf dem Kohlmarkt, bekannt für die weltberühmte Sachertorte, dort wo früher der Club 45 war. Genauso sein Kabinettschef und Staatssekretär für Medien und Koordination im Bundeskanzleramt Josef Ostermayer. Um die Verflechtungen in diesem sogenannten Serviceclub (wie auch *Lions* und *Kiwanis*) zu verstehen, möchte ich nachfolgend etwas näher auf ihn eingehen.

Rotary (»drehend«) ist eine »Weltgemeinschaft von Berufsleuten«, die sich für Hilfe für andere Menschen und weltweite Verständigung einsetzt. Ein sozial engagiertes Netzwerk »höherer Gesellschaftsschichten«, das wohltätige Zwecke verfolgt. Doch Kritiker wie beispielsweise Peter Wendling sehen *Rotary Clubs* (RC) mit ihren speziellen Aufnahmeregelungen als »eingeschworene« oder gar »verschworene« Gemeinschaften, oftmals als »Selbstbedienungsladen für den einen oder anderen persönlichen Vorteil zugunsten der Mitglieder«. Denn man kann nicht direkt eintreten, sondern muss von zwei Mitgliedern vorgeschlagen werden und wird auch erst dann aufgenommen, wenn die Rotarier keinen berechtigten Einspruch erheben. Das ist meines Erachtens elitär.

Auch die politische und religiöse Diskussion ist verboten, obwohl durchaus Vorträge über »Politik, Verwaltung, Nachrichtenwesen, Soziale Probleme und Gesellschaftspolitik« gehalten werden.

»Man darf davon ausgehen, dass der Grundtenor dieser Vorträge politisch erzkonservativ ist«, erklärt Peter Wendling in *Logen, Clubs und Zirkel – Die diskrete Macht geheimer Bünde.*

All das erinnert natürlich an die Freimaurer. Weltweit gibt es rund 33 100 Clubs in 166 Staaten mit über 1,2 Millionen Mitgliedern (zirka 49 000 in Deutschland und über 4000 in Österreich). Frauen wurden erstmals 1987 beziehungsweise 1989 zugelassen – hier gehen die Quellen auseinander – und das auch erst nach einem zehnjährigen Rechtsstreit eines frauenfeindlichen kalifornischen *Rotary-Clubs.* Der damalige *Rotary*-Präsident meinte dazu: »Ich habe die Zeit genossen, in der wir nur Männer waren.« Erwähnenswert ist auch noch, dass deutsche RCs versuchten, sich der Nazidiktatur anzupassen und sogar anboten, alle Entscheidungen mit der Reichsführung abzustimmen und sich gleichzuschalten. Doch die Nazis gingen auf das Angebot nicht ein und verboten sie.

Immer wieder werden Verbindungen mit Freimaurern hergestellt, was die Rotarier bestreiten. Fakt scheint jedoch zu sein, dass der *Rotary*-Begründer Paul P. Harris 1912 bei der Gründungsfeier des *Lions-Clubs* durch den Freimaurer Melvin Jones anwesend war. Jones war Mitglied der *Garden City Lodge No. 141* in Chicago. Doppelmitgliedschaften waren und sind sicher noch häufig zu finden. Hinzu kommt, dass einer der vier Gründer von *Rotary,* der Deutsch-Amerikaner Gustav Loehr, Freimaurer war.

»Service-Clubs« wie *Rotary (Lions* und *Kiwanis)* haben alle etwas gemeinsam: Weltverbesserungsgedanken und karitative Hilfe (zumeist in Form von Spenden), die sie zweifelsohne auch leisten, sind ein Merkmal. Außerdem nahmen diese Clubs ebenso wie die »diskrete Gesellschaft« ursprünglich nur Männer auf. Doch noch etwas anderes scheint sie zusammenzuschweißen: Brüderlichkeit und Freimaurerei.

Ein Freimaurer, der verständlicherweise anonym bleiben möchte, erklärt mir, dass die Gesellschaft nicht durch Logen direkt unterwandert werden würde, sondern durch die von ihnen gegründeten Vereine. Diese Freimaurervereine dienen dazu, die Gesellschaftsstrukturen mittels Spenden, Stiftungen und Wohltätigkeit mit ihrem Geist und in ihrem Sinne zu durchsetzen. Die meisten Mitglieder hätten davon keine Ahnung. Als ich selbst einen Rotarier darauf anspreche, weiß dieser nichts darüber. Mein Maurer-Informant verweist auf die Europäische Freimaurer-Zeitung *European Masonic Review* vom April 1964, in der es heißt, dass beispielsweise der *Rotary Club* und der *Round Table Club* »abgezweigte junge Schösslinge« wären, die vom »alten Stamm der Freimaurerei herkommen« würden. Diese Quelle kann ich nicht verifizieren.

Dafür finde ich andere: Wolfgang Ziegler, vom RC Ammersee geht 2004 in der Clubzeitschrift *Rotary* im Artikel »Rotary und die Freimaurer – Von Brüdern und Freunden« näher darauf ein: »Zur Zeit der Gründung Rotarys gehörte ein großer Teil der amerikanischen Geschäftsleute einer der zahlreichen maurerischen Vereinigungen an. Die Zugehörigkeit zu beiden Organisationen ist auch heute in den angloamerikanischen Ländern nicht außergewöhnlich und wird weder von den Freimaurern noch von Rotary International untersagt …«

1923 erscheint in der britischen Zeitschrift *The Rotary Wheel* der Artikel »Rotary and Freemasonery«. Die dort getroffenen Aussagen sind wohl bis heute gültig und lassen diesbezüglich keine Fragen mehr offen.

So heißt es beispielsweise: »Wenn wir jedoch zu den ›inneren und geistigen Werten‹ kommen, die allen äußeren Unternehmungen zugrunde liegen, bewegen wir uns im Wesentlichen auf gemeinsamem Terrain. Brüderlichkeit heißt der magische Schlüssel, der gleichermaßen die massive Türe der Freimaurerei öffnet und Zugang zu dem sich stetig vergrößernden Kreis Rotarys gewährt. Die Gelegenheit, seinen ›Nachbarn‹ kennen zu lernen, zu verstehen und letztendlich zu lieben, verbindet beide Institutionen und ist der immer währende und unantastbare Felsen, auf den beide gegründet sind.« Zum Schluss kommt der Autor zum Resümee: »… wir sind voller Zuversicht, dass sie nicht aufhören werden, gute Freimaurer zu sein, wenn sie sich Rotary anschließen, und es ist ebenso sicher, dass diejenigen, die in der durch die Zeit geadelten Universität der Freimaurerei ihren Abschluss gemacht haben, ebenso wertvolle Rotarier sein werden.«

Und als Krönung dieser Vereinigung zwischen Freimaurern und Rotariern wird in dem 2004 erschienenen Artikel noch ein Schaubild mit dem *Rotary*-Rad und Motiven verschiedener maurerischer Vereinigungen dargestellt.

Einen weiteren Quellenbeleg finde ich in dem Artikel »Service-Clubs – eine Erfindung des 20. Jahrhunderts« in der Clubzeitschrift *Kiwanis Nachrichten*, Edition 2/05. Darin steht in Bezug auf die Businessclubs *Rotary, Lions* und *Kiwanis:* »Von nicht unerheblicher Bedeutung dürfte es gewesen sein, dass bei der Gründung der Serviceclubs zahlreiche Freimaurer mitwirkten. Es fällt auf, dass die in den USA gegründeten Serviceclubs, die ursprünglich nur Männer aufnahmen, alle die Farbkombination Blau-Gold tragen. Auch stellen die Organisationen *Rotary, Kiwanis, Lions* und *Civitan* an neue Mitglieder in etwa die gleichen Anforderungen: Ein lauterer Charakter, ein guter Ruf, sowie Ehrlichkeit in allen Geschäften sind die elementaren Voraussetzungen für die Aufnahme.«

Und weiter: »Diese Anforderungen decken sich mit den Anforderungen, die der Bund der Freimaurer an das neue Mitglied stellt. Er fordert einen ›freien Mann von gutem Ruf‹. Die freimaurerische Bundesfarbe ist Blau und die Darstellung der Werkzeuge erfolgt meist in Gold, sodass die Kombination Blau-Gold als freimaurerisch angesehen wird.«

Auch diese Worte sind eindeutig! Sie belegen, genauso wie das oben genannte Statement der *Rotarier*, dass Service- oder Businessclubs wie *Kiwanis, Rotary* und *Lions sehr wohl sehr viel* mit Freimaurerei zu tun haben! Nicht nur die *Strukturen* sind dieselben, sondern auch die Ursprünge. Zudem waren viele der Gründer selbst Logenbrüder, und eine Doppelmitgliedschaft ist nichts Ungewöhnliches. So schreibt der Ex-Deutschlandchef von *Kiwanis,* Edwin A. Biedermann, ebenfalls: »Anfang des 20. Jahrhunderts waren es Freimaurer, die Service-Clubs gründeten und damit Anstoß gaben, dass ihre karitativen Ziele auf eine deutlich breitere Basis gestellt wurden.« Und: »Es ist […] evident, dass der freimaurerische Geist der Humanität sowie die Forderungen nach Lauterkeit des Charakters und Ehrlichkeit des Handelns die Clubgründer beflügelt haben, diesen (freimaurerischen; Anm. d. Verf.) Geist in die neuen Clubs hineinzutragen und ihm so eine breitere Basis gaben.«

Der schon zuvor genannte Insider bekräftigt mir noch einmal, dass diese Serviceclubs tatsächlich Freimaurervereine seien – mit einem Unterschied: Dort würde es keine Ritualarbeit geben.

Rotarier sind »mächtig«, so haben sie beispielsweise die »gemeinschaftliche Entwicklung der EU vorweggenommen«, erklärte einst Franz Harnoncourt-Unverzagt, *Rotary*-Governor des Distriktes Österreich-Ost, zuständig für die Führung des gesamten Distrikts und Bindeglied zur *Rotary International.*

Und natürlich sind sie auch in Österreich mit Repräsentanten der Politik verbunden. So liegen mir einige Mitgliedsnamen vom Ende der neunziger Jahre vor: Heinrich Neisser (ÖVP – ehemaliger Zweiter Nationalsratspräsident), Nikolaus Michalek (parteiloser Justizminister), Johannes Farnleitner (ÖVP – ehemaliger Wirtschaftsminister), Erhard Busek (ÖVP – Ex-Vizekanzler), Franz Schausberger (ÖVP – ehemaliger Landeshauptmann von Salzburg), Wendelin Weingartner (ÖVP – ehemaliger Landeshauptmann von Tirol) …

Bundeskanzler Werner Faymann scheint sich allerdings nicht nur beim elitären Club der Rotarier herumzutreiben, sondern auch in einer »Geheimgesellschaft«. So jedenfalls bezeichnen nicht nur Verschwörungstheoretiker die geheimen Zusammenkünfte der sogenannten Bilderberg-Gruppe, kurz die »Bilderberger«. Erstmals kamen die »Hohepriester der Globalisierung« 1953 im niederländischen Osterbeek im Luxushotel *De Bilderberg* zusammen. Daher stammt auch der Name. Seit damals treffen sich Bilderberger einmal im Jahr an jeweils einem anderen Ort in einem anderen Land: Versteckt, verschwiegen, abgeschottet von der Öffentlichkeit, denn der Schlüssel ihrer Macht ist Geheimhaltung. Niemals ist es der freien Presse erlaubt gewesen, daran teilzunehmen. Nie sind Beschlüsse veröffentlicht worden und niemals hat die Öffentlichkeit Zugang zur regulären Tagesordnung der Bilderberger erhalten.

Insider sprechen von einer »geheimen Weltregierung«, deren Mitglieder handverlesen sind und zur Elite dieser Welt gehören: Präsidenten, Regierungschefs, hochrangige Politiker, Adlige, Wirtschaftsbosse, Bankiers, Medientycoone, Geheimdienstdirektoren und NATO-Generalsekretäre. Menschen also, die an den Schalthebeln der Macht sitzen. So hat der ehemalige US-Präsident und Freimaurer Woodrow Wilson einmal gesagt: »Einige der größten Männer in den Vereinigten Staaten, auf den Gebieten von Handel und Produktion, haben Angst vor etwas. Sie wissen, dass es irgendwo dort eine Macht gibt, so organisiert, so subtil, so wachsam, so verwoben, so komplett, so durchdringend, dass sie deren Verdammung besser nie anders als hauchend leise aussprechen.«

Nichts in der Welt geschieht einfach so, meinen diesbezüglich die beiden Bilderberg-Kritiker und Publizisten Andreas von Rétyi und Daniel Estulin, die sich eingehend mit dieser »Schattenregierung« beschäftigt haben: Ob Kriege, Revolutionen, Wirtschaftskrisen oder Finanzcrashs – die Bilderberger hätten ihre Finger mit im Spiel. Sie haben wohl auch weltpolitische Ereignisse beschlossen, wie beispielsweise die Globalisierung, die »Vereinigte Welt«, die »New World Order«. Ein entscheidender Schritt dazu war die Schaffung der Europäischen Union. »2006 diskutierten die Bilderberger weitere Schritte zur Neuen Weltordnung«, sagt Andreas von Rétyi. »Einige sprachen davon, man müsse die Weltbevölkerung um achtzig bis neunzig Prozent reduzieren.«

So agieren also verborgene Kräfte hinter der Kulisse der offiziellen Geschichtsschreibung: Geheimdienste, Wirtschaftszirkel, Politorganisationen und Geheimgesellschaften – das unsichtbare Netz der »New World Order« ist weit gesponnen. Zu dieser Thematik sind im Kopp Verlag zwei Bücher erschienen: Andreas von Rétyis *Bilderberger – Das geheime Zentrum der Macht* und Daniel Estulins *Die wahre Geschichte der Bilderberger.* Für meine Bilderberg-Dokumentation (als DVD ebenfalls im Kopp Verlag erhältlich) habe ich Andreas von Rétyi in Deutschland und in den Niederlanden und Daniel Estulin an einem geheimen Ort in Spanien interviewt. Er hat immer noch Angst vor Verfolgung und bangt um sein Leben.

»Alles was ich einst als wahre Geschichte angesehen habe, war eine Lüge. Danach habe ich angefangen, selbst in dieser gefährlichen Welt zu recherchieren und kam mir vor wie im Film *Highlander,* in dem die Hauptperson sich zwischen den Sphären bewegt«, erklärt mir Daniel Estulin während der Dreharbeiten. »Ein Grund, warum ich nach Spanien gezogen bin, ist der, dass das, was ich tue, gefährlich für mich ist. Es ist sicherer, in Europa zu leben als in Nordamerika, weil ich hier weiter weg von der CIA bin. Ich fühle mich hier auch sicherer vor dem russischen Geheimdienst. Eigentlich rede ich nicht gerne darüber, weil es eine Menge verrückter Leute da draußen gibt, die mich töten wollen. Es gab mehrere Anschläge auf mein Leben.« Und weiter: »Wenn man sich die Struktur der Bilderberger anschaut, dann fragt man sich, wer an diesen Treffen teilnimmt? (Die Antwort ist) die Regierungschefs aller europäischen Länder, Kanadas und der Vereinigten Staaten. Im Prinzip sind die Bilderberger alle auch NATO-Mitglieder. Der *Council on Foreign Relations* ist die amerikanische Version der Bilderberger, die Trilaterale Kommission eine jüngere Ausgabe davon. Die Bilderberger sind die elitärste Geheimgesellschaft, weil sie die kleinste ist und weil die wichtigsten und mächtigsten Persönlichkeiten an diesen Treffen teilnehmen. Genau genommen sind es hundertzwanzig Menschen, die achtundachtzig Prozent der Welt kontrollieren, die alle ein gemeinsames Interesse haben, die Welt zu kontrollieren. Das hat ziemlich wenig damit zu tun, was für sechs Milliarden Menschen das Beste ist.«

Zurück zum österreichischen SPÖ-Bundeskanzler: Ist er Rotarier, Bilderberger oder gar Freimaurer? Das war wohl auch die Frage, die sich die Kritiker Werner Faymanns im Mai 2009 stellten. Diese Kritiker waren nicht etwa Verschwörungstheoretiker, sondern Politiker des österreichischen Parlaments. Streitpunkt war die Bilderbergkonferenz im Nobelhotel *Nafsik Astir Palace* im kleinen Athener Vorort Vouliagmeni vom 14. bis 17. Mai 2009, bei der Themen wie Finanzkrise, Regierungen und Märkte, die Rolle von Institutionen, Marktökonomien und Demokratien sowie Irak, Pakistan und Afghanistan auf der Tagesordnung standen. Ebenso wurden dort Themen wie Cyberterrorismus, neuer Imperialismus, Protektionismus und die Herausforderungen nach Kyoto behandelt. Teilnehmer waren auch dieses Mal wieder illustre und erlauchte Gäste aus aller Welt. Aus Deutschland waren u. a. anwesend: der hessische CDU-Ministerpräsident Roland Koch, der außenpolitische Sprecher der CDU/CSU-Fraktion Eckart von Klaeden, der Vorstandsvorsitzende der Deutschen Bank Josef Ackermann und der Siemens-Vorstandschef Peter Löscher. Weitere hochrangige Persönlichkeiten der globalen Machtelite, die aus Europa und Amerika angereist waren: Prinz Philippe von Belgien, NATO-Generalsekretär Jaap de Hoop Scheffer, Takis Arapoglou, der Chef der griechischen Nationalbank, der Schweizer Großverleger Michael Ringier, der Schweizer Politiker Christoph Blocher, US-Außenpolitiker Richard

Perle, Jean-Claude Trichet, Präsident der Europäischen Zentralbank, US-Tycoon David Rockefeller, Keith Alexander, der Direktor der US-amerikanischen Nationalen Sicherheitsbehörde *National Security Agency* (NSA) … Und mitten unter ihnen: der österreichische Bundeskanzler Werner Faymann sowie Rudolf Scholten von der Österreichischen Kontrollbank AG, Andreas Treichl von der Erste Group Bank AG und Oscar Bronner vom *Standard.*

Nicht zu vergessen, dass auch Österreich schon zweimal Veranstaltungsort einer Bilderberg-Konferenz war: 1979 in Baden bei Wien und 1988 in Telfs-Buchen. Faymann ist auch nicht der erste und einzige Alpenländer, der jemals bei diesen Treffen auftauchte. Vor ihm gab es schon einige andere, wie beispielsweise seinen Parteifreund und Vorgänger als Bundeskanzler, Alfred Gusenbauer, oder den damaligen Zweiten Nationalratspräsidenten im österreichischen Parlament Heinrich Neisser von der ÖVP, die bei Bilderberg-Konferenzen dabei waren.

Immer wieder erscheint bei verschiedenen Bilderberg-Treffen auch der Name Franz Vranitzky, der von 1986 bis 1997 Bundeskanzler und von 1988 bis 1997 Bundesparteivorsitzender der SPÖ gewesen ist und seinen Beitrag für ein »vereinigtes Europa« leistete. Jörg Haider erklärte einmal öffentlich, dass Vranitzky Mitglied der Freimaurer sei.

Der Altbundeskanzler erhält im November 2005 die Goldene Medaille der größten jüdischen Organisation *B'nai B'rith* (500 000 Mitglieder in 58 Ländern) für sein Engagement bei der Aufarbeitung der Geschichte Österreichs seit dem Zweiten Weltkrieg und für seine engen Beziehungen zur jüdischen Gemeinschaft (siehe auch Kapitel 13 »*B'nai-B'rith-Loge*, Femegericht, Mossad, Israel und Jörg Haider«). Bei der Überreichung der Medaille erinnert Vranitzky unter anderem an die »Solidarischen, die Humanen, die Toleranten, die Akzeptierenden«. Freimaurervokabular par excellence, ist man versucht zu sagen …

Zurück zu den Bilderbergern: Aufgrund der Konferenz im Mai 2009 stellen neben dem damaligen BZÖ-Generalsekretär Martin Strutz auch Ewald Stadler und andere Kolleginnen und Kollegen eine Anfrage an den Bundeskanzler, die ich nachfolgend in Auszügen originalgetreu (Hervorhebungen vom Autor) wiedergeben möchte, weil die darin enthaltenen Informationen sozusagen »politisch legitimiert« sind.

2186/J XXIV. GP

Eingelangt am 26.5.2009

ANFRAGE

des Abgeordneten Dr. Strutz, Mag. Stadler
Kolleginnen und Kollegen

an den Bundeskanzler

betreffend angeblicher Auslandsaufenthalt in
Vouliagmeni, Griechenland

Wie den Printmedien des vergangenen Wochenendes zu entnehmen war, soll in einem pittoresken griechischen Dorf namens Vouliagmeni, 20 km südlich von Athen, vergangenen Freitag eine Armee von Sicherheitskräften aufmarschiert sein. Zweck dieses Aufmarsches soll eine diskrete Zusammenkunft **»der Mächtigsten der Mächtigen«** (die 57. Bilderberg-Konferenz) gewesen sein.

Die Bilderberg-Konferenzen sind dem Vernehmen nach informelle private Treffen von **einflussreichen Personen** aus Politik, Wirtschaft, Militär, Gewerkschaften, Medien, Hochadel und Hochschulen. Für gewöhnlich nehmen rund 115–130 Personen teil, von denen zwei Drittel aus Westeuropa und ein Drittel aus Nordamerika stammen. Etwa ein Drittel der geladenen Teilnehmer kommt aus Regierungen oder politischen Institutionen und zwei Drittel aus Finanzsektor, Industrie, Gewerkschaften, Hochschulen und Medien [...] Bei der Bilderberg-Gruppe (international auch als Bilderberg-Club bekannt) **handelt es sich um keine formelle Organisation, es existieren weder Mitgliedschaft noch Gründungsvertrag.**

Bilderberg-Konferenzen sind drei Tage andauernde informelle Gespräche. Dabei werden vor allem Probleme der Weltwirtschaft und der internationalen Beziehungen besprochen. **Die Gespräche münden nicht in eine Abschlusserklärung und werden auch nicht im Wortlaut veröffentlicht.** Nach jeder Konferenz bekommt jeder Teilnehmer, sowie all diejenigen, die je an einer Bilderberg-Konferenz teilgenommen haben, ein Protokoll des Treffens zugesandt. Diese Protokolle sind keine Wortprotokolle, sondern nur Zusammenfassungen der Besprechungen, in denen Aussagen niemals einem bestimmten Teilnehmer, sondern immer nur dessen Herkunftsland zugeordnet werden. **Diese Papiere sind besonders vertraulich zu behandeln (Offizielle Erklärung) …**

Als Vertreter Österreichs sollen in den letzten Jahren – will man nicht ausschließlich den offiziellen Teilnehmerlisten glauben – folgende Personen eingeladen worden sein:

1991 (Baden-Baden, Germany):
Peter Jankowitsch (ECC Integration)
Guido Schmidt-Chairi (Banker)
Unbestätigter Teilnehmer:
Franz Vranitzky (Chancellor)

1992 (Evian-les-Bains, France):
A – Peter Jankowitsch, Member of Parliament;
Former Foreign Minister
A – Heinrich Neisser Chairman, Parliamentary Group of the Austrian People's Party (OVP) in the Austrian National Assembly
A – Rudolph Scholten Federal Minister for Education and Culture

1993 (Vouliagmeni, near Athens, Greece):
A, Peter Jankowitsch; Chairman, Joint Parliamentary Committee Austria EC; Former Foreign Minister

A, Paul Lendvai; Director, Austrian International Radio
A, Franz Vranitzky; Federal Chancellor

1994 (Helsinki, Finnland):
(A) Peter Jankowitsch, ambassador to the OECD; former federal minister for foreign affairs
(A) Max Kothbauer, deputy chairman, Creditanstalt-Bankverein.
Weiters anwesende Personen:
(...) Franz Vranitzky, Austrian Federal President; (...)

1995 (Zürich, Schweiz):
Max Kothbauer, Dep Chair Creditanstalt Bankverein
Alexander Maculan, Chair Maculan Holdings AG
Franz Vranitzky – Federal Chancellor Austria

1996 (Toronto, Canada):
Kothbauer, Max (Austria) Deputy Chairman, Creditanstalt-Bankverein
Vranitzky, Franz (Austria) Federal Chancellor

1997 (Atlanta, USA):
A. Kothbauer, Max. Director of Companies
A. Mitterbauer, Peter. Chairman, Miba AG
A. Vranitzky, Franz. Former Federal Chancellor

1998 (Ayrshire, Scotland):
A – Puhringer, Othmar – Chairman of Managing Board, VA-Technologie AG
A – Randa, Gerhard – Chairman of the Managing Board, Bank of Austria
A – Vranitzky, Franz – Former Federal Chancellor

1999 (Sintra, Portugal):
A – Randa, Gerhard – CEO and Chairman, Bank Austria AG

A – Schenz, Richard – CEO and Chairman of the Board, OMV AG
A – Scholten, Rudolf - Member of the Board of Executive Directors, Oesterreichische Kontrollbank AG
A – Vranitzky, Franz – Former Federal Chancellor
A – Zimmermann, Norbert – Chairman, Berndorf AG

2000 (Brüssel, Belgien):
A, Hampel, Erich; Chairman, Creditanstalt-Bankverein
A, Petritsch, Wolfgang; The High Representative for Bosnia and Herzegovina; EU chief negotiator at the Kosovo peace talks in Rambouillet and Paris
A, Scholten, Rudolf; Member of the board of Executive Directors, Oesterreichische Kontrollbank AG
A, Vranitzky, Franz; Former Federal Chancellor

2001 (Stenungsund, Schweden):
A. Raidl, Claus J – CEO and Director, Böhler Uddeholm AG (steel)
A. Scholten, Rudolf, A. – Member of the Board of Executive Directors, Oesterreichische Kontrollbank AG

2002 (Chantilly/Virginia, USA):
A Gusenbauer, Alfred – Member of Parliament; Chairman, Social Democratic Party
A Randa, Gerhard – Chairman and CEO, Bank Austria AG
A Vranitzky, Franz – Former Federal Chancellor

2003 (Versailles, Frankreich):
A – Becker, Erich – Chairman of the Managing Board and CEO, VA Technologie AG
A – Scholten, Rudolf – Member of the Board of Executive Directors, Oesterreichische Kontrollbank AG
A – Trumpel-Gugerell, Gertrude – Vice Governor, Central Bank of Austria

2004 (Stresa, Italien):
A – Scholten, Rudolf – Director, Oesterreichische Kontrollbank AG

2005 (Rottach-Egern, Deutschland):
A Bronner, Oscar Publisher and Editor, Der Standard
A Haselsteiner, Hans Peter CEO, Bauholding Strabag SE (Societas Europea)
A Scholten, Rudolf Member of the Board of Executive Directors, Oesterreichische Kontrollbank AG

2006 (Ottawa, Kanada):
A – Bartenstein, Martin Minister of Economies and Labour
A – Bronner, Oscar Publisher and Editor, Der Standard
A – Gusenbauer, Alfred Parliamentary Leader SPÖ
A – Scholten, Rudolf Member of the Board of Executive Directors, Oesterreichische Kontrollbank AG

2007 (Istanbul, Türkei):
A – Bartenstein, Martin Minister of Economies and Labour
A – Bronner, Oscar Publisher and Editor, Der Standard
A – Gusenbauer, Alfred Parliamentary Leader SPÖ
A – Scholten, Rudolf Member of the Board of Executive Directors, Oesterreichische Kontrollbank AG

2008 (Chantilly/Virginia, USA):
AUT »Bronner, Oscar« »Publisher and Editor, Der Standard«
AUT »Ederer, Brigitte« »CEO, Siemens AG Österreich«
AUT »Leitner, Wolfgang« »CEO, Andritz AG«
AUT »Scholten, Rudolf » »Member of the Board of Executive Directors, Oesterreichische Kontrollbank AG«

Der heurigen Teilnehmerliste kann man folgende Personen aus Österreich entnehmen:

17-5-2009

BILDERBERG MEETINGS
Vouliagmeni, Greece

14–17 May 2009

FINAL LIST OF PARTICIPANTS
AUT Bronner, Oscar; Publisher and Editor, Der Standard
AUT Faymann, Werner; Federal Chancellor
AUT Scholten, Rudolf; Member of the Board of Executive Directors, Oesterreichische Kontrollbank AG
AUT Treichel, Andreas; Chairman and CEO, Erste Group Bank AG

Bundeskanzler Faymann ist zwar nicht der erste österreichische Bundeskanzler, der zu einem derartigen Treffen eingeladen worden ist, dennoch ist in diesem Zusammenhang die Tatsache interessant, dass im Beobachtungszeitraum **lediglich Bundeskanzler eingeladen wurden, welche aus dem nationalen, sozialdemokratischen Lager Österreichs stammen.**

So war 16 Jahre vor ihm (übrigens ebenfalls in Vouliagmeni, 1993) schon sein sozialdemokratischer Vorvorvorgänger in diesem Amt, Dr. Franz Vranitzky, offiziell bekanntgegebener Teilnehmer an dieser Konferenz, die keine sein will.

Zitat aus dem heurigen »Press Release« der Bilderberg Meetings: »In short, Bilderberg is a small, flexible, informal and off-the-record international forum in which different viewpoints can be expressed and mutual understanding enhanced.«

(Übersetzung: »Bilderberg ist, kurz zusammengefasst, ein kleines, flexibles, informelles und inoffizielles internationales Forum, in welchem verschiedene Gesichtspunkte vertreten werden können und in dem gegenseitiges Verständnis gefördert werden soll.«)

So inoffiziell sind diese Treffen, dass der vormalige Bundeskanzler Dr. Gusenbauer als offiziell genannter Teilnehmer an der Bilderberger-Konferenz 2007 (Istanbul, Türkei) in seiner Anfragebeantwortung (1568AB, XXIII. GP) zwar die Tatsache seines Aufenthalts ebendort angab, aber verschämt weder einen Reisezweck noch begleitende Personen hierfür veröffentlichen wollte. Sein Ressortkollege, Wirtschaftsminister Dr. Bartenstein, bereits 2006 ein Gast der Bilderberger, war offener: In seiner Anfragebeantwortung (1546AB, XXIII. GP) wurde als Zweck seines Auslandsaufenthaltes von 31.5–3.6.2007 mit dem Ziel Istanbul schlicht »Bilderbergtreffen« angegeben (Österreich war 2006 übrigens auch schon durch Dr. Gusenbauer vertreten, dieser wurde aber noch in seiner damaligen Funktion als »Member of Parliament; Chairman, Social Democratic Party« genannt).

Die Organisatoren der Bilderberg-Konferenz achten aus gutem Grund gut darauf, ein parteipolitisches Gleichgewicht zu halten, denn »es kann nicht schaden, wenn Kontroversen auch im Rahmen […] [dieser] Konferenz polar ausgetragen werden«. Für die jeweilige Zusammensetzung jedes Treffens, wird ein Gleichgewicht angestrebt, welches so gut wie möglich die vorherrschende Meinung des jeweiligen Landes zu den vorgegebenen Themen widerspiegelt.

… Die Kosten für die jeweilige Bilderberg-Konferenz werden … behauptlich vom gastgebenden Land getragen, die Anreise von jedem Teilnehmer selbst, ebenso die Verpflegung; private Stiftungen, welche der Gruppe angeblich zur Verfügung gestellt werden, dürften die jährlichen Planungen erheblich erleichtern. Offensichtlich lassen unsere Politiker die ihnen entstandenen Kosten über die ihnen anvertrauten Budgetgelder abrechnen.

Die strenge Geheimhaltung der Gesprächsthemen der Konferenzen lieferte häufig Stoff für Verschwörungstheorien:

- So behauptet der amerikanische Verschwörungstheoretiker Des Griffin in seinem Buch »Die Herrscher – Luzifers fünfte Kolonne«, die Bilderberger strebten eine »Weltdiktatur« im Sinne einer Neuen Weltordnung an und würden ihre diesbezüglichen Pläne »erbarmungslos weiterentwickeln«.

- Die Ölkrise 1973, mit der angeblich Währung und Wirtschaft der USA gestützt werden sollten; die künstliche Verknappung des Rohöls soll auf der Konferenz von 1973 in Saltsjöbaden beschlossen worden sein.

- Die Deutsche Wiedervereinigung von 1990; angeblich »beschlossen« auf der Konferenz 1988 in Telfs-Buchen, zu der auch der damalige Kanzler Helmut Kohl eingeladen worden war.

- Den Irakkrieg von 2003, der dadurch ermöglicht worden sei, dass die nach den Terroranschlägen vom 11. September 2001 ursprünglich Osama bin Laden geltende Aggression der westlichen Welt gezielt auf den insofern unbeteiligten irakischen Diktator Saddam Hussein umgelenkt wurde.

Der belgische Soziologe Geoffrey Geuens von der Université de Liège widmete den Bilderbergern ebenfalls ein Kapitel in einem seiner Bücher. Obwohl Geuens die zwanghafte Geheimhaltung der Bilderberger missbilligt, schließt er sich keiner Verschwörungstheorie an. Er benutzt das Beispiel der Bilderberger, um aufzuzeigen, wie Macht funktioniert und welche engen Beziehungen zwischen Politik, Wirtschaft und den Medien bestehen.

Diese enge Verflechtung ist auch Grund für die vorliegende Anfrage, denn mit der Machtergreifung der Sozialisten sitzen offenbar wieder die **Freimaurer an Schlüsselstellen der Republik.** In einer Demokratie müssen Entscheidungen aber transparent und öffentlich getroffen werden. Vom Steuerzahler finanzierte Geheimtreffen selbsternannter Eliten, wie Faymanns Bilderberg-Konferenz, lehnen die unterzeichneten Abgeordneten ab und richten daher an den Bundeskanzler nachstehende **Anfrage:**

(Anmerkung des Verfassers: Bundeskanzler Werner Faymann hat die folgenden Fragen am 17. Juli 2009 schriftlich beantwortet. Seine Antworten habe ich in Kursivschrift unter die Fragen gesetzt.)

1. Wo (geographisch-physisch) haben Sie sich im Zeitraum vom 14. bis 17. Mai 2009 aufgehalten?
Mein Abflug von Wien nach Athen erfolgte am 14. Mai 2009 am späteren Nachmittag, meine Ankunft in Wien am 17. Mai 2009 um ca. 14.00 Uhr.

2. Für den Fall, dass Sie sich in der fraglichen Zeit nicht auf österreichischem Staatsgebiet aufgehalten haben: Wann haben Sie wem gegenüber diesen Auslandsaufenthalt bekannt gegeben?

3. Wer war im Fall eines Auslandsaufenthaltes in der fraglichen Zeit mit Ihrer Vertretung als Bundeskanzler betraut? Falls niemand, warum gab es keine Vertretungsregelung?
Zu den Fragen 2 und 3: Da ich mich im fraglichen Zeitraum in einem Mitgliedstaat der Europäischen Union aufhielt, war ich nicht an der Ausübung meines Amtes verhindert. Daher wurde ich in diesem Zeitraum auch nicht durch den Herrn Vizekanzler vertreten.

4. Medienberichten zufolge sollen Sie sich in der fraglichen Zeit unter anderem in Vouliagmeni (Griechenland), aufgehalten

haben; entsprechen diese Berichte den Tatsachen? Wenn ja, war dies eine offizielle Dienstreise?
Es handelte sich nicht um eine dienstliche Reise auf Kosten des Bundes.

5. Medienberichten zufolge sollen Sie in der fraglichen Zeit an einer sogenannten »Bilderberg-Konferenz« teilgenommen haben; entsprechen diese Berichte den Tatsachen? Wenn ja, in welcher Funktion haben Sie an diesem Treffen teilgenommen?

6. Wie erklären Sie die Tatsache, dass Ihr Name und Ihre derzeitige öffentliche Funktion auf der offiziell veröffentlichten Teilnehmerliste des 57. Bilderberg-Treffens aufscheint?
Zu den Fragen 5 und 6: Da ich diese Funktion innehabe, wurde sie offenkundig – als international übliche Funktionsbezeichnung – auch in der Teilnehmerliste geführt.

7. Wurde Ihre Teilnahme an diesem Treffen vom österreichischen Steuerzahler oder von privaten Sponsoren finanziert? Wenn letzterer Fall zu bejahen ist, von welchen und in welcher Höhe?
Die Kosten dieser Reise wurden weder aus den Budgetmitteln des Bundeskanzleramts noch von privaten Sponsoren getragen.

8. Was können Sie den österreichischen Wählerinnen und Wählern über die konkreten Ergebnisse dieses Treffens für Österreich und seine Bürger berichten? Wenn nichts, warum nicht?
Dazu verweise ich auf die Beantwortung der parlamentarischen Anfrage Nr. 2089/J.

9. Haben Sie versprochen, Stillschweigen über die Vorkommnisse anlässlich des gegenständlichen Treffens zu bewahren? Wenn ja, wem gegenüber? *Nein.*

10. Entspricht es Ihrem Verständnis von repräsentativer Demokratie, wenn Sie sich jemand anderem als Ihren österreichischen

Wählern verpflichtet fühlen? Wären Sie bejahendenfalls bereit, Ihr konkretes Verständnis von repräsentativer Demokratie näher zu erläutern und wie lautet dieses?

11. Entspricht es Ihrem Verständnis von repräsentativer Demokratie, wenn eine selbsternannte Elite versteckt und über die Köpfe der Menschen hinweg über das Schicksal der Welt berät?
Zu den Fragen 10 und 11: Zu dieser Frage verweise ich auf die einleitenden Bemerkungen in der gegenständlichen Anfragebeantwortung. Zu meinem Verständnis von Demokratie gehört es, sich den Wählern verpflichtet zu fühlen. Für ein oberstes Verwaltungsorgan bedeutet es im Besonderen eine Verpflichtung gegenüber dem Parlament, wie sie auch von der österreichischen Bundesverfassung vorgesehen ist.

12. Sind die Bilderberger Ihrer Ansicht nach mit einer Freimaurerloge vergleichbar? Wenn ja, woher kennen Sie den Unterschied?
Ich kann nicht erkennen, inwieweit diese Frage einen Gegenstand der Vollziehung des Bundeskanzleramtes bildet und kann daher nicht erkennen, inwieweit sie vom parlamentarischen Interpellationsrecht erfasst ist.

13. Ist die Teilnahme an einem solchen geheimen Treffen Ihrer Ansicht nach mit der Position eines österreichischen Bundeskanzlers vereinbar? Wenn ja, warum?
Es gehört zu den Aufgaben eines staatlichen Funktionsträgers, bestimmte Einladungen zu internationalen Veranstaltungen Folge zu leisten. Ob und in welchem Umfang dies geschieht, hängt einerseits von den Gepflogenheiten über einen längeren Zeitraum hinweg ab und andererseits auch davon, welcher Teilnehmerkreis üblicherweise bei einem internationalen Treffen anwesend ist. ***Es spricht sehr vieles dafür, eine langjährige Praxis nicht ohne Grund zu beenden*** *und es spricht sehr vieles dafür, an internationalen Veranstaltungen als Bundeskanzler dann teilzunehmen, wenn auch andere Regierungschefs in einer relevanten Zahl daran teilnehmen.*

Der österreichische Bundeskanzler Werner Faymann gibt also nur ausweichende oder nichtssagende Antworten. Interessant erscheint jedoch jene auf die Frage der Parlamentarier, ob Bilderberger mit einer Freimaurerloge vergleichbar wären und wenn ja, woher er den Unterschied kenne?

Faymann (ich wiederhole): »Ich kann nicht erkennen, inwieweit diese Frage einen Gegenstand der Vollziehung des Bundeskanzleramtes bildet und kann daher nicht erkennen, inwieweit sie vom parlamentarischen Interpellationsrecht erfasst ist.«

Faymann geht einer konkreten Antwort aus dem Weg – und das, obwohl die Mitglieder des Nationalrates und Bundesrates befugt sind, Mitglieder der Bundesregierung wie Kanzler, Vizekanzler und Minister zu befragen und alle einschlägigen Auskünfte zu verlangen (Interpellationsrecht)! Deshalb müsste auch die Frage der Parlamentarier nach Freimaurern und Faymanns Verhältnis zu diesen erlaubt sein! *Warum* also bleibt der Kanzler gerade diese Antwort schuldig? Darüber kann nur spekuliert werden.

In seiner Anfragebeantwortung bezieht sich der Bundeskanzler bei Frage 8 ferner auf eine weitere parlamentarische Anfrage (Nr. 2089/J.) zu seiner Teilnahme an der Bilderberg-Konferenz in Griechenland, die der FPÖ-Chef (Bundesparteiobmann) Heinz-Christian »HC« Strache und Kollegen gestellt haben. Am 17. Juli 2009 hat er auch hierzu mit ähnlichen kargen und nichtssagenden Antworten Stellung bezogen (2152/ABXXIV.GP). Kritiker begründen dies damit, dass sich Faymann, wie die anderen Teilnehmer der geheimen Konferenz auch, zur Verschwiegenheit verpflichtet hätte. Die Frage bleibt also offen, ob der österreichische Bundeskanzler tatsächlich ein Hochgradfreimaurer ist, wie beispielsweise der BZÖ-Politiker Ewald Stadler behauptet. Eines scheint jedoch sicher: Werner Faymann war oder ist – je nach Definition – ein Bilderberger, auch wenn er die im Juni 2010 in der Nähe von Barcelona anberaumte jährliche Bilderberg-Konferenz (auf dessen Gästeliste er wieder stand) kurzfristig absagte, weil er sich auf den wichtigen Parteitag im selben Monat vorbereiten wollte.«

10. »Freimaurerische Umtriebe vor dem Parlament«[21]

»Ganz im Sinne der sokratischen Vernunft ist das Gute und Gerechte zu tun und das Schlechte und Ungerechte zu unterlassen.«
Jörg Haider

Der frühere Volksanwalt und FPÖ-Abgeordnete und jetzige BZÖ-Funktionär Ewald Stadler (siehe auch Kapitel 20.2 »Ewald Stadler [BZÖ]: Freimaurerexperte und politischer Weggefährte«) und Kollegen brachten immer wieder Anfragen betreffs freimaurerischer »Umtriebe« im österreichischen Parlament ein. Einige liegen mir vor, die ich nachfolgend erläutern möchte. Ohne auf Details einzugehen, geben sie doch einen Einblick in die freimaurerische Politik. Wie beispielsweise die Anfrage von Stadler und Kollegen (3571/JXX.GP) an den Bundesminister für Justiz, betreffend »die Gefahr, dass Österreichs Justizwesen zu einem Freimaurerbiotop verkommt«. In derselben Anfrage machen sie auch aufmerksam auf die »Geschäftsmaurerei«. Dabei beziehen sie sich auf einen Bericht der Tageszeitung *Kurier* vom 4. Januar 1997, wonach Richter Dr. Helmut Arbeiter und Rechtsanwalt Dr. Ulrich Polley als »Hochgradfreimaurer Mitglieder des Vereins ›Freimaurervereinigung des Schottischen Ritus‹« seien, »der bemerkenswerterweise die besondere Sympathie des seinerzeitigen Bundesministers für Inneres Dr. Caspar Einem genossen hat.«

Und weiter kritisieren Stadler und Kollegen: »Da ein Mitglied des im Bericht des *Kuriers* angesprochenen Senats des Landgerichtes Klagenfurt gleichfalls Freimaurer ist, ist heftig zu hinterfragen, warum dieser Senat wörtlich apodiktisch feststellte: ›Aufgabe des Freimaurerbundes sei es, für Toleranz, Menschlichkeit und Gerechtigkeit innerhalb der menschlichen Gemeinschaft einzutreten; alles andere sei wesensfremd.‹ Abgesehen davon, dass auch andere Vereine, Organisationen, religiöse Vereinigungen u. ä. für die gleichen Ziele tätig sind, muss die Feststellung eines Senats des Landesgerichts geradezu als eine gerichtliche Sympathiewerbung oder sogar Sympathiekundgebung (für die Freimaurer; Anm. d. Verf.) angesehen werden.«

Meines Erachtens haben Ewald Stadler und seine Kollegen mit ihrer Argumentation Recht. Ein Gericht, in dessen Reihen sich ein Mitglied des Freimaurerbundes befindet, sollte sich nicht auch noch *parteiisch* für die Logenbrüder äußern!

In derselben Anfrage (und in 2986/J-NR/1997) wird ferner verwiesen auf einen Bericht in der *Kleinen Zeitung* vom 21. Juni 1997 zu einem Autobahn-Bauskandal, bei dem es um Untreue und Betrug in Millionenhöhe ging. Die Zeitung schreibt, in Juristenkreisen sei davon auszugehen, dass Mitglieder der Freimaurerlogen aktiv geworden wären, um eine schnelle Klärung der Affäre zu verhindern. Deshalb resümieren Stadler und Co: »Diese Vorfälle sind zweifelsohne geeignet, in der Bevölkerung den Eindruck entstehen zu lassen, dass die Freimaurer in der Lage sind, sich in der Rechtsprechung alles zu ›richten‹.«

Die Antwort des Bundesministers der Justiz (2956/AB XX.GP) lautete: »In dem aus Anlass der vorliegenden Anfrage eingeholten Bericht der Staatsanwaltschaft Klagenfurt vom 8. Oktober 1997 wird Folgendes ausgeführt: Dem Sachbearbeiter und anderen Bediensteten der Staatsanwaltschaft gegenüber ist niemand ›aktiv geworden, um eine schnellere Klärung der Bauaffäre zu verhindern.‹ Ebenso haben die vom Präsidenten des Landesgerichtes Klagenfurt durchgeführten Erhebungen keinerlei Interventionen zur Verhinderung einer schnellen Klärung der Bauaffäre um die Karawankenautobahn ergeben.«

Soweit also die oberste juristische Instanz in Österreich. Explizit möchte ich in diesem Zusammenhang darauf hinweisen, dass die Klagenfurter Staatsanwaltschaft wegen des Bauskandals einen Bericht an den Justizminister verfasste. Stefan Petzner wird einige Jahre später in Bezug auf die Ermittlungen zum Todesfall von Jörg Haider davon sprechen, einer der Staatsanwälte sei selbst Freimaurer (siehe Kapitel 20.1 »Stefan Petzner [BZÖ]: Enger Vertrauter und Berater«)!

In gleicher Hinsicht, nur noch etwas konkreter als die Anfrage Stadlers, stellten auch die Bundesräte Peter Harring, Helena Ramsbacher und Kollegen eine Anfrage an den Bundesminister für Justiz (1351/J-BR BR). Auch sie nehmen Bezug auf den Bericht der *Kleinen Zeitung* (siehe oben), in Juristenkreisen sei die Rede davon, Freimaurer wären aktiv geworden, um eine schnelle Aufklärung der Bauaffäre zu verhindern.

Die Bundesräte Harrig, Ramsbacher und Kollegen schreiben: »Es kann daher angenommen werden, dass man im Bundesministerium für Justiz jene im Justizbereich tätigen Freimaurer kennt, [...] ›die eine schnelle Klärung der Bauaffäre verhindern.‹ Schließlich kennt man dort auch den gedruckten Bericht der in Wien erscheinenden Freimaurerloge ›QUATUOR CORONATI‹ [...] in der [...] ein Beitrag [...] veröffentlicht ist. Dort heißt es [...], dass masonische Einflüsse bei vielen strafrechtlichen und strafprozessrechtlichen Reformvorhaben festzustellen (sind). Auch auf anderen Rechtsgebieten ist der große Einfluss der Freimaurer hervorgehoben.« Die Bundesräte fragen auch an, ob bei der »Bestellung des Untersuchungsrichters eher eine Frau bevorzugt« wird, weil das »Bundesland Kärnten bekanntlich stark ›verfreimaurert‹ ist«.

Der Bundesminister der Justiz antwortet darauf: »Die Verteilung der gerichtlichen Geschäfte unter die Richter eines Gerichtes hat auf Grund der verfassungsrechtlichen Vorgaben im Rahmen der Geschäftsverteilung durch den zuständigen Personalsenat und zwar im Vorhinein zu erfolgen. Die verfassungsrechtlich garantierte Unabhängigkeit der Richter lässt es nicht zu, dass der Bundesminister für Justiz auf die Geschäftsverteilung Einfluss nimmt. Nach der bestehenden Geschäftsverteilung des Landesgerichtes Klagenfurt ist – wie bereits erwähnt – für die in Rede stehende Strafsache eine Untersuchungsrichterin zuständig.« (1249/AB-BR BR)

Soweit also die mehr oder weniger diplomatische Antwort des Bundesjustizministers.

Die Abgeordneten Max Hofmann, Franz Lafer und Kollegen (3984/JXX.GP) beziehen sich auf einen Artikel im *Kurier* vom 4. Januar 1998, in dem berichtet wird, dass ein Richter und ein Anwalt einer Freimaurerloge angehören (siehe auch obige Anfrage 2986/JXX.GP) und stellen daher die Frage, ob es den Tatsachen entspricht, dass »der prominente Kärntner Freimaurer und Richter Helmut Arbeiter in einem Verfahren zu Gunsten der vom Freimaurer und Rechtsanwalt Dr. Ulrich Polley vertretenen Prozesspartei ein Urteil ohne Beweisverfahren gefällt hat? Wenn ja, a) wie erklären und beurteilen Sie diese Vorgehensweise, b) wurden, da der Verdacht des Verbrechens des Amtsmissbrauches nahe liegt, gegen Richter Arbeiter Maßnahmen ergriffen, und wenn ja, wann bzw. um welche Maßnahmen handelt es sich, und wenn nein, warum nicht?«

Der Bundesminister der Justiz erklärt, die Vorgehensweise des Richters würde mit den »Prozessgesetzen durchaus im Einklang« stehen und resümiert: »Zusammenfassend halte ich fest, dass der in der Anfrage geäußerte Verdacht des Verbrechens des Amtsmissbrauchs in keiner Weise gerechtfertigt ist …« (3946/AB XX.GP)

Soweit also der kurze »Ausflug« in die Parlamentswelt. Festzuhalten ist, dass es »Freimaurerumtriebe« in Kärnten gab (und bestimmt weiterhin gibt), mit denen sich selbst Bundesräte beschäftigten, wie die Anfragen beim Bundesminister für Justiz belegen.

Exkurs I: Freimaurerskandal: »Totenköpfe und stinkende Logenmäntel«[22]

Es ist eigentlich eine Rarität, eine absolute Seltenheit, was sich 2003 in Österreich abspielt, denn vor Gericht und in den Medien wird ein Freimaurerskandal breitgetreten und nicht wie üblich hinter verschlossenen Logentüren verborgen.

Es geht um den Freimaurertempel an der Rauhengasse 3 in der Wiener City, wie diverse Zeitungen berichten. Sie sprechen sogar von einem »Betrug zwischen Totenköpfen« und einem »Krimi bei den Wiener Freimaurern«. Und tatsächlich, die dafür notwendigen Zutaten sind alle da: Geheimbund, Verschwiegenheit, Vertrauensausnutzung, Unterschlagung, Ermittlungen, Gerichtsverfahren und Angst. Doch der Reihe nach.

Gerd A., 62 Jahre alt, Pensionist, hat nicht nur viel Lebenserfahrung, sondern auch spirituelle und okkulte Erfahrung, ist er doch Großkanzler der Großloge von Österreich der alten freien und angenommenen Maurer. Verantwortlich ist er dem Großmeister und dem Großsekretär der Loge. Ein Freimaurerfunktionär also, wenn man so will. Doch mit Brüderlichkeit hat er wohl nicht viel am sprichwörtlichen Hut oder, anders ausgedrückt, an der Kapuze. Denn der Freimaurer schreckt selbst nicht davor zurück, seine eigenen Logenbrüder zu betrügen. Und zwar dort, wo eigentlich die »Wiege von Humanismus und Toleranz« stehen sollte: in der Loge selbst!

Gerd A. ist auch für den Ankauf von Requisiten verantwortlich, die für die symbolreichen freimaurerischen Rituale benötigt werden. Solche Requisiten sind unter anderem Medaillen für Ehrungen, Münzen, Orden, bunte Bänder und silberne Ketten. Auch »profane« Dinge wie Computerzubehör werden von ihm bestellt. Allerdings fingiert Gerd A. die Rechnungen: Er stellt sie zum Teil auf Fantasienamen und zudem weitaus höher aus, als sie tatsächlich sind, und kassiert den Rest.

Eine anonyme Anzeige wegen angeblicher finanzieller Unregelmäßigkeiten in der Großloge sowie eine völlig überhöhte Rechnung über 3000 Euro für ein neues Computerprogramm bringen schließlich den Stein ins Rollen. Die Innenrevision der Großloge recherchiert und stellt fest, dass die Rechnung zu hoch und damit falsch ist und dass die auf dem Beleg angegebene Lieferfirma gar nicht existiert! Weitere Rechnungen, die der Großkanzler vorlegte, werden geprüft, und auch sie stellen sich als überhöht heraus. So kommt der damalige Großmeister Dieter Scheitz nicht umhin zu bestätigen, der »durchschnittliche Aufschlag, den er (Gerd A.; Anm. d. Verf.) für sich verrechnete, beträgt 48 Prozent.« Und den kassiert der Logenbruder für sich selbst. Später wird von einem Drittel Aufschlag gesprochen. Jedenfalls kein schlechtes Geschäft für den Freimaurer, für den Brüderlichkeit eigentlich an oberster Stelle stehen sollte. Rund 6000 Euro Schaden will der Großmeister seinem Logenbruder nachgewiesen haben; die tatsächlich unterschlagene Summe soll aber weitaus höher sein. Doch nicht alle Rechnungen, die, wie bereits erwähnt, auch auf Fantasienamen ausgestellt waren, können zurückverfolgt werden …

Auch die Ehefrau von Gerd A. soll illegal abkassiert haben, berichten die Medien. Sie ist in der Damen-Loge *Le droit humain* Mitglied. Die Logenleitung verlangt von ihr Rechnungen für verschiedene Ausgaben, die ebenfalls unauffindbar bleiben. Logenbruder Gerd A. und seine Gattin bestreiten natürlich alles, sprechen von einer »Verschwörung, die bis in die höchsten Kreise der Politik geht!«

Die Großloge schließt den abgefallenen Bruder aus, und die weltliche Justiz stellt ihn im Oktober 2003 vor Gericht. Letztendlich sind lediglich vier belegbare Fälle übrig geblieben, bei denen Gerd A. die Gelder der fingierten, überhöhten Rechnungen für sich abgezweigt haben soll (Schaden rund 3000 Euro).

Vor Gericht wehrt sich dieser mit den Worten: »Das ist eine derartig unglaubliche Behauptung. Das kann man sich gar nicht vorstellen […] Ich habe mich stets mit dem Großmeister und dem Großsekretär abgesprochen.«

Allerdings bestreitet er auch nicht, höhere Rechnungen ausgestellt zu haben. Er wollte damit »bestimmten Lieferanten«, scheinbar »allesamt in Not geratene Freimaurer«, etwas Gutes tun! Die Ware sei auch immer geliefert worden, aber eben zu überhöhten Preisen.

Bei der Verhandlung kommt aber noch mehr ans Tageslicht: Gerd A. bestellte auch *Totenköpfe* für die Loge! Ebenso *schwarze Kapuzenmäntel,* die bei »geheimnisvollen Zusammenkünften« von den Freimaurern getragen werden! »Die Mäntel, die wir haben, sind zerschlissen und zerrissen und stinken; denn die Mäntel werden am Abend getragen – da schwitzt man. Deshalb brauchen wir neue Mäntel …«

Damit erklärt also ein einstiger Funktionär der Wiener Großloge unumwunden vor Gericht, dass seine Logenbrüder bei geheimnisvollen Zusammenkünften schwarze Kapuzenmäntel tragen und dass er für sie auch Totenköpfe bestellt hat! Ein Sachverhalt, der wohl normalerweise entweder gar nicht ans Tageslicht kommt und wenn doch, dann als Verschwörungsfantasie abgestempelt oder von den Freimaurern hartnäckig geleugnet wird! Wie diese geheimnisvollen Zusammenkünfte aussehen, was dabei zelebriert wird, wozu schwarze Roben getragen und zu was Totenköpfe verwendet werden, bleibt jedoch weiterhin im Dunkeln.

Als Gerd A. von der Richterin gefragt wird, warum er die Namen der Lieferanten (damit wohl der Freimaurerbrüder) nicht nennt, sagt dieser: »Ich will nicht, dass man mit denen dasselbe aufführt wie mit mir […] Ich habe Angst.« Und zu seinem Ausscheiden aus der Loge: »Ich war politisch im Wege. Das ist der Hintergrund […] Über das, was rundherum passiert, darf ich nicht reden. Da werden zum Beispiel Bilder angekauft, ohne Rechnung, nur mit einem Zettel …«

Bezeichnend dafür, dass Gerd A. nicht richtig »auspacken« kann, ist der geleistete Freimaurereid der Verschwiegenheit, an den er nach wie vor gebunden ist. Als Verräter will er sich bestimmt nicht brandmarken lassen, denn diese haben Schlimmstes zu befürchten …

Natürlich weisen die Verantwortlichen der Großloge, wie beispielsweise der Schatzmeister, die Erklärungen des abtrünnigen Logenbruders zurück. Schließlich wird der Ex-Großkanzler der Großloge von Österreich der alten freien und angenommenen Maurer wegen schweren Betrugs zu drei Monaten bedingter Haft verurteilt. Und was sagt Michael Kraus, Ex-Großmeister der Großloge von Österreich dazu?

»Ein Skandal, nein, eine Katastrophe ist es, wenn ein Freimaurer ein Verbrechen begeht. Das gibt es – in Österreich und in jüngerer Zeit. Ein Mord geschah aus Geschäftsneid, ein anderer aus Eifersucht. Ein anderer, ausgerechnet der Sekretär der österreichischen Großloge, zog Schuld durch finanzielle Untreue auf sich. Die österreichischen Freimaurer machen sich Gedanken, ob die Kriterien streng genug sind, die der Aufnahme eines Kandidaten vorangehen. Freimaurern gelingt es ebenso wenig wie studierten Psychologen und Psychiatern, alle Winkel der Seele eines Menschen zu ergründen.«

Damit wird zugegeben, dass die Freimaurerei eigentlich nicht immer zur »Veredelung« des Menschen beitragen kann, wie es propagiert wird; Logenbrüder sogar Morde begehen! Verbrechen und Kriminelle gibt es überall. Auch in den viel gelobten Freimaurerlogen. Beispiele hierfür gibt es wahrlich genug![23]

11. Freimaurer im »Haider-Land« Kärnten[24]

»Widerstand gegen gesellschaftliche Ideen ist nur dort angebracht, wo man Toleranz beseitigt und die Freiheit opfert, um in ferner Zukunft irgendeine neue, ungewisse ›Freiheitsordnung‹ aufzurichten.«
Jörg Haider

In Kärnten ist man stolz auf seine Steinmetze, ist ihre Gemeinschaft doch älter als der Geheimbund der Freimaurer, weil sie sich schon früher zu Bruderschaften zusammengeschlossen haben. »Wir spielen nicht Freimaurer«, betont Franz Kollitsch, Gründer und Baumeister der »ehrbaren« Kärntner Bauhütte im Klagenfurter Wifi-Lehrbauhof. »Wir sind mit unseren Zeremonien viel älter. Die erste Freimaurerloge entstand 1717. Schon auf 1464 aber datiert die Maria Saaler Stiftungsurkunde mit der sich die Kärntner Steinmetze zur Bruderschaft vereinten.«

Sie sind, wenn man so will, die Vorläufer der Freimaurer. Die Bauhütten waren schon immer Horte des Geheimwissens der Baukunst.

»Bauen war immer ein Zeichen der Hochkultur«, sagt Kollisch weiter. So findet man in einem Gang im Keller des Lehrbauhofs nicht nur alte Handwerkzeuge, sondern auch den Grabstein Peter von Klagenfurts, seines Zeichens Steinmetz, der im 15. Jahrhundert den Schlussstein der Kirche von Zeltschach mit seinem Steinmetzzeichen setzte. Im »Zukunftsraum« stehen zwei marmorne Säulen nach biblisch-kabbalistischem Vorbild mit drehbaren Stahlringen. Werden diese in die richtige Ordnung gebracht, erkennt man die Worte »Ars« (dt. Handwerkskunst) und »Constructio« (dt. Verbindung). An der »Meisterwand« haben sich vierzig Baumeister verewigt. Der Bestsellerautor Dan Brown hätte hier unten, mitten in Klagenfurt, seine reine Freude gehabt und bestimmt noch mehr Inspirationen für seinen Freimaurer-Roman *Das letzte Symbol* gefunden. Es muss ja nicht immer Washington sein …

So ziemlich am Anfang der Freimaurerei in Kärnten stand jedoch ausgerechnet eine Frau: die Erzherzogin von Österreich, Maria Anna, eine Tochter Maria Theresias, die sich besonders für die Freimaurerei interessierte. Von 1771 an lebte sie in Klagenfurt. Zwölf Jahre später, 1783, war sie sogar die Initiatorin der Klagenfurter Freimaurerloge »Zur wohltätigen Marianne«, die nach ihr benannt wurde.

Im Herbst 1945 kam es in Kärnten zur Reaktivierung der Loge Paracelsus in Klagenfurt, die 1960 nach Villach verlegt wurde. Am 11. Oktober desselben Jahres wurde die erste rituelle Arbeit abgehalten. Dass Jörg Haiders Tod ebenfalls auf den 11. Oktober fällt, scheint wohl eher Zufall zu sein ... Heute gibt es in Klagenfurt neben der Loge »Zur Wohltätigen Marianne« noch die Loge »Zu den drei Säulen im Süden«, »Enzenberg« und »Panta Rhei«.

In Zeiten des Kalten Krieges hatte die Kärntner SPÖ einen eigenen Nachrichtendienst, wie die *Kleine Zeitung* in ihrem Artikel »Der Spion ›Dok‹ saß im Zentrum der Macht« im August 2009 berichtet. »Dok«, ein ranghoher Beamter der Kärntner Sicherheitsdirektion, später sogar ins Innenministerium versetzt, verriet der UDBA *(Uprava državne bezbednosti),* dem ehemaligen jugoslawischen Geheim- und Staatssicherheitsdienst, Details zur Landespolitik sowie personelle Strukturen der Nachrichtendienste und des Sicherheitsapparates. »Dok« war also ein Topspion. Der Nachrichtendienst der Kärntner SPÖ wurde von Hans Sima geführt, dem späteren Landeshauptmann von Kärnten, Stellvertreter des Bundesparteivorsitzenden der SPÖ und Mitglied des Bundesrates. »Seine Konfidenten rekrutierte er aus BSA (Bund sozialdemokratischer Akademiker/innen, Intellektueller und Künstler/innen; Anm. d. Verf.) und Freimaurerkreisen. Die politische Relevanz der Freimaurer entging ›Dok‹ nicht. Er ließ der UDBA die Namen jener Brüder der Loge ›Paracelsus‹ zukommen, die im Land die Fäden zogen und Einfluss besaßen.«

Diese kleine Episode in die Nachkriegszeit verrät also, dass selbst ein Topspion wie »Dok« es für nötig befand, dem damaligen jugoslawischen Staatssicherheitsdienst mitzuteilen, wer eigentlich die Macht und den Einfluss in Kärnten hatte: die Freimaurer (der Loge »Paracelsus«)!

Außerdem nahmen Freimaurer auch im »Haider-Land« ehemalige Nazis auf, denn, so der Grazer Historiker Dieter A. Binder: »Die Anziehungskraft des mystischen männerbündischen Freimaurerrituals kann germanisches Reckenritual durchaus ersetzen.«

Und dies, obwohl im Buch *Die Freimaurer* des ehemaligen Großmeisters der Großloge von Österreich zu lesen steht: »Ein besonderes Anliegen war der Großloge die Fernhaltung ehemaliger Nationalsozialisten. In einem Beschluss vom September 1945 hieß es dazu: ›Vom Bunde der Freimaurer sind alle Faschisten ausgeschlossen. – Unter den Begriff ›Faschisten‹ fallen alle Personen, die der nationalsozialistischen deutschen Arbeiterpartei oder einem ihrer Wehrverbände (SS, SA …) […] angehört haben.«

Und weiter: »Ein Skandal ist, dass einige Freimaurer – wenn auch nur wenige – zu den Nazis überliefen. Aber keine Organisation hat nach dem Krieg so streng geurteilt wie die Freimaurerei. Wer sich auch nur an die Nationalsozialisten angelehnt hatte, dem wurde […] die Rückkehr in die Loge verwehrt.«

Doch die diesbezügliche Kärntner-Historie scheint dem zu widersprechen: Noch 1986 beschwerte sich der ehemalige sozialistische Nationalratsabgeordnete Hannes Gradenegger darüber, dass es gerade ehemalige Angehörige der NSDAP waren, die in Kärnten neben ihrer Funktion innerhalb der SPÖ auch noch Freimaurer seien (ein Vorwurf, den sich ebenso die Kärntner ÖVP gefallen lassen musste). Er kritisierte zudem den »Einfluss des Freimaurerwesens in der Partei« und sagte, das »Elitäre« sei »unsozialdemokratisch« und »elitäre Einstellungen« wären für den Verlust des Kontaktes zur Basis verantwortlich. Im selben Jahr erschütterten »Briefe aus dem Grab« die österreichischen Maurer: Der ÖVP-Politiker und Logenbruder Jörg Mauthe (1924–1986) hatte noch zu seinen Lebzeiten veranlasst, nach seinem Tod Briefe zu veröffentlichen, darunter auch einen, der den zum (viertenmal) gewählten Großmeister Alexander Giese betraf. Mauthe warf ihm sozusagen aus dem »Grab« heraus vor, durch eine forcierte Aufnahmepolitik die Logen im Sinne der SPÖ beeinflusst zu haben. Gleichzeitig griff er den Freimaurer und Wiener Bürgermeister Helmut Zilk an (siehe auch Kapitel 8.2.4 »Logenbruder Helmut Zilk [SPÖ]: »›Spion und Freimaurer‹«). Mauthe war es auch, der kurz vor seinem Tod mahnte, die Loge würde eine Organisationsform darstellen, »die von vornherein nicht auf Zwecke der Öffentlichkeitsarbeit hin konstruiert, denn auch das denkbar ungeeignetste Instrument für eine solche ist«.

Freimaurer sind also stark vertreten im einstigen »Haider-Land«. Sogar Vorträge werden an Universitäten über die Kärntner Freimaurer gehalten, wie beispielsweise von Johannes Grabmayer an der Alpen-Adria-Universität Klagenfurt über die Geschichte der Freimaurerei in Kärnten.

Die Kärntner Freimaurer verstecken sich nicht unbedingt, sondern gehen auch schon mal an die mediale Öffentlichkeit. So geschehen im Mai 2006, als das Magazin *Kärntner Monat* einen Artikel über sie herausbrachte (»Diskrete Herren«) und erklärte, dass sie einen »Blick hinter die sonst verschlossenen Türen werfen« konnten. Konkret benannt wird Ulrich Polley, prominenter Klagenfurter Medienanwalt und Großredner der Großloge von Österreich. Er achtet darauf, dass die freimaurerischen Regeln innerhalb der Loge eingehalten werden. 270 Freimaurerbrüder soll es demnach 2006 in Kärnten geben. Aufgeteilt in die fünf Logen (»Zu den drei Säulen«, »Enzenberg«, »Panta Rhei«, »Zur wohltätigen Marianne« in Klagenfurt und in Villach »Paracelsus«).

Über die Mitglieder schreibt der *Kärntner Monat:* »Die Mitgliederlisten spiegeln ein veritables Who's who der Kärntner Prominenz wider, die Namensnennung wäre jedoch publizistischer Selbstmord – ist doch ausgerechnet Groß-Redner Polley Spezialist für Klagen für und leider auch gegen Medien!!!«

Viel Angst spielt da also mit, neben dem von Polley auch nur einen weiteren Namen aus dem Kärntner Geheimbund zu nennen. Auf die Frage, wie es um den oft vermuteten Einfluss der Freimaurer auf Politik und Wissenschaft steht, antwortet der Großredner, »dass es Effekte nach außen gibt, wenn Personen, die im wirtschaftlichen oder politischen Leben eine gewichtige Rolle spielen, in einer Loge miteinander diskutieren«.

Effekte nach außen hört sich verkauderwelscht an und heißt wohl Beziehungen und/oder Kontakte in die Politik und Wirtschaft!? Kriminelle Machenschaften, wie sie zum Beispiel in der Geheimloge P2 vorkamen, seien jedoch nur schwer zu unterbinden, äußerte sich Polley weiter. Also auf gut Deutsch, auch Freimaurer können nicht verhindern, dass es zu kriminellen Machenschaften in den Logen kommt!

Betreffs der Logenarbeit in Klagenfurt verrät Polley noch, dass es Vorträge zu gesellschaftspolitischen, wirtschaftlichen, philosophischen und esoterischen Themen sowie ein »geselliges Beisammensein« gebe.

Im *Kärntner Monat* heißt es weiter: »Zu den Anliegen der Logenbrüder gehören unter anderem seit jeher die Gewaltentrennung, die Trennung von Kirche und Staat, die Einrichtung säkularer Schulen, die Durchsetzung der Prinzipien der modernen Demokratie sowie eine Internationalisierung der Politik im Sinne eines allgemeinen Weltbürgertums. Und grundsätzlich ein Eintreten für Menschlichkeit, Brüderlichkeit, Toleranz und soziale Gerechtigkeit.«

Nichtsdestotrotz verlangte die Kärntner FPÖ im Herbst 1997, dass Politiker per Gesetz ihre Mitgliedschaft bei den Freimaurern offenlegen sollten. Eine Forderung, die in einer Demokratie wohl mehr als wünschenswert ist.

12. Jörg Haider und die Freimaurer: Logenbruder oder Logengegner?[25]

»Die Verfassungen westlicher Demokratien und die Programme ihrer Parteien beruhen im Wesentlichen auf den Idealen der Französischen Revolution von Freiheit, Gleichheit und Brüderlichkeit. Im Sinne der freiheitlichen Idee kann es dabei kein gleichwertiges Nebeneinander im gesellschaftlichen Entscheidungsprozess geben.«
Jörg Haider

Der amerikanische Journalist Jacob Heilbrunn berichtete 1997, dass Jörg Haider, der ein dreiwöchiges Gastseminar an der Harvard Universität in Cambridge (USA) zum Thema Privatisierung besuchte, endlich auch den »Anschluss an jene höchst elitären internationalen Freimaurerkreise gefunden hatte«. Michael Kraus, Ehrengroßmeister der Großloge von Österreich erklärte im September 2009 in einem *News*-Interview, US-Präsident Barack Obama stehe der Freimaurerei »sehr positiv« gegenüber und Jörg Haider sei *kein* Freimaurer gewesen. Davon sind wohl auch die meisten Österreicher überzeugt. Doch stimmt das wirklich? Oder war Haider doch Mitglied des Geheimbundes?

Ein Indiz für eine eventuelle Zugehörigkeit zum Freimaurerbund sind verschiedene *Signalgesten,* also geheime Logensignale und Zeichen, die es bereits seit Bestehen der Freimaurerei gibt. Logenbrüder lassen sich mit diesen Signalgesten bewusst fotografieren. Dabei handelt es sich zumeist um ganz normale, allgemein-menschliche Gesten, sodass Unwissende sie nicht in einen freimaurerischen Zusammenhang bringen können. Diese Signalfotos finden ihre Verbreitung über die Medien und teilen damit anderen Eingeweihten bestimmte Sachverhalte mit oder dienen ganz einfach als Erkennungszeichen. Solche Signalgesten sind beispielsweise Zeigefingersignale (Fingerzeige), das O.K.-Zeichen, die Pyramide, die (geballte oder geschwungene) Faust, »Hand aufs Herz«, der Krawattengriff, der Brillengriff oder das Victoryzeichen (dt. Siegeszeichen).

Auch Jörg Haider hatte sich dieser Signalgesten bedient. Auffallend, dass er des Öfteren (vor allem in den neunziger Jahren) das Victoryzeichen benutzte, bei dem Zeige- und Mittelfinger zu einem V ausgestreckt werden, während der Ringfinger und der kleine Finger eingezogen bleiben, über die der Daumen gelegt wird.

Das V symbolisiert zudem die beiden »Teufelshörner« (des Baphomet, des gehörnten Dämons) und daher ist diese Geste auch als »Teufelsgruß« (»horned devil«, »horned hand«, »devil horn salute«) bekannt, sowie als Zeichen der Schwarzen Magie. Die eigentliche Bedeutung geht aber tiefer: Es ist eigentlich das Zeichen des (Großen) Pan, des abgrundtief hässlichen Erd- und Naturgottes aus der griechischen Mythologie, der mit Hörnern, Bart und Bocksbeinen, halb Mensch, halb Tier (obere Hälfte Mensch, untere Hälfte Ziegenbock) durch die hellenistische Antike geistert. Denen, die ihn missachten, soll er den »panischen« Schrecken (die Panik) bringen. Er gilt als eine Inkarnation der Sinnlichkeit – animalisch und lebensfroh, obszön und onanistisch – und wird auch in der Personifizierung des christlichen Satans zum Sinnbild der (fleischlichen) Sünde.

Für den Mentor des Neo-Satanismus, Aleister Crowley (1875–1947), der das Zeichen des Pan eingeführt haben will, steht es auch für die dunkle ägyptische Gottheit Apophis, des Schlangengottes, der Verkörperung der Unordnung, der Dunkelheit und Finsternis, sowie des griechischen Gottes Typhon, des Ungeheuers mit den tausend Drachenköpfen (der in der ägyptischen Mythologie Seth genannt wird und als kosmischer Zerstörer gilt). Mit diesem »Victory-Pan-Zeichen« wollte Crowley der »Magie« der Nazis entgegentreten: Das Hakenkreuz ist als Sonnenrad ein altes Symbol der Einheit, das V-Zeichen das des Dualismus, das sich über diese Einheit erhebt. Zudem verwendeten die Nazis das politische Zeichen des Hitlergrußes, der wiederum auf den »Saluto romano« zurückzuführen ist, den »Römischen Gruß« aus der Zeit des Römischen Reiches. Eingeweihte schreiben ihm eine erfolgreiche Handmagie zu, der Crowley dann die Magie des »Victory-Pan-Zeichens«, der gespreizten Finger entgegensetzte. So will er es auch gewesen sein, der dem Hochgradfreimaurer und damaligen Ersten Lord der Admiralität, Winston Churchill, das Zeichen ans Herz legte, bis dieser es für sich übernahm, um die Moral der Truppe an der Heimatfront zu stärken. Sicherlich war Logenbruder Churchill über die Hintergründe dieser Handmagie eingeweiht, denn das V galt und gilt allgemein in Maurerkreisen auch als Ausdruck für die Hochgrade und war lange Zeit nur den Höchsteingeweihten bekannt.

Auch Jörg Haider benutzte, wie bereits erwähnt, diese u. a. auch maurerischen Signalgesten. Fotos von Haider als Jungpolitiker von 1990, als strahlender FPÖ-Vorsitzender bei den österreichischen Parlamentswahlen 1994 oder nach den Wahlen 1999 belegen dies sehr deutlich.

Am 25. Januar 1990 erklärte er auf Frage der *Kärntner Nachrichten*, welches seine politischen Vorbilder seien: »Helmut Zilk und Martin Purtscher!« Zilk, das habe ich bereits erläutert, war Freimaurer (siehe Kapitel 8.2.4 »Logenbruder Helmut Zilk [SPÖ]: »›Spion und Freimaurer‹«) und Purtscher soll ebenfalls ein Logenbruder sein. Das heißt also, dass Haiders politische Vorbilder Anfang der neunziger Jahre Freimaurer waren!

»... da ist noch ein weitaus obskurerer Aspekt, den selbst die großen Boulevardblätter in Europa seltsamerweise gänzlich übersehen zu haben scheinen: Jörg Haider war Freimaurer! Und nicht der regimetreueste«, schreibt Sven Berger im Fachmagazin *mysteries.* Dabei bezieht er sich auf die Aussagen von Haiders langjährigem FPÖ(BZÖ)-Parteifreund Ewald Stadler vom 25. März 2007 (siehe Kapitel 20.2 »Ewald Stadler [BZÖ]: Freimaurerexperte und politischer Weggefährte«).

Berger weiter: »Dass der gewiefte Politgefährte (Stadler; Anm. d. Verf.) die Wahrheit sprach, bewies Haiders Schweigen, der Stadlers Aussagen öffentlich nie dementieren mochte.« Doch in einem Interview mit der *Kleinen Zeitung* vom 24. September 2008 antwortete Haider auf die Bemerkung, er solle (laut Stadler) auch bei den Freimaurern gewesen sein: »Für den Blödsinn hat er sich schon entschuldigt.«

Ein anderer vager Hinweis auf Jörg Haiders eventuelle Mitgliedschaft bei den Freimaurern kommt ausgerechnet – und wohl ohne Absicht – von seinem Schwiegersohn Paolo Quercia, der mit Haiders Tochter Ulrike verheiratet ist. Das Netzwerk des Politberaters reicht bis ins Umfeld der italienischen Rechtspartei *Alleanza Nationale,* die im März 2009 aufgelöst wurde und mit Silvio Berlusconis *Forza Italia* zur neuen Mitte-Rechts-Partei *Popolo della Libertà* (PdL) (»Volk der Freiheit«) fusionierte. Quercia, der sich selbst als »parteiunabhängig«, aber »liberal-konservativ« bezeichnet, war beispielsweise Berater des italienischen Außenhandelsministers Adolfo Urso. Er bestätigt, dass Schwiegervater Haider eine »grenzüberschreitende, italienisch-österreichische Regionalpartei« gründen wollte, mit der er beabsichtigte, bei den letzten EU-Wahlen zu kandidieren.

»Ich überlege, so eine grenzüberschreitende Liste zu gründen, vor allem mit den Italienern, weil dort bin ich sehr gut aufgestellt und wir machen sicher sehr viele Stimmen«, sagte Haider noch im Oktober 2008.

Tatsächlich wird vier Monate nach Haiders Tod vom neuen Kärntner Landeshauptmann Gerhard Dörfler der Verein Italien-Kärnten *(Associazione Italia – Carinzia)* gegründet. Dörfler betont, dass es notwendig sei, das Erbe von Jörg Haider weiterzutragen und die aufgebauten Beziehungen zwischen den Regionen Kärnten, Friaul-Julisch Venetien und dem Veneto fortzuführen. Witwe Claudia Haider meint, der neue Verein diene der Völkerverständigung. Das neue Europa müsse »von unten« aufgebaut werden. Vereinspräsident wird erwartungsgemäß Paolo Quercia. In einem Interview mit dem österreichischen Nachrichtenmagazin *News* weist er daraufhin, dass der Kärntner Landeshauptmann Jörg Haider und der italienische Regierungschef Silvio Berlusconi »in keiner Weise miteinander vergleichbar« wären. Und dann fügt er noch den seltsamen Satz hinzu: »Höchstens vielleicht darin, dass sie zu gewissen Zeiten beide Outsider waren.«

Aber was meint Quercia damit? In welchen *gewissen Zeiten* waren Haider und Berlusconi *Outsider?* Des Rätsels Lösung ist vielleicht: Ersetzen wir »Outsider«, das vielleicht wissentlich in den Satz eingebaut wurde, um auf eine falsche Spur zu lenken, mit der gegenteiligen Definition, also »Insider«, wird vieles klarer.

Dann heißt Quercias Satz: »Höchstens vielleicht darin, dass sie zu gewissen Zeiten beide *Insider* waren.«

Aber Insider von was? Dieses Wort wird unter anderem als Synonym für Freimaurer benutzt. Und tatsächlich: Silvio Berlusconi war auch Mitglied der italienischen Freimaurerloge *Propaganda Due* (P2) und nebenbei auch noch Vertrauensmann des *Opus Dei,* der Laienorganisation der römisch-katholischen Kirche in Form einer Personalprälatur. Am 26. Januar 1978 trat Berlusconi in die geheime Freimaurerloge P2 ein. Er bekam die Mitgliedsnummer 1816 unter der Chiffre E.19.78 und war der Gruppe 17 mit der Aktennummer 0625 zugeteilt.

»Die Mitgliedschaft in der Loge erlaubt Berlusconi, einige wichtige Kontakte zu knüpfen«, sagten die Staatsanwälte Domenico Gozzo und Antonio Ingoia am 11. Dezember 2004 bei einer Anklagerede gegen einen Freund und Geschäftspartner Berlusconis.

Berlusconi selbst stritt ursprünglich seine Mitgliedschaft ab, behauptete am 27. September 1988 vor dem Landgericht von Verona sogar unter Eid, niemals dem »ehrenwerten« Logengroßmeister Mitgliedsbeitrag entrichtet zu haben. Doch er log, wie zwei Journalisten herausfanden, die ihn wegen meineidlicher Falschaussage angezeigt und vor dem Berufungsgericht von Verona gewonnen hatten. Eine Quittung mit der Nummer 104 für die Aufnahmegebühr von rund 125 Mark war am 5. Mai 1978 ausgestellt worden.

Im Urteil Nr. 97 215/89 stand: »Das Gericht ist der Auffassung, dass die Behauptungen des Angeklagten (Berlusconi; Anm. d. Verf.) nicht der Wahrheit entsprechen [...] Daraus erfolgt zwingend, dass Berlusconi vor dem Landgericht von Verona in seiner Funktion als Zeuge und Beleidigter die Unwahrheit bezüglich Dingen gesagt hat, die direkt mit dem Gegenstand der Klage und deren Umständen zusammenhängen, er hat Aussagen zur Sache gemacht, die das Gericht in die Irre führen sollten, ganz unabhängig davon, dass sich das betreffende Gericht von den lügnerischen Erklärungen nicht hat inhaltlich beeinflussen lassen, hat er die ihm vorgeworfene Straftat (Meineid) begangen ...«

Damit war Berlusconi wegen Meineids verurteilt worden, entging aber einer Haftstrafe, weil wieder einmal eine allgemeine Amnestie ausgerufen worden war. Glück für den Freimaurer, das er nachfolgend noch öfter haben sollte, wobei nicht verschwiegen werden darf, dass er diesem manchmal auch kräftig nachgeholfen hatte.

Berlusconi sagte über die Freimaurerloge einmal: »In der P2 versammelten sich die besten Leute des Landes.«

Alexander Stille, Autor des Buches *Citizen Berlusconi,* schreibt treffend: »Wahr ist sicher, dass dort viele der Mächtigsten im Lande vertreten waren. Man könnte aber auch sagen, es seien die schlimmsten aus der gesellschaftlichen Elite Italiens gewesen: Generäle, Oberste und Admiräle, die nichts dabei fanden, ihren Treueeid zum italienischen

Staat zu brechen [...] hohe Geheimdienstbeamte [...] Präsidenten staatlicher Banken, die sich herabließen, Logenbrüdern für irgendein zwielichtiges Vorhaben Kredite zu verschaffen, deren Rückzahlung in den Sternen stand.«

Und die Autoren Udo Gümpel und Ferruccio Pinotti, die sich mit Berlusconis Karriere beschäftigten, ergänzen: »... sein (Berlusconis; Anm. d. Verf.) eigenes Weltbild [...] hat mit christlichen Überzeugungen herzlich wenig zu tun. Es ist das Monument eines Freimaurers, der Berlusconi ja auch einst war, in der dann gesetzlich aufgelösten Geheimloge P2 des faschistischen Großmeisters Licio Gelli, aber nicht das Monument christlichen Glaubens. All diese ›Details‹ haben die Kirchenfürsten nicht davon abgehalten, auf die Regierung Berlusconi zu setzen.«

Berlusconis P2-Zugehörigkeit lohnte sich auf vielfältige Weise. So bekam er beispielsweise bei Banken, deren Direktoren Logenbrüder waren, enorme Darlehen zu extrem günstigen Konditionen. Über Berlusconis unheilvollen Einfluss auf die italienische Gesellschaft, Medien und Politik, sowie seine Verstrickungen mit der Mafia habe ich ausführlich in meinem *Schwarzbuch Freimaurerei* berichtet.

Als Silvio Berlusconi also im März 2009 zum Vorsitzenden der neuen Partei *Popolo della Libertà* gewählt wurde – er sah die Gründung der Partei als die »Krönung eines vor fünfzehn Jahren begonnenen Prozesses« – ließ er sofort seine maurerische Gesinnung aufblitzen, als er von einer »liberalen Revolution« sprach und weiter: »Die Freiheit ist unsere laizistische Religion, der Polarstern, der uns bei jedem Beschluss führt.«

Dazu muss man wissen, dass der Laizismus ein religionsverfassungsrechtliches Modell ist, dem das Prinzip strenger Trennung von Staat und Religion zugrunde liegt, wie beispielsweise in Frankreich. Der Katholizismus sieht darin eine grundlegend antiklerikale Haltung und wirft der Freimaurerei vor, Hauptförderin des Laizismus zu sein. Doch nicht nur in dieser Hinsicht verriet sich »Logenbruder« Berlusconi, sondern auch mit dem Begriff *Polarstern,* mit er dem wohl den *Flammenden Stern* der Freimaurerei meinte. Dabei handelt es sich um einen fünfzackigen Stern im Strahlenkranz, in dessen Mitte das Buchstabensymbol »G« prangt, das als Abkürzung für Gott, Geometrie oder Gnosis interpretiert werden kann.

Vielleicht waren Haider und Berlusconi tatsächlich zu einer gewissen Zeit beide maurerische »Insider«. Zugegebenermaßen bleibt dies letztlich Spekulation, ist aber dennoch nicht von der Hand zu weisen.

Um mehr Informationen darüber zu erhalten, ob Haider vielleicht ein Freimaurer war oder nicht, möchte ich diesbezüglich meinem Interview mit seinem politischen Weggefährten Ewald Stadler vorausgreifen (siehe Kapitel 20.2), dem wohl bestinformierten Politiker betreffs Freimaurerei in Österreich.

»Meines Erachtens hatte Jörg Haider in den siebziger Jahren Kontakt zu den Freimaurern«, meint der BZÖ-Politiker mir gegenüber. »Er wurde in eine Loge aufgenommen. Aber so, wie es der Jörg eben hatte – er hat das eher folkloristisch gesehen, nicht so ernst genommen, ein Jux und hat dann wieder darauf gepfiffen«.

Abseits des Parlamentsrummels in Wien habe ich Haiders Freund und persönlichen Berater Stefan Petzner gefragt, ob der Landeshauptmann ein Freimaurer gewesen sei. Petzner: »Nein, sicher nicht!«

Natürlich habe ich diese Frage auch Haiders Witwe, Claudia Haider gestellt (siehe Kapitel 21 »Interview mit Claudia Haider«). Ihre Antwort klingt orakelhaft unbestimmt: »Mein Mann war allen Menschen gegenüber aufgeschlossen, hatte zu allen gesellschaftlichen Gruppen Kontakt, und daher kann ich nicht ausschließen, dass bei den unzähligen Begegnungen mit Menschen der eine oder andere Freimaurer dabei war.«

Letztendlich kann sicher nicht mehr definitiv gesagt werden, ob Jörg Haider einmal ein Freimaurer gewesen ist und ob er ihnen ab einem gewissen Zeitpunkt wieder den Rücken zugewandt hat. Meine Recherchen haben jedenfalls ergeben, dass er zu den Logenbrüdern Kontakt hatte, wie immer dieser letztlich auch ausgesehen haben mag.

13. B'nai-B'rith-Loge, Femegericht, Mossad, Israel und Jörg Haider[26]

»Die verheerenden Weltkriege dieses 20. Jahrhunderts, eigentlich europäische Bruderkriege, sind der grassierenden Seuche autoritären und totalitären Denkens entsprungen, dem die Freiheit des Menschen nichts galt.«
Jörg Haider

Jörg Haider und die *B'nai-B'rith-Loge* in Wien waren nicht gut aufeinander zu sprechen. Nachfolgend möchte ich die Ursprünge dieser Loge, sowie die Eklats zwischen dem Politiker und dem Bund näher beleuchten.

»Die antisemitischen Tendenzen in den (Freimaurer-)Logen des 19. Jahrhunderts waren zweifellos ausschlaggebend für die Gründung von *B'nai B'rith,* da in den seltensten Fällen Juden der Zutritt zu den Logen gewährt wurde«, berichtet das *Internationale Freimaurerlexikon* (S. 140). Die sogenannten »Söhne des Bundes« arbeiten an ihrer »moralischen und ethischen Vervollkommnung« und wollen alle Israeliten vereinigen, »zur Förderung der höchsten Interessen der Menschheit«. So heißt es in der Satzung der Berliner Berthold-Auerbach-Loge III. Die größte jüdische Organisation ist aufgebaut nach »maurerischem Muster« (Andreas Gößling: *Die Freimaurer,* S. 269). Sie hat rund 500 000 Mitglieder in 58 Ländern und nimmt nur Juden auf. Die Loge will offiziell unpolitisch sein, aber in einigen ihrer Publikationen wird eine andere Ansicht vertreten. So soll der Einfluss auf die internationale Politik nicht unerheblich sein. Der damalige Präsident der *B'nai-B'rith-Maimonides-Loge* Peter Maier sagte, dass bei *B'nai B'rith* »auch die Politik ein sehr wichtiger Aspekt« sei.

B'nai B'rith ist ein reiner Männerbund innerhalb der jüdischen Glaubensgemeinschaft, der, nach den äußeren Kennzeichen beurteilt, in die gleiche Kategorie wie die Freimaurerei gehört. Das katholische Nachrichtenportal *kreuz.net* betrachtet die Wiener Freimaurerloge *Zwi Perez Chajes* zur in den USA gegründeten Internationalen jüdischen Freimaurerloge *Benei Berit* gehörig.

Das Dokumentationsarchiv des österreichischen Widerstandes berichtet im September 1998: »Nach der skandalösen Gleichsetzung von jüdischen Opfern des Nationalsozialismus und sudetendeutschen Vertriebenen verschärfte FPÖ-Obmann Jörg Haider seine Töne weiter. In der ORF-Pressestunde vom 13. September unterstellte er der jüdischen Loge *B'nai B'rith* in Wien, sie hätte im Geheimen ein ›Femegericht‹ (auch als Freigericht oder als schweres, heiliges Gericht bezeichnet; Anm. d. Verf.) über ihn abgehalten. Hintergrund des jüngsten Haider-Ausfalles: Die *B'nai B'rith* zeigte 1996 den FPÖ-Obmann nach dessen apologetischen Äußerungen über die Waffen-SS bei der Staatsanwaltschaft Klagenfurt wegen des Verdachtes des Verstoßes gegen das NS-Verbotsgesetz an (Haider sagte 1995, Waffen-SS-Mitglieder seien ›anständige Menschen, die einen Charakter hätten‹; Anm. d. Verf.). Bei der von Haider als ›Femegericht‹ bezeichneten Sitzung wurde damals die weitere Vorgehensweise in dieser Angelegenheit besprochen. Die Behauptung einer ›geheimen Logensitzung‹ der *B'nai B'rith,* bei welcher sogar eine ›Causa Jörg Haider‹ als eigener Tagesordnungspunkt abgehandelt worden sei, tauchte bereits im Oktober 1996 in einer parlamentarischen Anfrage des FPÖ-Klubobmannes Ewald Stadler auf.«

Tatsächlich schreiben in der mir vorliegenden parlamentarischen Anfrage (1312/J XX.) die Abgeordneten Magister Stadler und Kollegen an den Bundesminister für Justiz unter anderem: »In der Loge *B'nai B'rith* werden unter ihrem Obmann Dr. Ariel Muzicant seit einiger Zeit gezielte Aktionen gegen die FPÖ und Jörg Haider unternommen. Im Rahmen einer geheimen Logensitzung am 3. Juni 1996 wurde sogar eine ›Causa Jörg Haider‹ als eigener Tagesordnungspunkt abgehandelt. Die Bemühungen der Loge, über den frühpensionierten Richter Gallhuber mit Faschismusvorwürfen gegen die FPÖ und Haider vorzugehen, sind gescheitert. Weitere Aktionen aus dem Kreis dieser Loge und aus dem sozialistischen ›Republikanischen Klub‹, zwischen denen es enge personelle Verflechtungen gibt, sind wie in der Vergangenheit leider auch in Zukunft zu erwarten. Dabei verdienen die Beratertätigkeiten einzelner Mitglieder der *B'nai B'rith* und des Republikanischen Klubs für das Liberale Forum ebenso Beachtung …«

Den Sachverhalt eines »Femegerichts« von *B'nai B'rith* über Jörg Haider bestätigt mir Ewald Stadler auch persönlich. Auf meine Frage, was er denn über die Auseinandersetzung zwischen Haider und der Wiener *B'nai-B'rith-Loge* wisse, antwortet er: »Ich erhielt von einem Informanten eine Logeneinladung, die Jörg Haider betraf. Ich gab sie ihm natürlich. Bei einer Pressestunde hatte er diese auch in die Kamera gehalten. Darauf stand: ›Causa Jörg Haider‹ (lat. Causa = Rechtsgrund, Ursache; Anm. d. Verf.)! Das hat gewirkt!«

Weiterhin frage ich Ewald Stadler, ob die Loge mit der regulären Freimaurerei verbandelt sei. Stadler: »Sämtliche Mitglieder der *B'nai-B'rith-Loge* sind auch in regulären Freimaurerlogen tätig. Der derzeitige Großmeister ist Ariel Muzicant.«

Muzicant war nach eigener Auskunft von 1996 bis 1998 Präsident der Loge *B'nai B'rith Zwi Perez Chajes* und ist jetzt Präsident der Israelitischen Kultusgemeinde (IKG) in Wien. Dass er und Haider keine Freunde waren, ist wohl kein Geheimnis. So warnte der IKG-Präsident immer wieder vor den »Sprüchen« des FPÖ-Chefs, die oftmals als rechtspopulistisch oder antisemitisch angesehen wurden. Beispielsweise als Haider im Juni 1991 vor dem Kärntner Landtag sagte: »Im Dritten Reich haben sie ordentliche Beschäftigungspolitik gemacht« und sich damit um den Posten des Landeshauptmannes brachte.

Ohne Haider mit Hitler vergleichen zu wollen (»Das wäre zu viel Ehre für beide Seiten«), verwies Muzicant auf 1938. Damals hätte es »anders ausgehen können, wenn sich die anderen demokratischen Kräfte ihrer Verantwortung bewusst gewesen wären. Der Welt und uns allen wäre eine Menge erspart geblieben.«

Haider hingegen erklärte 2001 beim Dreikönigstreffen der FPÖ: »Der Herr Muzicant ist erst zufrieden, bis man ihm auch jene 600 Millionen Schulden bezahlt hat, die ihm in Wien angehäuft worden sind.«

An anderer Stelle sagte er: »... hohe Funktionäre der jüdischen Gemeinde in Wien (versuchten) [...] beim State Department in Washington gegen uns Stimmung zu machen [...] Also, ich bin sicherlich nicht derjenige, der ein Leben lang im Büßerhemd durch die Welt geht [...] Warum soll ich mich mit irgendwelchen Vergangenheitsproblemen belasten?« Und: »Ich verstehe nicht, wie einer, der Ariel heißt, soviel Dreck am Stecken haben kann.«

Nach der letztgenannten Äußerung verklagte Muzicant Haider, der diese Aussage später mit dem »Ausdruck des Bedauerns und der Entschuldigung« zurückzog.

»Wir haben über Herrn Haider kein Femegericht abgehalten, das ist ein ungeheuerlicher Vorwurf«, erklärte damals *B'nai-B'rith*-Funktionär Victor Wagner im *Standard.*

Im Februar 2010 frage ich diesbezüglich bei Ariel Muzicant nach, ebenso betreffs weiterer Sachverhalte im Kontext dieses Buches. Seine Antworten fallen leider äußerst karg aus:

> **Grandt:** *Ist die B'nai-B'rith-Loge in Wien ein Teil der Israelitischen Kultusgemeinde in Wien?*
> **Muzicant:** *Ja.*
> **Grandt:** *Ist diese völlig autark zu sehen?*
> **Muzicant:** *Ja.*
> **Grandt:** *Sie waren 1996–1998 Präsident der B'nai-B'rith-Zwi-Perez-Chajes-Loge. Sind Sie noch aktives Logenmitglied?*
> **Muzicant:** *Ja.*
> **Grandt:** *Welche Ziele hat die B'nai-B'rith-Zwi-Perez-Chajes-Loge?*
> **Muzicant:** *Siehe Internet B'nai B'rith.*
> **Grandt:** *Ewald Stadler behauptet, dass sämtliche B'nai-B'rith-Mitglieder in Wien auch in regulären Freimaurerlogen tätig waren. Stimmt das? Gibt es Doppelmitgliedschaften?*
> **Muzicant:** *Weiß ich nicht.*
> **Grandt:** *Wissen Sie, ob Jörg Haider (in früheren Jahren einmal) Freimaurer war, wie oft behauptet wird?*
> **Muzicant:** *Nein.*
> **Grandt:** *BZÖ-Politiker (früher FPÖ) behaupten, dass es von B'nai B'rith eine »Causa« gegen Jörg Haider gab. Stimmt das?*
> **Muzicant:** *Nein – die Causa waren seine Angriffe.*
> **Grandt:** *Ewald Stadler behauptet von einem Informanten, eine Logeneinladung von B'nai B'rith erhalten zu haben, die er Jörg Haider gab. Der damalige FP-Chef hätte diese dann bei einem Interview in die Kamera gehalten, auf der stand: »Causa Jörg Haider«. Stimmt das?*

Muzicant: *Ja.*
Grandt: *Meinen Recherchen nach sind auf vielen Fotos von Jörg Haiders Unfallort verschiedene Freimaurersymbole zu erkennen. Wissen Sie etwas darüber?*
Muzicant: *Nein.*
Grandt: *Verschwörungstheoretiker behaupten, der israelische Geheimdienst Mossad wäre für den Tod Jörg Haiders verantwortlich. Was sagen Sie dazu?*
Muzicant: *Blödsinn. Dieselben Quellen behaupten, der Mossad steckt hinter 9/11.*

In einem Punkt scheinen Muzicants knappe Antworten jedoch nicht ganz schlüssig: Einerseits sagt er, es hätte *keine* Causa von *B'nai B'rith* gegen Jörg Haider gegeben (»Nein – die Causa waren seine Angriffe«), andererseits bestätigt er, dass der Landeshauptmann bei einem Interview eine Logeneinladung in die Kamera gehalten hätte, auf der genau *das* stand (»Causa Jörg Haider«) …

Wie dem auch sei, auch für Israels Politik hatte Haider wenig übrig, und daraus machte er auch keinen Hehl. Umgekehrt war das wohl genauso. Als der FPÖ-Chef bei den Nationalratswahlen 1999 über 27 Prozent der Stimmen holte, forderte der damalige israelische Präsident Esra Weizmann gar die Juden in Österreich zur »sofortigen Immigration nach Israel« auf. Für Premier Ehud Barak läuteten »nun die Alarmglocken«. Die Aussagen israelischer Politiker bezeichnete Haider als »hysterische Akte, die den jüdischen Bürgern in ganz Europa schaden. Es gibt jetzt genügend Leute, die sagen: ›Wir wissen jetzt, warum Antisemitismus entsteht‹.«

Die israelische Wissenschaftlerin Anat Peri verfasste für die *Hebrew University* in Jerusalem eine Studie über Haiders »antisemitische Weltsicht«. Gegen eine solche Unterstellung hatte sich der Kärntner Landeshauptmann jedoch immer gewehrt. Haider-Kritiker im In- und Ausland nahmen ihm eine solche Haltung jedoch oft nicht ab. So kam Peri zum Schluss, dass Haider scheinbar häufig »Codewörter« bei seinen Reden verwendete, die »bei seinen Anhängern antisemitisch verstanden« würden. Wenn er beispielsweise von der »US-Küste« sprach, würde er eigentlich die amerikanischen Juden meinen.

So wurde Haider von der Tel Aviver Tageszeitung *Jedi'ot Acharonot* als ein »klares Beispiel für den wachsenden Rechtsradikalismus in Europa« bezeichnet. Die Mittagszeitung *Ma'ariv* nannte ihn einen »Rechtsradikalen«, die deutschsprachige Zeitung *Israel Nachrichten* einen »Rechtspopulisten« und die Tageszeitung *HAARETZ* definierte Haiders damalige Partei, die FPÖ, als »rechtsradikal«.

Die israelische Tageszeitung *Jedi'ot Acharonot* schrieb unter der Überschrift »Der geistige Enkel Hitlers. Wer war Jörg Haider?«: »Er wurde als Kind von Nazi-Parteimitgliedern geboren, stieg in der österreichischen Politik hoch und berührte fast den Posten des Kanzlers. Die Juden hatten Angst vor ihm, und die Welt distanzierte sich von seinen Äußerungen.«

Haider hatte schon immer mit der NS-Vergangenheit seines Vaters zu kämpfen. Robert Haider trat mit fünfzehn Jahren der Hitlerjugend bei, ein Jahr später der SA, er ging nach dem gescheiterten Juli-Putsch als »Illegaler« nach Deutschland und kehrte im März 1938 zurück nach Oberösterreich. Von 1940 bis zum Kriegsende war er im Dienst der Wehrmacht an verschiedenen Fronten. Nach dem Krieg wurden Robert Haider (und seine Frau Dorothea) lediglich als »minderbelastet« eingestuft.

Sohn Jörg bezeichnete viele Jahre später (im Herbst 1995) die Veteranen einer Waffen-SS-Kameradschaft als »anständige Menschen, die einen Charakter haben« und stellte sich damit wieder in die rechte Ecke, aus der er Jahre später wieder herauskommen wollte.

Die deutsche Presse bezeichnete den Kärntner Landeshauptmann als »begnadeten Volkstribun, der zynische Rechtspopulist, der kalt berechnende Hetzer gegen Fremde und Liberale« (*Süddeutsche Zeitung* v. 11.10.2008) oder als »Lautsprecher, ein Provokateur und Stimmenfänger am rechten Rand« (*DER SPIEGEL* v. 11.10.2008).

Der ehemalige österreichische SPÖ-Bundeskanzler Bruno Kreisky (1970–1983) beschimpfte Jörg Haider einmal als »Nazi«. Haider klagte gegen diese Schmähung, Kreisky weigerte sich, das Wort zurückzunehmen und verlor den Prozess. Das sich anschließende Berufungsverfahren wurde später eingestellt.

»... die Diskussion über das Dritte Reich wurde schon immer mit besonderer Verlogenheit geführt«, bekannte Gerhard Stichauner, ehemaliger Chefredakteur der *Kärntner Krone.* »Alle Parteien haben sich stets mit allen Tricks um die Stimmen der ›Ehemaligen‹ bemüht. Und der große Staatsmann Kreisky hat gleich vier frühere NSDAP-Mitglieder in sein erstes Kabinett berufen. Kreisky war es auch, der in einem Interview gesagt hat: ›Die Juden sind kein Volk, und wenn sie eines wären, sind sie ein mieses.‹« Stichauner weiter: »Aber Kreisky war ein ehrenwerter Mann, und Haider musste politisch ›gekillt‹ werden. Ob die Kärntner Bevölkerung da mitzieht, wird sich zeigen. Die Heuchler könnten noch ihr blaues Wunder erleben.«

1999 hatte Haider versucht sich abzugrenzen: »Mögen die Damen und Herren der politisch korrekten Gesellschaft die Faschismuskeule schwingen gegen wen immer [...] ich bin mit jeder Faser meines Herzens ein so begeisterter österreichischer Demokrat, dass ich keine braunen Schatten akzeptieren kann und akzeptieren werde.«

Selbst das deutsche Nachrichtenmagazin *DER SPIEGEL* musste nach Recherchen im Jahr 2000 zugeben: »Fest steht: Weder hat Haider den Holocaust geleugnet, noch Juden geschmäht oder östlichen Lebensraum gefordert ...«

Auch der »Nazijäger« Simon Wiesenthal meinte in einem Interview, dass Haider »niemals etwas gegen Israel oder etwas Antisemitisches geäußert« hätte. Haider würde keine Gefahr für die Demokratie in Österreich darstellen.

Hubert Patterer, Chefredakteur und Geschäftsführer der *Kleinen Zeitung* sagte einmal: »Er (Haider; Anm. d. Verf.) hat durch seine Prägung in Sachen Nationalsozialismus mehrfach Grenzen überschritten, gleichzeitig radikal mit diesem deutschnationalen Lager gebrochen [...] Eine gewisse Läuterung und ein Reifungsprozess waren schon spürbar.«

SPÖ-Bundeskanzler Alfred Gusenbauer fand bei Haiders Trauerfeier am 18. Oktober 2008 in Klagenfurt unter anderem folgende Worte: »Sehr oft wurde der Fehler begangen, dass schon alleine Jörg Haiders Kritik an den Verhältnissen kritisiert wurde. Ich habe das immer für einen großen Fehler erachtet [...] Ich zolle ihm Respekt. Ich zolle ihm über alle politischen Meinungsverschiedenheiten hinweg Anerkennung, da ich der Auffassung bin, dass er vom Willen getragen war, das Beste für seine Heimat, das Beste für Kärnten zu machen [...] Jörg

Haider, du hast vieles gewollt. Du hast nicht alles, aber sehr viel erreicht. Zahlreiche Menschen danken dir dafür, und viele werden vielleicht die Größe aufbringen, deinen Tod zum Anlass zu nehmen, sich mit dir als Mensch zu versöhnen. Jörg Haider, Landeshauptmann von Kärnten, mein Kollege, ruhe in Frieden.«

Doch wohl nicht alle erhörten die Worte des österreichischen Bundeskanzlers. Aussöhnung schien für sie nicht infrage zu kommen.

In den israelischen Rundfunknachrichten wurde der Tod Jörg Haiders erst an siebter Stelle erwähnt, unmittelbar vor Autounfällen in Israel. Zitiert wurde lediglich Präsident Heinz Fischer, der Haiders Tod als eine »menschliche Tragödie« bezeichnete. Die Onlinedienste der israelischen Zeitungen beschränkten sich darauf, Agenturberichte wiederzugeben. Nur die *Jedi'ot Acharonot* brachte einen Hintergrundbericht, der am 28.10.2008 auch im Medienspiegel der Deutschen Botschaft Tel Aviv erschien. Der Beitrag von Eldad Beck hatte den Titel »Die Schande Österreichs«. Darin wurde Haider als »gefährlicher Politiker«, »moderner Austro-Faschist« und »Schande der österreichischen Gesellschaft« bezeichnet. Zudem gebrauchte der Journalist Worte, die niemals mehr ausgesprochen werden sollten, führten sie doch zu einem millionenfachen Mord an dem Volk, dem Eldad Beck angehört: Er bezeichnete Haider als »politisches Ungeziefer«. Der genaue Kontext lautete: »Es ist absurd, dass gerade in der Woche, in der fast die gesamte österreichische Führungsspitze beim Begräbnis eines *politischen Ungeziefers* antritt, dieses Land als temporäres Mitglied in den Sicherheitsrat aufgenommen wird. Es sollte dort keinen Platz haben!«

Gleichzeitig beschimpfte der Korrespondent auch noch die Österreicher: »Die fette und satte österreichische Nation, die sich am Raub und der Ermordung von Juden bereichert hat, hat schamlos alles getan, um den Opfern sogar die späte Gerechtigkeit vorzuenthalten. Nicht mit Haider muss sich Österreich versöhnen, sondern mit seinen Juden. Aber sie interessieren Österreich nicht. Diese Nation hat keinen Respekt und keine Anerkennung verdient.«

Der ehemalige FPÖ-Politiker Karlheinz Klement möchte ein Attentat des israelischen Geheimdienstes Mossad nicht ausschließen. Das österreichische Magazin *News* nennt dies »Schwachsinnigkeiten«.

Tatsache jedoch scheint, dass der Ex-FPÖ-Politiker Peter Sichrovsky (1996–2003), der frühere Geschäftsführer der Freiheitlichen, der dann auch als Abgeordneter im Europaparlament saß, jahrelang mit dem Mossad zusammengearbeitet hatte. Das jedenfalls berichtete das Onlineportal der *WirtschaftsWoche* im Mai 2005. »Ich habe bis zu meinem Rückzug aus der Politik mit dem Mossad kooperiert. Ich wollte Israel helfen«, wurde Sichrovsky zitiert, der in den achtziger und neunziger Jahren auch für den *SPIEGEL* und die *Süddeutsche Zeitung* gearbeitet hatte und Mitbegründer der Wiener Zeitung *Der Standard* war.

Der israelische Geheimdienst hatte sich vor allem für die arabischen Kontakte Haiders interessiert, allen voran die zu Libyens Staatschef Muammar al-Gaddafi (siehe auch Kapitel 16.2 »Freund der Polit-Geächteten«). Der Kärntner Landeshauptmann erklärte dazu, es habe »von Anfang an in der Partei Warnungen gegeben, Sichrovsky sei vom Mossad entsandt. Aber es gab keine konkreten Hinweise.« Sichrovsky war einst vom Präsidenten der Israelitischen Kultusgemeinde (IGK) als »Haiders Hofjude« bezeichnet worden. *Der Standard* nannte ihn »Haiders Flötenspieler« und »einschlägigen Hofnarr«.

Dieser Skandal, die Bespitzelung eines legitim gewählten österreichischen Politikers durch den israelischen Geheimdienst, blieb weitgehend ohne Folgen! Sicher undenkbar, wenn es sich um eine andere Politgröße gehandelt hätte. Der Kärntner Landeshauptmann galt fast als *vogelfrei,* so jedenfalls schien es.

»Haider wurde also zu politischem Freiwild vom Schlage eines Saddam Hussein, Mahmud Ahmadinedschad, ja eines Hitler gezählt, in deren Angesicht man einfach rechtsstaatliche und demokratische Maßstäbe fallen lassen darf«, scheibt Gerhard Wisnewski.

An dieser Stelle möchte ich noch erwähnen, dass das österreichische Nachrichtenmagazin *Profil* im März 2009 erklärte: »Jörg Haider ist auch über seinen Tod hinaus eine nützliche Chiffre: Sein Bild steht – zumindest in den Augen seiner Gegner – für Faschismus und Rechtsextremismus.«

Das Magazin berichtete weiter darüber, dass in Israel linke Demonstranten Filme von Haiders Reden gezeigt hätten, als Protest gegen Avigdor Lieberman, den Chef der Partei *Israel Beitenu* (»Israel ist unser

Haus«), weil sie dessen »faschistische Agenda« anprangern wollten. Doch dies nützte nichts, denn die Partei wurde nach den Wahlen die drittstärkste Partei im israelischen Einkammerparlament (Knesset).

Das Nachrichtenmagazin *Profil* schrieb: »Jetzt hat Israel auch seine rechtsextreme Volkspartei [...] Mit seiner rassistischen Haltung gegenüber arabischen Israelis, die Lieberman mitsamt dem Land, auf dem sie leben, aus dem Staat ausgliedern möchte, erfüllt der Einwanderer [...] bereits wichtige Kriterien für einen Rechtsextremisten: Er bevorzugt eine völkisch legitimierte Demokratie und drängt die als Fremde gebrandmarkten Bürger aus dem Staat [...] Zum Rassismus kommen bei Lieberman auch autoritäre Züge, etwa wenn er arabische Parteien in Israel von den Wahlen ausschließen möchte oder israelisch-arabischen Politikern mit dem Tod droht, wenn sie sich mit Hisbollah-Führern treffen.«

Die Abgeordnete der linken Meretz-Partei *Zahava Gal-On* warnte vor Lieberman: »Le Pen in Frankreich und Haider in Österreich sind Leichtgewichte, verglichen mit ihm.«

Und der Journalist Gideon Levy schrieb: »Wenn jemand wie Lieberman in Europa in eine Regierung einträte, würde Israel die Beziehungen mit ihr abbrechen.«

Über Liebermans Sprüche urteilt *Profil:* »... solche Sprüche klingen sehr vertraut. Ähnlich argumentierte ein aufstrebender Politiker namens Jörg Haider.«

Lieberman war jedoch schon längst Minister in der Knesset (2001–2002 Infrastrukturminister, bis 2004 Verkehrsminister, von 2006 bis 2008 [unter Ehud Olmert] sogar stellvertretender Regierungschef und Minister für Strategische Angelegenheiten). In der neuen israelischen Regierung wird der Ultranationalist Avigdor Lieberman sogar Außenminister.

14. »EU-Scherbengericht und Kabinettsjustiz« gegen Österreich, Jörg Haider und die ÖVP/FPÖ-Regierung[27]

»Wir wollen unseren Beitrag leisten zu einem freien Europa, das nicht mehr in die Düsternis menschenverachtender Systeme zurückkehren darf. Nachdenken über die Freiheitsordnung in unserer Heimat ist ebenso angebracht, weil eine wertelose Gesellschaft freie Bürger in angepasste Sklaven verwandelt.«
Jörg Haider

14.1 Fakten zur »Neuen Weltordnung«

Die Freimaurerei hat sich über die ganze Welt ausgebreitet. Die einzelnen Großlogen und Logen, die es fast in jedem Land gibt, sind in einem globalen Netzwerk miteinander verbunden. Ihr Ziel ist die »Neue Weltordnung«, »Novus Ordo Seclorum«. Diese drei Wörter kann jeder auf dem am weitesten verbreiteten Zahlungsmittel der Welt lesen: dem Dollar. All das ist keine platte Verschwörungstheorie, sondern mit vielfachen Äußerungen namhafter Politiker, Freimaurer, Bilderberger oder anderer Geheimbündler belegt. Kostproben gefällig? Bitte sehr:[28]

Benjamin Disraeli (englischer Premierminister und Freimaurer): »Die Welt wird von ganz anderen Persönlichkeiten regiert, als diejenigen glauben, die nicht hinter die Kulissen blicken.«

Frank Delano Roosevelt (US-Präsident und Freimaurer): »In der Politik geschieht nichts zufällig! Wenn etwas geschieht, kann man sicher sein, dass es auf diese Weise geplant war.«

Woodrow Wilson (US-Präsident und Freimaurer): »Einige der größten Männer in den Vereinigten Staaten […] haben Angst vor etwas. Sie wissen, dass es irgendwo eine Macht gibt, so organisiert, so subtil, so wachsam, so verwoben, so komplett, so durchdringend, dass sie deren Verdammung besser nie anders als hauchend leise aussprechen.«

Harry S. Truman (US-Präsident und Freimaurer): »Wir müssen eine neue Welt bauen, eine viel bessere Welt, eine, in der die Würde des Menschen für ewig geachtet wird.«

David Rockefeller (Weltbankier und Bilderberger): »Alles, was wir benötigen, ist die eine, richtig große Krise, und die Nationen werden die Neue Weltordnung akzeptieren [...] Die Welt (ist) [...] heute komplizierter und darauf vorbereitet, auf eine Weltregierung hinzumarschieren. Die übernationale Souveränität einer geistigen Elite und der Weltbankiers ist mit Sicherheit der nationalen Selbstbestimmung, wie sie in den vergangenen Jahrhunderten praktiziert worden ist, überlegen.«

George Bush (US-Präsident und Mitglied des Geheimbundes *Skull & Bones*): »Wir haben jetzt die Möglichkeit, für uns und für zukünftige Generationen eine Neue Weltordnung zu formen. Eine Welt mit festgeschriebenen Gesetzen, die das Verhalten der Nation bestimmen [...] Wenn wir erfolgreich sind, und das werden wir sein, haben wir eine reale Chance auf diese Neue Weltordnung, in der die glaubwürdigen Staaten der Vereinten Nationen ihre friedenserhaltende Rolle nutzen, um die Versprechungen und Visionen der UN-Gründer zu erfüllen [...] Vor uns haben wir die Möglichkeit für uns und zukünftige Generationen eine Neue Weltordnung zu formen.«

George W. Bush (US-Präsident und Mitglied des Geheimbundes *Skull & Bones*): »Als die Gründer Amerikas die Neuordnung der Zeitalter erklärten, Soldaten immer und immer wieder für ein Bündnis starben, das auf Freiheit basiert, wenn Bürger heute in friedlicher Empörung unter dem Banner des Friedens marschieren, dann handeln sie in der uralten Hoffnung, welche dafür bestimmt ist, erfüllt zu werden.«

Trotz dieser mehr als eindeutigen Worte werden Freimaurer, Bilderberger und andere Geheimbündler nicht müde, immer und immer wieder zu erklären, es würde keine Weltverschwörung geben! Aber was ist es dann, was diese mächtigen Politiker und Banker gefordert haben? Was genau meinen sie mit »Neuer Weltordnung«? Wer regiert dann »hinter den Kulissen«? Was und wer ist diese »Macht«? Warum »geschieht nichts zufällig in der Politik«? Was ist diese »Weltregierung« und wer die »geistige Elite«?

Im Buch *Die Freimaurer,* das vom ehemaligen Großmeister der Großloge von Österreich Michael Kraus 2007 herausgegeben wurde, steht hierzu: »Für eine Welt friedlichen und fairen Zusammenlebens, wie sie die Freimaurerei anstrebt, braucht es eine der Gerechtigkeit verpflichtete Weltrechtsordnung und für sie eine demokratische Organisation. Die Antwort der Politik auf die Globalisierung muss deshalb in einer Erweiterung und Vertiefung der Einzeldemokratie zu einer Weltdemokratie bestehen.«

Wie diese *Neue Weltordnung* aussehen soll, wird auch gleich verraten: »Für die Freimaurerei bestehen in diesem Zusammenhang drei wesentliche Aufgabenfelder, für die es einen dringenden globalen Handlungsbedarf gibt: eine globale Rechts- und Friedensordnung zur Überwindung der globalen Gewaltgemeinschaft, ein fairer Handlungsrahmen für die globale Kooperationsgemeinschaft, der die Sicherung der sozialen und ökonomischen Mindestkriterien umfasst und damit ein wirksames Angehen der Probleme, die durch Hunger und Armut entstanden sind; also globale Gerechtigkeit, globale Solidarität und globale Humanität.«

Auf gut Deutsch: *eine Neue Weltordnung unter der Fahne der globalen Freimaurerei.*

Auch Tom Goeller, Deutschlandkorrespondent der *Washington Times,* Kolumnist des Magazins *Egypt Today* und bekennender Freimaurer, sagt unmissverständlich: »Man möchte diese Angstmacher dahingehend beruhigen, dass die von ihnen beschworene Weltherrschaft in gewisser Weise ja längst erreicht ist: in Form der Vereinten Nationen, deren geistige Väter immerhin die beiden Freimaurer Franklin Delano Roosevelt und Winston Churchill sind.« Darauf nahm wohl auch George Bush Bezug, als er davon sprach, die »Visionen und Versprechungen der UN-Gründer zu erfüllen« – die Visionen und Versprechungen von *Freimaurern!* Von einer *Neuen Weltordnung,* von einer *einzigen Welt* unter der Kontrolle *einer Macht,* einer *geistigen Elite!* Sowohl der »alte Völkerbund als auch die Vereinten Nationen« passten »zweifellos in das Weltbild der international verbreiteten Freimaurer«, meint Logenbruder Goeller weiter.

Viel haben die Freimaurer erreicht: Beispielsweise haben sie maßgeblich die amerikanische und die französische Revolution unterstützt, waren also höchst politisch aktiv, auch wenn dies häufig bestritten wird. Zudem wuchs Europa unter freimaurerischem Einfluss zusammen. Sehr ausführlich habe ich mich mit all diesen Themen in meinem *Schwarzbuch Freimaurerei* beschäftigt.

14.2 Organisierte Kriminalität, Freimaurer-netzwerk und EU-Politik

Jörg Haiders Parteifreund Ewald Stadler erklärte, dass die EU das wichtigste Instrument der freimaurerischen Politik sei, sozusagen ihr »Motor und Wirkhebel«. Die Symbolik der EU sei vom Blau der Flagge bis zu den zwölf Sternen »eindeutig freimaurerisch«. Zudem würden sich die Logenbrüder und ihre Parteien gegen jede staatliche Autorität stellen, bis diese unter »maurerische Kontrolle« gebracht worden sei (siehe Kapitel 20.2 »Ewald Stadler [BZÖ]: Freimaurerexperte und politischer Weggefährte«)

Der britische Journalist Brian Freemantle beschäftigte sich bereits Mitte der neunziger Jahre mit dem Netzwerk der Freimaurer in der europäischen Politik. Nach eigenen Worten wurde er selbst in die Freimaurerei eingeführt. »Es ist kaum verwunderlich, dass ich auf die größten Schwierigkeiten bei meinen Recherchen stieß, als es um Auskünfte ging, die den Zusammenhang von Mafia, europäischer Freimaurerei und der Europäischen Kommission in Brüssel beleuchten sollten, jenem nicht gewählten Exekutivorgan der Europäischen Union«, schrieb er in *The Octopus, Europe in the Grip of organized Crime* (dt. Titel: *Importeure des Verbrechens – Europa im Griff der organisierten Kriminalität*).

Und weiter: »Eine weitere Hilfe erfährt das organisierte Verbrechen durch Ableger europäischer Freimaurerlogen. Diese Logen verraten sich durch das Wort ›Orient‹ in ihrem jeweiligen Namen [...] Diese Anklage mache ich weder leichtfertig noch ohne hinreichende Beweise. Sie basiert auf Gesprächen mit besorgten Beamten der britischen Loge, mit Europa-Abgeordneten und von Attentaten bedrohten Männern, die mutig genug waren, sich öffentlich von ihren Verbindungen zu diesen Logen zu distanzieren ...«

Freemantle fährt fort: »Ich wurde von […] Abgeordneten des Europaparlaments davon überzeugt, dass häufig Freimaurerschilde vorgehalten werden, um Bürokraten aus diesen Logen zu schützen, die wichtige Positionen in den ständigen Einrichtungen der Europäischen Union innehaben. Dieses Freimaurertum ist politisch ausgerichtet und sichert sich so den Einfluss, den es ausübt. Und der ist nicht gering. Es existieren europäische Logen, die auf allerhöchster Ebene Verbindungen zwischen nationalen Regierungen knüpfen, politische Entscheidungen manipulieren und auf kriminelle Weise die demokratischen Prinzipien missbrauchen, zu denen sich die Europäische Union vertraglich verpflichtet hat. […] Einige Europa-Abgeordnete beklagen, dass die politische Beeinflussung durch die Freimaurer mittlerweile alle Ebenen der Europäischen Union erreicht hat.«

Einer von diesen, der zu seiner persönlichen Sicherheit anonym bleiben will, erklärt: »Die Freimaurer operieren auf politischer Ebene, zum verdeckten Vorteil verschiedener europäischer Länder, aus deren Hauptstädten die Direktiven der Logen kommen. Natürlich gibt es immer wieder Interessenskonflikte, die sind unvermeidlich. Sie werden für gewöhnlich absolut geheim geregelt; ein Zugeständnis hier für ein Zugeständnis dort.«

John Tomlinson, Mitglied des EU-Haushaltkontrollausschusses, der die Idee unterstützte, ein Register der Freimaurer innerhalb der ständigen Einrichtungen der Union einzurichten, erklärte bereits 1993: »Ich bin kein Anhänger einer Verschwörungstheorie. Aber der Einfluss, den sie in allen Institutionen haben, gefällt mir nicht. Auch nicht, dass Geheimbünde ein Teil von ihnen sind.«

Ein anderer britischer Informant, selbst ein Logenbruder, sprach davon, dass die Freimaurerei in Brüssel eine »schleichende, heimliche Einflussnahme« betreibe, die es zu bekämpfen gelte.

Brian Freemantle bezeugt und belegt seine eigenen Recherchen zum Thema Freimaurer und EU damit: »Mein Bericht über die Unterwanderung der Europäischen Union durch Freimaurer und Mafia basiert nicht auf Treffen nur eines einzigen Mannes, der darüber vielleicht nur phantasiert. Ich habe darüber mit insgesamt sechs jetzigen und ehemaligen Europa-Abgeordneten gesprochen, sowie mit Leuten, die vertraut sind mit der Kommission, mit Luxemburg und Straßburg.

Nach den wichtigsten dieser Treffen bat ich meine Gesprächspartner, meine Notizen zu überprüfen und sie gegebenenfalls zu ergänzen. Jeder, mit dem ich sprach, hatte vier oder mehr Jahre im Europäischen Parlament oder den sonstigen Einrichtungen der Union gearbeitet.«

Der Chef der italienischen Partei *Lega Nord,* Umberto Bossi, erklärte im August 2000, dass dieses Europa der »Kommunisten und Freimaurer« einen Jörg Haider brauche.

14.3 Jörg Haider und die Europäische Union

In seinem Buch *Freiheit, die ich meine – Das Ende des Proporzstaates, Plädoyer für die Dritte Republik* schrieb Jörg Haider bereits 1993, was er von der (damaligen) europäischen Politik hielt: »Die auf dem Boden der Aufklärung gewachsenen, für Europa prägenden Ideen und Gesellschaftssysteme sind überholt, am Ende oder überhaupt gescheitert. Das gilt für den Sozialismus ebenso wie für den Liberalismus in seiner heutigen Ausprägung [...] Es geht dabei immer wieder darum, einen Weg zu finden, die größtmögliche Freiheit für alle Menschen zu garantieren und dafür zu sorgen, dass die Menschenwürde gewahrt bleibt. [...] Die klassischen Ideologien haben ausgedient. Der Versuch, perfekte Gesellschaftssysteme zu errichten und ideologische Dogmen durchzusetzen, ist nach den bitteren Erfahrungen der Geschichte des 20. Jahrhunderts gescheitert [...] Freiheit ist das einzige Regulativ, um totalitäre Ideen zu entschärfen. Deshalb ist es auch sinnvoller, einem System unvollendeter Freiheit zu vertrauen, als sich in einem System vollendeter Unfreiheit wieder zu finden.«

In Bezug auf den Sozialismus schrieb Haider: »Es ist notwendig, einen deutlichen Trennungsstrich zum Sozialismus in seinen verschiedenen Spielarten zu sehen. Seine Verheißung von sozialer Gerechtigkeit als Grundlage persönlicher Freiheit ist im bürokratischen Zentralismus der realen Wohlfahrtsstaaten als Trugbild entlarvt worden.« Und im Hinblick auf die damalige EG (die Europäische Gemeinschaft als Vorgänger und einer der drei Säulen der Europäischen Union; Anm. d. Verf.): »Ein Europa der Bürokraten und Konzerne will die Rechnung ohne die Bürger machen!«

Schon früh brachte Haider auch Freimaurer und EU zusammen. So wandte er sich im Mai 1994 in Stuttgart gegen die »Machtzusammenballung in Brüssel«. Die Bürger müssten selbst entscheiden können, »ob die DM abgeschafft oder irgendein Esperantogeld eingeführt wird«. Damit nahm er wohl Bezug auf die Freimaurer (siehe Kapitel 8.2.1 »Logenbruder Franz Jonas [SPÖ]: Bundespräsidentschaft und Freimaurer-Geheimsprache«).

Im selben Jahr ächtete er auch den damaligen SPÖ-Bundeskanzler Franz Vranitzky, der sich für einen EU-Beitritt einsetzte. Er würde dabei »außerösterreichische Aufträge« erfüllen, erklärte Haider. Das hätte mit seiner »Mitgliedschaft bei den Freimaurern« zu tun. Der Bundeskanzler wäre »fremdbestimmt« und würde im »Auftrag der Freimaurer und der Bilderberger« handeln (siehe Kapitel 9 »SPÖ-Bundeskanzler Werner Faymann – »›Freimaurer, Rotarier und Bilderberger?‹«).

Auf die Frage der *Kleinen Zeitung* vom 2. Januar 1989, welche geschichtlichen Gestalten Haider am meisten verabscheute, antwortete er: »Churchill und Stalin.« Es liegt wohl auf der Hand, dass Jörg Haider nicht gerade große Sympathien für den russischen Diktator Josef Stalin und seinen marxistisch-leninistisch geprägten Kommunismus hegte, ihn also aus politischer Weltanschauung heraus verabscheute. Winston Leonard Spencer Churchill jedoch war neben seiner späteren politischen Tätigkeit als zweimaliger britischer Premierminister auch Hochgradfreimaurer. 1901 wurde er in die *United Studholme Lodge No. 1591* in London aufgenommen und schließlich Mitglied der *Rosemary Lodge No. 2851,* ebenfalls in London.

Haider hatte nie einen Hehl daraus gemacht, was er von der freimaurerdominierten EU mit ihrer »zentralistischen Tendenz« hielt. Sie sei »genauso unmoralisch und dekadent wie das alte Rom«. Er wollte keinen »europäischen Zentralstaat«, in der die »Avantgarde regieren wollte«, sondern ein »Europa der Bürger« mit Mitbestimmungsrecht. Er stellte die EU zwar nicht infrage, wollte sie aber nicht *»so«*.

Andererseits hatte die »herrschende Elite«, wie es Haider-Biografin Christa Zöchling *(Haider – Eine Karriere)* einmal ausdrückte, wohl immer gewusst, wes »Geistes Kind« der Kärntner Landeshauptmann war: jemand, der nationale Standpunkte verteidigte und damit Gegner eines globalen EU-Staates und der »EU-Chaoten«.

In seinem Buch *Freiheit, die ich meine* wurde Haider diesbezüglich konkret, indem er die Worte Václav Havels zitierte (»Neue Chancen und gemeinsame Verantwortung in Mitteleuropa« in: *Salzburger Nachrichten* v. 16.3.1993): »Die moderne europäische Geschichte ist eine Geschichte des Suchens nach der nationalen Eigenständigkeit und demokratischen Identität. Diese zwei Ziele schließen einander nicht aus, sondern im Gegenteil, sie bedingen einander. Nationale Eigenständigkeit [...] bedeutet Freiheit der Nation, basiert jedoch nicht auf dem Gefühl ihrer Überordnung, sondern auf dem Gefühl ihrer Zusammengehörigkeit mit den anderen. Ein freies Volk kann nur aus freien Menschen bestehen. Ausdruck der menschlichen Freiheit ist die Demokratie. Darum wird wirkliche nationale Eigenständigkeit nur von einem demokratischen Rechtsstaat gesichert.«

2001 erklärte Haider: »Das selbstgebastelte Schreckgespenst der ›guten Europäer‹ in Brüssel heißt ›Nationalstaat‹ ...«

Kritiker warfen ihm vor, einen neuen »Austro-Nationalismus« mit der Parole »Österreich zuerst« geschaffen zu haben, der sich *gegen* die EU wandte.

Im Sommer 2008 attackierte er diesbezüglich die Altparteien: »SPÖ und ÖVP sind die größten Unterstützer der EU-Chaoten in Brüssel und haben den Reformvertrag gegen den Willen der Österreicherinnen und Österreicher durchgepeitscht, indem sie dem Volk das Mitbestimmungsrecht geraubt, die Demokratie ausgeschaltet und unsere Bundesverfassung gebrochen haben.«

Ebenso unmissverständlich erklärte Jörg Haider am 14. September 2008, also zwei Wochen vor der Nationalratswahl, aus der er als Sieger hervorgehen sollte: »Ich bin für ein geeintes Europa, aber nicht unter der Diktatur der EU. Die EU wird in wenigen Jahren auseinanderbrechen.«

Und selbst noch drei Tage (!) vor seinem mysteriösen Tod am 8. Oktober 2008 machte er in Zeiten von Wirtschafts- und Finanzkrise deutlich: »Die vergangenen Tage haben gezeigt, dass die EU nicht in der Lage ist, koordiniert vorzugehen und mit einer Stimme zu sprechen. Dies bestätigt einmal mehr die Kritik der österreichischen Bevölkerung an der EU.«

Gedanken also, die nicht in das Konzept des EU-Establishments passten, mehr noch: sogar gefährlich für es waren. Denn schon einmal hatte sich Haider, der einst gegen den Beitritt Österreichs in das europäische Staatenbündnis war, ein – letztlich aber erfolgloses – Volksbegehren gegen die Einführung des Euro initiiert und eine Volksbefragung über die umstrittene EU-Verfassung befürwortet, denn er wollte, »dass sich die Bürger in dieser EU wiederfinden und etwas mitzureden haben«. Bei der letzten Nationalratswahl, die Haider noch miterlebte (2008), trat er mit seinem BZÖ massiv für eine Volksabstimmung zum EU-Reformvertrag ein (ebenso wie die FPÖ). Mit diesem Motto traf er offensichtlich den Nerv der Wähler im Gegensatz zu den Altparteien, die den Bürgern eine solche Volksabstimmung vorenthalten wollten – nach dem Motto: Das Volk sei zu dumm dazu, die komplexen Zusammenhänge zu verstehen. Für diese Einstellung wurden die SPÖ und ÖVP – im wahrsten Sinne des Wortes – dann auch »abgewatscht« (siehe Kapitel 16.1 »Die Abschaffung der »alten [politischen] Ordnung«).

»Auch den globalen und europäischen Eliten konnte der neue Erfolg der nationalen Rechten in Österreich kaum ins Konzept passen«, meint Gerhard Wisnewski. »Ein rechts (mit-)regiertes Österreich könnte weitere Unruhe in die Europäische Union bringen und – schlimmer noch – andere EU-Staaten mit seinen Ideen anstecken.«

Diese Gefahr war durchaus real, denn schon einmal hatte es Jörg Haiders Partei (damals FPÖ) geschafft, in die Regierung Österreichs einzutreten. Im Oktober 1999 wurde die FPÖ bei den Nationalratswahlen mit 26,9 Prozent knapp zweitstärkste Kraft hinter der SPÖ (33,2 Prozent) und bildete nach erfolglosen Koalitionsverhandlungen zwischen Rot und Schwarz schließlich gemeinsam mit der ÖVP eine Regierungskoalition. Das führte zu einer bislang unvergleichlichen globalen Stigmatisierung und Ausgrenzung der legitim gewählten Regierung und vieler seiner Politiker – zuallererst natürlich Jörg Haider –, ja des ganzen österreichischen Volkes durch die freimaurerdominierte EU.

14.4 »EU-Femegericht« und Bannfluch

Mit eisiger Miene vereidigte Bundespräsident Thomas Klestil am 4. Februar 2000, trotz massiver internationaler Proteste, die neue und erste schwarz-blaue Regierung unter Kanzler Wolfgang Schüssel

(ÖVP). Jörg Haider selbst blieb in Kärnten. Obwohl die FPÖ mehr Stimmen (415) als die ÖVP erzielte, überließ er den Kanzlersessel Wolfgang Schüssel. Vizekanzlerin wurde Susanne Riess-Passer, geschäftsführende FPÖ-Parteichefin; erster FPÖ-Finanzminister Karl-Heinz Grasser.

Thomas Klestil verpflichtete die Mitglieder der Bundesregierung zu einem einmaligen Akt: Sie mussten eine Präambel zum Regierungsübereinkommen unterzeichnen, in der sie sich zu den »Prinzipien der pluralistischen Demokratie und Rechtsstaatlichkeit, wie sie auch in der österreichischen Verfassung verankert sind«, bekannten. Ebenso zu der »unerschütterlichen Verbundenheit« mit den »europäischen Werten«.

Ein Kritiker meinte dazu: »Ein entwürdigender Akt für eine von der Mehrheit des Volkes eines freien und souveränen Staates demokratisch legitimierte Regierung!«

Wolfgang Schüssel schrieb später in seiner Biographie *Offengelegt,* dass es vor der Angelobung mehrere Treffen mit dem Bundespräsidenten gegeben hatte. Hier unterbreitete Klestil ein »10-Punkte-Programm«, indem sich Schüssel dem Bundespräsidenten unterwerfen sollte! Eine Frechheit angesichts dessen, dass das Volk nun mal bei den Wahlen so entschieden hatte. Schüssel schreibt: »Der Bundespräsident verlangt [...], dass ihn Kanzler und Vizekanzlerin wöchentlich [...] über ihre Vorhaben informieren müssen. Personalentscheidungen im Außen- und Verteidigungsministerium will sich der Bundespräsident persönlich vorbehalten und dergleichen mehr. Schüssel und Riess-Passer teilen dem Bundespräsidenten ihre Ablehnung mit.«

Die FPÖ/ÖVP-Regierung löste einen einzigartigen Willkürakt der EU-14 gegen Österreich aus, der gegen alle Rechtsgrundsätze verstieß. Für den Wiener Staatsrechtler erinnerte dies an das »antike Scherbengericht und an die geheime Kabinettsjustiz längst vergangener Zeiten«. Ex-Außenminister Alois Mock sprach von einem »beispiellosen Eingriff in die demokratische Struktur und Souveränität Österreichs« und Andreas Unterberger von der Tageszeitung *Die Presse* von einem »Femegericht«, einem »schweren Unrecht«, einem »dauerhaften Schaden für Europa und eine Demütigung für die große Mehrheit der Österreicher«.

Diesbezüglich sprach mir gegenüber ein anonym bleiben wollender Polit-Insider davon, dass nach dem »Femegericht« der *B'nai-B'rith-Loge* 1996 nun vier Jahre später das »Femegericht« der EU folgte. Ziel sei dabei immer gewesen, Jörg Haider und seine FPÖ zu treffen, denn Sanktionen gegen Österreich hätte es nicht gegeben, wenn die ÖVP, SPÖ oder die GRÜNEN an die Regierung gekommen wären.

So aber setzte die EU alles daran, das »Nazi-Gespenst« wieder aus dem Schrank zu holen und alles zu tun, um die »rassistische« FPÖ von einer Regierungsbeteiligung auszuschließen. Denn durch die Aufnahme der FPÖ in eine Koalitionsregierung würde die extrem Rechte in Europa legitimiert …

Noch-Bundeskanzler Viktor Klima erklärte kurz vor der Angelobung der neuen Regierung: »Die Menschen, die die FPÖ gewählt haben, sind in ihrer überwiegenden Mehrheit weder am rechten Rand noch Ewiggestrige, noch Neonazis. Das sind Menschen, die aus Unzufriedenheit und Protest […] die FPÖ gewählt haben.«

Und Ludwig Adamovich, Präsident des Österreichischen Verfassungsgerichtshofes stellte klar: »Wäre die FPÖ eine rassistische Partei, wäre ihre Zulassung zu den Wahlen klar verfassungswidrig.«

Doch das sahen nicht alle so. Israels Ministerpräsident Ehud Barak warnte gar vor einer »Ausbreitung der Naziseuche«. Und Außenminister David Levy bezeichnete das Wahlergebnis als ein »Kainsmal auf der Stirn des österreichischen Volkes«. Ex-Premier und Minister für regionale Zusammenarbeit Shimon Peres gab den Hinweis, dass auch Hitler Österreicher gewesen sei und forderte die »zivilisierten Völker der Welt« auf, über Österreich den »Bann« zu verhängen. Parlamentspräsident Avraham Burg sprach davon, dass Österreich das Recht verloren hatte, »als vollwertiger Partner im globalen System anerkannt zu werden«.

Elan Steinberg vom Jüdischen Weltkongress sagte in Bezug auf die Österreicher: »Arisierung, Banken, Besitz, Immobilien, Firmen – darum geht es. Wir verlangen keine Almosen, sondern die Rückgabe von dem, was uns gestohlen wurde.«

ÖVP, FPÖ und SPÖ wiesen die israelischen Nazivorwürfe übereinstimmend zurück. (Ex-)Freimaurer und GRÜNEN-Chef Alexander Van der Bellen zeigte jedoch »Respekt und Verständnis« für die Reaktionen Israels. Er war (zunächst) bestrebt, auf der Seite der (Freimaurer-) EU zu stehen.

Amerikanische Zeitungen brachten Jörg Haider in direkte Verbindung mit Adolf Hitler. Auch Deutschlands Bundespräsident Johannes Rau, Bundeskanzler Gerhard Schröder und Außenminister Joschka Fischer warnten Österreich vor einer schwarz-blauen Regierung. Die Präsidentin des EU-Parlaments in Brüssel, Nicole Fontaine, erklärte, eine Regierungsbeteiligung von Haiders FPÖ sei »nicht tolerierbar«.

Der *Bannfluch*, den die schwarz-blaue Regierung aus den Regierungen der EU-14-Staaten traf, war einzigartig: ein Akt der Vorverurteilung, begleitet von Sanktionen und der Aussetzung der bilateralen Beziehungen. Kritiker sprechen noch heute von einer »kalten Demonstration von Macht – unter Verletzung des EU-Vertrages und weiterer völkerrechtlicher Bestimmungen«. Einer, der sich gleich von Anfang an für die Durchsetzung von Boykottmaßnahmen gegen die schwarz-blaue Regierung aussprach, war Frankreichs Staatspräsident Jacques Chirac. Nachfolgend möchte ich deshalb die freimaurerischen Einflüsse in der französischen Politik etwas näher beleuchten.

14.5 Frankreichs Freimaurerpolitik und Jörg Haider

Für Jörg Haider waren Frankreich und sein damaliger Präsident Jacques Chirac ein Feindbild innerhalb der EU. »Auch Chirac wird zur Kenntnis nehmen, dass er kein Filialleiter in Österreich ist«, meinte er im Jahr 2000. »Dieses Österreich braucht keinen Westentaschen-Napoleon des 20. Jahrhunderts!« Und: »Chirac hat in den vergangenen Jahren so ziemlich alles falsch gemacht, was man falsch machen kann.«

Gewiss spielte Haider dabei auch auf die lange Freimaurertradition durch den *Grand Orient de France* an, in dem sich rund 150 000 Logenmitglieder tummeln, darunter viele Spitzenpolitiker und Führungskräfte aus der Wirtschaft. Wie »demokratisch« die französische Großloge tatsächlich ist, zeigte sie im Mai 2009. Mit einer Mehrheit von 56 Prozent stimmten 1200 Logendelegierte in Lyon gegen die Weihe von Frauen und blieben damit, auch fast 240 Jahre nach ihrer Gründung, eine reine Männerdomäne, in der Frauen nichts zu suchen haben. Der *Grand Orient* verstand sich in der Dritten französischen Republik (nach 1870) als »politischer Akteur«. Zudem lehnte er die Verpflichtung zu einem religiösen Bekenntnis ab, das schließlich zu einem Bruch mit der englischen Mutterloge führte.

Bereits im Herbst 1995 kam es im *Grand Orient de France* zu einem Eklat: Der Großmeister und Journalist Patrick Kessel klagte bei einer Logenversammlung über »finanzielles Chaos, Spesenritterei und persönliche Strategien«. Noch mehr: Er und seine Fraktion beschuldigten den *Grand Orient,* zu einem verlängerten Arm der Sozialisten geworden zu sein, während er selbst bezichtigt wurde den Gaullisten und dem damaligen Präsidenten Chirac nahe zu stehen. Danach wurde Kessel sofort vom obersten Rat abgesetzt, sprich gefeuert!

Brian Freemantle, Experte für organisierte Kriminalität, schrieb dazu: »Die aktivste und mächtigste von ihnen (der Orient-Logen; Anm. d. Verf.) ist die *Grande Oriente Lodge de France:* Familienmitglieder zweier ehemals führender französischer Politiker haben hohe Positionen darin bekleidet und unterhalten immer noch aktive Verbindungen zu ihr. Sie hat einflussreiche Mitglieder innerhalb der Europäischen Kommission in Brüssel und im Europaparlament in Straßburg.«

In der neueren französischen Politik sind als Freimaurer bekannt geworden: Christian Nucci, Jacques Godfrain, beides Minister für Zusammenarbeit, Guy Penne, Afrika-Berater des verstorbenen Präsidenten François Mitterrand, Fernand Wibaux, ehemaliger Botschafter, Jacques Foccart, Afrika-Berater für Ex-Präsident Jacques Chirac. Doch auch in der aktuellen französischen Politik, beim mächtigsten Mann, Staatspräsident Nikolas Sarkozy, gibt es zumindest »Berührungspunkte« mit der Freimaurerei beziehungsweise der Verdacht auf eine Logenzugehörigkeit. Denn seit einiger Zeit zieren »drei Punkte«, platziert zu einem Dreieck, seine Unterschrift unter zumeist offiziellen Papieren. Mit denen sollen sich Mitglieder verschiedener Freimaurerlogen zu erkennen geben. Das Elysée bestreitet natürlich eine Mitgliedschaft Sarkozys beim Freimaurerbund. Doch nach dem *Vergleichenden Handbuch der Symbolik der Freimaurerei mit besonderer Rücksicht auf die Mythologien und Mysterien des Alterthums* (1861) von Dr. Josef Schauberg, Rechtsanwalt und freimaurerischer Schriftsteller, der an der Abfassung des »Allgemeinen Grundgesetzes für den Freimaurerbund« wesentlich mitgewirkt hatte, sind diese drei Punkte ein »maurerisches Abkürzungszeichen«.

Schauberg schreibt: »Vorzüglich machte sich der Gedanke an eine Götterdreiheit, an einen dreieinigen Gott, womit zugleich die Vorstellung von den 3 Welten, des Himmels, der Erde und der Unterwelt zusammenhängt, überall und nach allen Seiten hin geltend und die heiligste Zahl, die schlechthin heilige Zahl war die Dreizahl; sie war die allgemein theilende, ordnende und angewandte Zahl.«

Ist Nikolas Sarkozy, Sohn eines ungarischen Aristokraten, von Kritikern als Rassist, Faschist und Agent der Vereinigten Staaten und Israels beschimpft, also doch ein *Eingeweihter?* Abwegig ist dies keineswegs, denn die Logenbrüder des *Grand Orient de France,* mit selbst verordnetem liberalem Konzept, eine der ältesten Großlogen Europas, hält das Land schon seit rund 200 Jahren fest im Griff. Zudem ist Sarkozy einer der ganz wenigen Führungspolitiker, der die Freimaurerei definitiv öffentlich und offiziell beim Namen nannte und sie auch bestätigte. So geschehen im Januar 2008 bei einer Rede im saudiarabischen Riad: »Ich habe die Pflicht, für jeden sicherzustellen, sei er nun Jude, Katholik, Protestant, Muslim, Atheist, Freimaurer oder Rationalist, dass er sich glücklich schätzen kann, in Frankreich zu leben, sich frei fühlen, sich in seinen Überzeugungen anerkannt sehen kann, in seinen Werten und Wurzeln.«

In einem Satz erkannte Sarkozy die Freimaurer also nicht nur an, sondern erklärte auch gleich ihr »offizielles« Konzept. Später sagte er ihnen sogar noch Sendezeiten im Fernsehen zu, was bislang nur Religionsgesellschaften erlaubt und möglich war. Sarkozy wäre nicht der erste prominente Politiker, der im Nachbarland dementsprechend »geoutet« wird. So wie beispielsweise Xavier Bertrand von der UMP, der Volksbewegungsunion, Minister für Arbeit, soziale Beziehungen und Solidarität in der aktuellen Regierung von Premierminister François Fillons. Interessant: Sarkozy selbst war einst Vorsitzender der konservativen gaullistischen UMP, in deren Amt und als Innenminister er farbige Randalierer als »Gesindel« bezeichnete.

Auch Alain Bauer, Freimaurer, Geheimdienstverantwortlicher, Kriminologe und Ex-Großmeister des *Grand Orient de France* beeinflusste mit seinen strategischen Reflexionen zur Sicherheitsthematik erheblich Sarkozys Innenpolitik. Bauer nannte die französische Großloge einmal »Kirche und Partei der Republik« und »Kaderschmiede der egalitären Bürgergesellschaft«. 2005 trat er jedoch nach 25 Jahren wegen »Querelen« und »Strukturkonflikten« aus dem *Grand Orient* aus. In seiner »Persönlichen Erklärung« gab er Einblick in das politische Wirken der Freimaurer, bezeichnete dies als »beachtlichen Anstoß, der die Arbeit der Logen sichtbar machte, indem sie den Weg in die Gesetzgebung fand, welches sich begünstigend auswirkte auf die Freiheit der Forschung in der Bioethik oder auf das Recht in Würde zu sterben …«

Maurice Caillet, auch ein ehemaliger hochrangiger Freimaurer, ein Meister vom Stuhl des *Grand Orient,* »Delegierter am Konvent«, Mitglied der »Bruderschaft der hohen Funktionäre« und Rosenkreuzer des AMORC, gab in einem Interview zu, dass Freimaurer maßgeblich daran beteiligt gewesen seien, dass die Abtreibung in Frankreich 1974 freigegeben wurde. Unter Präsident François Mitterrand hätte es sogar zwölf Logenbrüder in der Regierung gegeben, unter dem jetzigen Nicolas Sarkozy immerhin noch zwei. Der Aussteiger bezeichnete die Loge als »Lobbyorganisation, die sich in einem tiefgreifenden Verfall befindet«, die zur Korruption beitragen würde, da Freimaurer untereinander Aufträge für öffentliche Bauten verteilten. Caillet erklärte weiter, dass die Freimaurerei für das Christentum besonders gefährlich sei, weil sie nicht als »Sekte« auftrete, sondern als »philosophische Wohlfahrtsorganisation«. Seit 250 Jahren würde sie »Geist und Gesetzgebung vieler westlicher Länder […] vergiften«.

Als Caillet sich schließlich vom Maurertum abwandte, verlor er seine Stelle und fand trotz »einwandfreien Lebenswandels« keine neue Arbeit in der öffentlichen Verwaltung. Ein führender Freimaurer hätte ihm sogar gedroht, dass er sein Leben in Gefahr bringen würde, wenn er gegen die Entlassung vor dem Arbeitsgericht klagte!

»Ich hätte mir nie vorstellen können, einmal Morddrohungen von bekannten und ehrwürdigen Freimaurern unserer Stadt zu bekommen«, bekannte er später und bestätigte damit die Vermutung vieler als Verschwörungstheoretiker abgestempelter Publizisten, dass der Verrat der obersten maurerischen Tugend, nämlich der Verschwiegenheit, mitunter mit dem Tode bestraft wird.

Sarkozy wird sich sicher nicht öffentlich als Freimaurer outen, sollte er denn einer sein, denn damit würde er gewiss die konservative und katholische Bürgerschaft in Frankreich verprellen. Aber irgendetwas müssen die drei Punkte bei seiner Unterschrift schließlich bedeuten. Dass sie tatsächlich, wie belegt, ein maurerisches Abkürzungszeichen sind, scheint im Kontext dieser Betrachtung die logischste Erklärung zu sein.

Der *Grand Orient* ist also, wie ich dargelegt habe, ein politischer Machtfaktor in Frankreich. Dazu schreibt der Journalist Lorenz Jäger in seinem Buch *Hinter dem großen Orient. Freimaurerei und Revolutionsbewegungen* treffend: »Nirgendwo hat sich wie in Frankreich, und von dort ausgehend dann auch in den anderen Ländern der Romania, der Zusammenhang von Ideologie der Republik, Antiklerikalismus und Freimaurerei so deutlich hergestellt. [...] Zieht man die Linien des freimaurerischen Gedankens aus, dann steht am Ende die völlig autonom gewordene Menschheit. Aber zugleich wäre sie dann unausweichlich einer geheimen Leitung unterworfen, einem verschwiegenen Kreis, zu dessen innersten Lehren kein Uneingeweihter Zugang haben darf, der durch eine Omertà nach außen geschützt wäre und die Erforschung seiner Soziologie proskribieren könnte.«

Neben Frankreich machte sich 2000 auch Belgien für Sanktionen gegen Österreich und Jörg Haider stark.

14.6 Belgische Kinderschänder, Freimaurer und Jörg Haider

Kritik hatte Haider auch an der belgischen Regierung geübt, die ebenfalls, wie die französische, nachdrücklich gegen eine Regierungsbeteiligung der FPÖ war: »Wir verlangen ja auch nicht die Ablösung einer korrupten belgischen Regierung, die Kinderschänder pardoniert (begnadigt; Anm. d. Verf.) und gegen die Eltern auf die Straße gehen, weil sie Angst haben müssen, dass diese Regierung mit Verbrechern konspiriert.«

Haider nahm damit Bezug auf den Skandal um den Mörder und Kinderschänder Marc Dutroux, der Mitte der neunziger Jahren weltweit für Schlagzeilen sorgte. Dutroux hatte mehrere Kinder und Jugendliche im Alter von acht bis neunzehn Jahren entführt, sexuell missbraucht und ermordet. Dieser Skandal offenbarte nicht nur unglaubliche Pannen der belgischen Ermittlungsbehörden und personelle Verstrickungen bis in die höchsten Kreise, sondern auch noch den Umstand, dass einundzwanzig Zeugen, die beim Prozess aussagen sollten, während der Ermittlungszeit »verstarben«. Auch nach der Verurteilung Dutroux' und seiner Mithelfer blieben die mutmaßlichen Hintermänner unentdeckt und kamen ungeschoren davon.

Zudem gibt es »in Belgien aktive Orient-Logen mit Mitgliedern, die oberste Ränge in der Europäischen Kommission bekleiden. Sie sind in der Lage, Entscheidungen und Meinungen der nicht gewählten Exekutive der Europäischen Union zu beeinflussen«, erklärt der Journalist Brian Freemantle. »Eine besonders prominente und politisch aktive belgische Familie hat starke Verbindungen zu den Orient-Logen des Landes. Es wurde mir untersagt, Namen zu nennen.«

14.7 »EU-(Freimaurer-)Sanktionen« gegen Österreich

Die Freimaurer- und Bilderberg-dominierte EU verhängte nach der FPÖ/ÖVP-Regierungsbildung wohl einzigartige Sanktionen gegen Österreich: Die vierzehn anderen EU-Mitgliedsstaaten einigten sich darauf, die zu Österreich bestehenden bilateralen Kontakte auf Regierungsebene einzustellen. Es gab keine Unterstützung mehr für österreichische Kandidaten, die Positionen in internationalen Organisationen anstrebten. Und österreichische Botschafter wurden in den EU-Hauptstädten nur noch auf »technischer Ebene« empfangen.

Diese und weitere Sanktionen wurden verhängt, noch bevor die EU vom Programm der neuen österreichischen Regierung überhaupt gewusst hatte! Ein grob rechtswidriger Beschluss der EU, wie Kritiker meinten.

Wieder waren es die Franzosen, die bei der weiteren Stigmatisierung österreichischer Politiker Vorreiter waren und sogar einen diesbezüglichen »Verhaltenskodex« ausarbeiteten! Dieser sah vor, dass weder Minister der Alpenrepublik noch deren Kabinettschefs von ihren französischen Kollegen angesprochen werden sollten; Empfänge der österreichischen Botschaft sollten boykottiert werden; auf EU-Ebene sollte es den Vertretern Österreichs bei offiziellen Treffen untersagt sein, allgemeine politische Erklärungen abzugeben. So kam es dazu, dass auch Minister anderer EU-Staaten sich weigerten, österreichische Kollegen per Handschlag zu begrüßen. Ebenso sollte auf das herkömmliche »Familienfoto« verzichtet werden, um den Teilnehmern eine Abbildung mit einem österreichischen Politiker zu ersparen. Ein französischer Minister weigerte sich sogar, bei einem Mittagessen der Verkehrsminister anwesend zu sein, weil es ihm »unerträglich« sei, neben einem FPÖ-Minister zu sitzen!

Unglaubliche Maßnahmen, die aus legitim gewählten Politikern der Alpenrepublik geradezu *Aussätzige* machten. Doch die Sanktionen betrafen keineswegs nur die politischen, sondern auch die kulturellen, wissenschaftlichen, wirtschaftlichen und gesellschaftlichen Bereiche und damit das allgemeine Leben in Österreich selbst. Das ging sogar soweit, dass die renommierten Wiener Philharmoniker angehalten wurden, sich vor einem Konzert in Paris öffentlich von der ÖVP/FPÖ-Regierung zu distanzieren, was diese zurückwiesen. Der Brüsseler Bürgermeister François-Xavier de Donnea forderte hinsichtlich der anstehenden Tourismusmesse, es könne nur dann eine österreichische Teilnahme geben, wenn jeder Hinweis entfernt werden würde, dass es sich bei den Messeständen um solche aus Österreich handelte. Eine belgische Taxigewerkschaft ließ verlauten, keine Österreicher mehr befördern zu wollen, da Taxifahrer nicht verpflichtet seien, Personen mit »ansteckender Krankheit« mitzunehmen! Sogar Schüleraustauschprogramme mit Österreich wurden gestoppt, Schulskikurse storniert. In Straßburg wurden österreichische Schüler mit Buhrufen und Nazivorwürfen empfangen.

Ein eigens für den bekannten holländischen Kinderchor *De Buddys* von Tom Bultinga komponiertes Lied trug den Titel »Kauft nicht bei den Österreichern«. Darin hieß es: »Jörg, Jörg, nur Du allein sollst die Quelle des Elends sein. Wir sind gegen Dein Gesicht. Demagogie gefällt uns nicht.«

Die französische Zeitung *Le Monde* stellte Österreich als einen Tummelplatz »brauner Monster« dar, deren Kinder am liebsten mit den Güterwaggons von Liliputeisenbahnen »nach Auschwitz fahren« spielten! Das alles waren unerträgliche Stigmatisierungen eines ganzen Volkes – durch scheinbar europäische Demokraten!

Man muss sich einmal vorstellen, was los gewesen wäre, wenn dies alles von den Österreichern gegen einen anderen Volksteil initiiert worden wäre? Einfach undenkbar! Mit der »Ausgrenzung der Bürger« eines kleinen Landes würden die EU-14 genau den Rassismus begehen, den sie zu bekämpfen vorgeben, sagte Andreas Unterberger, Chefredakteur von *Die Presse* dazu.

14.8 »EU-Überwachung und Erpressung«

Nachdem das österreichische Volk und seine legitim gewählte Regierung durch »unrechtmäßige« Sanktionen regelrecht gedemütigt worden war, ging die EU-Machtdemonstration weiter. So sollte beispielsweise ein »Überwachungskomitee« in die Alpenrepublik entsandt werden. Doch ein solches gab es schon längst – in Form der Europäischen Stelle zur Beobachtung von Rassismus und Fremdenfeindlichkeit (EUMC), den »Augen und Ohren der EU im Kampf gegen die widernatürliche Regierung der Schande«, wie es Frankreichs Exfinanzminister Jean Kahn einmal ausdrückte. Er selbst galt als enger Vertrauter Jacques Chiracs. Allerdings stellte die EUMC fest, dass Österreich nicht fremdenfeindlicher sei als irgendein anderes EU-Land und es keinerlei Initiativen der neuen Regierung gäbe, die als fremdenfeindlich oder rassistisch bewertet werden konnten. Stattdessen musste die EUMC erkennen, dass es in Österreich viele Fortschritte und positive Entwicklungen gab.

»Auch der behauptete Antisemitismus als Beweis für eine angeblich nazistische Gesinnung der Österreicher entpuppte sich als real nicht existent. Selbst der Präsident der Israelitischen Kultusgemeinde in Wien, Ariel Muzicant, konnte noch keinen einzigen konkreten Nachweis für behauptete Übergriffe und Drohungen gegen jüdische Bürger erbringen«, erklärte der Publizist Josef Feldner und ergänzte: »Ebenfalls ohne konkrete Nachweise zu erbringen, konstatierte im Mai 2000 das Stephen-Roth-Institut der Universität Tel Aviv in einem ›Antisemitismus-Report‹ eine Häufung antisemitischer Vorfälle in Österreich.«

Der portugiesische EU-Ratspräsident Antonio Gueterres machte sogar beim EU-Gipfel in Feira den Vorschlag, wenn Österreich nichts tun würde, was Europa »verärgern« könnte, somit auf die Durchsetzung seiner Interessen verzichten würde (wie beispielsweise eine Volksbefragung über die Sanktionen), dann könnte im Dezember 2000 das Ende der Sanktionen verkündet werden.

Der Jurist und Publizist Josef Feldner ist Obmann des überparteilichen Kärntner Heimatdienstes (KHD), der österreichweit mitgliederstärksten Bürgerinitiative mit politischer Aufgabenstellung. Von Kritikern wird ihr Nähe zum Rechtsextremismus vorgeworfen. Zudem kam es im Frühjahr 2010 zu Spannungen zwischen dem KHD und dem Rat der Kärntner Slowenen. Dennoch wurde der »Konsensgruppe«, bestehend aus Josef Feldner (KHD), Heinz Stritzl (Plattform Kärnten), Stefan Karner (Historiker) und den Slowenenvertretern Marjan Sturm und Bernard Sadovnik 2009 der Kulturpreis der Stadt Villach überreicht. Der Bürgermeister erklärte dazu: »Durch die Konsensgruppe gibt es in Kärnten zwischen der deutschsprachigen und slowenischsprachigen Bevölkerung ganz neue Entwicklungsmöglichkeiten.« Im selben Jahr bekam die Kärntner »Konsensgruppe« für ihre Aktivitäten und Aktionen für die Förderung eines besseren gegenseitigen Verständnisses den erstmals vergebenen Europäischen Bürgerpreis vom Vizepräsidenten des Europaparlaments, Miguel Angel Martinez Martinez.

Josef Feldner meint in seiner kritischen Betrachtung der EU-Sanktionen gegen Österreich *(Freispruch für Österreich! Die Chronologie einer kalten Demonstration von Macht):* »Maul halten und brav sein! Dann und nur dann könnte der Bannfluch über Österreich aufgehoben werden. Etwas vornehmer ausgedrückt: Erfüllung der Tributpflicht und absolute Nibelungentreue gegenüber den Brüsseler Machthabern, Maulkorb für kritische Politiker, nach oben offene Milliardenzahlungen als Sühne für angeblich noch unbewältigte Vergangenheit und eine praktisch unbegrenzte Einwanderungsmöglichkeit. Das sind die wichtigsten Spielregeln, die die EU-14 für einen ›Nachdenkprozess‹ über die Aufhebung der Sanktionen nannten.«

Im Zuge der EU-weiten Sanktionen sagte Haider: »Es gibt eine Aufgeregtheit im europäischen Hühnerstall, obwohl der Fuchs noch gar nicht drinnen ist [...] Ich bin sozusagen eine Symbolfigur für den zivilen Widerstand gegen das Establishment in Österreich und Europa geworden ...« Er meinte zudem, Österreich müsse die negativen Auslandsreaktionen auf die blau-schwarze Koalition ostentativ ignorieren. Das Vorgehen der vierzehn Partnerstaaten gegen Österreich zeige nur, dass die Europäische Union einen großen Demokratisierungsbedarf habe.

Zitat Haider: »Es kann nicht sein, dass eine Handvoll nichtgewählter Brüsseler Bürokraten die demokratischen Prinzipien ignoriert.« Die Sanktionen gegen Österreich seien das Ergebnis eines »Komplotts korrupter Sozialdemokraten, die ihre Freunde in Europa angerufen haben, um sie gegen uns aufzubringen«. Obwohl Haider später dementieren ließ, das Wort »korrupt« benutzt zu haben, meinte er mit diesem Komplott von Sozialdemokraten, die ihre europäischen Freunde anriefen, wohl die Freimaurer.

So wunderte sich manch einer, warum es von den anderen Mitgliedsstaaten der EU gegen die rechts-konservative Regierung Silvio Berlusconis in Italien nur laue Proteste gegeben hatte. Hing es damit zusammen, dass Berlusconi selbst ein mächtiger (P2-)Freimaurer gewesen ist oder immer noch war? (siehe Kapitel 12. »Jörg Haider und die Freimaurer: Logenbruder oder Logengegner?«)

Im Sommer 2000 sollten die sogenannten *drei Weisen* der EU das »Wesen« der FPÖ, sprich die »Entwicklung ihrer politischen Natur« überprüfen. Vom Europäischen Menschengerichtshof bestimmt wurden Finnlands Expräsident Martti Ahtisaari, der spanische Ex-Außenminister Marcelino Oreja und der deutsche Völkerrechtler Jochen Frowein. Auch diese »Parteienprüfung« stellte wohl einen einmaligen Vorgang in einem demokratischen Land dar. Belgiens Außenminister Louis Michel ließ wissen, dass Regierungen, die »grundlegende Veränderungen« innerhalb der EU anstrebten, »nicht geduldet werden« durften und bekämpft werden müssten. Im September 2000 schließlich wurde der Bericht der *drei Weisen* veröffentlicht, der zu folgendem Ergebnis gekommen war:

- *In Bezug auf die Entwicklung und politische Natur der FPÖ:* »Es gibt Gründe, wegen derer die Beschreibung der FPÖ als populistische Rechtspartei weiterhin angebracht ist«, heißt es. »Die FPÖ hat fremdenfeindliche Gefühle in Wahlkämpfen genützt. Damit hat sie eine Atmosphäre geschaffen, welche die offenen Demonstrationen gegen Ausländer in etwas Normales verwandelt und Gefühle großer Beunruhigung geschaffen hat. Die FPÖ hat versucht, Kritik durch Verleumdungsklagen gegen seine Kritiker zu beseitigen. [...] Generell haben die Minister der FPÖ ihre Aufgaben in der Regierung in Verpflichtung der gemeinsamen europäischen Werte durchgeführt.«

- *In Bezug auf die Verpflichtung der österreichischen Regierung zu den gemeinsamen europäischen Werten, insbesondere der Rechte der Minderheiten, der Flüchtlinge und Immigranten:* »Wir haben uns die Meinung gebildet, dass die österreichische Regierung ihre Verpflichtung für die gemeinsamen europäischen Werte erfüllt. Der Respekt der österreichischen Regierung, insbesondere der Respekt für Minderheiten, die Flüchtlinge und die Immigranten ist nicht geringer als bei anderen Mitgliedern der Europäischen Union. Die juristische Situation in den drei erwähnten Bereichen ist mit den in anderen Mitgliedsstaaten der EU angewendeten Standards gleichzusetzen. In einigen Bereichen, besonders was die nationalen Minderheiten betrifft, können die österreichischen Standards höher angesehen werden als die, die in vielen Ländern der EU angewendet werden.«

- *In Bezug auf die Analyse der historischen Vergangenheit Österreichs:* »Mit den europäischen Werten überein stimmt auch die Art der Aktivitäten, welche die Regierung durchführt, um eine kritische Analyse der historischen Vergangenheit Österreichs zu verwirklichen, um gegen Versuche zu kämpfen, das Ausmaß der Verbrechen des nationalsozialistischen Regimes zu verschleiern, und, in direkter oder indirekter Form, die Diskriminierung oder das fremdenfeindliche Vorurteil zu bekämpfen.«

Schließlich resümieren die *drei Weisen:* »Die Wirkung der von den Mitgliederstaaten getroffenen Maßnahmen wäre im Fall ihrer Beibehaltung kontraproduktiv, weshalb sie beendet werden sollten. Die Maßnahmen haben in Österreich bereits jetzt nationalistische Gefühle hervorgerufen, vor allem deshalb, weil sie in einigen Fällen irrtümlicherweise als gegen die österreichischen Bürger gerichtete Sanktionen empfunden wurden.«

Im Klartext hieß das, dass für die FPÖ zwar die Beschreibung als populistische Rechtspartei weiterhin angebracht war (»... die Entwicklung der politischen Natur der FPÖ von einer Rechtspartei mit extremistischen Aspekten zu einer verantwortungsvollen Regierungspartei kann nicht von vornherein ausgeschlossen werden ...«), ihre Minister (und natürlich die der ÖVP) aber ihren Aufgaben im Sinne der europäischen Werte nachgekommen waren, der Respekt der Regierung vor nationalen Minderheiten nicht geringer als in anderen EU-Ländern war; in einigen Bereichen konnten die Standards sogar als »höher angesehen« werden. Auch die Aufarbeitung der historischen Vergangenheit stimmte. Aber noch mehr machte der Bericht der *drei Weisen* klar, dass die Sanktionen sich als »kontraproduktiv« herausgestellt hatten, von den Bürgern als gegen das Volk gerichtet empfunden wurden und schnellstens aufgehoben werden sollten. Wohl zum Leidwesen der EU-Regierungen, die die Sanktionen gegen Österreich eingeleitet hatten, war dies (fast) ein »Persilschein« für die so »verdammte« schwarz-blaue Regierung.

Haider als »Sieger« – so jedenfalls sah es die kommunistische Zeitung *L'Humanité:* »Die 14 EU-Regierungen haben Haider den Sieg sozusagen auf dem Tablett serviert. Haider ist also wieder gesellschaftsfähig geworden, und die EU hat ihre Ehre verloren.«

Die *Berliner Zeitung* schreibt: »Der von der EU eingesetzte Rat der Weisen hat Haiders Partei bescheinigt, dass sie weder rechtsradikal noch rechtsextrem ist [...] Sein latenter Rassismus, sein Hass gegen jegliche Andersartigkeit und sein Faible für die Nationalsozialisten sind EU-konform. Haider ist rehabilitiert und die EU blamiert.«

So kam es am 12. September 2000 zu einer von der französischen Ratspräsidentschaft verkündeten Aufhebung der Sanktionen. Die EU hatte ihr wahres Gesicht gezeigt – eines das gegen die selbst auferlegten europäischen Werte von Toleranz, Humanität, Gleichheit und Brüderlichkeit verstoßen hatte.

»Europa saß über Österreich zu Gericht, obwohl eigentlich die über uns richtenden Staaten der ›Wertegemeinschaft‹ auf der Anklagebank hätten sitzen müssen. Es war eine Demonstration von Macht gegenüber dem kleinen Österreich, das wie eine Kolonie behandelt wurde«, so der Publizist Josef Feldner.

Nicht nur Jörg Haider war damit klar, dass er mit dieser Freimaurerdominierten EU und ihrer »Ausgrenzungs- und Volks-Stigmatisierungsphilosophie« nichts am Hut haben wollte. Der Grüne und (Ex-) Logenbruder Alexander Van der Bellen musste nach dem Weisenbericht nun wohl ebenfalls zurückrudern und bezeichnete die empfohlene Aufhebung der Sanktionen als »wichtig«, doch die FPÖ sei damit noch nicht »aus dem Schneider«.

Noch am 24. September 2008, also rund zwei Wochen vor seinem Tod, erklärte Jörg Haider in einem Interview in der *Kleinen Zeitung:* »Freimaurer haben wir in Österreich auch genügend, bis in Regierungsränge.«

Damit hatte er sein Feindbild eindeutig definiert und der Europäischen Union und der »Diskreten Gesellschaft« den Kampf angesagt. Sie mussten nun unter allen Umständen verhindern, dass es wieder zu einer Regierungsbeteiligung einer von Haider geführten Partei kam, die ihnen gefährlich werden konnte.

Exkurs II: Der »politische Ritualmord«[29]

In *Schwarzbuch Freimaurerei* und in *Der Satan von Witten und andere fanatische Ritualmorde* habe ich mich ausführlich mit dem Ritualmord aus rituell-religiösen und satanistisch-okkulten Motiven sowie dem »politischen Ritualmord« auseinandergesetzt. Nachfolgend möchte ich zum besseren Verständnis des Lesers diese Erkenntnisse zusammenfassen.

Mord aus Mordlust, aus Heimtücke, aus Habgier, aus Eifersucht, aus Neid, aus Gier, um nur einige gängige Motive zu nennen, ist der Öffentlichkeit bekannt. Nicht aber ein anderes Motiv, ein *nichtfassbares,* das regelrecht *stigmatisiert* wird in den Büchern der Kriminalisten und Kriminologen und in den Akten der Ermittler, Staatsanwälte und Richter ist – der Mord aus rituell-religiösen Motiven: der Ritualmord.

Der Begriff *Ritualmord* bezeichnet die Tötung eines Menschen aus rituellen Gründen oder eine kultische Handlung, um entweder auf Naturvorgänge einzuwirken, das Wohlwollen einer Gottheit durch ein hohes Opfer zu erlangen oder um zu warnen oder zu bestrafen. Das Menschenopfer, die »sakrale Tötung« von Menschen, ist das »höchste« Opfer, vielfach belegt in der Religionsgeschichte. Tötungsrituale, Ritualmorde und Menschenopfer sind wahrscheinlich so alt wie die Menschheit selbst. Der Ritualmord entspricht in den allermeisten Fällen ganz und gar nicht der laienhaften Vorstellung aus zweitklassigen Kinofilmen: ein schwarzer Altar, eine nackte Frau, brennende Kerzen, um den Altar herumstehende, in Roben gekleidete Gestalten, der Hohepriester mit einem Dolch, der das Opfer ersticht. Denn der Ritualmord kann tausend verschiedene Gesichter haben und mitunter wird nicht eines erkannt.

Auch ein anderer Ritualmord erfährt aus Unwissenheit oder aus Taktik – das sei an dieser Stelle einmal dahingestellt – fast keine Beachtung: der *vergeltende* Ritualmord (»Tod dem Verräter«), der eng verbunden ist mit dem politischen Mord, und daher spreche ich nachfolgend vom *politischen Ritualmord.*

»Meist diente der politische Mord einem Anschlag auf eine Entwicklung, die den politischen und ökonomischen Eliten nicht oder nicht mehr genehm war. […] Die Tat sollte das Opfer strafen, Freunde warnen, Partner abschrecken und die Geschichte verändern«, meint Heribert Blondiau, der Herausgeber des Buches *Tod auf Bestellung – Politischer Mord im 20. Jahrhundert.*

Ich möchte die Definition des politischen Ritualmordes noch weiter fassen und ihn als ein Mord zum Mittel politischer Auseinandersetzung oder Veränderung verstehen, der als solcher von der breiten Öffentlichkeit jedoch nicht erkannt wird und zur Warnung, Abschreckung oder Bestrafung für Wissende und Eingeweihte dient. Dabei verschmelzen oftmals Ursache und Wirkung.

Die Hintergründe dieser politischen Ritualmorde bleiben fast immer unerkannt, weil sich vieles nicht belegen oder dokumentieren lässt. Die Drahtzieher oder Täter stammen oftmals aus einem subreligiösen, geheimbündlerischen Umfeld. Vieles ist völlig unverständlich und verschleiert für »Nichteingeweihte«. Fast gar nichts dringt an die Öffentlichkeit. Und wenn, dann nur das, was auch nach außen dringen darf und soll. Vieles hat dabei Methode. Verschweigen, Täuschen und Tarnen – all das kennzeichnet den (politischen) Ritualmord. Falsche Spuren werden gelegt, Tatorte inszeniert oder Strohmänner benutzt. Oftmals bedient man sich geheimer Symboliken, die auch am Tatort zurückgelassen werden und »Eingeweihte« informieren oder warnen sollen. Symboliken, vor allen Augen sichtbar, die für Profane, für »Uneingeweihte« verborgen bleiben. Unsichtbar für all jene, die nicht wissen, was sie zu bedeuten haben. Geheimgesellschaften, Geheimbünde, Logen, Orden, Zirkel und Kulte bedienen sich dieser geheimen Zeichen und Symbole schon seit Jahrhunderten (siehe Kapitel 6. »Freimaurerische Okkultsymbolik am Unfallort Jörg Haiders«).

Freimaurern und Illuminaten wurde von Verschwörungstheoretikern wie Abbé Augustin Barruel (1741–1820), Gabriel Jogand-Pagès (1854–1907), besser bekannt unter seinem Pseudonym Léon Taxil, oder General Erich Ludendorff (1865–1937) immer wieder die Ermordung politischer Persönlichkeiten unterstellt, sogenannte »Freimaurermorde«. Wie beispielsweise die Ermordung des französischen Königs Ludwig XVI., des schwedischen Königs Gustav III., des österreichischen Kaisers Leopold, des russischen Zaren Paul I. oder Kaisers Karl I., um nur einige zu nennen.

In diesem Zusammenhang möchte ich auf Dr. Friedrich Wichtl

(1872–1921) zu sprechen kommen, der Freimaurern in vielen Publikationen den Kampf angesagt hatte. Einige Logenbrüder der Neuzeit versuchten Wichtl in die nationalsozialistische Ecke zu stellen. Doch dies scheint misslungen zu sein, denn Wichtl starb bereits 1921 und konnte so mit Hitlers Drittem Reich nichts zu tun haben. Friedrich Wichtl war deutschnationaler Politiker in Österreich, Mitglied der ersten provisorischen Nationalversammlung der deutsch-österreichischen Republik. Zu seinen bekanntesten Werken gehörten *Weltfreimaurerei – Weltrevolution – Weltrepublik* (1919) und *Freimaurermorde* (1921). Dazu steht im *Internationalen Freimaurerlexikon:* »Dr. Carl Vogl behauptet in ›Aufzeichnungen und Bekenntnisse eines Pfarrers‹ (Berlin 1930), dass das Material und die Richtlinien zu dem Machwerk (*Weltfreimaurerei – Weltrevolution – Weltrepublik;* Anm. d. Verf.) 1917 vom Auswärtigen Amt in Berlin geliefert worden seien …«

Friedrich Wichtl schreibt: »Diese Zeichen – Halszeichen, Brust- und Bauchzeichen – sollen sie (die Logenbrüder; Anm. d. Verf.) zugleich jederzeit an jene schweren Strafen erinnern, die sie erleiden sollen, falls sie ihre Verschwiegenheitspflicht je verletzen: Halsabschneiden, Herzherausreißen, Bauchaufschlitzen …«.

In der wissenschaftlichen Faksimile-Dokumentation von Wichtls *Freimaurer-Morde (Historische Quellentexte zur Freimaurerforschung)* ist der Schurz eines Hochgrad-Freimaurers abgebildet. Auf dem Schurz ist links ein Arm zu sehen, dessen Hand einen bluttriefenden abgeschlagenen Kopf hält, rechts ein Arm mit einem bluttriefenden Dolch in der Hand. Unter der Abbildung steht: »Rächerschurz. Ausstellungsstück in der früheren öffentlichen Freimaurerloge ›Libanon zu den drei Cedern‹ in Erlangen.«

Karl-Heinz Zunneck erklärt zur Verschwiegenheitspflicht und dem dazugehörigen Schweigeeid in *Die geheimen Zeichen und Rituale der Freimaurer* (Kopp Verlag), dass zwar immer wieder betont werde, es würde nur ein Gelöbnis gesprochen, es sich dabei in den meisten Fällen aber um Schwüre und Eide handelt. Er führt verschiedene Quellen auf, die auch drastische Strafen beim Brechen des Schwurs nach sich ziehen. Nachfolgend drei Auszüge:

Wilhelm Riedel schreibt in *Amerikanische Freimaurerlogen und deren Geheimnisse* von 1920: »Wenn der Schwur nicht gehalten wird, soll meine linke Brust offen und auseinander gerissen, sollen mein Herz und alle meine Eingeweide herausgezogen, über meine linke entblößte Schulter geworfen und in das Tal [...] gebracht werden, damit sie dort eine Beute der wilden Tiere des Feldes und der Geier und Adler der Lüfte werden.«

Der Freimaurer Robert Fischer schreibt in seinem *Lehrlingskatechismus* (55. Auflage 1926): »... Alles dies schwöre ich mit dem festen unerschütterlichen Entschluss, es zu halten ohne Unschlüssigkeit, geheimen Vorbehalt und innere Ausflucht unter keiner geringeren Strafe, als dass meine Gurgel durchschnitten, meine Zunge bei der Wurzel ausgerissen und im Sande des Meeres zur Zeit der Ebbe [...] versenkt werde.«

Karl Christian Friedrich Krause in *Die drei ältesten Kunsturkunden der Freimaurer-Brüderschaft:* »... Ich verbinde mich dazu bei der Strafe, dass man mir die Lippen mit einem glühenden Eisen abbrenne, die Hand abhaue, die Zunge ausreiße, die Gurgel abschneide, und endlich mein Körper in einer Loge der Brüder Freimaurer während der Arbeit und Aufnahme eines neuen Bruders zur Schande meiner Untreue aufhenke, ihn nachher verbrenne und die Asche in die Luft streue, damit nicht eine Spur übrig bleibe von dem Andenken meiner Verräterei ...«

Diese mit Strafandrohung verbundenen Eide wurden Ende des 17. Jahrhunderts in den englischen Logen eingeführt. Zunneck erklärt, dass Freimaurer diese Eide nicht wahrhaben wollen, beziehungsweise, dass diese nicht mehr im Gebrauch, sondern ersetzt worden seien, und dass es auch andere Gelöbnisse und Schwüre gebe, die keine so drakonischen Maßnahmen im Falle eines Geheimnisverrats nach sich ziehen. Er betont dennoch, »dass der Anspruch der Freimaurerei, sich für eine humane Gestaltung der menschlichen Gesellschaft einzusetzen, anhand bestimmter Straf-Formulierungen ins Gegenteil verkehrt wird«.

Zunneck zitiert Artikel 7 in der Grundverfassung der Großen Landesloge von Schweden, in dem es heißt: »Bricht ein Bruder den Verschwiegenheitseid [...], so werde er schuldig und rechtsfällig, das Urteil zu erleiden, dem er bei Leistung seines Eides sich selbst unterworfen und den unbekannten und heimlichen Vollstreckern überantwortet; unsicher vor ihren rächenden Händen in allen Orten des Erdkreises, woselbst sich rechtschaffene und echte freie und aufgenommene Brüder befinden und ihre Arbeiten führen.«

Auch andere Freimaurer-Kritiker verweisen in diesem Zusammenhang auf die drakonischen Strafmaßnahmen beim Brechen des Verschwiegenheitseids und die sogenannten »Rachegrade«, die eigentlich Hochgrade sind, wie beispielsweise der »XXX. Des A. u. A. Schottischen Ritus«, der »Kadoschrittergrad«, in dem in einem Ritual eine Königspuppe, gekleidet als Philipp der Schöne (König Philipp IV.) von Frankreich, verhöhnt und vernichtet wird. Auf Befehl Philipps IV. war der letzte Templergroßmeister Jacques de Molay im Jahre 1314 hingerichtet worden. Das oben erwähnte Ritual wird mit Sühne und Rache in Verbindung gebracht.

»Mit dieser Bezeichnung wollen die Kämpfer gegen den (Freimaurer-)Bund sagen, dass die freimaurerischen Rituale grausame Rache, die Vernichtung von Thron und Altären predigen. Diese Behauptung ist falsch. Rache oder Hass sind der freimaurerischen Ideologie nicht nur fremd, sondern entgegengesetzt«, erklärt dazu das *Internationale Freimaurerlexikon.* »Die einzige Vergeltung, die der Freimaurer im Namen der Verfolgten aller Zeiten üben kann, besteht in der Arbeit zur Herbeiführung eines sittlichen Zustandes [...] Von rein geistigem Kampf ist in der Gradlehre die Rede, vom Eintreten für die Menschenrechte [...] an der Darstellung des Opfertodes des letzten Tempel-Großmeisters wird die Verpflichtung gezeigt, unablässig, auch unter Selbstaufopferung, mit geistigen Waffen für Geistesfreiheit zu kämpfen.«

Dem widerspricht der Politikwissenschaftler Andreas Gößling in seinem Buch *Die Freimaurer – Weltverschwörer oder Menschenfreunde?* Er beruft sich dabei auf eine Schilderung des Kadosch-Rituals des französischen Freimaurers Serge Hutin: »Dieser Teil des Rituals lässt sich kaum anders, denn als Aufforderung zu blutiger Rache verstehen. Der zum Kadosch-Ritter Geweihte wird unverkennbar ermahnt, ›Vergeltung für die den Templern angetanen Ungerechtigkeiten durch die Monarchie und die Kirche‹ zu üben. Im späten 18. und 19. Jahrhundert, als die französische Freimaurerei eine scharfe antikirchliche Stellung einnahm, wurde dieses Ritual zweifellos auch so gedeutet: als Befehl, die Vernichtung der templerischen ›Brüder‹ am Vatikan zu rächen.« Und weiter: »Wenngleich von masonischer Seite immer wieder eingewandt wird, dass das Toleranzgebot der Freimaurerei mit Racheplänen welcher Art auch immer unvereinbar sei, spricht das Ritual hier doch eine ganz andere, kaum mehr symbolisch verschlüsselte Sprache. Verständlich, dass solche Hochgradrituale gerade den Fürsprechern der Johannismaurerei Unbehagen bereiten.«

Karl-Heinz Zunneck benennt Teile aus dem 30., dem Ritter-Kadosch-Grad: »Frage: Suchest du etwas anderes? Antwort: Rache. Frage: An wem? Antwort: An allen weltlichen und geistlichen Tyrannen …«

Auch in der Schottischen Hochgradmaurerei wimmelt es von »Rache-Graden«, wie Zunneck aufführt: »9. Grad: Rache gegen Unwissenheit. 10. Grad: Rache gegen weltlichen Despotismus. 11. Grad: Rache gegen religiösen Despotismus. 21. Grad: Rache gegen die Feinde des Volkes …«

Vielleicht war Jörg Haider in einem oder mehreren dieser Punkte aus Sicht der Freimaurer (als »Verräter«) schuldig geworden und musste daher sterben.

Auch wenn Freimaurer Ritualmorde immer wieder als pure Verschwörungstheorie bezeichnen, spricht der Fall Roberto Calvi doch eine andere Sprache (siehe Kapitel 6.8 »Backstein«). Auch in der jüngsten Vergangenheit sorgte der Tod eines Logenbruders, an dem ein anderer schuldig war, zumindest in den USA für großes Aufsehen: Im März 2004 unterzog sich William James, ein siebenundvierzigjähriger Angestellter der Planungsabteilung der Stadt Long Island Brookhaven einem Einweihungsritual im Keller der New Yorker Freimaurerloge *Southside Freemason Lodge Nr. 493* in Patchogue (mit rund 500 Mitgliedern). Es war eine ausgewählte Gruppe, die sich *Fellow Craft Club* oder *Social Club* nannte. Anwesend waren zehn Personen, darunter auch der Freimaurermeister Albert Eid. Im Keller (»Bauhütte«) gab es auch eine neun Meter hohe Guillotine. Bei dem Ritual musste James mit verbundenen Augen auf einem Stuhl sitzen, während auf einer kleinen Plattform um seinen Kopf herum Dosen aufgestellt wurden. Albert Eid sollte nun mit einer Pistole, die mit Platzpatronen geladen war, auf diese Dosen schießen. Während des Schusses schlug ein anderer Freimaurer mit einem Stock die Blechdosen weg, imitierte auf diese Art die scheinbaren Treffer, sodass der Aufzunehmende tatsächlich dachte, es wäre echt.

Detective Lieutenant Jack Fitzpatrick, der spätere zuständige Ermittler, sagte, diese Zeremonie wäre entwickelt worden, um einen Zustand der Angst zu schaffen, die Initiierten also zu erschrecken.

An diesem Tag aber zog Logenbruder Albert Eid die falsche Waffe (er führte zwei bei sich), nämlich die, die mit echten Patronen geladen war! Er schoss James aus einer Entfernung von zwanzig Metern »aus Versehen« ins Gesicht und tötete ihn. Fragen kamen auf, was überhaupt eine geladene Waffe bei einer Logensitzung zu suchen hatte? Erklärt wurde das damit, dass dem Neuling (Lehrling) diese Waffe gezeigt wurde, um ihm so verständlich zu machen, dass sie tatsächlich geladen war! Doch sofort nach der Tötung bestritt der Großmeister des Staates New York, Carl Fitje, Waffen würden bei Ritualen offiziell eine Rolle spielen. Andere Logenbrüder erklärten, dass sie sich kaum vorstellen könnten, dass jemand mit einer Waffe in eine Loge komme.

Dazu fällt mir ein Gespräch mit einem deutschen Altgroßmeister ein, der mir berichtete, dass er selbst einen Freimaurer kenne, der mit dem Revolver unter dem Arm zur Logenarbeit kommen würde. Der Altgroßmeister sagte: »Er ist Mitglied einer sehr bekannten Gang« (siehe Kapitel 19.3 »Altgroßmeister einer deutschen Loge«).

Mitglieder der genannten New Yorker Loge erzählten Detective Lieutenant Jack Fitzpatrick, dass dieser Ritus mit einer Waffe mindestens siebzig Jahre zurückreichen würde. Ron Steiner, der Sprecher der New Yorker Logen änderte seine Taktik und argumentierte – wie es Freimaurer oft tun, wenn etwas offensichtlich nicht in das Bild der »Diskreten Gesellschaft« passt und ihr schadet –, dass die betreffende Loge offiziell gar nicht zu der freimaurerischen Organisation gehören würde.

Freimaurer Albert Eid blieb zunächst gegen eine Kaution von 2500 Dollar auf freiem Fuß. Zur Anklageverkündung erschien er mit einer blauen Freimaurerkleidung. Schließlich wurde er wegen fahrlässiger Tötung lediglich zu fünf Jahren auf Bewährung verurteilt.

John Hanchette, Professor für Journalistik an der *St. Bonaventure University*, einer der zehn besten Reporter der letzten fünfundzwanzig Jahre und Pulitzer-Preisträger, kritisierte daraufhin die amerikanische Strafjustiz in seinem Artikel »Social Status Dictates Justice: It all depends on who you are« für die *Niagara Falls Reporter*. Alle Amerikaner sollten demnach, unabhängig vom sozialen Status, die gleichen Chancen vor Gericht haben. Im Fall Albert Eid und anderen wäre das egalitäre Ideal (bei dem eine politische und soziale Gleichheit für alle Menschen angestrebt wird; Anm. d. Verf.) in »Fetzen zerrissen worden«.

15. Logenmord Jörg Haider?[30]

»Haider: 79 % glauben an Mord!«
HEUTE (Österreichische Tageszeitung, 28.10.2008)

»Haider wurde umgebracht.«
Studentin in Klagenfurt

»Es wirkt alles irgendwie inszeniert.«
Lehrerin aus St. Veit

»Haider war sicher nicht schuld am Unfall.«
Ex-Offizier aus St. Veit

»Als ich von der Todesnachricht erfuhr, dachte ich sofort an ein Attentat.«
Ingenieur aus Klagenfurt

»Das war kein Unfall, die Freimaurer haben Haider zu Fall gebracht. Genauso wie Lady Di und John F. Kennedy.«
Heilpraktikerin aus Klagenfurt

»Auch ich bin überzeugt: Es war kein Unfall. Jörg Haider wurde ermordet.«
Margot W. (persönliche E-Mail an den Autor)

15.1 Trauerkult und Kritik

Der plötzliche Tod Jörg Haiders, des »James Dean der österreichischen Innenpolitik«, wie er einmal bezeichnet worden war, löste gegensätzliche Reaktionen der österreichischen Bevölkerung aus. Das habe ich selbst auch bei meinen Recherchen vor Ort erlebt. Wo immer ich die Gelegenheit hatte, sprach ich Menschen auf das unerwartete Ableben des Politikers an. Während mir in Wien zumeist Gleichgültigkeit entgegenschlug, waren andernorts die Bürger doch sehr betroffen, vor allem natürlich in Kärnten. Sicher war dies lediglich eine Momentaufnahme und daher keineswegs repräsentativ.

Während in Haiders Bundesland die Flaggen auf Halbmast wehten, sein Grab zu einer Gedenkstätte umfunktioniert und von Privatpersonen ohne Bezug zum BZÖ sogar eine »Dr. Jörg Haider Gebetsliga« ins Leben gerufen wurde, die eine Selig- und Heiligsprechung des Landeshauptmannes forderte und ihm ein eigenes Museum, eine »Gedächtnisausstellung« gewidmet wurde (das den »Privatmann« zeigen sollte), massierte sich eine Gegenbewegung hinsichtlich dieses »Trauerkultes«; vor allem aus der Intellektuellen- und Künstler-Szene.

Der Sozialpsychologe Klaus Ottomeyer, Autor des Buches *Jörg Haider – Mythenbildung und Erbschaft,* in dem der Landeshauptmann nicht gerade gut wegkommt, meinte in einem Interview in den *News,* angesprochen auf den Vergleich zwischen der verunglückten Lady Diana und Jörg Haider: »Haider war weder ein Verfolgungsopfer, noch ging er schuldlos in den Tod. Man ist in der Idealisierung der ersten Wochen stecken geblieben. Wenn das dann noch mit einer Tendenz zur Heiligsprechung verbunden wird, läuft die Trauerarbeit schief. Sie lässt den Toten nicht los, führt zu einem idealisierenden Totenkult, der auf Kosten des Realitätssinnes geht. Es wird bis heute nicht gesehen, dass Haider demokratiegefährdende Seiten hatte.«

Johann Kresnik, Tänzer, Choreograf und Theaterregisseur, erklärte: »Kärnten ist nach 1945 braun geblieben, dies zeigen auch die Resultate des BZÖ. Hier gibt es unglaublich viele Altnazis. Alle trauern Haider nach [...] Man soll Jesus vom Kreuz herunternehmen und Haider draufnageln, dann könnten seine Leute einen Prozessionsgang machen.«

Der Schauspieler Sacha Baron Cohen, besser bekannt als »Brüno«, meinte: »Jörg Haider selbst habe ich nie getroffen, diesen berühmten Homosexuellen und heimlichen Politiker. Er starb, wie er gelebt hat – als er nach einem Donnerwetter mit seinem Boyfriend von einer Schwulenbar wegfuhr.«

Der Politologe Anton Pelinka antwortete auf die Frage, ob Haider auch etwas Positives in Österreich bewirkt hätte: »Spontan würde ich sagen, mir fällt nichts dazu ein.« Und: »Dieses Schillernde, dieses Schulterklopfende, dieser Stil, der einerseits Menschen beleidigt, andererseits sie dann einladet, mit ihm ein Bier trinken zu gehen, wenn man so will, diese Charmeseite einer weit rechts stehenden Politik wird ihm niemand so leicht nachmachen können.«

15.2 Bespitzelt und überwacht?

2006 sollte Privatdetektiv Dietmar Karl Guggenbichler, bekannt als der Aufdecker des Lucona-Skandals, Landeshauptmann Jörg Haider im Auftrag der FPÖ für einen Vorschuss von 10 000 Euro bespitzeln. Als er aber auch noch Haiders Privatleben ausschnüffeln sollte, stieg Guggenbichler aus. Die FPÖ erklärte jedoch, dass es eine solche Bespitzelung Haiders in ihrem Namen nie gegeben habe.

Anfang 2008 wehrte sich auch Martin Kreutner, der Leiter des Büros für Interne Angelegenheiten (BIA) gegen den Vorwurf, Spitzenpolitiker wie Jörg Haider und Heinz-Christian Strache überwacht zu haben. Das BIA, identisch mit der Abteilung IV/6, ist eine eigenständige Dienststelle des österreichischen Bundesministeriums für Inneres, die außerhalb der klassischen polizeilichen Strukturen steht. Sie führt sicherheits- und kriminalpolizeiliche Ermittlungen bei Verdacht auf Amtsdelikte und Korruption durch.

Dies zeigt, dass es zumindest theoretisch möglich war, dass Haider und andere Politiker von einem Dienst des Innenministeriums »überwacht« worden waren. Auch im Juli 2009 spielte das BIA eine Rolle, weil es Vorwürfen nachging, ob die FPÖ (unter Strache) tatsächlich von den GRÜNEN über Beamte des Innenministeriums bespitzelt wurde…

Etwa zur selben Zeit wurde öffentlich, dass der militärische Inlandsgeheimdienst (Abwehramt des Bundesheeres [AbwA]) FPÖ-Politiker mit Informationen versorgt haben sollte. »Datenabfluss« heißt dies im Amtsjargon. Zudem sollte es angeblich Einflussnahmen ausländischer Geheimdienste auf Mitglieder des Nationalrates geben, bei denen wiederum Vorwürfe laut wurden, Politiker selbst wären involviert.

15.3 Politische Verschonung durch das Justizministerium?

Auch im österreichischen Justizministerium lief nicht alles rund, wie ein Bericht in *Der Standard* vom 11. August 2009) in Bezug auf die Wochenzeitung Falter zeigte. Demnach belegten streng vertrauliche, von einem Ministeriumsmitarbeiter zugespielte Dokumente aus der Sektion Straf- und Gnadensachen (Sektion IV) des Justizministeriums, wie »politisch heikle Fälle entsorgt und Mächtige geschont werden«. Bei diesen Dokumenten handelte es sich um Vorhabensberichte der Staatsanwaltschaft Wien, Klagenfurt und Graz sowie Akten des Büros für Interne Angelegenheiten (BIA). In den Unterlagen war von Behinderung und Verschleppung die Rede, von Sonderbehandlungen für prominente Beschuldigte und von »Kabinettsjustiz«. Die Akten betrafen Verfahren gegen Politiker, Manager, Landtagsabgeordnete, Amtsärzte, Richter, Staatsanwälte, Polizisten, die sich mit »Trinkgeldern« das Gehalt aufbesserten und Bürger dabei »schamlos schikanierten«. Es ging in den Akten auch um mutmaßlichen Geheimnisverrat durch Beamte des Finanzministeriums.

Das Justizministerium versuchte sofort, den Sachverhalt richtig zu stellen, denn »aus bloßen Teilen von Akten« könne »nicht auf die Erledigung einer Strafsache und deren Begründung geschlossen werden«. Teile würden nur ein fragmentarisches und daher oft verfälschtes Bild wiedergeben, hieß es. Gleichzeitig kündigte das Justizministerium umgehend eine Anzeige gegen unbekannt wegen Amtsmissbrauchs und Missbrauchs des Amtsgeheimnisses an. Die Staatsanwälte vermuteten einen »Missbrauch der ministeriellen Akten für politische Schlammgefechte«. Unglückliche Formulierungen wären aus dem Kontext gerissen worden.

Im Klartext ging es um massive Kritik an den Staatsanwaltschaften, die letztlich politisch gebunden waren an das Justizministerium. Justizministerin Claudia Bandion-Ortner erklärte dazu, dass es »derartige Diskussionen« schon immer gegeben hätte. Wichtig wäre, dass die Gewaltentrennung gegeben sei. Im Kontext dieser Diskussionen verwies sie dann noch auf die »Personalknappheit im Justizbereich«.

Dieser kleine Abstecher in die jüngere Justizgeschichte unseres

Nachbarlandes beweist, das dort einiges schiefläuft! Und damit sind wir wieder beim rätselhaften Tod Jörg Haiders und dessen »Aufklärung«.

15.4 Morddrohungen gegen Jörg Haider

Natürlich hatte der Kärntner Landeshauptmann auch Feinde. »Der Jörg ist oft anonym bedroht worden«, sagte Horst Binder, Chefinspektor bei der Polizei und im Jahr 2000 sein Leibwächter. »Deshalb gab es auch den Personenschutz. Aber er hatte nie Angst. Zumindest hat man ihm keine Angst angemerkt.« Nachdem Haider entschieden hatte, kein FPÖ-Chef mehr zu werden, sagte er, seine Familie und er seien bedroht worden.

Der einstige Parteikollege Haiders und jetzige FPÖ-Chef Heinz-Christian »HC« Strache meinte in Bezug auf Jörg Haiders politischen Weg: »Es war der Weg eines Menschen, der den Mut hatte, seine Meinung zu artikulieren, der gegen die Mächtigen angetreten ist, gegen das Establishment. Es gab deshalb sogar Drohungen, bis hin zu Morddrohungen.«

Sogar öffentliche, wie im Jahr 2000, als Haiders FPÖ mit der ÖVP die Regierung bildete. Der freie ORF-Mitarbeiter Christoph Grissemann sagte damals in einem Interview: »Ich glaube, man müsste Haider erschießen. Irgendjemand, der nur noch zwei Monate zu leben hat [...] Mir bedeutet Österreich gar nichts. Jörg Haider ist die letzte Sau in diesem Land.« Später musste sich Grissemann dafür formell entschuldigen. Er selbst wäre alkoholisiert und alles nur ironisch gemeint gewesen.

Auch Haiders Nachfolger als Landeshauptmann von Kärnten, Gerhard Dörfler, wurde bedroht, wie im Juli 2009 bekannt wurde. »Es gab vor einigen Tagen eine Morddrohung gegen mich«, erklärte er in einem *Krone*-Interview. »Der Anrufer hat mit offensichtlich verstellter Stimme davon gesprochen, dass ein Killerkommando aus der Ukraine auf mich angesetzt ist.«

15.5 Mord und Manipulation

Wie bereits erläutert hat Gerhard Wisnewski in seinem Buch *Jörg Haider – Unfall, Mord oder Attentat* weitgehend belegt, dass der Kärntner Landeshauptmann und BZÖ-Chef keineswegs bei einem »normalen« Unfall ums Leben gekommen ist. Die Londoner *Times* resümierte am 4. Juli 2009: »Die Fragen werden langsam peinlich für die österreichischen Behörden.«

Auch die Stimmen aus dem Volk und manch eine aus der Politik mehren sich dahingehend, auch wenn von behördlicher und medialer Seite alles unternommen wird, um einen Mordverdacht weiterhin auszuräumen. Doch das scheint keineswegs zu gelingen. Natürlich werden die Argumente der Kritiker der »offiziellen« Unfallversion – wie immer – schnell in die Verschwörer-Ecke abgeschoben. Haider soll also bei einem selbstverschuldeten Unfall stark alkoholisiert ums Leben gekommen sein, weil er zu schnell unterwegs war und schließlich wegen eines Fahrfehlers die Kontrolle über sein Fahrzeug verloren hatte. Basta. Ein politisch motiviertes Attentat bleibt außen vor. Für Politiker, für die Medien, für die Behörden. Nicht jedoch für einen der engsten Freunde und ehemaligen Pressesprecher und persönlichen Referenten des BZÖ-Chefs: Stefan Petzner. Er schließt ein Attentat nicht aus und bezichtigt die Kärntner Staatsanwaltschaft der »politischen Manipulation«: »Alles, was der Staatsanwalt bei diesem Unfall ermittelt hat, passt von vorne bis hinten nicht zusammen. Das riecht verdammt nach Manipulation. Und damit sind wir beim entscheidenden Punkt: War dieser Unfall ein Unfall – oder nicht. Die bisherigen Ermittlungen in dieser Causa gleichen den Zuständen einer Bananenrepublik! Und das kann es nicht sein!«

Petzner wirft dem die Ermittlungen leitenden Klagenfurter Staatsanwalt Gottfried Kranz vor: »… Das begann damit, dass […] nach dem Unfall der vertrauliche, interne Obduktionsbericht von den Ermittlungsbehörden an ein Medium weitergegeben und dort als Faksimile abgedruckt wurde. Wie kann so etwas in einem Rechtsstaat passieren und wer ist dafür verantwortlich? Ich sage: Man hat seitens der staatlichen Behörden von Beginn an ganz bewusst eine Theorie in Richtung Unfall unter Alkoholeinfluss in die Welt setzen wollen.« Und weiter: »Ein Staatsanwalt, der sich so verhält, ist untragbar und kann nicht mehr als unabhängig bezeichnet werden [...] Er hat ungesicherte Informationen veröffentlicht, um Jörg Haider in ein schlechtes Licht zu rücken und um eine ganz bestimmte Unfallversion zu verbreiten. Die Frage ist: Warum und in wessen Auftrag?«

Petzner führt fort: »Der Staatsanwalt hat zudem – absichtlich oder nicht – schwere Ermittlungsfehler gemacht. Er hat die wichtigsten Zeugen – unter anderem die Unfallzeugin – nicht ausreichend befragt. Er ist dem Widerspruch der Alkohol-Gutachten nicht auf die Spur gegangen. Er hat die Ermittlungen in einer ungelösten Causa gestoppt.«

Petzners Worte werden noch schärfer: »Die Veröffentlichung der sogenannten Ermittlungsergebnisse hatte von Beginn an einen politischen Hintergrund. Man muss dazu wissen, dass die Ermittlungen vom Klagenfurter Staatsanwalt Gottfried Kranz geleitet wurden. Das ist ein SPÖ-Mann, *ein Freimaurer,* der zeit seines Lebens mit Jörg Haider im Clinch gelegen ist, der ihn gehasst hat. Und der ihn politisch verfolgt hat wie keinen anderen ...«

Petzner wirft dem Staatsanwalt, der den BZÖ-Chef gehasst haben soll, also nicht nur schlampige Ermittlungen vor, sondern auch, *ein Logenbruder* zu sein! Im Interview, das ich mit ihm im Sommer 2009 in Wien führe, wird er noch deutlicher: »Kranz ist SPÖ-Mitglied und Freimaurer, Mitglied der Loge ›Zu den drei Säulen im Süden‹ in Klagenfurt. Jörg Haider wusste das natürlich und hat nie ein Blatt vor den Mund genommen. Wenn es Anzeigen gegen Jörg Haider gab, hat der Kranz die aufgenommen und Ermittlungen eingeleitet. Jörg Haider sagte einmal, Kranz würde ihn politisch verfolgen. Und tatsächlich ist Kranz dauernd mit ihm im Clinch gelegen.« (siehe auch Kapitel 20.1 »Stefan Petzner [BZÖ]: Enger Vertrauter und Berater«)

Monate später, im Februar 2010, wird Gottfried Kranz in einem Interview mit der *Kleinen Zeitung* gefragt: »Früher hieß es immer, die Staatsanwaltschaft Klagenfurt wird von Freimaurern regiert. Wie ist das heute?« Kranz antwortet: »Das sind Behauptungen, die man nicht beweisen kann. Ich weiß nicht, wer das ist oder nicht ist. Ich kann es für mich dezidiert ausschließen. Ich bin bei keinem Verein dabei. Stefan Petzner hat auch gesagt, ich wäre Freimaurer und Sozialist. Ich bin weder noch.«

Rein formal gesehen steht hier also Aussage gegen Aussage. Doch wenn es tatsächlich so wäre, dass der Staatsanwalt aufgrund seiner Freimaurermitgliedschaft und Antipathie gegen Haider bei den Ermittlungen seines Todes schwere Fehler gemacht hätte, dann wäre diese Kombination sicher kein Einzelfall. 1993 stellte Dr. Agostino Cordova, Staatsanwalt und einer der führenden italienischen Untersuchungsrichter gegen die Mafia, fest, dass in der kalabrischen Stadt Palmi seine Untersuchungen betreffs eines Subventionsbetruges, in den Freimaurerlogen involviert waren, behindert wurden. Er beschwerte sich bei der Anti-Mafia-Kommission darüber, korrupte Polizeimitglieder der kriminell beherrschten Logen würden ihn behindern. Er belegte diese Vorwürfe mit einer Liste von Richtern, die ihre Verbindungen zu den Freimaurern dazu nutzten, das organisierte Verbrechen zu schützen. In diesem Zusammenhang sprach der Bürgermeister von Palermo und EU-Abgeordnete Leoluca Orlando davon, diese Vorgänge seien für ihn keine Überraschung. Hunderte und Aberhunderte unaufgeklärte Morde in ganz Italien wären seit dem Zweiten Weltkrieg so vertuscht worden. Orlando hatte die Anti-Mafia-Partei *La Rete* gegründet und als Erster die Verbindung Freimaurer – Verbrechen – Drogen aufgedeckt; mit dem Ergebnis, dass er ab da zwölf bewaffnete Leibwächter zu seinem Schutz benötigte …

Im Juni 2009 fordert Petzner von Justizministerin Claudia Bandion-Ortner die Einleitung neuer Ermittlungen im Fall Haider. Mit dem Gang an die Öffentlichkeit möchte Petzner dafür »den nötigen Druck erzeugen«, damit es »Wahrheit und Gerechtigkeit« gibt. Er bittet zudem um einen unabhängigen Staatsanwalt und die Herbeiziehung internationaler Experten. »Denn die Unfallversion, die derzeit vorliegt, ist so was von unwahrscheinlich und widerspricht so sehr den Fakten, dass sie nicht haltbar ist«, erklärt Petzner weiter. »Das beginnt ja schon bei der einzigen Zeugin: Die einzige Zeugin, von der überhaupt nichts bekannt ist und die nie Rede und Antwort stehen musste, wird geschützt und ist seither untergetaucht. Das ist doch nicht normal.«

Der BZÖ-Landeshauptmann Gerhard Dörfler schließt sich ihm an. »In der Kärntner Bevölkerung gibt es große Zweifel an den Vorgängen rund um den Tod Jörg Haiders«, sagt er. »Es sind viele Fragen offen […] Ich hoffe, dass der Unfallhergang restlos aufgeklärt wird. Die Bilder von Jörgs Auto lassen bei mir Zweifel aufkommen, ob da nicht ein Dritter beteiligt war.«

Auch Witwe Claudia Haider ist zu jener Zeit gleicher Meinung. Vertraute der Familie berichten, dass sie sich wünsche, dass der Fall durch eine »unabhängige« Staatsanwaltschaft neu aufgerollt werde. Der Klagenfurter Ermittler Gottfried Kranz sei ein SPÖ-Mann und ein »dezidierter Feind« ihres Gatten gewesen. Haiders Schwiegersohn Paolo Quercia, der mit Haiders Tochter Ulrike verheiratet ist, spricht von »Merkwürdigkeiten«. Zum Beispiel kritisiert er, wie man mit dem Körper des Toten umgegangen sei: »Hätte man das nicht in einer offenen Art machen und die Familie in diesen Prozess einbeziehen können? Wenn man das Blut mehrere Stunden nach dem Tod untersucht, ist das Resultat nicht vertrauenswürdig, nicht exakt. Der Körper verändert sich ja innerhalb von Stunden komplett.« Und: »Aber keiner in Österreich wollte darüber reden, man nahm das, was die offiziellen Institutionen verlautbarten, und sagte: Jörg Haider hatte soundsoviel Alkohol im Blut – aber keiner zog die Umstände in Zweifel, wie und wann das Blut abgenommen wurde. Keiner fragte: Kann das denn stimmen?«

Doch Petzner fragt und kündigt im Falle *keiner* Aufnahme von neuen Ermittlungen an, eine Unterschriftenaktion in Kärnten zu starten, die bis zu einer Volksbefragung oder einem Volksbegehren gehen könne. Im Juli 2009 wird er in Klagenfurt vom Landesamt für Verfassungsschutz als Zeuge vernommen. Dabei nennt er Namen von zwei Finanzkonzernen und einem Geldinstitut, über die »Jörg Haider brisante schriftliche und mündliche Informationen« besessen habe. Petzner ist davon überzeugt, dass »Haider vor der Finanzkrise Dokumente hatte, die ihre Entstehung und ihre Verursacher demaskiert« hätten.

Von unzureichenden Ermittlungen will Justizministerin Claudia Bandion-Ortner jedoch nichts hören und wiegelt ab. »Wir vertrauen der zuständigen Staatsanwaltschaft«, heißt es aus ihrem Büro. Wenn es neue Behauptungen geben würde, die auch mit Beweisen unterlegt werden könnten, könne man über eine Neuaufnahme des Verfahrens nachdenken. Die Klagenfurter Behörden verweisen auf die abgeschlossenen Ermittlungen. Diese wären »sowohl vonseiten der Justiz als auch von unabhängigen Gerichtsmedizinern aus Graz und Innsbruck geführt« worden. »Jeder, der meint, neue Erkenntnisse zu haben, ist herzlich eingeladen, sie zu präsentieren.«

Jörg Haider hat sich mit vielen in der Politik und Wirtschaft angelegt, auch mit den Freimaurern, wie ich aufgezeigt habe und noch aufzeigen werde. Das führte vielleicht zu einem »Bumerang-Effekt«. So wie es die Freimaurer Gustav Kuéss und Bernhard Scheichelbauer in ihrem Buch *200 Jahre Freimaurerei in Österreich* schreiben (hier betreffs nationalsozialistischer Propaganda gegen die Freimaurer): »Man sollte aus den Ereignissen erkennen, wie gefährlich es ist, gegen jemanden hemmungslos und verlogen zu hetzen, denn man weiß nie, ob nicht ein Bumerang daraus wird, der den eigenen Kopf trifft.«

15.6 »... Für das sein Leben geopfert wurde.«

Der 18. Oktober 2008 wird vielen Menschen in Österreich, insbesondere in Kärnten im Gedächtnis bleiben. Es ist der Tag des Staatsaktes von Jörg Haider, dem Tausende Menschen direkt beiwohnen oder in den Medien zusehen und zuhören. Uwe Scheuch, der damalige geschäftsführende BZÖ-Landesparteiobmann von Kärnten ergreift das Wort. Für ihn war Haider der »politische Ziehvater«, doch vierzehn Monate später wird er sein Erbe verraten, wie einst Judas Ischariot seinen Herrn Jesus Christus: Ende 2009 spaltet sich Scheuchs Kärntner BZÖ von der Bundespartei und fusioniert mit Straches FPÖ zur Freiheitlichen Partei Kärnten (FPK) und macht damit Haiders Lebenswerk zunichte, wie viele sagen. Scheuch hält eine eindringliche Trauerrede an die versammelten Menschen, spricht unter anderem davon, dass Jörg Haider niemandem egal war und umgekehrt. Und dann sagt er einen Satz, der für viele der Beweis dafür ist, dass der einstige Landeshauptmann von Kärnten nicht verunfallt, sondern *ermordet* worden ist: »Wir sind es unserem Jörg schuldig, in seinem Sinne weiterzuarbeiten und mit noch mehr Einsatz, Engagement, Energie über alle politischen Grenzen hinweg sein Lebenswerk weiterzuführen, für das **sein Leben geopfert** wurde.«

Ein Satz, der diejenigen elektrisiert, zusammenzucken lässt, nachdenklich stimmt, die nichts von einem Unfall wissen wollen. In vielen

Foren wie beispielsweise »Megatreff« (megatreff.at) wird heftig darüber diskutiert und es werden Zusammenhänge konstruiert. So steht Uwe Scheuch bei diesen Worten vor einem großen Kreuz, wohl - so die diesbezüglichen Diskussionen – als Synonym dafür, dass auch Jesus (sich) geopfert hatte.

Interessant, dass im Onlinemagazin der Stadt Wien (wien-konkret.at), in dem unter anderem auch Trauerreden von Politikern im Wortlaut veröffentlicht werden, *nichts* von diesem Satz von Scheuch zu lesen ist. Warum nicht? Das diesbezügliche Video ist zu sehen auf: www.wien-konkret.at/politik/nachruf/joerg-haider/scheuch/. Ungefähr bei Minute 8:40 kommt die betreffende Stelle.

Hat sich Scheuch nur versprochen? Eigentlich undenkbar. Aber was wollte er damit sagen? Für was und von wem wurde Jörg Haiders Leben geopfert?

16. Freimaurerische »Mordmotive«[31]

»Das letzte Wort hat das Volk und das letzte Wort hat der Wähler in einer Demokratie.«
Jörg Haider

»Ich habe Themen aufgebracht, die die Mächtigen irritiert haben, Missstände aufgedeckt. Sie hatten Angst davor, Wähler zu verlieren – zu Recht.«
Jörg Haider

In diesem Buch gehe ich der Theorie nach, dass Jörg Haider nicht *verunglückt,* sondern ermordet worden ist. Meines Erachtens kommen Hintermänner und Täter aus dem freimaurerischen Umfeld, wie ich bislang versucht habe deutlich zu machen. Dass sich die Logenbrüder bei diesem Attentat die weißen Handschuhe nicht selbst schmutzig machten, versteht sich wohl von selbst. Die Geschichte hat gezeigt, beispielsweise beim Staatsterror der Freimaurerloge *Propaganda Due* in Italien, dass sich Freimaurer immer wieder Helfer und Helfershelfer aus Polizei, Geheimdiensten, Militär oder gar der Mafia bedient haben, um derartige Taten auszuführen.

Doch welche Gründe gab es letztlich für die Ermordung Jörg Haiders? Welche Tatmotive könnten dahinterstecken?

16.1 Die Abschaffung der »alten (politischen) Ordnung«

Schon immer war es Jörg Haiders Anliegen gewesen, den verkrusteten rot-schwarzen »Koalitionsproporz« aus SPÖ und ÖVP zu brechen, der die Wahrheiten über so viele Jahre hinweg gepachtet zu haben schien. Deshalb wollte Haider die Politik in der Alpenrepublik gründlich und radikal ändern, nach dem Motto: »Soviel Freiheit wie möglich, so wenig Staat wie notwendig.«

Er sagte: »Denn die Bürger wollen heraus aus diesem System westlicher Mandarine, die sich […] noch immer in der Sänfte durchs Land tragen lassen und für diese Art der politischen Apartheid vom Volk auch noch Dankbarkeit erwarten.« Österreich, so Haider weiter, würde von »Parteien beherrscht, deren Repräsentanten ihre politische Erfolglosigkeit durch Missbrauch der Macht und subtile wie brutale Unterdrückung auszugleichen versuchen.«

Jedes seiner Worte war wie ein Schlag in die erhabenen Gesichter der verwöhnten Altparteien, die sich die politische Macht im Lande aufgeteilt hatten. Haider war es schließlich auch, der ihre Privilegien aufdeckte und anprangerte und – vor allem – ihnen durch Wahlsiege Mandate in Gemeinden, Kammern, Land und Bund wegnahm.

»Konkret hat er (Haider; Anm. d. Verf.) vor allem in den achtziger und neunziger Jahren darauf hingewiesen, dass wir in einem rot-schwarzen Kartell lebten. Das war für mich die allerwichtigste Geschichte. Dass einer da war und gesagt hat, dass 150 Prozent dieser Republik aufgeteilt sind in einem Kartell«, sagte Gerhard Hirschmann, ehemaliger ÖVP-Landesrat in der Steiermark. »Es ist ja alles nach wie vor, ja mehr denn je, diesem rot-schwarzen Kartell zu- und untergeordnet. Man kann sagen: Ja, er (Haider; Anm. d. Verf.) hat das nicht nachhaltig geändert, aber er sorgte dafür, dass dieses System erschüttert und durchgerüttelt wurde. Dass diverse Schamlosigkeiten nicht total ausgelebt wurden.«

Deshalb hatten die Parteieminenzen am 28. September 2008 vor, während und vor allem nach der Nationalratswahl in gewisser Weise Angst vor Jörg Haider. Angst vor dem schon Totgesagten, dem wohl einzigen Politiker auf der Austro-Bühne mit Charisma, der alle anderen wie farblose Schablonen neben sich aussehen ließ, wie Haider-Fans immer wieder bemerkten. Angst vor einem, der plötzlich, wie ein Phönix aus der Asche, wieder auf der bundesweiten Politikbühne aufgestiegen war und dessen BZÖ-Stern hell über der Nationalratswahl leuchtete. »Nach jener von Lazarus ist meine Auferstehung die eklatanteste der Geschichte, glaube ich«, sagte er in seiner ihm eigenen Art. Und fürwahr: Fast aus dem Stand konnte er mit dem Bündnis Zukunft Österreich das Ergebnis von 2006 fast *verdreifachen* (2006: 4,1 Prozent, 2008: 10,7 Prozent), ebenso bei der Sitzverteilung (2006: 7 Sitze, 2008: 21 Sitze). Damit war Jörg Haider wieder hoffähig, war, seit seinem Abgang 2005 bei der FPÖ, sozusagen wieder da. Erneut hatte er bewiesen, dass er Wählerpotenziale fast *magisch* summieren konnte. Diese Zauberkunst hatte er schon einmal bewiesen, als er die Freiheitliche Partei (FPÖ) von fünf Prozent auf sage und schreibe 27 Prozent geführt hatte und diese 1999 zur drittstärksten Partei in der Alpenrepublik geworden war. Und nun war ihm mit dem jungen BZÖ erneut ein solcher Husarenstreich gelungen. Haider war nun bereit, es allen seinen Kritikern zu zeigen, darauf lauernd, die Fehler der Konkurrenten, wie er es bereits im Wahlkampf gemacht hatte, nicht nur auszuschlachten, sprich die politischen Gegner klipp und klar zu benennen, sondern sie auch für die Missstände verantwortlich zu machen. Sie alle erinnerten sich sicher an seine Worte, als er von der »Überwindung der freiheitsfeindlichen Elemente eines ständestaatlichen Systems und die Entmachtung der herrschenden politischen Klasse durch Beseitigung ihrer Pfründe, Privilegien und demokratisch nicht legitimierten Machtinstrumente« sprach, von einer »Kulturrevolution mit demokratischen Mitteln«, davon, dass »wir [...] die herrschende politische Klasse und die intellektuelle Kaste stürzen« wollen.

Nach der Nationalratswahl 2008 blieb die SPÖ mit 29,3 Prozent die stärkste Partei (2006: 35,3 Prozent); es folgte die ÖVP mit 26 Prozent (34,3 Prozent), die FPÖ mit 17,5 Prozent (11,04 Prozent), das BZÖ mit 10,7 Prozent (4,1 Prozent) und dann DIE GRÜNEN mit 10,4 Prozent (11,4 Prozent). Die FPÖ und das BZÖ waren eindeutig die Sieger dieser Wahl. SPÖ, ÖVP und DIE GRÜNEN hatten teilweise horrende Verluste zu beklagen. Damit war klar, dass das österreichische Volk *gegen* die bislang regierende Große Koalition (SPÖ/ÖVP) gestimmt hatte.

»Es ist noch immer eine große Anzahl von Wählern, die wir zurückgewinnen müssen«, bekannte Werner Faymann (SPÖ) deshalb bitter am Wahlabend. Und genau so war es: Allein die Sozialdemokraten hatten rund 78 000 Wähler an das BZÖ verloren (und 181 000 an die FPÖ).

»Es ist das schlechteste Ergebnis in der Geschichte der österreichischen Volkspartei«, musste auch Wilhelm Molterer (ÖVP) zugeben. Schließlich blieb ihm auch gar nichts anderes übrig. »Das ist eine schmerzliche Niederlage. Beide Regierungsparteien haben verloren.«

Die Volkspartei hatte gleich 152 000 Stimmen an das Bündnis Zukunft Österreich abgeben müssen und 88 000 an die FPÖ.

(Ex-)Freimaurer Alexander Van der Bellen von den GRÜNEN räumte ein: »Vielleicht ist das Potenzial für eine gesellschaftspolitische liberale grüne Partei in Österreich nicht größer, als es eben ist.«

Heinz-Christian Strache von der FPÖ erklärte: »Wir haben nicht nur alle Wahlziele klar erreicht, sondern bei Weitem übersprungen.«

Und Jörg Haider vom BZÖ sagte unmissverständlich: »Rot-Schwarz ist abgewählt. Wir müssen jetzt die Bereitschaft haben, Verantwortung zu tragen, uns bemühen, mit anderen Parteien ins Gespräch zu kommen, um dauerhafte, stabile Verhältnisse für Österreich zu ermöglichen.«

Ein Foto am Abend nach der Wahl zeigt die vier Parteichefs nebeneinanderstehend: die geschlagenen Werner Faymann und Wilhelm Molterer mit betretenen Gesichtern; die siegreichen Haider und Strache, lächelnd und mit erhobenem Daumen. Die Große Koalition wurde also genauso gebrochen wie die Verfassungsmehrheit von SPÖ und ÖVP im Parlament, die bei zwei Dritteln der Mandate lag.

Haider hatte schon im Vorfeld angekündigt, dass diese Nationalratswahl eine »Zeit der Abrechnung« werden würde, wollte die Österreicher gar von der Großen Koalition »erlösen«, denn »Wahltag ist Zahltag«. SPÖ und ÖVP hätten zwei Jahre lang nichts gegen die Teuerung getan. Haider resümierte: »Das ist die schlechteste Regierung, die wir seit 1945 je gehabt haben. Wer kein Gefühl für das eigene Volk hat, der darf sich nicht wundern, wenn die Wählerinnen und Wähler die eigene Regierung in die Wüste schicken.«

Das BZÖ, deren Parteifarbe Orange ist, wurde einst mit Bienen verglichen. Die Bienen hätten die Fähigkeit, »den Staat so zu gestalten, dass sie immer dann, wenn zu viele Drohnen da sind, sich der Drohnen entledigen«, drohte Haider dem bisherigen Regierungsestablishment offen. Das war eindeutig und das verstand nicht nur der Wähler, der dies schließlich honorierte, sondern auch der politische Gegner. Schon vor den Wahlen wussten Haiders politische Gegner, dass dies nichts Gutes bedeuten und nur Unheil bringen würde, wenn Haider in der Wählergunst dazugewinnen konnte. Dass er schließlich einen solchen Erfolg verzeichnete, hätte wohl keiner von ihnen in seinen schrecklichsten Alpträumen erwartet.

Nun aber war es soweit: Nach den Wahlen war Haider ein stärkerer Widersacher als je zuvor. Er würde alles daransetzen, den »verstaubten« Parteienstall der Großen Koalition »auszumisten« und die BZÖ-Ansprüche zusammen mit Strache (FPÖ) geltend zu machen. Nicht nur dass mit der Nationalratswahl 2008 die Große Koalition offenbar ein Ende hatte, es bestand zudem die Möglichkeit einer »Verbrüderung« zwischen der FPÖ und dem BZÖ. Beide Parteien wären dann mit insgesamt 55 Parlamentssitzen fast gleich stark wie die SPÖ (57 Sitze) und stärker als die ÖVP (51 Sitze) und könnten DIE GRÜNEN (20 Sitze) bedeutungslos werden lassen. Kritiker sprachen von einem »Rechtsblock« von fast 30 Prozent. Aus Sicht der herkömmlichen Parteien gewiss eine Katastrophe.

Dann wurde über eine eventuelle Koalition mit der ÖVP, dem BZÖ und der FPÖ gemunkelt. Schließlich soll der einstige ÖVP-Kanzler Wolfgang Schüssel, der 2000 mit Haider in eine Koalition ging, auch bei der Gründung des BZÖ mitgewirkt haben, beziehungsweise eingebunden worden sein. Haider war nicht dagegen – auch wenn er und Strache sich im Wahlkampf als Konkurrenten gegeben hatten und der FPÖ-Chef dem Kärntner Landeshauptmann vorwarf, die Freiheitlichen durch die Gründung des BZÖ »verraten und verkauft« zu haben. Strache schloss eine Zusammenarbeit nach der Wahl aus, während Haider meinte, das würde sich in nächster Zeit geben.

Die Presse berichtete: »Er (Haider; Anm. d. Verf.) hat nun Strache umstimmen können, mit dem BZÖ gemeinsame Politik zu machen. Zwei Parteien, aber ›eine verbesserte Gemeinsamkeit im Parlament‹ …«

Am 2. Oktober 2008, neun Tage vor seinem Tod, gab Haider Nina Horaczek und Claudia Reiterer für ihr Buch *HC Strache – Sein Aufstieg, seine Hintermänner, seine Feinde* ein Interview, in dem er – angesprochen auf eine Kooperation zwischen FPÖ und BZÖ – klar und deutlich sagte: »Auf der Ebene einer Koalition gibt es halt zwei Parteien, die sich leichter auf ein Regierungsprogramm einigen, weil sie in vielen Bereichen identischere Vorstellungen haben. Auf der parlamentarischen Ebene natürlich auch, dass es ein schrittweises Annähern gibt oder es Kooperationsvereinbarungen geben kann. Dass man gemeinsam die Stärke, die man hat, auch zum Ausdruck bringt, um leichter Mehrheiten zu ermöglichen …«

Auf politischer Ebene wurde den beiden siegreichen Parteiführern alles zugetraut, um die Macht der rot-schwarzen Dominanz endgültig zu brechen. Als Strache und Haider sich dann noch zwei Tage vor seinem Tod zu einer »Aussprache« trafen, dürften wohl auch die letzten Alarmsirenen geschrillt haben. Auch wenn der FPÖ-Chef nach Haiders plötzlichem Tod meinte, es wäre lediglich um eine Aussöhnung und um »getrennte Wege« gegangen.

In einer BZÖ-Pressemitteilung hieß es jedoch: »›Es war eine Zusammenkunft der Sieger‹, so Haider. Während die beiden Noch-Regierungsparteien untätig sind, wollen BZÖ und FPÖ gemeinsam ein Programm für Wirtschaft und Arbeit in Österreich erstellen. [...] Ganz klar wurde auch festgelegt, dass eine Minderheitsregierung auf keinen Fall gestützt werde [...] Haider ortet einen massiven Handlungsbedarf, weil ›eine Unzufriedenheit der Bevölkerung zu spüren ist.‹ Deshalb soll das Land im Sinne der gemeinsamen Vorstellungen verändert werden [...] Künftig werden BZÖ und FPÖ die Zusammenarbeit im Parlament verbessern.«

Das erklärte auch Haiders engster Vertrauter und BZÖ-Generalsekretär Stefan Petzner. Bei diesem Treffen sei die Tür für eine Dreier-Koalition von ÖVP, FPÖ und BZÖ »ein kleines Stück aufgegangen. Und Faktum ist, dass er kurz davor stand, die politische Landschaft in Österreich völlig über den Haufen zu werfen und die Große Koalition zu verhindern.«

Haider meinte schließlich: »Wir lehnen eine Mitverantwortung und Bildung einer neuen Regierung nicht ab.« Ein Motto, das bereits im Wahlkampf angedeutet wurde. Da war es also, das Schreckgespenst, das seit der verheerenden Niederlage wie ein Damoklesschwert über den Häuptern der Konservativen und Sozialdemokraten schwebte: Haider und Co. hatten nicht nur die Wahl gewonnen, sondern dazu auch noch Regierungsambitionen! Nicht wenige (immerhin fast 40 Prozent der eigenen Wähler) sahen in jener turbulenten Zeit den BZÖ-Chef schon als neuen Bundeskanzler. Auszuschließen war nichts mehr, denn schließlich hatte Jörg Haider schon längst angekündigt, nicht ins Parlament gehen, sondern lediglich als »Kanzlerkandidat« antreten zu wollen. Auf gut Deutsch: als Bundeskanzler nach Wien zu wechseln.

Selbstbewusst erklärte er noch zwei Wochen vor der Wahl dem deutschen Nachrichtenmagazin *Focus:* »Wenn wir stark genug sind, bin ich bereit, Bundeskanzler zu werden.«

Und in der ORF-Sendung *Konfrontationen* antwortete Haider auf die Frage der Moderatorin »Herr Haider, Sie wollen Kanzler werden?« mit einem Lachen: »Wenn es sich nicht verhindern lässt.«

Schon einmal war für ihn der Kanzlersessel in greifbare Nähe gerückt: nach der Nationalratswahl 1999, als die FPÖ mit 26,91 Prozent an zweiter Stelle hinter der SPÖ (33,15 Prozent) landete. Zwar lagen die Freiheitlichen damals prozentual in gleicher Höhe wie die ÖVP, hatten aber 415 Stimmen mehr. Freilich war dies nicht mal ein Hauch von Mehrheit, reichte aber dazu aus, die FPÖ zur zweitstärksten politischen Kraft zu erklären. Nachdem Koalitionsverhandlungen der ÖVP mit der SPÖ gescheitert waren, kam es schließlich zu einer schwarzblauen Wenderegierung aus ÖVP und FPÖ. Haider hatte schon vorab durchblicken lassen, Wolfgang Schüssel (ÖVP) den Kanzlersessel zu überlassen, wie es dann auch kam.

Der Kärntner Landeshauptmann ließ nun auch den SPÖ-Bundesparteivorsitzenden Werner Faymann nicht ungeschoren, der nach Haiders Tod im Dezember 2008 zum Bundeskanzler vereidigt werden sollte. Haider erklärte: »Faymann ist als Wohnbaureferent in Wien nie im Sturm gestanden, weil er sich in Wirklichkeit seine Klientel erkauft hat, durch die berühmten Medienpakete, die er mit allen abgeschlossen hat, die er für seinen Aufstieg gebraucht hat.«

Und Haider schimpfte weiter, dass in Österreich eine »Handvoll mächtiger rot-schwarzer Funktionäre« regieren würde und nicht das Volk! Ein klarer Affront gegen die bestehende Politikelite. So wäre für ihn auch eine Krisenregierung denkbar gewesen.

»Man könnte die Koalitionsverhandlungen aussetzen und für zwei Jahre eine Regierung der Stärke bilden«, sagte er dazu. »Die Opposition soll mit eingebunden sein, je nachdem, wie weit sie das will. Jede Partei wäre verpflichtet, geeignete Persönlichkeiten zu nominieren und ein Programm gegen die Krise mitzutragen. Es soll ohne Streit gearbeitet werden, danach kann man neue Koalitionsüberlegungen anstellen.«

Zudem forderte der Kärntner Landeshauptmann in einem seiner letzten Interviews etwas, was den meisten Politikern in den harten Zeiten der Wirtschafts- und Finanzkrise überhaupt nicht ins Konzept passte, nämlich einkommensstärkende Maßnahmen durch eine Steuersenkung!

Stefan Petzner erklärte Ende Juni 2009, für ein Attentat auf Haider könnte sprechen, dass er es geschafft hatte, die Große Koalition zu verhindern.

Die Presse fragte nach: »Was soll das heißen? Dass Werner Faymann oder Josef Pröll ihre Schergen losgeschickt haben, um Haider aus dem Weg zu räumen, eher dieser gemeinsam mit den GRÜNEN oder der FPÖ an einer Koalition bastelt? Dass die Staatsanwaltschaft eingebunden ist und das jetzt aktiv vertuscht?« Und weiter: »Realistischer ist wohl ein anderes Szenario: Der Mythos Haider, immerhin das einzige Kapital des von ihm gegründeten BZÖ, droht – siehe EU-Wahl – langsam zu verblassen. Schon das Vorbild Lady Diana zeigt, wie man mit Verschwörungstheorien einen Mythos jahrelang am Leben erhalten kann. Die Zweifel an der Unfalltheorie sind in Wirklichkeit die Überlebensstrategie einer politischen Partei.«

Petzner ließ sich davon nicht beirren, sondern wurde noch konkreter: »Jörg Haider hat zwei Wochen vor dem Unfall mit seinem Sieg für das BZÖ und elf Prozent die innenpolitische Landschaft völlig über den Haufen geworfen und die Karten ganz neu gemischt. Haider war plötzlich wieder ein entscheidender innenpolitischer Faktor und für die Mächtigen gefährlich. Er hätte es geschafft, die Große Koalition zu verhindern. […] Ich bin felsenfest davon überzeugt, dass mit einem Jörg Haider die politische Landschaft heute völlig anders aussehen würde. Haider hatte alle Optionen. Diese Chance war ihm bewusst und er wollte in der folgenden Woche Nägel mit Köpfen machen – er hätte definitiv eine Dreier-Koalition statt der Großen Koalition zusammengebracht.«

Doch nach dem mysteriösen Unfall des Kärntner Landeshauptmanns kam alles anders. »Genau einen Tag nach dem Tod Jörg Haiders ist von den Zirkeln der Mächtigen die Große Koalition besiegelt worden«, führte Petzner weiter aus und ergänzte: »Das heißt: Der Tod Jörg Haiders war die Geburtsstunde der Großen Koalition.«

Petzner hatte sicher nicht vergessen, dass Bundespräsident Heinz Fischer nach den Nationalratswahlen im Oktober 2008 die Spitzenkandidaten des BZÖ und der FPÖ, Jörg Haider und Heinz-Christian Strache, zu Gesprächen in der Hofburg empfangen hatte. Wenn die schwarz-roten Politiker noch ein Zeichen für das neue Erwachen einer orange-blauen Macht benötigten, dann hatten sie es wohl an diesem Tag bekommen.

16.2 Freund der Polit-Geächteten

Im Februar 2002 leistete sich Jörg Haider etwas, was ihn zum »Paria« der nationalen und prowestlichen Politik machte: Im Rahmen einer Irakreise, einer »humanitären Mission«, wie er sich ausdrückte, besuchte er Diktator Saddam Hussein und überreichte ihm »die Grüße des österreichischen Volkes«! Danach schrieb er das Buch *Zu Gast bei Saddam – Im Reich des Bösen.* Das Cover zeigt Haider und Saddam, wie sie sich die Hand reichen.

In der Kurzbeschreibung des Buches, das im März 2003 im Ibera-Verlag erschien, heißt es: »Für seine Reisen in das Reich des Bösen erntete Dr. Jörg Haider vom proamerikanischen Establishment heftige Kritik. Doch wie kein anderer westlicher Politiker vor ihm fand der Kärntner Landeshauptmann in vielen Gesprächen direkten Zugang zur irakischen Staatsführung, allen voran Saddam Hussein. Haider beschreibt ohne falsches Pathos, spannend, informativ und mit viel Einfühlungsvermögen für die prekäre Lage der arabischen Welt nach dem 11. September 2001 seine Erlebnisse und Erfahrungen im Morgenland. Nach den Terroranschlägen vom 11. September 2001 war Jörg Haider der erste österreichische Politiker, der den Ground Zero in New York besuchte. Gemeinsam mit Regierungskollegen aus Italien rief er daraufhin eine Hilfsaktion für Kinder von Opfern des Anschlags ins Leben. Ab Februar 2002 reiste Jörg Haider insgesamt drei Mal zur Umsetzung humanitärer, wirtschaftlicher und politischer Anliegen in den Irak und traf sich u. a. mit Saddam Hussein. In seinen Berichten und Stellungnahmen zu den Reisen verurteilt er die unmenschlichen Folgen der UN-Sanktionspolitik für die irakische Zivilbevölkerung und hält der politisch-ökonomischen Doppelmoral der USA und ihrer Verbündeten den *SPIEGEL* vor. Als einer von ganz wenigen europäischen Politikern bekam Jörg Haider im Sommer 2002 vom arabischen TV-Sender *Al-Jazeera* die Gelegenheit zu einem Live-Interview. Über 100 Millionen Menschen weltweit verfolgten das Gespräch.«

Bei diesem Interview begrüßte Haider die Zuschauer auf Arabisch und äußerte Kritik an der Nahost-Politik von US-Präsident George W. Bush.

»Spätestens seit dem Auftritt in meiner Sendung hat ihn wirklich jeder politisch Interessierte in der arabischen Welt gekannt«, meinte *Al-Jazeera*-Moderator Ahmed Mansour nach Haiders Tod. »Haider war beliebt, man hat ihn bewundert. Auch über den Erfolg des BZÖ bei den letzten Nationalratswahlen in Österreich ist sehr viel berichtet worden und über eine mögliche erneute Regierungsbeteiligung seiner Partei.«

Bei Haiders Besuch im Irak soll ihm Saddam Hussein etwas anvertraut haben, »worüber ich zu schweigen verpflichtet bin. Aber es festigte die Einstellung, die ich zum Irak und zu den handelnden Personen gewonnen hatte.« Was der Diktator Haider anvertraute, ist wohl bis heute nicht bekannt.

So ist es nicht verwunderlich, wenn das amerikanische Außenministerium nach Haiders Besuch von einem »Schlag ins Gesicht der westlichen Welt« sprach. Die USA war schließlich nach 2001 gerade dabei, den irakischen Diktator neben Bin Laden zum Staatsfeind Nummer eins zu erklären. Selbst in Kärnten gab es in Form eines Untersuchungsausschusses des Landtages ein »politisches Erdbeben«. Haider, immer noch Mitglied des Koalitionsausschusses, zog sich nach der massiven Kritik aus der Bundespolitik zurück.

Im Dezember 2003 erregte der Landeshauptmann erneut die Gemüter, als er in Bezug auf den 3. Golfkrieg erklärte, die Verhaftung des irakischen Diktators Saddam Hussein sei ein »ziemliches Betrugsmanöver« beziehungsweise eine »Schmierenkomödie der Amerikaner«.

Zum Unterschied zwischen den Regimes in den USA, Israel und dem Irak meinte er: »... muss ich schon sagen, es fällt mir schwer, hier graduelle Unterschiede zu erkennen.«

Natürlich wurde Haider auch dafür massiv politisch kritisiert, erneut ans mediale Kreuz geschlagen. Doch erst einige Jahre später sollte sich herausstellen, dass die amerikanische Regierung tatsächlich ihr eigenes Volk, ja die ganze Welt belogen hatte, um gegen Saddam Hussein vorzugehen, der keineswegs Massenvernichtungs- oder Bio-Waffen besessen hatte.

Dann machte sich Haider weitere »Feinde«, dieses Mal bei jenen, die eine gewisse Dominanz der US-amerikanischen und israelischen Politik befürworteten. 2002 besuchte Haider Libyens Präsident Muammar al-Ghaddafi, einen einst auserkorenen Feind der USA, und gründete noch im selben Jahr die Österreich-Libysche Gesellschaft, deren Präsident er bis zu seinem Tod war (Danach wurde es seine Frau Claudia). Haider nahm dabei Bezug auf die ersten »Beziehungen freundschaftlicher Art« zwischen Österreich und Libyen und somit zwischen dem verstorbenen Bundeskanzler Bruno Kreisky und dem libyschen Revolutionsführer. Die Initiatoren der Österreich-Libyschen Gesellschaft sahen sich zudem als »Brücke zwischen der EU und den arabischen Staaten«. Haider war auch mit Ghaddafis Sohn Saif al-Islam befreundet.

Dass dies – im Zusammenhang mit Haiders Kritik an der Politik Israels – vielen sauer aufstoßen sollte, schien schon fast vorprogrammiert. So kommentierte der (Ex-)Freimaurer Alexander Van der Bellen von den GRÜNEN die Entsendung einer österreichischen Militärkapelle zum 40. Jahrestag der Machtergreifung Ghaddafis nach Libyen im September 2009 (also fast ein Jahr nach Haiders Tod) mit den Worten, dass dies »nicht richtig« und »deplatziert« sei.

Wegen der immer größer werdenden Gefahr der Bedrohung durch radikale Islamisten forderte das BZÖ ein Minarettbauverbot, ein Verschleierungsverbot, Kontrollrechte des Staates bei der Auswahl von Religionslehrern sowie ein härteres Vorgehen gegen Hassprediger und Islamisten. Im Juli 2007 tauchte eine Liste mit potenziellen Terrorzielen in Österreich auf. Auch Jörg Haider gehörte demnach zu den gefährdeten Personen …

Ungeachtet dessen hatte sich der Kärntner Landeshauptmann eine gewisse Sympathie in einigen arabischen Ländern gesichert. So behauptete nach seinem tragischen Tod der Vorstandsvorsitzende der Islamischen Föderation (IWFVIF) in Wien, Muhammed Turhan: »Am 11. Oktober 2008 wurde Jörg Haider bei einem Autounfall in Klagenfurt verunglückt.«

16.3 Feindbild USA und Ostküsten-Establishment

Der ewige Kampf gegen das Establishment hatte Haider groß gemacht – so jedenfalls drückte es *DER SPIEGEL* einmal aus. Vielleicht meinte das deutsche Nachrichtenmagazin damit nicht nur das inländische, sondern auch das ausländische, sprich amerikanische Ostküsten-Establishment? In Bezug auf Wiedergutmachung für die Heimatvertriebenen sagte Haider beispielsweise im Februar 2001: »Wir brauchen keine Zurufe von der Ostküste. Jetzt ist es einmal genug. Jetzt geht es um einen anderen Teil der Geschichte ...«

Haider war es wohl auch, der als erster westlicher Politiker – es war im Juni 2006 – den damaligen amerikanischen Präsidenten George W. Bush als Kriegsverbrecher beschimpfte: »Bush ist ein Kriegsverbrecher! Er hat den Irakkrieg bewusst mit Unwahrheiten und Lügen herbeigeführt. Außenpolitisch hat er den ganzen Nahen Osten in einen Hexenkessel verwandelt«.

Und bereits zwei Jahre zuvor hatte er gesagt: »Die USA haben in Irak und in Afghanistan ein Zentrum für die Vermehrung des Terrorismus geschaffen. Daraus könnte ein Flächenbrand entstehen. Österreich als neutrales Land kann die Initiative ergreifen und einen sofortigen Rückzug der europäischen Partner aus dem Irak verlangen.«

Mit diesen Äußerungen machte sich Jörg Haider wohl weder beim »Ostküsten-Establishment« noch beim amerikanischen Präsidenten beliebt.

16.4 Feindbild Banken

In einer Talkrunde mit anderen Politikern kurz vor seinem Tod wandte Haider sich massiv gegen die Banken. Damit sprach er in Zeiten von Misswirtschaft und Provisionsritterei vielen Bürgern aus der Seele, wie mir bei meinen Recherchen immer wieder bestätigt wurde. Haider sagte: »Was wir brauchen, ist der Schutz vor ruinösen Produkten, denn in Wirklichkeit sind die Banken eine riesige Mafia, die die ganze Welt vergiftet haben mit diesen Produkten. In dem man, von Amerika weg sozusagen, alles transportiert hat. Und heute will keiner verantwortlich sein. Ausgetragen wird es wieder auf dem kleinen Mann, der wird Arbeitsplätze verlieren, der wird sein Einkommen verlieren. Die großen Herren sind sicherlich nicht gestraft. Das ist der Punkt [...] Alle sind dabei. Wenn ich mir anschaue die Deutsche Bank und die

Landesbanken [...] In Österreich ist es die große Raiffeisen-Bank, die dabei ist [...] dann ist es die Bank Austria ...«

Noch zwei Wochen vor seiner Ermordung erklärte Haider in der Online-Ausgabe der Tageszeitung *Die Presse,* dass die Raiffeisen-Bank-Gruppe schon bald in größere Schwierigkeiten geraten könne. Ihm würden gesicherte Informationen vorliegen, wonach in Niederösterreich »lukrierte Gelder« aus dem Verkauf von Wohnbauforderungen »hochspekulativ« angelegt worden seien und in der derzeitigen Bankenkrise »krachen« könnten. Dabei spielte er offenbar auf einen Schaden von rund 300 Millionen Euro durch ÖVP/SPÖ-Spekulationsgeschäfte an. Gleichzeitig warf er dem Raiffeisen-Konzern vor, eine Große Koalition (SPÖ/ÖVP) zu forcieren, damit diese im Falle der Rettung der Bank eine »Notaktion« durchführen könne. Der Raiffeisen-Konzern hingegen wies Haiders Vorwürfe aufs Schärfste zurück. Der Kärntner Landeshauptmann forderte dennoch eine Prüfung durch die Finanzmarktaufsicht und »volle Aufklärung«.

Damit schaffte er sich gewiss mächtige Gegner. So ist Christian Konrad, der Raiffeisen-Generalanwalt, der »mächtigste« Mann in der österreichischen Wirtschaft, geradezu die »Verkörperung der Macht« (*Trend* v. 7. Juli 2009). Der Aufsichtsratsvorsitzende kontrolliert eine der größten Unternehmensgruppen des Landes, darunter auch Medienbeteiligungen an *Trend, Format* oder *Profil.* Einem Gerücht zufolge soll Konrad die frühere Staatsanwältin Claudia Bandion-Ortner bei einem Essen gefragt haben, ob sie nicht das Amt der Justizministerin reizen würde.

»Konrad kann mir keinen Posten anbieten«, rechtfertigte sich die Juristin darauf. Doch Fakt ist, heute *ist* sie als Justizministerin im Amt. Zudem wünschte der Raiffeisen-Generalanwalt eine Änderung des neuen Antikorruptionsgesetzes, das Unternehmen beispielsweise in ihrer »Einladungspolitik« bei Events behinderte. Durch Bandion-Ortner wurde später eine Entschärfung gerade dieses Gesetzes erreicht. So ticken die Uhren nun mal im Alpenland, scheint man da versucht zu sagen ...

Christian Konrad ist Ehrenmitglied des Cartellverbandes *Rhaeto-Danubia,* der direkt an den Schalthebeln der Macht in Wien sitzt. Zu dem Verband gehören Herbert Stepic (Raiffeisen-International-Chef),

Walter Rothensteiner (Vorstandsvorsitzender Raiffeisen Zentralbank Österreich AG) und Niederösterreichs ÖVP-Landeshauptmann Erwin Pröll. Auch Raiffeisen-Manager wie Oberösterreichs Ludwig Scharinger (Vorstandsvorsitzender Raiffeisenlandesbank Oberösterreich AG), genannt »Luigi Moneti«, der eine eingeschworene Truppe einflussreicher Leute um sich scharte, die der *Der Standard* einmal despektierlich als »oberösterreichische Mafia« bezeichnete (5. September 2008) sind ein gewichtiger Machtfaktor in der Alpenrepublik. Mit dieser Truppe wirtschaftlich verbandelt ist auch der frühere SPÖ-Finanzminister Hannes Androsch (der lange Zeit als Ratgeber Bundeskanzlers Werner Faymann galt) mit seinem Unternehmensimperium. Ebenso einflussreich und mächtig sind der Generaldirektor der Raiffeisenlandesbank Niederösterreich-Wien, Erwin Hameseder (Vorstandsvorsitzender Raiffeisenlandesbank Niederösterreich-Wien AG), Hannes Schmid (Vorstand Raiffeisenlandesbank Tirol AG), Karl Donabauer (Vorstandsmitglied Österreichischer Raiffeisenverband) und Julius Marthold (Vorstandsvorsitzender Raiffeisenlandesbank Burgenland).

Sie alle gehören zu den »hundert Mächtigsten« in der österreichischen Wirtschaft, mit denen sich Haider nun anlegte. Aber nicht nur mit ihnen, sondern auch mit Raiffeisen-Managern, die zu seinen politischen Gegnern – ins Lager der »Schwarzen« – gehörten, wie beispielsweise Jakob Auer, der gleichzeitig Vorstandsmitglied des Raiffeisenverbands *und* ÖVP-Nationalratsabgeordneter ist oder Ferdinand Maier, Generalsekretär des Österreichischen Raiffeisenverbandes *und* ÖVP-Abgeordneter zum Nationalrat. Auch den »Raiffeisen-Rotariern« wie beispielsweise Raiffeisen-Generalsekretär Ferry Maier (*Rotary*-Club Wien-Hofburg) dürften Haiders Äußerungen mehr als sauer aufgestoßen sein. Genauso dem Kärntner Bautycoon Hans Peter Haselsteiner, Vorstandsvorsitzender der Strabag SE, dem einst der Chef der Raiffeisenbank Niederösterreich-Wien, Erwin Hameseder, geholfen hatte, die Beteiligung des Russen Oleg Deripaska einzufädeln. Haselsteiner ist zudem bekennender Freimaurer.

Das, was Jörg Haider unter anderem im Oktober 2008 forderte, war gut für die Bürger und schlecht für die Banken: auf europäischer Ebene eine Zinssenkung durch die Europäische Zentralbank (EZB) zu erreichen sowie die Einführung einer europaweiten Spekulationssteuer auf Finanztransaktionen, die 25 Milliarden Euro Einnahmen für eine Konjunkturbelebung bringen würde.

Doch alles kam anders. Drei Tage nach Haiders Tod wurde bekannt, dass die österreichische Regierung *Haftungen* für die Banken von bis zu 85 Milliarden Euro bereitstellte (15 Milliarden Euro für Beteiligungen)! Das sei allerdings *kein* »Rettungsplan« für die Banken, erklärte ÖVP-Finanzminister Wilhelm Molterer schnell, »den brauchen sie nicht.« Aber was war es dann? Hatte Jörg Haider also doch Recht gehabt?

Rund ein Jahr später erklärte Stefan Petzner, dass der Landeshauptmann von Kärnten über »hochbrisante« Fakten zur Finanzkrise verfügt hätte. »Er wusste, das ist gefährlich, was er da besitzt« und hätte als »erster und einziger Politiker Österreichs schon im September (2008; Anm. d. Verf.) detaillierte Informationen über das Ausmaß der Banken- und Finanzkrise gehabt [...] Haider hat vor allen anderen gewusst, was da passieren wird. Und er hat gewusst, wie hochbrisant und explosiv diese Informationen sind.«

Petzner weiter: »Das sind Informationen, die im Zusammenhang mit riesigen international vernetzten Banken- und Finanzsystemen stehen. Da geht es um viele Milliarden und die wahren Mächtigen in der Welt, die an der Ostküste und sonstwo sitzen.«

Haider hatte – so Petzner – demnach genau gewusst, »welche nationalen und internationalen Banken betroffen sind, welche Manager, welche Bosse – und vor allem auch welche Politiker – und wie viele Milliarden Steuergeld die verspekuliert hatten. Er kannte als einziger Politiker alle Details, die der Öffentlichkeit bis heute verschwiegen werden. Er wusste, welche Sprengkraft diese Informationen haben – das betrifft die mächtigsten Lobbies, die mächtigsten Finanzjongleure. Er hatte Informationen aus Kreisen der Hochfinanz.«

Petzner hatte scheinbar die betreffenden Unterlagen gesehen. Er sagte, Haider wusste, »das ist gefährlich, was er da besitzt [...] Die Banken sind nacheinander zusammengekracht, die Börsenkurse abgestürzt und die Welt ist in die größte Wirtschaftskrise seit den Dreißigerjahren gestürzt. Haider kannte die Verantwortlichen dafür, ihre Machenschaften und ihre Hintergründe.«

Petzner nannte unter anderem die Volksbank und die Kommunalkredit (siehe auch Kapitel 20.1 »Stefan Petzner [BZÖ]: Enger Vertrauter und Berater«).

Vor seinem Tod kündigte Jörg Haider den Banken und ihren Managern sogar offen den Krieg an, und zwar in einem Maße, wie es vor ihm wohl noch kein anderer Politiker ausgesprochen und vor allem *gewagt* hatte.

»Wer mit anvertrautem Geld leichtfertig umgeht, muss die Folgen spüren«, sagte er. »Wir brauchen eine stärkere Managementhaftung, eine Änderung des Strafrechts und einen Sondergerichtshof für Wirtschaftsdelikte. Manager, die über die Grenzen gehen, müssen mit ihrem Vermögen haften. Die sind ja nicht arm, die haben gigantisch verdient.« Und ergänzend: »Auch ist die strafrechtliche Verantwortung klarzustellen, dann müssen sie eingesperrt werden. Bei verdorbenen Lebensmitteln wird eingegriffen, bei Finanzprodukten gibt es aber keine Hilfe. Der bestehende Konsumentenschutz ist ein Sozialpartnerverein, wo keiner dem anderen wehtut. Das gehört geändert.«

Haider forderte also etwas, was bis dahin undenkbar war: Kriminelle Banker, »Großzocker« (und auch andere Manager), die mit dem Geld der Bürger fahrlässig und unzumutbar hantiert, also auf Kosten der Allgemeinheit Milliarden verspekuliert hatten, sollten sich vor einem *Sondergerichtshof für Wirtschaftsdelikte* verantworten und bei einer strafrechtlichen Verantwortung auch hinter Gitter gebracht werden! Damit legte sich Jörg Haider mit der mächtigsten Klientel Österreichs an, die wohl alles tun musste, um zu verhindern, dass dieser Mann, der wohl einige von ihnen tatsächlich hinter Gitter bringen konnte, an die Macht kam.

17. Wem nutzt Jörg Haiders Tod?

»Sie sind gegen ihn, weil er für euch ist.«
Wahlkampfspruch Jörg Haiders (1996)

Mit Jörg Haiders Tod war die Gefahr einer blau-orangenen parlamentarischen Zusammenarbeit von FPÖ und BZÖ vom Tisch. Weder SPÖ noch ÖVP würden mit der FPÖ koalieren, sodass es letztlich, aufgrund der Sitzverteilung im Parlament, nur eine *gewollte* Lösung geben konnte: eine erneute Große (rot-schwarze) Koalition, die Wiederherstellung des »alten Regimes«, der alten Ordnung also! Und genauso kam es dann auch. Bereits am 23. November verständigten sich die Konservativen und die Sozialdemokraten auf eine Fortführung der bisherigen Großen Koalition, obwohl vor den Wahlen angekündigt worden war, sie könnten nicht mehr miteinander zusammenarbeiten. Frei nach dem Motto: »Jörg Haider ist tot. Es lebe die rot-schwarze Koalition« (Wisnewski).

So vereidigte schließlich am 2. Dezember 2008, noch unter dem Schock der Öffentlichkeit betreffs Haiders Tod, Bundespräsident Heinz Fischer eine neue SPÖ/ÖVP-Regierung unter Bundeskanzler Werner Faymann (SPÖ), der den glücklosen Alfred Gusenbauer ablöste. Vizekanzler wurde Josef Pröll (ÖVP), der Wilhelm Molterer folgte. Die »alte Ordnung« war also wieder hergestellt, die politische Gefahr des Machtverlustes somit gebannt.

Gerhard Wisnewski resümiert treffend in seinem Buch *Jörg Haider – Unfall, Mord oder Attentat:* »Die Wahrheit ist: Ob es ihr nun passt oder nicht, wurde diese Große Koalition auf dem Tod Jörg Haiders begründet [...] durch Haiders Tod wurde einem abgewirtschafteten Zweiparteiensystem noch eine Gnadenfrist gewährt. Österreich und die EU sind in vielerlei Hinsicht außer Kontrolle. Haider war da nur das spektakulärste Beispiel. Sein Ableben könnte der Versuch gewesen sein, diese Kontrolle wiederzugewinnen.«

Hannes Berger, sein langjähriger Freund, drückt es so aus: »... ich hab auch Zweifel deshalb, weil kaum ein paar Stunden danach (nach Haiders Unfall; Anm. d. Verf.) gibt es wieder eine Große Koalition in

Österreich – das hat nicht lang gedauert, das war vorher eh schon ausgemacht. Die Bankenkrise, die Finanzkrise, die weltweit stattfindet, hätte in Österreich einige Nadelstreifenbanker den Kopf gekostet. Vielleicht ist alles ein Zufall, aber wenn ich das zusammenzähle, dann muss man sagen, das war dann ein Zufall, der sehr vielen Leuten genutzt hat.«

So konnten sich nach Jörg Haiders plötzlichem, unerwartetem und mysteriösem Tod also alle wieder gemütlich zurücklehnen und sich die Hände reiben: das Politik-Establishment im In- und Ausland, die Banker und die Freimaurer.

Exkurs III: Mediale Propagandatechniken und die Verunglimpfung Jörg Haiders[32]

Während und nach dem 11. Oktober 2008 liefen die nationalen und internationalen Medien - Hand in Hand mit den österreichischen Ermittlungsbehörden und der Politik - zur Höchstform auf. So jedenfalls schien es. Zeit, sich etwas näher mit den medialen Propagandatechniken zu beschäftigen, die im Fall Haider angewandt wurden.

Wir alle werden tagein tagaus mit Informationen überhäuft, sozusagen übersättigt. Schon längst ist es für den normalen Medienkonsumenten schwer, wenn nicht gar unmöglich geworden, *sinnvolle* Informationen von *sinnlosen* zu unterscheiden. In dieser Informationsüberladung gibt es aber auch noch die Art der *bruchstückhaft gegebenen Informationen* und die der *gezielten Falschinformation,* wie wir sie beispielsweise aus Diktaturen kennen. Der Großteil der Medienkonsumenten ist ohnehin passiv und völlig unkritisch, glaubt alles, was von den Massenmedien vorgesetzt wird. Ihr Denken kann schnell und einfach über Medien beeinflusst und gelenkt werden. Dazu gibt es verschiedene mediale Propagandatechniken, die ich in Bezug auf Jörg Haider nachfolgend zur Diskussion stelle:

Angsterzeugung: Die Erzeugung von Angst in der Bevölkerung ist eine der am weitesten verbreiteten Propagandatechniken. Ihre Methoden sind dabei immer gleich: Erst werden öffentlich gestellte Fragen gestellt, die verunsichern (Beispiel: So etwas wie das Dritte Reich darf es nie wieder geben. - Führt die Politik Haiders wieder dorthin?). Dann wird die Gefährlichkeit eines bestimmten Verhaltens, einer Idee, einer Gruppe oder einer Einzelperson behauptet (Beispiel: Jörg Haiders Politik ist rechtsextremistisch). Der Wahrheitsgehalt der Behauptung spielt dabei eine untergeordnete Rolle. Und die beständige Wiederholung tut ihr Übriges. Auch Umfragen sind beliebte Angsterzeuger, prägen sie doch das öffentliche Bewusstsein, nach dem Motto: Die anderen denken so, also kann man selbst auch umso leichter diese Position einnehmen und vertreten. A. R. Pratkanis und E. Aronson erklären in ihrem Buch *The age of propaganda - The everyday use and* *abuse of persuasion,* dass wenn Menschen erst einmal durch Propaganda verunsichert und verängstigt sind, sie selten versuchen, aus eigener Kraft die Situation zu klären. Unsicherheit und Angst bedeuten Kontrollverlust. Dadurch wird das Selbstwertgefühl gesenkt. Wenn also diese Zustände erreicht sind, können Vorschläge zur Abwehr der scheinbaren Bedrohung eingebracht werden. Diese werden von der Bevölkerung im Allgemeinen auch dankend angenommen. Grundlegend gilt deshalb: Wenn mit Angst vor einer (Schein-)Bedrohung Stimmung für oder gegen etwas gemacht wird, ist Vorsicht geboten!

Schulderzeugung: Betroffen sind Nationen, Personengruppen oder Einzelpersonen. Durch Schulderzeugung kann versucht werden, scheinbares Fehlverhalten zu beenden oder *Stimmung gegen jene zu erzeugen, die sich scheinbar schuldig gemacht haben.* Das Verhalten dreht sich dann oftmals nur noch um die Wiedergutmachung einer echten oder vermeintlichen Schuld und führt zu langfristigem Verlust des Selbstwertes. Zweifel an der Schuld wird oftmals als Leugnen der Schuld bewertet und auf verschiedene Art und Weise geahndet.

Hetze: Durch das Hervorrufen von Abscheu und Anstachelung zum Hass gegen etwas oder gegen Personengruppen oder Einzelne wird bewusst und zielgerichtet Stimmung gemacht. Dabei »erklären« die Guten etwas (Es sind meistens diejenigen, die an den Schalthebeln der politischen, gesellschaftlichen, wirtschaftlichen und medialen Macht sitzen). Die Bösen – vorausgesetzt, sie finden überhaupt Gehör – dürfen immer nur »behaupten«.

Gerüchte: Das Gerücht braucht keine Beweise. Eindrücke gelten als Fakten. Bloße Anschuldigungen reichen aus. Psychologisch gesehen folgen Gerüchte einer menschlichen Eigenart: Oftmals wirken Botschaften, die nur *indirekt* vernommen werden, überzeugender als direkt erhaltene Informationen. Gerüchte sind ebenfalls ein wirksames Propagandamittel, um *bestimmte Personen, Gruppen oder Ideen mit inhaltlich festgelegten und gezielt ausgestreuten Halbwahrheiten zu diffamieren.* Gerüchte werden sogar als Werbemittel eingesetzt. In der Politik werden Gerüchte zur eigenen Imageaufbesserung und Verleumdung der anderen benutzt (Beispiel: Haider war schwul, Alkoholiker, Raser).

Lügen: Um kurzzeitige Stimmung gegen etwas oder jemanden zu erzeugen, wird die Technik der Lüge benutzt. Dazu gehört auch die *unwahre Berichterstattung* in den Medien. Ab und zu gelingt es, eine der Lügen aufzudecken. Doch bis dahin ist das Ziel der Stimmungsmache meistens schon längst erreicht. Die Vermischung von Wahrheit und Lüge erschwert eine neutrale Beurteilung noch mehr. Auch sie ist ein Propagandamittel, das täglich benutzt wird. Ebenso kann das *Verschweigen* von Tatsachen und eigenen Beweggründen eine Form von Lüge sein. 1991 dokumentiert der *Project Censored Report,* dass US-Behörden 7 107 017 Dokumente während des Ersten Golfkrieges (»Niemals vorher ist in einem Krieg derart manipuliert und verfälscht worden«) mit einer Geheimhaltungsstufe versehen haben. In Deutschland gibt es Berichte von Angehörigen der Deutschen Bundeswehr beim Bosnien-Einsatz, die aussagen, dass auch dort ein Großteil der Informationen nicht veröffentlicht werden durfte. Die deutsche Presse ist seit über einhundert Jahren ohnehin immer auf der Seite der Kriegsbefürworter. In Fachkreisen wird dies »Medien-Imperialismus« genannt.
Zur Lüge gehören auch inszenierte Ereignisse, die als »Pseudoereignisse« bezeichnet werden, z. B. das Provozieren von Gewalttaten und deren mediale Ausschlachtung. Die »voreilige Zuordnung von Straftaten« ist ebenfalls eine gängige Propagandatechnik der Verunglimpfung. Fakt ist jedoch immer: Lügen bleiben Lügen.

Sprachmanipulation: Ihr Sinn ist es, Sachverhalte und Informationen zu *verharmlosen, zu verschleiern oder umzukehren.* Beispiel: »Stellt euch vor, es ist Krieg, und keiner geht hin.« Dieser Slogan wird gerne Bertolt Brecht zugeschrieben. In Wirklichkeit geht der Spruch aber weiter: »… dann kommt der Krieg zu euch! …« Durch das Weglassen des letzten Satzteils erhält der Spruch eine ganz andere Bedeutung!

Diese medialen Propagandatechniken sind eigentlich »geistige Brandstiftung« und gefährden das sozialverträgliche Miteinander und doch werden sie täglich angewendet. So ist das Weltbild vieler Menschen eigentlich ein gesteuertes »Medienbild«, das lediglich einen *gezielt ausgewählten Ausschnitt* der Welt umfasst. Aber das ist den Medienkonsumenten meist nicht bewusst. So kritisieren Fachleute, dass Journalisten in Deutschland dazu neigen, Meldungen als »weltanschauliche Erziehungsmaßnahme für Leser und Zuseher umzufunktionieren«.

1986 gab es hierzu eine Umfrage britischer und deutscher Journalisten. Britische Journalisten sahen es demnach als ihre Aufgabe an, möglichst *umfassend und wahrheitsgemäß zu informieren,* damit der Bürger sich sein eigenes Urteil bilden kann. Deutsche Journalisten dagegen sahen ihre Aufgabe in erster Linie darin, *ihrem Weltbild entsprechende Meinungen über Ereignisse zu liefern, um den Nutzern Urteile vorzugeben.*

Das ist ein eklatanter Unterschied! Bei der Befragung gaben deutsche Journalisten zu, »dabei auch schon mal Tatsachen wegzulassen oder zu verdrehen«. (Heiner Gehring: *Versklavte Gehirne,* 2004, S. 25 f.) Das nennt man anderswo Manipulation.

Schon 1983, auf dem »Forum für Verhaltenstherapie und Psychosoziale Praxis«, erklärte der Journalist und Publizist Eckart Spoo: »Eine Berichterstattung [...] der es im Grunde nur darauf ankommt, Einverständnis mit bestehender Herrschaft herzustellen, die Menschen in falsche Fronten zu zwingen [...] bewirkt das Gegenteil.«

Meines Erachtens haben sich die Medien im Fall von Jörg Haider dieser Propagandatechniken schuldig gemacht, in dem sie die Geschichte »Homosexuell – Betrunken – Raser = Unfall« bewusst und zumeist ohne Hinterfragen der Ermittlungsarbeit verbreitet und damit gegen jegliche journalistische Sorgfaltspflicht verstoßen haben. Gleichzeitig wurde die Person des Kärntner Landeshauptmanns verunglimpft.

18. Der »Doppelmord« an Erzherzog Franz Ferdinand und Jörg Haider[33]

»Sein (Franz Ferdinand; Anm. d. Verf.) von Tragik umschatteter Tod am 28. Juni 1914 nahm symbolhaft den Tod einer brüchig gewordenen Weltordnung, das Ende einer geschichtsträchtigen Epoche vorweg.«

Friedrich Weissensteiner in: »Franz Ferdinand – Der verhinderte Herrscher«

Zunächst scheint es völlig absurd, einen Zusammenhang zwischen dem Attentat auf den österreichischen Thronfolger Franz Ferdinand 1914 und dem Mord an Jörg Haider 2008 herzustellen. Aber nur zunächst. Nach meinen Ausführungen wird wohl auch der skeptische Leser verstehen, dass diese Zusammenhänge und Parallelen nicht nur Zufälle sein können, sondern so gewollt und so geplant sind. Die Morde 1914 und 2008 sind unmittelbar miteinander verbunden, sie tragen ein- und dieselbe Handschrift. Und genau diese ist es, die die Täter entlarven könnte.

Gerhard Wisnewski ist in seinem Haider-Buch auf das Attentat in Sarajewo hinsichtlichtlich eines Aspektes eingegangen: Erzherzog Franz Ferdinand und seine Ehefrau fuhren vor den tödlichen Schüssen in einem offenen Auto, einem sechssitzigen Doppel-Phaeton der Marke Gräf & Stift. Und auch Jörg Haider wurde in einem Phaeton (der Marke VW) ermordet (siehe auch Kapitel 6.2. »Haiders Fahrzeug«).

Doch dies ist nicht der einzige Zusammenhang zwischen diesen beiden zeitgeschichtlichen Personen.

18.1 Vorspiel

Sarajewo war bis zu jenem verhängnisvollen 28. Juni 1914 nur eine gewöhnliche Kleinstadt im äußersten Süden der österreichisch-ungarischen Donaumonarchie und gleichzeitig Hauptstadt der jüngsten Provinz des Habsburgerreiches Bosnien, das ehemals von den Türken besetzt gewesen war. Die Balkanhalbinsel, auf der Sarajewo liegt, war schon seit jeher ein Brennpunkt politischer Gewalt in Europa und wird nicht umsonst als »Pulverfass Europas« bezeichnet.

Erzherzog Franz Ferdinand d'Este, Thronfolger und Neffe des österreichischen Kaisers und Apostolischen Königs von Ungarn und Kroatien Franz Joseph I. aus dem Haus Habsburg-Lothringen, ahnte schon im Vorfeld, dass bei seiner Staatsvisite, die eigentlich eine Inspektionsreise zu den Sommermanövern des XV. und XVI. Armeekorps war, in der neuen unruhigen Provinz etwas geschehen könnte (siehe auch Kapitel 18.7.5 »Logenurteil gegen Franz Ferdinand«). Seine Befürchtungen – andere würden *nach* den tragischen Ereignissen sicher von Vorahnungen reden – waren nicht unbegründet. Zum einen gab es in jeder größeren Stadt der Provinz österreichfeindliche Geheimbünde, sodass Demonstrationen, Sabotage und sogar Attentate auf der Tagesordnung standen. Zum anderen hatte Franz Ferdinand seit einiger Zeit Drohbriefe mit Mordankündigungen erhalten. Auch Zeitungen hetzten gegen ihn, wie ein in Chigaco erscheinendes südslawisches Emigrantenblatt, das am 3. Dezember 1913 sogar offen zum Fürstenmord aufrief.

»Der österreichische Thronfolger hat für das Frühjahr seinen Besuch in Sarajewo angekündigt«, hieß es da. »Serben, ergreift alles, was ihr könnt, Messer, Gewehre, Bomben und Dynamit. Nehmet heilige Rache! Tod der Habsburgerdynastie.«

Die Visite des Thronfolgers Franz Ferdinand in der unsicheren Provinz war also mehr als ein Sicherheitsrisiko. Auch das Datum seines Sarajewo-Besuches spielte dabei eine große Rolle.

18.2 Das Attentatsdatum

Der 28. Juni wird von den Serben und ihren Brüdern in Bosnien als Vidovdan (dt. Sankt-Veits-Tag) gefeiert. Es ist der Jahrestag der blutigen Amselfeldschlacht, an dem der türkische Sultan Murad im Jahre 1389 König Lazar von Serbien vernichtend geschlagen und der Serbe Miloš Obilić den Sultan erdolcht und damit die Schmach der Niederlage zumindest teilweise getilgt hatte. Eine Tat, die noch Jahrhunderte lang von serbischen Dichtern besungen und heroisiert wurde. Doch vor fünfhundert Jahren war dies auch ein Tag, an dem die Serben ihre nationale Unabhängigkeit verloren, ein Tag, der für die serbischen Patrioten zu einem nationalen Trauertag wurde.

Die Rolle der fremden Unterdrücker, die einstmals – vor fünfhundert Jahren – die osmanischen Türken verkörperten, nahmen nun die Habsburger ein, wie nationale Serben meinten.

Zudem war der 28. Juni – das wird in vielen historischen Betrachtungen dieses Attentats entweder gar nicht erwähnt oder als zu unwichtig betrachtet – auch der Tag der Thronverzichtserklärung (Renunziation) Franz Ferdinands. Genauer: Am 28. Juni 1900, also genau 14 Jahre vor dem Attentat in Sarajewo, erklärten Franz Ferdinand und seine Frau Sophie Chotek, dass etwaigen Kindern aus dieser Ehe und deren Nachkommen »ein Recht auf die Thronfolge in den im Reichsrat vertretenen Königreichen und Ländern und somit auch in den Ländern der ungarischen Krone *nicht* zusteht und sie damit von der Thronfolge ausgeschlossen sind«.

Drei Tage später heirateten sie. Zu diesem vorangegangenen Renunziationsakt waren Franz Ferdinand und seine Gemahlin geradezu vom Kaiser und der übrigen österreichisch-ungarischen Regierung gedrängt worden, weil Sophie zwar aus einer alten böhmischen Adelsfamilie stammte, jedoch nur eine Hofdame des erzherzoglichen Haushalts war und deshalb nicht als ebenbürtig betrachtet wurde. Nach dem habsburgischen Familiengesetz wäre sie für eine Ehe eigentlich gar nicht infrage gekommen. Somit hatte das Datum des 28. Juni eine doppelte Bedeutung. Am Rande sei erwähnt, dass der Internationale Freimaurerkongress von 1917 ausgerechnet am 28. Juni begann. Und auch am 28. Juni 1919 wurde der unheilvolle Versailler Vertrag unterschrieben …

Franz Ferdinand wollte zukünftig ein starkes, in seinen verschiedenen Nationen geeintes Großösterreich. Das widersprach jedoch den Vorstellungen der radikalen großserbischen Bewegung, die ein unabhängiges großserbisches Reich anstrebte. Geschützt wurden diese serbischen Großmachtsgelüste vom russischen Zaren, der sich damit der Ausbreitung Österreichs auf dem Balkan entgegenstellen wollte. Als sich 1908 in einem Handstreich die kaiserlich und königliche (k. und k.) Monarchie dann Bosnien-Herzegowina einverleibte, hätte Russland bestimmt an Serbiens Seite gekämpft. Doch das riesige Zarenreich war vom russisch-japanischen Krieg (1904/1905) noch zu sehr geschwächt.

18.3 Die »Hinrichtung« Franz Ferdinands

Der 28. Juni 1914 war ein herrlicher Sommertag. Es war der letzte Tag des Aufenthalts des Thronfolgeehepaars in Bosnien, bevor es mit dem Zug zurück nach Wien zu den Kindern reisen würde. Nur wenige wussten, dass bereits imaginäre dunkle Wolken am blauen Himmel aufgezogen waren und dieser Tag einer der unheilvollsten und folgenschwersten der Geschichte werden sollte. Ein Tag, dessen Auswirkungen kurze Zeit später die ganze Welt in Brand setzen und in einen Krieg verwickeln würde, der vernichtender und grausamer war als alle bisherigen: den Ersten Weltkrieg.

Nachdem der Erzherzog an den letzten Tagen die Manöver des Armeekorps besucht und am Abend zuvor noch im Hotel Bosna in Ilidže zu einem Abschiedsdiner geladen hatte, trafen er und seine Frau kurz nach 10 Uhr in Sarajewo ein. Dabei wussten sie nicht, dass sie bereits erwartet wurden: von einer Gruppe von Verschwörern …

Der Thronfolger und sein Gefolge besichtigten zuerst eine Kaserne am Westrand von Sarajewo und fuhren dann in einer Autokolonne zum Rathaus. Es waren insgesamt sieben Autos. Im ersten befanden sich Polizisten, im zweiten der Bürgermeister und der Regierungskommissär, im dritten Franz Ferdinand, seine Gemahlin, der bosnische Landeschef, der Besitzer des Wagens und ein Chauffeur. In den drei folgenden Autos war die Suite des Thronfolgers. Der letzte Wagen war als Reserveauto eingeplant.

Zunächst verlief die Fahrt glatt. Die wenigsten ahnten, dass sich bereits Mitglieder der Verschwörergruppe in Zweierpaaren in etwa hundert Metern Abstand entlang der Straße postiert hatten. Eine Lokalzeitung hatte zuvor das Programm der Visite veröffentlicht! Als Erstes fuhren die Wagen an dem einzigen muslimischen Attentäter Mehmed Mehmedbasić vorbei, dem jedoch die Nerven versagten und der dadurch handlungsunfähig wurde.

Als der Konvoi an der Österreichisch-Ungarischen Bank vorüberfuhr, warf ein anderer Attentäter, Nedeljko Čabrinović, eine Handgranate mit Zeitzünder gegen das dritte Auto, in dem Franz Ferdinand saß. Mit einer Handbewegung schleuderte der Thronfolger die Handgranate weg, die dann auf die Fahrbahn kollerte und vor dem nächsten Wagen explodierte. Franz Ferdinand ließ den eigenen Wagen anhalten und befahl nachzusehen, ob es Tote oder Verletzte gegeben hatte. Tatsächlich waren ein Leicht- und ein Schwerverletzter zu beklagen, darunter sein Adjutant.

Nedeljko Čabrinović wurde von der Polizei und Passanten festgesetzt, noch bevor er eine Zyanidkapsel zerbeißen konnte.

Der Konvoi fuhr weiter ins Rathaus. Der Bürgermeister, der im ersten Auto vorausgefahren war und im Rathaus eine Rede halten sollte, hatte von dem Attentatsversuch nichts bemerkt. Fakt jedoch war, dass die Sicherheitsorgane erbärmlich versagt hatten! Auch dazu später mehr … Nun wurde beratschlagt, wie der Thronfolger sicher aus der Stadt gebracht werden konnte. Das Militär, das die Straßen räumen könnte, war jedoch außerhalb der Stadt, und es würde Stunden dauern, es zurückzubeordern. Franz Ferdinand wollte aber zuerst den Verletzten im Krankenhaus besuchen und dann wie vorgesehen ins Landesmuseum. Dazu sollte die Autokolonne dieses Mal *nicht* die *geplante* Straße nehmen, sondern eine *andere Route.* Um den Thronfolger mit seinem Körper zu schützen, stellte sich der Besitzer des Autos auf das linke Trittbrett des Phaetons. Doch die rechte Seite blieb vollkommen ungesichert. Zudem hatte Franz Ferdinand keine Leibwächter bei sich. Warum wurde der Erzherzog nicht in ein *geschlossenes* Fahrzeug gesetzt, um eventuellen weiteren Attentätern die Arbeit zu erschweren?

Die Autokolonne setzte sich in gleicher Reihenfolge wie zuvor in Bewegung. Verhängnisvollerweise geriet der Wagen mit Franz Ferdinand und seiner Frau durch einen »Fahrfehler« direkt vor die Pistolenmündung eines weiteren Attentäters. Es war zehn Minuten vor elf. Der Bosnier Gavrilo Princip brauchte nur noch abzudrücken! Eine Kugel zerfetzte Franz Ferdinand die Halsschlagader und die Luftröhre. Aus dem Mund des Erzherzogs spritzte ein dünner Blutstrahl, dann verlor er das Bewusstsein. Herzogin Sophie war vom Sitz gerutscht.

Zunächst wurde vermutet, sie wäre ebenfalls besinnungslos. Doch ein Projektil war ihr in den Unterleib gedrungen – sie verblutete innerlich.

Nachdem das Thronfolgeehepaar in den Wohnsitz des Landeschefs gebracht worden war, konnten die Ärzte nur noch ihren Tod feststellen. Es war 11 Uhr. Die Welt stand vor der größten Katastrophe der bisherigen Geschichte.

18.4 Die Verschwörung

Bereits Anfang Juni 1914 liefen die Vorbereitungen für die Verschwörung und das Mordkomplott auf Hochtouren. Mit dem Tod des Erzherzogs war für die Attentäter und ihre Hintermänner nicht nur ein verhasster Despot aus dem Weg geräumt worden, sondern auch die alte Ordnung in Europa!

Der Kopf dieser Verschwörung war der nationalistische Serbe Oberst Dragutin Dimitrijević, der wegen seines Stiernackens wie der ägyptische Stiergott »Apis« genannt wurde (das soll auch sein freimaurerischer Logenname gewesen sein). Dimitrijević war Chef der Abwehr im serbischen Geheimdienst. Er war bereits in einen anderen Staatsmord verwickelt gewesen, den Mord an dem serbischen König Alexander I. Der König wurde am 11. Juni 1903 (auffällig, auch dieser Attentatstag war ein 11.!) mit 30 Kugeln und seine Gemahlin Draga Mašin mit 18 Kugeln erschossen. Dimitrijević hatte die Gruppe der damaligen Verschwörer befehligt. Mit dem Tod Königs Alexander I. aus dem österreichfreundlichen Hause Obrenović wurde einst eine neue großserbische Politik begründet – mit der Ermordung Franz Ferdinands konnte dem verhassten Österreich ein entscheidender Schlag versetzt werden. Später gab Dimitrijević seine Rolle in der Verschwörung zu und rechtfertigte sich damit, dass er dachte, durch das »Verschwinden des österreichischen Thronfolgers würde die Clique des Militärs ihre Macht einbüßen [...] und die Kriegsgefahr aufgehoben oder verschoben werden.«

Doch es gab noch ganz andere Gründe: Franz Ferdinand wollte die dualistische Donaumonarchie (Österreich und Ungarn) in einen trialistischen Staat umwandeln, in dem neben Deutschen und Ungarn die Südslawen zum dritten staatstragenden Volk werden sollten. Hierzu schreibt der Publizist Lucian O. Meysels: »Jedenfalls hätte eine trialistische Monarchie den serbischen Irredentisten viel Wind aus den Segeln genommen. Mehr noch, nach einem Umbau des Habsburgerreiches mochten ›unpolitische‹ Serben an einen Anschluss an die Dreiermonarchie denken, in der es ihren Brüdern zumindest wirtschaftlich viel besser ging als ihnen selbst in ihrer weitgehend rückständigen Heimat. Dieser Gedanke war sicher auch Apis gekommen, und deswegen musste der Thronfolger sterben.«

Doch auch dies war nur *ein* Aspekt eines größeren Komplotts, wie ich noch darstellen werde.

Was aber wusste im Vorfeld die serbische Regierung über das geplante Attentat auf den Thronfolger? Später, genauer nach dem Ausbruch des Ersten Weltkrieges, gestand Ljuba Jovanović, Unterrichtsminister unter der Regierung Pašić: »Das Komplott gegen Franz Ferdinand war dem gesamten Kabinett schon geraume Zeit vor dem Mord bekannt. Die Anhaltung der nach Bosnien reisenden Attentäter konnte aber nicht verhindert werden.«

Ein anderer wichtiger Zeitzeuge ist Arthur Ponsonby. Der Schriftsteller und Pazifist, ab 1906 Regierungsmitglied in London und von 1930 bis 1936 Führer der oppositionellen Labour Party im Oberhaus; sein Vater Sir Henry Ponsonby war Privatsekretär Königin Victorias. Arthur Ponsonby beschrieb 1928 in seinem Buch *Falsehood in War-Time* (Dt. Übersetzung: *Absichtliche Lügen in Kriegszeiten – Eine Auswahl von Lügen, die während des Ersten Weltkrieges in allen Völkern verbreitet wurden,* 1967): »Die Enthüllungen über die Mitschuld der serbischen Regierung am Verbrechen von Sarajewo erschienen erst im Jahr 1924, als ein Artikel von Ljuba Jowanowitsch, dem Präsidenten des serbischen Parlaments, der 1914 im Kabinett Paschitsch (Pašić; Anm. d. Verf.) Unterrichtsminister gewesen war, unter dem Titel ›Nach dem Veitstag 1914‹ veröffentlicht wurde. In dem Artikel hieß es: ›Ich erinnere mich nicht mehr, ob es Ende Mai oder Anfang Juni war, als Herr Paschitsch uns eines Tages sagte, dass sich gewisse Personen vorbereiteten, nach Sarajewo zu gehen, um Franz Ferdinand zu töten, der am Veitstage (Sonntag, den 28. Juni) dort erwartet wurde. Soviel sagte er uns, aber nur mit Stojan Protitsch, dem Innenminister, behandelte er die Angelegenheit weiter. Wie sie mir später sagten, wurde diese von einer Geheimgesellschaft und Verbindungen patriotischer Studenten aus Bosnien-Herzegowina in Belgrad vorbereitet. Paschitsch und wir anderen sagten (und Stojan Protitsch stimmte zu), dass Stojan den Behörden an der Drinagrenze den Befehl geben sollte, die jungen Leute, die Belgrad in dieser Absicht verlassen hatten, am Überschreiten der Grenze zu hindern. Aber die Grenzbeamten waren selbst Mitglieder der Organisation. Sie führten Stojans Befehl nicht aus und sagten ihm, wie er uns später mitteilte, dass seine Anweisung erst eingetroffen sei, als die Grenze schon überschritten war. So scheiterte der Versuch der Regierung, das Attentat zu verhindern.‹«

Wohl mehr als eine halbherzige Aktion der informierten serbischen Regierung, die Attentäter zu stoppen, könnte man meinen. Bekannt wurde, dass Ministerpräsident Nikola Pašić den Geheimbund »Schwarze Hand« durch Agenten infiltrieren ließ. Zumindest ein Regierungsagent hatte den Verschwörern geholfen, nach Bosnien zu gelangen. Und er hatte seine Vorgesetzten in Belgrad sogar darüber informiert! Demnach wusste der Ministerpräsident also genau von dem bevorstehenden Attentat. Doch er ließ nur über seinen Gesandten in Wien, Jovan Jovanović, eine vage Warnung an den österreichischen Finanzminister zugehen, mit der die dortige Regierung nicht viel anfangen konnte. Denn Pašić wollte sich nicht die Todfeindschaft des mächtigen Apis zuziehen, dessen Umsturzpläne er fürchtete, und drückte deshalb beide Augen zu.

So resümierte Arthur Ponsonby folgerichtig: »Hieraus geht klar hervor, dass das ganze (serbische; Anm. d. Verf.) Kabinett schon einige Zeit vor der Mordtat Kenntnis von der Verschwörung hatte, dass der Premier- und Innenminister wussten, in welchen Vereinigungen sie vorbereitet wurde, dass die Grenzwachen in enger Verbindung mit diesen standen und nach der Anweisung jener handelten, die das Verbrechen ausführten.«

Ferner führte Ponsonby weiter aus, dass der Neffe Pašićs ebenfalls Mitglied der »Schwarzen Hand« war.

Über Milos »Cigo« Ciganović, Mitglied der »Schwarzen Hand«, der die Attentäter ausbildete und der wiederum für Major Vojin Tankosić arbeitete, einem Mitglied des Zentralkomitees der »Schwarzen Hand«

und Stellvertreter von Oberst Dimitrijević, wusste der englische Politiker zu berichten: Ciganović sei von der Regierung Pašić zur Belohnung für seine Dienste mit einem falschen Pass (ausgestellt auf den Namen Dalinowitsch) nach Amerika geschickt worden. Nach dem Krieg kehrte er wieder zurück, und die Regierung schenkte ihm ein Stück Land in der Nähe von Üsküb!

Die Geheimarchive, aus denen eine diesbezügliche Kriegsurheberschaft Belgrads offenbar hervorging, wurden am Tag des Zusammenbruchs der österreichisch-ungarischen Monarchie beschlagnahmt und nach Belgrad gebracht.

Das alles zeigt eindeutig, wie tief die damalige serbische Regierung unter Nikolas Pašić in die Verschwörung verstrickt war und wie sehr Mitgliedern des Geheimbundes »Schwarze Hand« geholfen wurde!

Apis hatte den Geheimbund *Ujedinjenje ili Smrt* (»Vereinigung oder Tod«) gegründet, im Westen besser bekannt unter der Bezeichnung *Crna ruka* (»Schwarze Hand«). Ein Totenkopf mit gekreuzten Knochen, umgeben von einem Messer, einem Revolver und einem Giftfläschchen war ihr Wappen. Das Ziel der »Schwarzen Hand« war die Vereinigung aller ethnisch serbischen Gebiete. Der Bund wollte dafür keinen kulturellen, sondern einen revolutionären Kampf führen. Verräter wurden mit dem Tod bedroht, die Mitglieder bekamen Nummern und verloren damit ihre Persönlichkeit, wie es in Artikel 30 der Organisationsstatuten hieß.

Die »Schwarze Hand« besaß Kontakte in die höchsten Regierungsstellen in Belgrad und Bosnien sowie in viele europäische Hauptstädte. Apis strebte zudem den Sturz der serbischen Regierung unter Ministerpräsident Nikola Pašić an.

Ein weiterer wichtiger Aspekt ist der, dass sich Dragutin Dimitrijević, bevor er die Attentäter nach Sarajewo schickte, in Russland Rückendeckung suchte. Seine Kontaktpersonen waren Nikolaj Hartwig, der russische Gesandte in Belgrad, und dessen Verbindungsmann Oberst Wiktor A. Artamanow, der in Serbien den Posten eines Militärattachés innehatte und die großserbischen Aktionen gelegentlich sogar finanziell unterstützte, auch die gegen den Thronfolger. Ob Artamanow letztlich jedoch Bescheid darüber wusste, wofür dieses Geld benötigt würde, blieb im Unklaren. Es war zumindest nicht auszuschließen, dass sowohl die Russen als auch die Briten von dem bevorstehenden Attentat wussten und es in Kauf nahmen.

Der englische Politiker Arthur Ponsonby schrieb dazu in seinem 1928 erschienenen Buch *Falsehood in War-Time:* »Es scheint kein Zweifel darüber zu bestehen, dass das britische Kriegsministerium vor Ende des Krieges amtlich informiert wurde, dass Dimitrijewitsch (Dimitrijević; Anm. d. Verf.), der Chef der Nachrichtenabteilung im serbischen Generalstab, der Haupturheber des Mordes war [...] Als es aber um die Abfassung des Friedensvertrages von Versailles ging, deckte eine Verschwörung des Schweigens die ganze Angelegenheit zu. Dieses Abscheu erregende Beispiel von Täuschung und Betrug sollte als serbische Lüge eingestuft werden. Aber so viele hatten sie sich zu eigen gemacht, dass halb Europa an ihr mitschuldig wurde.«

18.5 Verschwörer und Attentäter

Der Chef der serbischen Abwehr suchte nach geeigneten Attentätern, die er für seine Zwecke einspannen konnte. Es durften jedoch keine serbischen Staatsbürger sein, um jeglichen Verdacht, der auf die »Schwarze Hand« fallen könnte, von vornherein auszuräumen. Er fand sie in den jungen Bosniern Gavrilo Princip, einem 19-jährigen Gymnasiasten, Nedeljko Čabrinović, einem 19-jährigen Klempner und Tischler, und Trifko Grabez, dem Sohn eines orthodoxen Priesters, der von der Schule verwiesen worden war. Sie wollten die schmachvolle Besetzung ihrer Heimat durch die Österreicher rächen. Čabrinović und Grabez waren Mitglieder der *Mlada Bosna* (»Junges Bosnien«), einer nationalistischen Bewegung, die – seit Österreich 1878 zum Thronjubiläum Kaiser Franz Josephs Bosnien-Herzegowina annektierte, also offiziell dem Habsburger Reich »einverleibte« – gegen die Donaumonarchie und für die Schaffung eines großserbischen Staates kämpften. Wichtig bei dieser Betrachtung ist, dass die *Mlada Bosna* eigentlich nichts anderes als der verlängerte Arm der »Schwarzen Hand« war. Der englische Historiker John Keegan ordnet die Terroristen der nationalistischen *Narodna Odbrana* (»Nationale Verteidigung«) zu, die 1908 gegründet und gegen die Eingliederung Bosniens in das Habsburgerreich war.

»Tatsächlich war der Geheimbund ›Vereinigung oder Tod‹, gemeinhin als ›Schwarze Hand‹ bekannt, für das Attentat verantwortlich«, meint Keegan weiter. »Dieser Irrtum fiel kaum ins Gewicht, denn die beiden Organisationen hatten teilweise dieselben Mitglieder, und die ›Narodna Odbrana‹ in Bosnien unterstützte die ›Schwarze Hand‹. Letztere war die gefährlichere Gruppe. Ihr Ziel war die ›Vereinigung des serbischen Volkes‹, und ihre Mitglieder mussten Treue bis in den Tod schwören.«

An dieser Stelle möchte ich festhalten, dass also alle Geheimbundfäden in der »Schwarzen Hand« zusammenliefen. Darin scheinen sich die Historiker einig.

Waffen sollten die Attentäter über Milos Ciganović erhalten. Ciganović war Finanzbeamter und er arbeitete für Major Vojin Tankosić. Ciganović veranstaltete mit den Attentätern auch Schießübungen und brachte ihnen den Gebrauch von Bomben bei. Und er war nicht nur ein berüchtigter »Türkenkämpfer«, sondern Mitglied des Zentralkomitees der »Schwarzen Hand« und Stellvertreter von Oberst Dimitrijević.

Nach dem Attentat sollten die drei jungen Bosnier Zyanidkapseln schlucken, denn lebende Mitwisser wurden von niemandem gebraucht. So reisten die drei also los, unterstützt von Vertrauensmännern der »Schwarzen Hand«. In Sarajewo kamen noch Danilo Ilić, Mehmed Mehmedbasić, der schon seit Längerem verschiedenen Geheimbünden angehörte, sowie Vaso Cubrilović und Cvetko Popović zum Verschwörerkreis hinzu.

Seltsamerweise ließ sich Nedeljko Čabrinović noch kurz vor dem Attentat rasch von einem Schnellfotografen ablichten und bat einen Freund, die Bilder abzuholen und an sechs verschiedene Adressen zu schicken! An wen und warum bleibt wohl für immer im Dunkeln. Nahe liegend ist jedoch, dass er diese Fotos an die Hintermänner versandte.

Gavrilo Princip wurde später sogar zum Volkshelden, zum Vorläufer der jugoslawischen Volksdemokratie. Und dort, an der Stelle am Appell-Kai unweit der Lateinerbrücke, wo er einst den Erzherzog und seine Gattin erschossen hatte, markiert eine Steinplatte mit Fußabdrücken die Bluttat. Allein der Umstand, dass ein 19-jähriger bosnischer

Schüler schließlich als Volksheld vergöttert wurde, zeigte eindeutig, dass hinter den Plänen der Verschwörer weitaus mehr stand, als »nur« der Mord am Erzherzog und seiner Gattin: nämlich die alte, sprich monarchistische Ordnung in Europa hinwegzufegen, was schließlich auch von den Attentätern und ihren Hintermännern erreicht wurde. Denn in der Folge des feigen Attentats von Sarajewo entbrannte der Erste Weltkrieg, der Millionen Tote forderte und die angestrebte *neue Ordnung* in Europa erst ermöglichte. Der österreichische Außenminister Leopold Graf Berchtold sprach davon, dass die »Sarajewo-Affäre« ein »wohlorganisiertes Komplott« gewesen sei, »dessen Fäden nach Belgrad reichen«. Und genauso war es wohl auch. Mit dem Attentat war die gestreute Saat aufgegangen. Österreich-Ungarn würde natürlich gegen Serbien vorgehen und damit, aufgrund von Vereinbarungen und Beistandsverträgen, ganz Europa mit in den Krieg gerissen werden: Das Deutsche Reich musste dem österreichischen Bundesgenossen beistehen, England und Frankreich Russland unterstützen, das wiederum auf der Seite der Serben stand.

Nicht von ungefähr kam es, dass einer der größten Hochgradfreimaurer seiner Zeit, der damalige britische Marineminister (und spätere Premierminister) Winston Churchill, der bereits 1901 in die Londoner *Loge United Studholme Lodge No. 1591* aufgenommen und auch Mitglied der *Loge Rosemary Lodge No. 2851* wurde, bereits im Februar 1913 verlauten ließ, dass die Stunde der Bewährung herannahe, der Krieg gegen Deutschland sicher sei und spätestens im September 1914 ausbrechen würde!

Ein weiterer »Zufall«: Am 15. März 1914 veröffentlichte das *Neue politische Volksblatt* in Budapest ein Telegramm, das am selben Tage aus London zugestellt wurde, und berichtete dazu: »… dass der serbische Kronprinz in London […] in der Trunkenheit in Gesellschaft anderer Nachtschwärmer sich gerühmt habe, dass er eben mit Sasanow (russischer Außenminister; Anm. d. Verf.) die Ermordung des österreichischen Erzherzogs Franz Ferdinand, wenn dieser seine beabsichtigte Reise nach Bosnien und der Herzegowina mache, arrangiert habe, und dass die beiden überzeugt wären, dass dieser Mord den Krieg zwischen Serbien und Österreich-Ungarn herbeiführen werde. Das Dazwischentreten Russlands würde automatisch erfolgen und die unausbleibliche Folge würde sein, dass Deutschland seinen Verbündeten Österreich unterstützen werde, wie Frankreich seinen Verbündeten Russland.«

Damit scheint klar, dass Österreich-Ungarn und seine Verbündeten durch das Attentat auf den Thronfolger tatsächlich in diesen Krieg getrieben werden sollten. Tragischerweise ging dieses Kalkül dann auch auf. Die ersten Toten des Ersten Weltkriegs waren Franz Ferdinand und seine Frau Sophie. Ein verheerender Krieg, dessen Auslöser ein Attentat war, »das mit russischem Geld von serbischen Geheimbündlern organisiert und von ideologisch fanatisierten jungen Männern ausgeführt worden war« (Klaus-Rüdiger Mai). Damit wurden nicht nur Millionen Menschen in den Tod getrieben, sondern auch der Untergang der meisten europäischen Adelshäuser eingeleitet, allen voran das der Habsburger.

Dies alles war ganz gewiss im Sinne der Freimaurer, die eine Beseitigung der Monarchien zugunsten einer »Weltrepublik« anstrebten und ihre sozialen und liberalen Ideen somit in den besiegten Staaten verankern konnten. Und das ist *keine* Verschwörungstheorie!

Das *Internationale Freimaurerlexikon* ist eine erstklassige, authentische, maurerische Insiderquelle. Zwei der drei Autoren waren Hochgradfreimaurer. Im *Internationalen Freimaurerlexikon* (S. 880 f.) heißt es hierzu: »Die Idee einer Liga der Nationen, wie sie im Völkerbund ihren Ausdruck gefunden hat, wurde bereits mitten im Ersten Weltkrieg von Freimaurern propagiert [...] Dieser Plan, dem ein in allen Details ausgearbeiteter Grundriss für einen Völkerbundpakt beigegeben war, wurde vom Kongress (28.–30. Juni 1917 in Paris; Anm. d. Verf.) einstimmig gutgeheißen. Es hieß u. a. darin: ›Die zivilisierten Völker stehen auf dem Boden der Solidarität, sie nehmen jedes innerhalb seiner Grenzen an dem gemeinsamen Werk der Humanität teil, das Rechte und Pflichten gleichmäßig umreißt. Wurden 1789 die Gesetzestafeln der Menschenrechte aufgestellt, so werden vom Völkerbund vor allem die Gesetzestafeln der Völkerrechte zu schaffen sein.‹ [...] Immerhin bleibt die Tatsache bemerkenswert, dass romanische Freimaurer noch lange vor gefallener Entscheidung nicht nur an den Frieden dachten, sondern ihm auch in Form eines Völkerbundes gesicherte Gestalt geben wollten [...] Mit den später von Wilson, der nicht

Freimaurer war, entworfenen Gedanken eines Völkerbundes haben diese freimaurerischen Ideologien nichts zu tun gehabt.«

Fakt ist jedoch, dass die Freimaurer ganz offen, noch während des Ersten Weltkrieges, einen Völkerbund proklamierten, der ja schon lange vorher geplant und ausgearbeitet sein musste. Ob man diesen nun *Weltrepublik, One World, Neue Weltordnung* oder wie auch immer nennt, scheint dabei nebensächlich und dient nur der allgemeinen Verwirrung und Ablenkung von den tatsächlichen Sachverhalten.

18.6 Der Prozess

Am 12. Oktober 1914 begann der Prozess gegen die Attentäter, Helfer und Mitwisser. Insgesamt fünfundzwanzig Personen befanden sich auf der Anklagebank. Schließlich wurde am 8. November 1914 das Urteil verkündet. Alle Hauptattentäter, außer dem geflüchteten Mehmed Mehmedbasić, waren zu diesem Zeitpunkt jünger als zwanzig Jahre. Damit konnten sie nicht zum Tode verurteilt werden.

Gavrilo Princip, Nedeljko Čabrinović und Trifko Grabez erhielten zwanzig Jahre Kerker. Sie alle starben nach einigen Jahren an Tuberkulose. Vaso Cubrilović wurde zu sechzehn Jahren und Cvetko Popović zu dreizehn Jahren Haft verurteilt. Danilo Ilić und zwei seiner Kameraden erhielten die Todesstrafe und wurden hingerichtet. Zwei weitere zum Tode Verurteilte wurden später begnadigt, fünf andere erhielten Gefängnisstrafen und dreizehn wurden freigesprochen.

Der Kopf der Verschwörer, Oberst Dragutin Dimitrijević gab am 28. März 1917 einem serbischen Untersuchungsgericht zu Protokoll: »Die Hauptteilnehmer an dem Attentat waren alle meine Agenten und erhielten kleine Honorare […] Einige von ihren Quittungen befinden sich in russischen Händen, da ich das Geld für diese Arbeit im Auslande in erster Zeit vom General Artamanow erhielt.«

Viel mehr packte Apis nicht aus, denn der Gerichtshof appellierte an seine Vaterlandsliebe (und die seiner Mitangeklagten), *nicht* über den Mord von Sarajewo zu berichten. Die Spur zu Artamanow blieb weiterhin nebulös. So wurde Dragutin Dimitrijević 1917 nach einem Prozess in Saloniki hingerichtet. Allerdings *nicht* wegen des Attentats auf Franz Ferdinand, sondern wegen des Komplotts gegen den serbischen Thronfolger Alexander. Eines war jedoch geschafft: Drei Jahre nach dem Mord am Thronfolger war einer der wohl am besten informierten Zeugen beseitigt. Nach dem Zweiten Weltkrieg ließ Marschall Tito Dimitrijević rehabilitieren. Allein diese historischen Sachverhalte scheinen Bände zu sprechen.

18.7 Hinter den Kulissen der offiziellen Geschichtsschreibung

Nachfolgend möchte ich auf wichtige Aspekte eingehen, die im Zusammenhang mit dem Attentat auf den österreichischen Thronfolger Franz Ferdinand und seine Frau entweder nur angedeutet, in der offiziellen Geschichtsschreibung oft gar nicht erwähnt oder aus Gründen der »political correctness« Verschwörungstheoretikern in die Schuhe geschoben werden. Und das, obwohl es zahlreiche seriöse Quellen, Zeitdokumente und Zeitzeugen gibt, die diese Aspekte beleuchten.

18.7.1 Mangelnde Sicherheitsvorkehrungen

Das Erste, was in dieser historischen Betrachtung der tragischen Vorfälle in Sarajewo ins Auge sticht, sind die vollkommen *unzulänglichen* Sicherheitsvorkehrungen des Besuches des Thronfolgeehepaars in Sarajewo. Die manövrierenden Truppen befanden sich außerhalb der Stadt. Nur ein dünnes Polizeiaufgebot von gerade mal einhundertfünfzig Beamten in Uniform und Zivil war anwesend. Die Polizisten, überwiegend serbischer Nationalität, hielten die Fahrbahn frei und sollten die mehrere Kilometer lange Fahrtroute sichern.

Der Historiker und frühere Mitarbeiter des österreichischen Bundesministeriums für Unterricht und Kunst Friedrich Weissensteiner meint dazu: »Bessere Vorbedingungen für die Durchführung ihrer Pläne hätten sich die Attentäter nicht wünschen können.«

Denn als Kaiser Franz Joseph vier Jahre vorher (1910) nach Bosnien gereist war, hatte man die ganze Stadt abgesperrt und Hunderte von

Personen in den Wohnungen zurückgehalten. Zudem stand hinter jedem Baum ein Soldat mit dem Rücken zur Straße. Vier Jahre später schien es fast so, als würde hinter jedem Baum ein Mörder mit einer Pistole oder Bombe stehen.

Waren diese mangelhaften Sicherheitsvorkehrungen so *gewollt* gewesen? Denn dass es auch anders ging, erwies dieser Tag dann doch noch: Wenige Stunden *nach* dem Attentat zogen dynastietreue Kroaten und Muslime durch die Straßen Sarajewos, drangen in Häuser und Geschäfte der Serben ein und plünderten und zerstörten die Einrichtungen. Unverzüglich wurde das Standrecht ausgerufen und die Armee stellte die Ordnung *rasch* wieder her!

18.7.2 Zufälliger Fahrfehler?

Nach dem ersten misslungenen Attentatsversuch sollte die Wagenkolonne einen *anderen* Weg nehmen als den ursprünglich geplanten. So hätte es nach logischem Menschenverstand auch sein müssen. Doch nachdem der Autokonvoi zum zweiten Mal losgefahren war, bogen die ersten beiden Autos genau in die Straße zum Stadtzentrum ein, die hätte vermieden werden sollen! Der Phaeton mit Franz Ferdinand fuhr ihnen nach. Als der bosnische Landeschef den Irrtum bemerkte, forderte er den Chauffeur auf, die Route zu nehmen, die nach dem Attentatsversuch ausgemacht worden war. Dieser bremste und wollte umdrehen, als Gavrilo Princip ungehindert und wie auf eine Zielscheibe die tödlichen Schüsse abgeben konnte und damit die Welt für immer veränderte.

»Ein verhängnisvoller Irrtum hat ihm den österreichischen Thronfolger direkt vor die Pistolenmündung gesetzt«, schreibt Friedrich Weissensteiner dazu. Die amerikanische Historikerin Dorothy Gies McGuigan meinte in ihrem Buch *Familie Habsburg 1273–1918. Glanz und Elend eines Herrscherhauses:* »Es war der vielleicht müheloseste Mord der Geschichte.«

Später wurde viel über diesen verhängnisvollen »Fahrfehler« spekuliert. War es tatsächlich ein Irrtum? Ein reines Versehen? Oder war die neu festgelegte Fahrtroute gar nicht an die Chauffeure weitergegeben worden? Dies alles halte ich für ziemlich abwegig *nach* dem ersten Attentatsversuch, bei dem alle, aber auch wirklich alle Alarmglocken hätten läuten müssen!

Der Attentäter konnte den Erzherzog und seine Frau frei und ungehindert erschießen. Meiner Meinung nach war dies kein »Fahrfehler«, sondern *pure Absicht!* Wie dem auch sei, die Wahrheit wird nicht mehr ans Licht der Öffentlichkeit kommen, denn bis heute konnte dieser äußerst wichtige Sachverhalt nicht eindeutig geklärt werden.

Als Kaiser Franz Joseph von dem Doppelmord unterrichtet worden war, sagte er: »Entsetzlich! Der Allmächtige lässt sich nicht herausfordern. Eine höhere Gewalt hat wieder jene Ordnung hergestellt, die ich leider nicht zu erhalten vermochte.« Was immer Kaiser Franz Joseph auch mit *höherer Gewalt* und *Ordnung* gemeint hatte, wir werden es niemals erfahren.

18.7.3 Unfähige Polizei

Ich habe bereits über die völlig unzureichenden Sicherheitsvorkehrungen der Polizei an diesem verhängnisvollen Tag gesprochen. Diese »Unfähigkeit« zieht sich wie ein roter Faden durch diesen 28. Juni 1914 in Sarajewo und gipfelt in der Tatenlosigkeit bei der Festnahme von Gavrilo Princip, einem der Attentäter.

Lassen wir hierzu am besten einen Zeitzeugen zu Wort kommen, der das Attentat in Sarajewo hautnah miterlebt hatte. Die Rede ist von Dr. Andreas Morsey, der einige Jahre im Dienst Franz Ferdinands gestanden und der die Ereignisse zum Teil in unveröffentlichten Erinnerungen niedergeschrieben hat. In Bezug auf Gavrilo Princip, der den Thronfolger und seine Frau erschossen hatte und seine anschließende Verhaftung berichtete er: »Grein und ich stürzten uns auf den Mörder und versetzten ihm mehrere Säbelhiebe, die Pistole hielt der Attentäter noch in der Hand […] Von allen Seiten regnete es nun Hiebe auf ihn, Dutzende von Händen ergriffen ihn […] Hierbei benahm sich die Polizei teils ungeschickt, teils so provokant, dass sie selbst mit uns, die wir an der Verhaftung teilnahmen, in Wortwechsel geriet und uns von der Verhaftung abhielt …«

Unglaublich, was Morsey hier erzählt! Aber es geht noch weiter: »Ein Komplize (des Attentäters; Anm. d. Verf.) wollte sich wehren, ich schlug mit dem Säbel nach ihm, aber er entkam ungefährdet, trotzdem ein Polizeibeamter, allerdings mit verschränkten Armen – ich erinnere mich noch heute genau daran – die Szene auf keine fünf Schritte sah und ihn trotz meiner Aufforderung, ihn zu verhaften, laufen ließ [...] Ein Wachmann kam mit erhobenem Säbel auf mich zu und sagte mir: ›Schauen Sie, dass Sie weiter kommen, das geht Sie gar nichts an‹.«

Diese zeitgeschichtlichen Aussagen belegen drei Dinge: Erstens war die Polizei *unfähig*. Zweitens zeigte sie *kein Interesse* daran, die Attentäter dingfest zu machen. Und drittens war sie sogar weitgehend *feindselig* gegen die Aufklärer!

Auch das halte ich für keinen Zufall, sondern für *weisungsbedingt!* Irgendjemand wollte verhindern, dass die Mörder *unverzüglich* an Ort und Stelle verhaftet wurden. Denn sie waren von ihren Hintermännern angehalten worden, sofort nach dem Attentat Zyanidkapseln zu schlucken, sich also selbst umzubringen. Tote Terroristen konnten nicht mehr auspacken. Deshalb musste die weitgehend tatenlose Polizei den Mördern von Sarajewo noch Zeit verschaffen, sich selbst zu richten!

18.7.4 Freimaurerfeind Franz Ferdinand

Franz Ferdinand hielt an den konservativen Zielen der habsburgischen Herrschertradition fest. Seine angestrebten Reformen, wie beispielsweise die föderative Umgestaltung des multinationalen Donaustaates, waren einzig auf die Aufrechterhaltung und Festigung der Autorität des Herrschers und damit der monarchistischen Ordnung abgestellt.

Am 14. November 1868 wurden Österreich und Ungarn offiziell zwei gleichberechtigte Staatengebilde. Zum einen Cisleithanien, bestehend aus Nieder- und Oberösterreich, Salzburg, Tirol, Vorarlberg, Steiermark, Kärnten, Krain, Görz, Gradisca, Istrien, Dalmatien, Böhmen, Mähren, Schlesien, Galizien und die Bukowina, zum anderen Transleithanien, bestehend aus Ungarn, Siebenbürgen, Kroatien und Slowenien. Den beiden Staaten war Ferdinand nicht nur mit dem Militär, der Außenpolitik und den Finanzen verbunden, sondern auch mit dem Amt des Monarchen: in Österreich als Kaiser, in Ungarn als König (der *k[aiserlich] u. k[öniglichen] Monarchie*).

Die österreichisch-ungarische Doppelmonarchie war ein Vielvölkerstaat, in dem die deutschsprachige österreichische Bourgeoisie und der magyarische (ungarische) Adel eine bevorzugte Stellung einnahmen. Obwohl die Slawen die Bevölkerungsmehrheit stellten, wurden sie von der Gleichberechtigung ausgeschlossen. Auch die anderen Nationalitäten, die Tschechen (Böhmen), Slowaken, Kroaten, Serben, Slowenen, Polen, Ruthenen, Rumänen und Italiener waren Staatsangehörige »zweiter Klasse«. Kaiser Franz Joseph war seit 1867 nicht mehr ein absolutistischer, sondern ein konstitutioneller Monarch. Trotz Reichsrat – so wurde die in zwei Kammern geteilte Volksvertretung genannt – war er noch Herr über die Außenpolitik und die Armee. Dadurch war seine kaiserliche Autorität keineswegs gefährdet. Denn selbst wenn der Reichsrat ein Gesetz beschloss, das er missbilligte, konnte er durch sein Veto die Gesetzeskraft verweigern. Dennoch passte das demokratische Männerwahlrecht, das 1907 in der österreichischen Reichshälfte eingeführt wurde, nicht zu seinen Plänen, die Monarchie umzustrukturieren. Im Mai 1907 hatte es die erste Reichsratswahl gegeben, bei der die Christlichsozialen 96 und die Sozialdemokraten 87 Sitze errangen.

Zunächst wartete Franz Ferdinand auf das Ableben Kaiser Franz Josephs, der zwischenzeitlich in den Achtzigern war und der an der bestehenden politischen Ordnung nichts ändern wollte. Der Thron schien greifbar nahe. Bald konnte er die Herrschaft ergreifen und die Politik machen, die er sich zum Ziel gesetzt hatte. Vor allen Dingen sollte die Monarchie nicht noch mehr Macht einbüßen, sondern gefestigt werden. Die Vorbereitungen für den Monarchenwechsel waren schon längst angelaufen und Pläne für einen gigantischen Reichsumbau lagen zur Umsetzung bereit: So sollte beispielsweise die Zentralgewalt der Krone gestärkt werden. Außerdem sollten die ethnisch-ungarische Vorherrschaft gebrochen und damit größere politische Rechte für die nichtungarischen Nationalitäten (wie Kroaten, Slowenen und Rumänen) durchgesetzt werden. Vorgesehen war außerdem die Schaffung eines slawischen Königreiches (als Gegengewicht zu Ungarn).

Feldmarschall Conrad von Hötzendorf, ehemaliger Chef des Generalstabes der k. und k. österreichisch-ungarischen Armee, schrieb in seinen militärischen Erinnerungen: »Vielleicht hätte unter Franz Ferdinand das alte Reich in einer neuen Form erblühen können. Die Österreich-Ungarn Treugesinnten hofften es; Österreichs Feinde fürchteten es!«

Genauso war es. Denn auch die politischen Bewegungen des Liberalismus und Sozialismus verabscheute Franz Ferdinand geradezu. Dies lief natürlich – ebenso wie die Stärkung der Monarchie nach seiner Reichsreform – den freimaurerischen Bestrebungen zuwider.

Dementsprechend war auch Thronfolger Franz Ferdinand ein regelrechter Feind der Freimaurer und der jüdischen Magyaren, der ethnischen Ungarn. »Nur die Chauvinisten und Judeomagyaren, die ihren Lebensberuf darin sehen, unaufhörlich gegen die Gemeinsamkeit mit Österreich und gegen die gemeinsame Armee zu hetzen, die bringen mich in Wut«, sagte er einmal.

Seit der Zeit des ersten Kaisers, des ersten deutschen Caesaren Otto I., waren die Ungarn (Magyaren) die kriegerischen Reitnomaden, die ursprünglich am Ural beheimatet gewesen waren, gefürchtete Todfeinde des Reiches. Mit ihren Tugenden Kampfeslust, Vitalität und Todesmut waren sie allen anderen kriegerisch überlegen. Die Menschen der damaligen Zeit schlugen das Kreuz, wenn sie nur ihren Namen hörten und ließen sogar ans Ende des Vaterunsers einen entsprechenden Satz anfügen: »… de sagittis Hungarorum libera nos, domine! (dt.: »… auch befreie uns von den Pfeilen der Ungarn, o Herr!«) Die Magyaren galten als die »Rache des großen Gottes«. »Von ihm über euch zur Geißel erkoren. Und alle, die wir von den eurigen töten, werden uns im Jenseits dienen«, sagte ein hochrangiger Gefangener.

Im Jahr 955 v. Chr. überschritten die Magyaren mit einem riesigen Heer von über 100 000 wilden Reitern unter dem gefürchteten Führer Horka Bulcsu, einem Angehörigen einer altungarischen Kriegeraristokatie, die Grenzen nach Bayern, Schwaben, Franken und Lothringen; sie mordeten, verwüsteten und plünderten. Otto I. stellte sich ihnen mit seinem deutschen Heer entgegen. Es kam zur berühmten »Lechfeldschlacht«, bei der die Magyaren, die ein halbes Jahrhundert der Albtraum Europas gewesen waren, so vernichtend geschlagen wurden, dass sie sich nie mehr davon erholten.

Vielleicht rührte daher die Antipathie oder vielleicht sogar Furcht des Thronfolgers vor den Magyaren. Denn Ungarn hatte schon längst klargemacht, dass es auch in der k. und k. Monarchie eine größere Eigenständigkeit wollte und damit sogar die gemeinsame Armee infrage gestellt – bis Kaiser Franz Joseph ein Machtwort sprach.

»Mein Vater hasste nicht alle Ungarn, er hatte nur etwas gegen die magyarische Führungsschicht, die nur an sich und die Aufrechterhaltung ihrer Privilegien dachte«, meinte später Ferdinands Tochter Sophie Nostitz.

Mit *Führungsschicht* waren wohl die ungarische Adelsoligarchie sowie die Führer der Unabhängigkeitspartei gemeint, deren Ziel es war, die vollständige Selbstständigkeit von der Donaumonarchie zu erreichen.

Dazu sollte man wissen, dass die bedeutendsten ungarischen Adelsgeschlechter an den Anfängen der Wiener Freimaurerei beteiligt waren, beispielsweise Apponyi, Bánffy, Batthyány, Esterházy, Festecics, Forgách, Gyulay, Pálffy, Szapáry, Teleki. Bis 1900 stieg die Zahl der Bauhütten auf 46 Logen, 1918 waren es bereits 86. Der Einfluss der Logenbrüder wurde also von Jahr zu Jahr größer.

»Als Hauptvertreter der von ihm gehassten Adelsclique betrachtete der Thronfolger laut Beck die Grafen Tisza, Andrássy und Apponyi«, erklärt der Publizist Friedrich Weissensteiner.

Graf Stephan Tisza, ungarischer Ministerpräsident selbst war wohl kein Freimaurer, nahm aber mehrmals freimaurerische Dienste zu »patriotischen« Interventionen in Italien und Rumänien in Anspruch, wie es heißt. Graf Julius Andrássy war nicht nur ehemaliger ungarischer Ministerpräsident, österreichisch-ungarischer Außenminister und Mitbegründer des Dreierbundes (Österreich, Ungarn, Deutschland), sondern auch Freimaurer. Andrássy war in Paris in die Loge *Le Mont Sinai* eingetreten. Albert von Apponyi gehörte einem traditionellen freimaurerischen Adelsgeschlecht an. Ein anderes prominentes ungarisches Freimaurermitglied (einst eingeführt in die Loge *Szt. István*) war Theodor Graf Csáky, Präsident des Bundesrates und Zugeordneter Großmeister des Großorients von Ungarn.

Der Thronfolger unterstützte deshalb auch die Idee, die Vormachtstellung der ungarischen Adelsoligarchie mit Hilfe des allgemeinen, gleichen und geheimen Wahlrechtes zu brechen!

»Das Vorhaben ist bekanntlich am geschlossenen Widerstand der magyarischen Politiker fast aller Parteischattierungen gescheitert.

Für eine gewaltsame Einführung des allgemeinen Stimmrechtes, an die Franz Ferdinand dachte, war der Kaiser jedoch unter keinen Umständen zu haben [...] Als Axiom seiner Reformpläne stand für Franz Ferdinand jedenfalls die Brechung der magyarischen Vorherrschaft im Gesamtgefüge der Monarchie unverrückbar fest«, so Friedrich Weissensteiner.

Franz Ferdinand wusste wohl genau um den bereits 1871 gegründeten freimaurerischen Großorient von Ungarn durch den Großorient von Frankreich und die angeschlossenen Logen, die sich, keinesfalls wie üblich, der deutschen, sondern der ungarischen Sprache bedienten (wie beispielsweise die nach Schottischem Ritual arbeitenden Logen *Hungária, Könyves Kálmán* oder *Összetartás*).

Günther K. Kodek schreibt in seinem Buch *Zwischen verboten und erlaubt – Chronik der Freimaurerei in der österreichisch-ungarischen Monarchie 1867–1818 und der I. Republik 1918–1938:* »In vielen ungarischen Logen sind darüber hinaus starke nationalistische Strömungen zu finden und so mancher ungarische Bruder meint, die offizielle Zweisprachigkeit der Symbolischen Großloge von Ungarn solle doch endlich beendet werden ...«

Diese nationalistischen Tendenzen in den ungarischen Freimaurerlogen, die sich damit gegen die Doppelmonarchie stellten, blieben dem Thronfolger sicher nicht verborgen und ermunterten ihn geradezu, gegen die Magyaren vorzugehen; sah er durch sie wohl seine Stellung und das Reich an sich gefährdet.

Fassen wir an dieser Stelle noch einmal diese äußerst wichtigen Sachverhalte, die in den meisten historischen Betrachtungen ausgeblendet werden, zusammen: Franz Ferdinands bitterste Gegner in Ungarn waren entweder selbst mächtige Freimaurer oder bedienten sich deren Hilfe. Um die maurerische Macht zu brechen, wollte der Thronfolger das allgemeine Stimmrecht sogar gewaltsam einführen und damit den Freimaurer-Adel bekämpfen.

Hingegen sah Franz Ferdinand in den Deutschen und den deutschsprechenden Österreichern und Deutschböhmen, dem zweiten Staatsvolk der österreichisch-ungarischen Monarchie, das *bindende Element* im habsburgischen Vielvölkerstaat. So waren mit einer Ausnahme auch alle Informatoren des Thronfolgers Deutsche. Mit seinem Freund, dem deutschen Kaiser Wilhelm II., plante er früher oder später eine unvermeidliche Abrechnung mit dem russischen Panslavismus.

Von England hielt der Thronfolger nicht viel, weil er Englands Politikern misstraute, ebenso wenig hielt er von den Amerikanern – die Demokratie missfiel ihm. In Frankreich sah Franz Ferdinand die Brutstätte der liberalen, freimaurerischen und sozialistischen Strömungen der Zeit. In den Logen vermutete er monarchiefeindliche Umtriebe (die zum Teil auch berechtigt waren, wie oben dargestellt). In einem Brief von 1908 meinte Ferdinand gar, dass die Monarchie »total in den Händen von Juden, Freimaurern, Sozialisten und Ungarn steht und regiert wird [...] Das ist des Pudels Kern.« (Allerdings verschmähte er es auch nicht, beim Haus Rothschild Kredite aufzunehmen, wenn er Geld brauchte.)

Den Plänen Franz Ferdinands zum Umbau der Monarchie standen die österreichischen Sozialdemokraten im Wege, die bereits 1899 beim Brünner Parteitag ein Reformprogramm verkündet hatten, das die Umwandlung des kaiserlichen Österreichs in einen demokratischen Nationalitäten-Bundesstaat vorsah. Auch der später so populär gewordene Begründer der Ersten und Zweiten österreichischen Republik, Karl Renner, wollte die Zerschlagung der Kronländer. Österreich sollte zu einem sich selbst verwaltenden (in demokratische Kreise aufgeteilten) Reich mit Zentralparlament und Zentralregierung sowie ein »Bund freier Völker« werden. Das, was sich anhört wie freimaurerische Dialektik, scheint eine zu sein. Denn auch Karl Renner war ein Logenbruder, wie der renommierte österreichische Publizist Peter Diem, Rechts-, Staats- und Politikwissenschaftler sowie ehemaliger Organisationsreferent der ÖVP, in seinem Buch *Die Symbole Österreichs* erläutert. Er vermutet hinsichtlich der seltsamen Anordnung seines Kopfes am Renner-Denkmal (eine leichte Verschiebung der Kopfplastik in südlicher Richtung), dass »dies ein letzter Gruß der Freimaurer an ihr prominentes Mitglied Dr. Karl Renner war: Der Platz der Gesellen in der Loge ist ja im Süden, im ›Mittag‹. Wenn ein ›vollendeter Bruder‹, also ein Verstorbener, symbolisch zum ›Großen Baumeister aller Welten‹ aufblickt, so ist sein Platz in der Ewigkeit ein wenig südlich der Mitte.«

Franz Ferdinand sah also Freimaurer, Juden und Sozialisten als Staatsfeinde an und sagte dies auch klipp und klar. Seine Monarchiereform stand den liberalen und sozialistischen Plänen der Freimaurer im Wege. Nicht nur, dass er Freimaurer namentlich verachtete, machte er sich doch auch mit seiner negativen Einstellung ihnen gegenüber in England, Frankreich, Russland, Serbien, Ungarn und den Vereinigten Staaten unbeliebt. Die freimaurerische ungarische Adelsoligarchie wollte er sogar gewaltsam bekämpfen. Ferdinand, der 1913 zum »Generalinspekteur der gesamten bewaffneten Macht« ernannt worden war und damit eine militärische Machtfülle besaß wie kein anderer zuvor in der Habsburger Geschichte, wollte als legitimer Thronfolger die Donaumonarchie umbauen. Damit wurde er auch zum Freimaurerfeind Nummer eins. Trotz dieser erdrückenden Faktenlage werden die Freimaurer nicht müde, zu behaupten, dass ihre Pläne und die des Erzherzogs konform gegangen seien. Der langjährige Großmeister der Großloge von Österreich, Bernhard Scheichelbauer, und der Großbibliothekar Gustav Kuéss schreiben in ihrem 1959 erschienenen (1999 nachgedruckten) Buch *200 Jahre Freimaurerei in Österreich,* die Umbaupläne der Doppelmonarchie in ein bundesstaatliches Gebilde durch Franz Ferdinand wären doch den »maurerischen Anschauungen von Toleranz gegenüber den Nationen« entgegengekommen. Dass der Thronfolger kein »Freund der Freimaurer« war, erwähnten sie dabei ebenfalls. Aber die Freimaurer von einer Schuld am Attentat freizusprechen (weil sie doch scheinbar die gleichen Pläne wie Franz Ferdinand hatten) widerspricht den vorliegenden Fakten!

Erklärte doch der vom *Grand Orient de France* bestellte Logenbruder Francolin auf dem vom 16. bis 17. Juli 1889 in Paris abgehaltenen Hochgradfreimaurerkongress unter dem stürmischen Beifall der Teilnehmer: »Der Tag wird kommen, an dem bei den Völkern [...] die Monarchien und die Religionen zusammenstürzen werden. Dieser Tag ist nicht mehr ferne. Das ist der Tag, den wir ersehnen. An diesem Tage werden alle Enterbten befreit, alle Ungerechtigkeiten gesühnt, alle Privilegien beseitigt, alle vergewaltigten Provinzen ihr Selbstbestimmungsrecht erhalten. Dann werden alle Großlogen und Groß-Oriente der ganzen Erde sich in einer Weltverbrüderung zusammenfinden [...] Das ist das glanzvolle Zukunftsideal, das uns vorschwebt. Unsere Sache ist es, den Anbruch des Tages dieser allgemeinen Verbrüderung zu beschleunigen.«

Dass die Freimaurer diesen Tag herbeigeführt hatten, zeigt das erfolgreiche Attentat auf Franz Ferdinand, der nicht nur einen *Umbau der Monarchie* wollte, sondern eine *Aufrechterhaltung und Verfestigung* der *monarchistischen Ordnung,* die Freimaurer hingegen ihre Beseitigung, wie sie bereits fünfundzwanzig Jahre zuvor bei dem Hochgradfreimaurerkongress eindeutig verlauten ließen. Francolin bekräftigte auf diesem Kongress sogar: »Die soziale Revolution ist es, welche unseren gemeinsamen Feind zu Fall bringen wird, wie sie alle Tyrannen Europas und der ganzen Welt untergräbt …«

In einem Bulletin des französischen Groß-Orients vom 2. September 1889 hieß es in Bezug darauf, dass der gerade zum deutschen Monarchen gekrönte Kaiser Wilhelm II. *nicht* dem Freimaurerbund beitreten wollte, unter anderem: »Da der Kaiser nicht Freimaurer werden will, werden die Freimaurer das deutsche Volk einweihen, und wenn die kaiserliche Regierung die Freimaurerlogen verfolgt, werden diese in Deutschland die Republik aufrichten.«

Eine eindeutige Drohung, die Monarchie mit Hilfe einer bürgerlichen Revolution abzuschaffen, um eine maurerische Republik (ähnlich wie in Frankreich durch die Französische Revolution) zu errichten! Auch dies zeigt, dass die Monarchie ein erklärtes Feindbild der Logenbrüder war. Und damit auch ihr Reformer, Erzherzog Franz Ferdinand.

18.7.5 »Logenurteil« gegen Franz Ferdinand

Am 28. Mai 1915 zitierte das *Berner Tagblatt* die *Paris Midi,* dass der Thronfolger vom französischen Groß-Orient *(Grand Orient de France)* zum Tode verurteilt worden wäre! Ein maurerisches Feme-Urteil also! Brisant war diese Meldung aber noch aus einem anderen Grund: Die *Paris Midi* berichtete bereits am 1. Januar 1914 darüber, also ein *halbes Jahr vor* den tödlichen Schüssen in Sarajewo! Das *Bündner Tagblatt* gab am 25. August 1923 gar das Jahr 1912 als »Jahr des Orient-Urteils« an – also *zwei Jahre vor* dem Attentat!

Ein interessanter Nebenaspekt: Der *Grand Orient* hatte bereits 1910 in Serbien die Loge *Ujedinjenje* gegründet, wenige Monate bevor die serbische *Ujedinjenje ili smrt,* die »Schwarze Hand«, ins Leben gerufen wurde!

»›Urteile‹ dieser Art sind nicht ohne Beispiel in der Tradition der Freimaurerei und wurden in der Vergangenheit auch tatsächlich vollstreckt«, meint der Historiker Wolfgang Eggert hierzu und fährt fort: »So war auch die Ermordung des spanischen Ministerpräsidenten Canalejas 1912 ein Werk der Loge, wie der deutsche Freimaurer Br. Ernst Freymann in seinem lesenswerten Buch *Auf den Pfaden der internationalen Freimaurerei* (Ausgabe von Dr. Burman, S. 69) geschrieben hat.«

Eggert schreibt weiter: »Es war klar: Gelang es, dieses Attentat auf dem Pulverfass des Balkans auszuführen, dann würde sich angesichts der damaligen Bündnislage der lokale Konflikt geradezu zwangsläufig zum Weltbrand ausweiten. Trotzdem plante die Freimaurerei den Mord an dem Prinzregenten. Eine ganze Reihe von Zeitzeugen – Freunde und Gegner der Loge – belegen dies.«

Als Quelle aufgeführt wird beispielsweise die französische Zeitung *Revue internationale des Sociétés secrètes* vom 12./15. September 1912 (S.787 f.), die berichtete, dass in »demselben Monat, als die Gemahlin des Thronfolgers, die Herzogin von Hohenberg, gewarnt wurde«, Franz Ferdinand »verurteilt« sei und auf dem Wege zum Thron »sterben« müsse. Doch was noch wichtiger war: Der Erzherzog selbst wusste bereits 1912 von dem damaligen freimaurerischen Todesurteil! Das zumindest erklärte der Zeitzeuge und Diplomat Graf Ottokar Czernin, der später auch der Präsident des »Bürgervereins 1918« wurde, welcher am 6. März 1919 die antimasonische Veranstaltung »Entente-Freimaurerei und Weltkrieg« initiierte. (Wenig später erschien unter gleichem Titel ein Buch von Karl Heise.) Czernin war einer von Ferdinands bedeutendsten Ratgebern, Gesandter in Bukarest und später außenpolitischer Ratgeber Kaiser Karls. In seinen Erinnerungen *Im Weltkriege,* die 1919 veröffentlicht wurden, hielt er fest: »Eine hübsche Eigenschaft des Erzherzogs war seine Furchtlosigkeit. Er war sich vollständig im Klaren darüber, dass die Gefahr eines Attentats für ihn immer bestehe, und er sprach oft und vollständig ohne Pose über diese Eventualitäten. Von ihm erhielt ich ein Jahr vor Kriegsausbruch die Nachricht, dass *die Freimaurer seinen Tod beschlossen hätten.* Er nannte auch die Stadt, wo dieser Beschluss angeblich gefasst worden sei – dies ist mir entfallen – und *nannte die Namen verschiedener österreichischer und ungarischer Politiker, welche davon wissen müssten.*«

Auch einige der Attentäter gaben später vor Gericht zu, man hätte ihnen vom Todesurteil der Freimaurer gegen den Thronfolger erzählt (siehe 18.7.7 »Über ›gefälschte‹ Gerichtsprotokolle und maurerische ›Gegenexperten‹«).

In der Tat reiste Franz Ferdinand mit dunklen Vorahnungen nach Sarajewo, die durch die Kenntnis des durch die Freimaurer gefällten »Todesurteils« sicher noch verstärkt wurden. So sagte er zu seiner Gemahlin Herzogin Sophie, nachdem bereits zu Beginn ihrer Reise die Achsen ihres Waggons, angekoppelt an den Prager Schnellzug, heiß gelaufen waren: »Siehst du, so fängt es an, zuerst ein heiß gelaufener Waggon, dann ein Attentat in Sarajevo und wenn das alles nicht hilft, eine Explosion auf dem Dampfer …«

Im Salonwagen des Ministerpräsidenten Karl Graf Stürgkh versagte nach der Weiterfahrt die elektrische Beleuchtungsanlage, sodass Kerzen entzündet werden mussten. Daraufhin meinte der Erzherzog, dass er sich bereits wie in einer Gruft vorkommen würde. Wie Recht er damit hatte, zeigte schließlich der Lauf der Weltgeschichte.

18.7.6 »Freimaurerkomplott« Sarajewo

Wie ich bereits in den vorangegangenen Kapiteln erläutert habe, spielte Serbien bei der Verschwörung gegen Erzherzog Franz Ferdinand eine bedeutende Rolle. Die Freimaurerei hatte in Serbien einen sehr großen Einfluss auf die Politik. Insbesondere im Befreiungskampf gegen die Türken für ein unabhängiges Serbien spielte sie eine maßgebliche Rolle. Als Beispiel möchte ich den Freiheitskämpfer Petar Ičko nennen, der später erster Bürgermeister des freien Belgrad wurde.

»Die Verdienste der Freimaurer um die Schaffung des neuen serbischen Staates zu Beginn des 19. Jahrhunderts waren damals allgemein anerkannt«, ist dazu im *Internationalen Freimaurer Lexikon* (S. 778) zu lesen. 1890 war bereits unter dem Schutz der Symbolischen Großloge von Ungarn die Loge *Pobratim* gegründet worden, die sich später selbstständig machte. In ihr sollen sich reiche und vor allem patriotische Serben mit großen Geldmitteln zusammengefunden haben.

Die Freimaurerei wird nicht müde, immer und immer wieder zu

behaupten, dass weder »die Mörder von Sarajevo noch ihre Hintermänner […] jemals einer Loge angehört oder zu einer solchen Beziehungen unterhalten« haben (*Internationales Freimaurerlexikon,* S. 897). Aber dies entspricht keineswegs der historischen Wahrheit, die ich bislang dokumentiert habe.

Bezweifelt wird dieser Sachverhalt auch von vielen Forschern und Publizisten. Der amerikanische Enthüllungsjournalist Jim Marrs, dessen Buch *Crossfire,* das sich mit den Hintergründen des Attentats auf John F. Kennedy beschäftigte, wochenlang auf der *New York Times* Bestsellerliste stand und Hauptquelle für Oliver Stones Kinoerfolg *JFK* war, meint: »Nach einer im Jahre 1952 veröffentlichten freimaurerischen Publikation waren die Mörder Ferdinands, der bosnische Serbe Gavrilo Princip, und mehrere seiner Gesinnungsgenossen Freimaurer, die von Apis durch seine Enthüllung des Geheimabkommens zwischen dem Vatikan und Serbien aufgestachelt worden waren. Der Tod Ferdinands löste eine Kettenreaktion von Ultimaten und Mobilmachungen aus, die schließlich dazu führten, dass sich der Krieg schon bald vom Balkan aus über ganz Europa erstreckte.«

Eine maurerische serbische Schlüsselfigur war Svetomir Nikolajević (1844–1922), Bürgermeister von Belgrad, Staatsrat, Minister des Innern und serbischer Ministerpräsident. 1878 wurde er in die Belgrader Loge *Luce dei Balkani* aufgenommen, war zudem Mitglied der Loge *Sloga, Rad i Postojanstvo,* Mitbegründer der Logen *Srpska Zadruga* und *Pobratim,* bei denen er auch Meister vom Stuhl und Ehrenmeister war. 1908 ließ er als damaliger serbischer Ministerpräsident und Großmeister der Belgrader Loge sämtlichen europäischen Freimaurern einen Erlass zukommen, in welchem er die Freimaurer aufforderte, den Serben »in ihrem Kampf gegen Österreich die werktätige Unterstützung aller maurerischen Brüder zuteil werden zu lassen«.

Auch in Ungarn, Italien und Paris versuchte Nikolajević die leitenden Logenbrüder für Serbien zu gewinnen. In unmittelbarer Folge dieses Erlasses wurden verschiedene politische Geheimbünde in Serbien gegründet, die zum Teil sehr enge Beziehungen zur Freimaurerei besaßen. Darunter auch die bereits mehrfach angeführte »Schwarze Hand«, die, wie ich schon erläutert habe, eng mit den Verschwörern und Attentätern von Sarajewo verbunden war. In den *Berliner Monatsheften für internationale Aufklärung* vom April 1928 wird davon gesprochen, dass das österreichische Generalkommando im Herbst 1915 in Belgrad Nachforschungen über das Wesen der »Schwarzen Hand« anstellen ließ und dabei Schriften entdeckte, aus denen hervorging, »dass die örtlichen Ausschüsse der Schwarzen Hand Geheimabteilungen hatten, von denen mehrere, insbesondere aber deren Abteilungen für Äußeres, mit der Belgrader Freimaurerloge ›Pobratim‹ in enger Führung standen und von dieser sowie ihrem Obmann, dem Minister a. D. und Universitätsprofessor Swetomir Nikolaijewitsch (Nikolajević; Anm. d. Verf.) Aufträge erhielten.«

Ein anderer Geheimbund, der im Zuge des Aufrufs des Freimaurers und Ministerpräsidenten ins Leben gerufen wurde, war die *Narodna Odbrana* (»Nationale Verteidigung«), zu der die Attentäter von Sarajewo ebenfalls enge Verbindungen hatten. Im selben Haus, in dem dieser Geheimbund seinen Sitz hatte, hielt auch die Belgrader Loge ihre maurerischen Arbeiten ab.

Unter dem Höchsten Rat des Schottischen Ritus, dem *Suprême Conseil* von Serbien, sollten sich auch Mitglieder unter der Leitung des serbischen Ministerpräsidenten Nikolas Pašić und Oberst Dragutin Dimitrijević, Chef des Geheimbundes »Schwarze Hand«, zusammengefunden haben.

18.7.7 Über »gefälschte Gerichtsprotokolle« und »maurerische Gegenexperten«

Der Prozess gegen die Attentäter von Sarajewo hatte eine so immense Bedeutung wie kein anderer Prozess zuvor. Über die einzelnen Urteile habe ich bereits informiert.

1917 wurden die Gerichtsakten des Prozesses von Dr. Josef Kohler veröffentlicht. Ein Jahr später erschien das Buch *Der Prozess gegen die Attentäter von Sarajewo – Aktenmäßig dargestellt von Prof. Pharos, mit Einleitung von Geh. Justizrat Prof. Dr. Josef Kohler.* Die Texte stammen aus dem amtlichen Stenogramm der Gerichtsverhandlung. Ergänzt werden sie durch Abbildungen der Anstifter und Attentäter, Bilder vom Attentatsort und einen Plan von Sarajewo sowie eine Karte von Bosnien.

»Bezeichnenderweise aber hat man über den Verlauf derselben sowie seine Ergebnisse bis auf den heutigen Tag so gut wie nichts gehört und die Prozessprotokolle sind selbst in historischen Staatsarchiven kaum noch zu finden«, berichtet der Historiker Wolfgang Eggert. »Der Grund für dieses ins Auge springende Missverhältnis ist einfach: Hartnäckige Zweifler werden in diesem Zeitdokument die letzte Bestätigung für die Verwicklung des Logentums in die Schüsse von Sarajewo finden.«

Natürlich haben die Freimaurer alles getan, um diese Gerichtsprotokolle beziehungsweise deren Verfasser zu diskreditieren. Wie sollte es auch anders sein, denn dieser »Gerichtsbeweis« würde alles über den Haufen werfen, was die Logenbrüder bis heute gebetsmühlenartig wiederholen: sich nicht politisch zu betätigen und gleich gar nicht in das folgenschwere Attentat von Sarajewo verwickelt gewesen zu sein, das den Ersten Weltkrieg zur Folge hatte!

Beleuchten wir deshalb die beiden Autoren, die die Gerichtsakten in einem Buch herausgegeben hatten: Hinter dem Pseudonym »Pharos« verbarg sich der Jesuit Anton Puntigam, der dem ermordeten Thronfolgeehepaar die Letzte Ölung gespendet und ihre Leichname eingesegnet hatte. Als Beweisstücke wurden im Prozess drei Faustfeuerwaffen der Attentäter zugelassen, die Puntigam später für ein geplantes »Franz-Ferdinand-Museum« benutzen durfte. Soweit kam es jedoch nicht, weil die Habsburgermonarchie in der Folge zusammenbrach.

Dr. Josef Kohler war Jurist im Goltdammers Archiv für Strafrecht und Strafprozess, Geheimer Justizrat und Universitätsprofessor.

Gegen Kohler war es wohl schwerer vorzugehen als gegen den Jesuiten Puntigam. Deshalb wurde Puntigam zunächst von der Freimaurerei attackiert. Sein Buch würde »die jeder tatsächlichen Grundlage entbehrende Behauptung abhandeln, die Freimaurer seien mittelbar oder unmittelbar an dem Attentat in Sarajevo beteiligt gewesen«, heißt es beispielsweise im *Internationalen Freimaurerlexikon* (S. 681). Der französische Historiker Albert Mousset, der die stenografische Niederschrift der Verhandlungen des Strafprozesses gegen die Mörder von Sarajewo aus der serbokroatischen Ursprache ins Französische übersetzte, hätte 1930 den Nachweis erbracht, dass die »aktenmäßige Darstellung« von Puntigam hauptsächlich da, »wo von der Freimaurerei die Rede ist, wesentliche Textänderungen, Streichungen, Kürzungen, Verstümmelungen, Umfärbungen und willkürliche Einfügungen aufweist, die manche Wendung in ihr Gegenteil verkehren.«

Dies alles will Stephan Kekulé von Stradonitz 1931 in seinem Buch *Der Mord von Sarajewo* auf einen Nenner gebracht haben. »Das gesamte, diese Lügenbildung betreffende Material ist zusammengestellt in einer im Verlag des Vereins deutscher Freimaurer, Leipzig 1931 erschienenen Broschüre von Dr. jur. et. phil. Stephan Kekule von Stradonitz ...«, heißt es dazu weiter im *Internationalen Freimaurer Lexikon* (S. 740).

Doch zunächst einmal muss jedem aufmerksamen Leser auffallen, dass auf einen Autor verwiesen wird, der im Verlag des Vereins deutscher Freimaurer publizierte, und sich selbst fragen, *wie objektiv* das Ganze dann noch sein konnte? Es war wohl eher eine maurerische Propagandaschrift als eine neutrale historische Untersuchung.

Abgesehen davon, dass Puntigam nicht nur Übersetzungsfehler, sondern eine bewusste Manipulation der mitstenografierten Gerichtsprotokolle unterstellt wurden, könnte man das Ganze natürlich auch umdrehen: Warum »entdeckte« erst dreizehn Jahre später ein französischer Historiker diese angeblichen Ungereimtheiten? Könnte es nicht auch sein, dass *ihm* Übersetzungsfehler anzulasten sind? Warum schrieb ein renommierter Jurist wie Josef Kohler ein Vorwort für eine Zusammenfassung dieser Protokolle, wenn diese, so die Ansicht der Freimaurer, in wesentlichen Teilen manipuliert worden sein sollten? Und warum bezogen sich die Freimaurer bei ihrer Argumentation vor allem auf Stradonitz' Buch?

Zumindest die Antwort auf die letzte Frage scheint eigentlich ganz einfach: Stradonitz, der über diese angeblichen Fälschungen berichtete, war *selbst* ein Freimaurer! Dies wurde jedoch mit keinem Wort in der ohnehin dünnen Argumentationskette der »Diskreten Gesellschaft« erwähnt! Ein Fauxpas erster Güte, wie ich meine.

Der Privatgelehrte Dr. jur. Dr. phil. Stephan Kekule von Stradonitz (1863–1933), Rechtsbeistand des Fürsten von Schaumburg-Lippe (Zumindest ein Angehöriger des Fürsten war ebenfalls Freimaurer, nämlich Albrecht Wolfgang Graf von Schaumburg-Lippe, Mitglied der Londoner Loge *Rummer and Grapes*) wurde 1904 in die Berliner Loge Drei Lichter im Felde aufgenommen!

Erwähnen möchte ich an dieser Stelle die *Bundesblätter,* die von der Großen National-Mutterloge Zu den Drei Weltkugeln in Berlin herausgegeben wurden und für die Stradonitz bei einigen Ausgaben sogar als Schriftleiter arbeitete; selbst noch *nach* seinem scheinbaren Enthüllungsbuch, das die Attentäter von Sarajewo von der Freimaurerei reinwaschen sollte! Zudem verfasste der maurerische »Zeuge« Bücher wie *200 Jahre freimaurerische Gebrauchsgraphik* (1930).

Interessanterweise erscheint Stradonitz nicht als Freimaurer im *Internationalen Freimaurerlexikon,* in dem sogar weit unbedeutendere Brüder erwähnt werden. Warum nicht? Um nicht die brüchige Argumentationskette ad absurdum zu führen?

Die Freimaurer berufen sich also auf ein Buch eines Logenbruders, um zu beweisen, dass Puntigam die Gerichtsprotokolle zum Teil falsch verfasst oder wiedergegeben hatte. Das ist, gelinde gesagt, ein Skandal!

In diesem Kontext möchte ich neben Kohler/Puntigam und Stradonitz einen weiteren Experten zu Wort kommen lassen, den Historiker und Sarajewo-Forscher Friedrich Würthle, dessen Buch *Dokumente zum Sarajevoprozess. Ein Quellbericht,* 1978 vom Österreichischen Staatsarchiv herausgebracht wurde. Darin heißt es: »Was nun jene Dialogstelle betrifft, in denen die Freimaurer genannt werden, so muss man zugeben, dass sie deutlich überbetont, aber nicht gefälscht wurden.«

Halten wir also fest, dass der Historiker Würthle zwar von einer *Überbetonung* des freimaurerischen Sachverhalts spricht, aber *nicht* von einer Fälschung der Gerichtsprotokolle. Und so müssen wir wohl von ihrer *Echtheit* ausgehen!

18.7.8 Logenbrüder vor Gericht

Wenden wir uns nun also den brisanten Aussagen zu, die die Freimaurer so vehement bekämpfen, um jegliche Schuld am Ausbruch des Ersten Weltkrieges von sich zu weisen.

Zum einen wurde vom Gericht festgehalten, dass »… wir wissen, dass die Hauptvereinigung, in der sich die destruktiven Kräfte sammelten, die ›Narodna obrana‹, nicht nur Freimaurer enthielt, sondern, dass ihre Häupter Freimaurer waren …«

Zum anderen wurde einer der Hauptangeklagten, Gavrilo Princip, gefragt, ob der Mitangeklagte Milos Ciganović Freimaurer wäre, worauf Princip antwortete: »Ja, Ciganović sagte mir, er sei ein Freimaurer. Als ich mich bezüglich der Mittel zur Ausführung des Attentats an ihn wandte, sagte er mir und betonte es, er werde mit einem gewissen ›Mann‹ sprechen. Er werde von diesem Mittel zur Ausführung des Attentats bekommen. Bei einer anderen Gelegenheit erzählte er mir, der österreichische Thronfolger sei in der Loge von den Freimaurern zum Tode verurteilt worden.« Ferner erklärte Princip, auch Čabrinović hätte geplant, in die Loge einzutreten. Selbst auf eine Mitgliedschaft angesprochen, verweigerte er zunächst die Aussagen, um eine solche später dann zu bestreiten.

Der Mitangeklagte Nejedlo Čabrinović antwortete auf die Frage, ob auch Major Vojin Tankosić, der Mitglied des Zentralkomitees der »Schwarzen Hand« und Stellvertreter von Oberst Dimitrijević war, ein Freimaurer sei: »Ja und Ciganović ebenso.«

Als er selbst nach einer Logenmitgliedschaft gefragt wurde, schien er verwirrt, schwieg eine Zeit lang. Dann schaute er seinen Verteidiger an. »Was fragen Sie mich darum? Ich kann darauf nicht antworten [...] Bitte mich das nicht zu fragen. Ich werde darauf nicht antworten.«

Trifko Grabez, der weitere Hauptangeklagte, wies später direkt darauf hin, dass Čabrinović Mitglied der Loge sei. Der Historiker Wolfgang Eggert gibt dafür die Quelle *Stradonitz* (S. 17) an!

Wäre Nedeljko Čabrinović *kein* Logenbruder gewesen, dann hätte er dies von Anfang an gesagt. So aber erinnerte er sich wohl an den Logenschwur, der zur Verschwiegenheit verpflichtete.

Doch Čabrinović ergänzte weiter, dass die Freimaurerei, vertreten durch Tankosić und Ciganović, insofern Beziehung zum Attentat hatte, »als sie mich in meiner Absicht (also Franz Ferdinand zu ermorden; Anm. d. Verf.) bestärkten. Im Freimaurertum ist es erlaubt zu töten. Ciganović sagte mir, dass die Freimaurer den Erzherzog Franz Ferdinand schon vor einem Jahr zum Tode verurteilt hätten.«

Bei Freimaurer Stradonitz liest sich das folgendermaßen: »(Gerichts-)Präsident: ›Verherrlicht die Freimaurerei das Begehen von Attentaten gegen die Inhaber der Macht? Zum mindesten, wissen Sie etwas über diesen Gegenstand?‹ Čabrinović: ›Sie verherrlicht es.

Ciganović hat mir selbst gesagt, dass der verstorbene Ferdinand von den Freimaurern zum Tode verurteilt war …«

Zudem berichtete Čabrinović vor Gericht von Dr. Radoslaw Kazimirović (einem der Führer der *Narodna Odbrana;* der Historiker Eggert nennt ihn einen Hochgradfreimaurer), er sei »im gewissen Sinne eines ihrer (der Freimaurer; Anm. d. Verf.) Häupter« gewesen. »Er fuhr sofort danach (nachdem sie sich für das Attentat angeboten hatten) ins Ausland. Er bereiste den ganzen Kontinent. Er war in Budapest, in Russland und in Frankreich. Jedes Mal, wenn ich Ciganović fragte, wie es mit unserer Angelegenheit (dem Attentat) stehe, antwortete er mir immer: ›Erst dann, wenn er (Kazimirović) zurückkommt.‹ Damals sagte mir auch Ciganović, dass die Freimaurer bereits vor zwei Jahren den Thronfolger zum Tode verurteilt haben, doch hätten sie keine Leute gehabt, die dieses Urteil vollstreckten … (Ciganović) sagte mir, als er mir eine Browning mit Patronen übergab: ›Der Mann (Kazimirović) ist gestern Abend aus Budapest zurückgekehrt.‹ Ich wusste, dass er diese Reise im Zusammenhang mit unserer Angelegenheit unternahm und mit bestimmten Kreisen im Ausland Besprechungen hatte.«

Auf die Frage des Gerichtspräsidenten an Čabrinović, ob dies auch keine Märchen seien, die er da erzählte, antwortete der Attentäter: »Das ist die reinste Wahrheit und hundertmal wahrer als Ihre ganzen Dokumente über die Narodna Odbrana.«

Der ehemalige Großmeister der Großloge von Österreich Bernhard Scheichelbauer und der Ex-Großbibliothekar der Loge Gustav Kuéss zitieren den französischen Historiker Albert Mousset, der 1930 ebenfalls den angesprochenen Kazimirović bezichtigte.

Kazimirović jedoch stritt alles ab und sprach von einer »abgefeimten Lüge«. Wohl auch kein Wunder bei einem Attentat dieses Ausmaßes …

Doch es gibt noch weitere Erkenntnisse zur Verbindung der Freimaurer zu den Sarajewo-Mördern: Milos Ciganović, der den Attentätern nicht nur Waffen aushändigte, sondern ihnen auch Schießunterricht erteilte, war nicht nur Mitglied der »Schwarzen Hand«, sondern auch Freimaurer (folgt man den zeithistorischen Quellen, die oben aufgeführt sind). Er soll sich wie der »Vollstrecker« Gavrilo Princip vorher in Paris aufgehalten haben. Spekulationen wurden laut, dass sie dabei ihre Brüder des *Grand Orient de France* besucht hätten.

Diesbezüglich schrieb der englische Schriftsteller C. H. Norman in seinem Aufsatz *Grand Orient – Zwischenfälle am Sonntag dem 28. Juni 1914 in London,* bei dem er sich unter anderem auf britische Presseberichte bezog: »Es besteht Grund zu der Annahme, dass Princip, der Mann, der nach dem missglückten Bombenangriff die Pistole abfeuerte, sich einige Wochen vor dem Mord in London aufhielt, da er zweifellos in Paris gewesen ist.«

Jüri Lina berichtet in *Under the Sign of the Scorpion. The Rise and Fall of the Soviet Empire,* der freimaurerische Attentäter Ciganović hätte sich vor dem Attentat in Paris aufgehalten.

Und auch der Historiker Friedrich Würthle meinte: »... ebenso war Ciganović, der den Verbrechern Geld, Bomben und Pistolen gab, ein Freimaurer, ebenso einige der jugendlichen Verbrecher selbst, wenn sie auch zunächst ableugneten. Der Großorient wollte hier seinen Hebel ansetzen, um von diesem Punkt aus das katholische Österreich und damit den germanischen Staat zu zertrümmern.«

Der Jurist und Universitätsprofessor Josef Kohler ging davon aus, dass der Beweis dafür erbracht worden war, dass der *Grand Orient de France* die Propaganda gegen Österreich-Ungarn gefördert habe, die *Narodna Odbrana* von Freimaurern geleitet und Vojin Tankosić in eine französische Loge aufgenommen worden seien. Er vertrat auch die Meinung, dass Milos Ciganović ebenfalls ein Logenbruder gewesen sei.

Meines Erachtens ist es der Freimaurerei *nicht* gelungen, ihre *Nicht-Beteiligung* am Doppelmord in Sarajewo zu beweisen. Im Gegenteil: Die zeitgeschichtlichen Quellen sprechen eine andere Sprache. Diese einfach mit dem Vorwurf der nationalsozialistischen Propaganda beiseitezuschieben, fruchtet ebenfalls nicht, denn die historischen Fakten haben bereits bestanden, *bevor* es den Nationalsozialismus überhaupt gab! So müssen sich die Freimaurer wohl etwas anderes einfallen lassen, um die vorliegenden Aussagen zu widerlegen. Gutachten und Studien oder Expertisen von Logenbrüdern oder von Freimaurern nahestehenden Experten würden allerdings zu einer noch größeren Unglaubwürdigkeit ihrer eigenen Argumentationen führen.

18.8 Parallelen: Das Attentat auf Franz Ferdinand und der Mord an Jörg Haider

Die Parallelen zwischen den Morden an dem österreichischen Thronfolger Franz Ferdinand und dem BZÖ-Politiker Jörg Haider – fast einhundert Jahre später – sind so zahlreich, dass sie meines Erachtens nicht mehr als bloße oder pure Zufälle betrachtet werden können:

- Beide besaßen eine ungeheuerliche Machtfülle (Ferdinand als Thronfolger; Haider als Landeshauptmann).

- Beide waren die Hoffnung für weite Teile des Volkes (Franz Ferdinand war die »Hoffnung dieses Staates für alle, die da glauben, dass gerade im Vorland des großen Chaos ein geordnetes Staatsleben durchzusetzen sei« [Weissensteiner]; Haider für diejenigen, die den Parteienproporz und die alte politische Ordnung aus Konservativen und Sozialdemokraten satt hatten).

- Beide Morde waren gleichzeitig auch ein Anschlag auf Österreichs Zukunft, weil sie weitreichende politische Konsequenzen hatten.

- Beide Personen erhielten im Vorfeld Morddrohungen.

- Beide wurden an einem Feiertag ermordet (Franz Ferdinand am 28. Juni, dem Vidovdan, dem Tag des Heiligen Veit; Jörg Haider in der Nacht vom 10. auf den 11. Oktober, dem Feiertag der»Kärntner Volksabstimmung« [10.10.], bei der sich 1920 der größte Teil der Bevölkerung für einen Verbleib bei Kärnten entschieden hatte);

- Beide starben in einem Fahrzeug des Modells Phaeton.

- Bei beiden spielten scheinbare »Fahrfehler«, die schließlich zum Tode führten, eine wichtige Rolle (Franz Ferdinand kam durch einen »Fahrfehler« seines Chauffeurs direkt in die Schusslinie seines Mörders; Haider verlor scheinbar durch einen »Fahrfehler« die Kontrolle über seinen Wagen, der dann so schwer verunglückte, dass er starb).

- Die Todeszeit wurde bei Franz Ferdinand mit 11.00 Uhr angegeben (11); bei Jörg Haider mit 1.15 Uhr (115).

- Beide waren fast gleich alt (Franz Ferdinand 51; Haider 59).

- Beide hatten vor den Attentaten noch gefeiert (Franz Ferdinand im Hotel Bosna in Ilidže bei einem Abschiedsdiner; Haider im Le Cabaret in Velden).

- Bei beiden Attentaten war die Polizei in weiten Teilen »unfähig« (Im Fall Franz Ferdinand waren es unzulängliche Sicherheitsvorkehrungen sowie eine unfähige Polizei, die die Verhaftung der Attentäter verzögerte; bei Haider gab es äußerst mangelhafte Ermittlungen durch die Polizei und Staatsanwaltschaft).

- Durch die Attentate wurde die alte beziehungsweise neue Ordnung in Europa erhalten oder neu geschaffen. Durch den Tod von Franz Ferdinand wurde die alte Ordnung in Europa abgeschafft, die Monarchie verschwand, die neue Ordnung als freimaurerisches Ziel entstand: die Republik. Durch den Tod von Jörg Haider wurde die bestehende alte Ordnung aus der Koalition zwischen SPÖ und ÖVP wiederhergestellt, die alte Freimaurer-Koalition war also wieder hoffähig, die neue Ordnung, die Haider durch den Ausschluss der SPÖ von der Regierungsbeteiligung wollte, war damit erfolgreich abgewehrt.

- Beide waren gegen ein Vereinigtes Europa (Franz Ferdinand wollte die österreichisch-ungarische Doppelmonarchie sogar verfestigen; Haider sprach sich gegen die EU aus) und setzten sich für ein »Deutschtum« ein.

- Beide kritisierten Freimaurer.

- Beide waren »Feinde« der Freimaurer.

- Beide wurden im Vorfeld von einem »Feme-Gericht« der Freimaurer »verurteilt«.

- Beide wandten sich gegen Frankreich, speziell gegen den mächtigen und politischen *Grand Orient de France.*

- Beide waren gegen die Sozialdemokraten eingestellt.

- Beide standen England (wo auch der Sitz der freimaurerischen Mutterloge zu finden ist) skeptisch gegenüber.

- Beide sprachen sich gegen die Politik der USA aus.

Die Parallelen sind erdrückend. Beide Attentate – die Hinrichtung Franz Ferdinands und der Mord an Jörg Haider – sind meiner Meinung nach auch symbolisch zu verstehen. Sie tragen *eine gemeinsame Handschrift* – nämlich die der Freimaurer.

19. Nachgefragt bei Freimaurern: Jörg Haiders Tod und die »Diskrete Gesellschaft«[34]

»Was ist das für eine Gesellschaft, in der Freiheit und Würde der Person missachtet, Verantwortung an anonyme Apparate delegiert und das Ethos als Gestalt und als Prinzip humaner Gesellschaft vom Verfall betroffen ist?«

Jörg Haider

19.1 Grossloge von Österreich

Im Zuge der Produktion meiner Freimaurerdokumentation *Wisse! Wage! Schweige! – Freimaurerei enthüllt* (erschienen im gugra-Media-Verlag) wende ich mich im Januar 2009 an Hans Kummerer, den Meister vom Stuhl der Forschungsloge *Quatuor Coronati.* Ich möchte Interviews mit Logenbrüdern führen und dabei natürlich auch die Frage nach der Freimaurerei und Jörg Haider stellen. Er wiederum verweist mich an Nikolaus Schwärzler, den neuen Großmeister der Großloge von Österreich, denn »bei uns […] ist es so, dass nur der Großmeister für die Öffentlichkeitsarbeit zuständig ist.«

Nikolaus Schwärzler ist der Nachfolger von Michael Kraus. Ich sende ihm meine schriftlich formulierten Fragen mit der Bitte um eine Antwort. Trotz mehrmaligen Nachfragens antwortet er mir erst im August: »Bis heute kam ich allerdings leider noch nicht dazu, Ihr wohl Hauptwerk ›Schwarzbuch Freimaurerei‹ zu lesen«, schreibt mir Schwärzler. »Das werde ich nun tun, um die Richtung Ihres Interesses etwas besser kennenzulernen […] Zum besseren Verständnis noch eine generelle Frage zur Orientierung: Was ist Kernpunkt Ihres freimaurerbezogenen Interesses und was Ziel Ihrer Arbeit?«

Ich antworte: »Meine Arbeiten setzen sich kritisch mit der Freimaurerei auseinander […] In diesem Zusammenhang […] würde ich Ihnen auch gerne ein paar Fragen zu Jörg Haider und seinem Verhältnis zur FM stellen […] Wäre das möglich?«

Leider höre ich nach meiner Mail in dieser Sache nichts mehr …

Bei einer meiner Recherche-Reisen zum vorliegenden Buch setze ich mich zunächst telefonisch mit der Großloge von Österreich der Alten, Freien und Angenommenen Maurer in Verbindung. Ich bin auf dem Weg in die Hauptstadt der Alpenrepublik und möchte Großmeister Nikolaus Schwärzler nun persönlich sprechen. Vorab rufe ich an. Die Dame in der Zentrale fragt mich, um was es geht. »Um den Tod von Dr. Jörg Haider«, antworte ich. Daraufhin meint die Mitarbeiterin, ich würde eventuell zurückgerufen, aber sie könne es mir nicht versprechen. Dieser Rückruf erfolgt nicht.

Einen Tag später – zwischenzeitlich bin ich in Wien – rufe ich erneut an. Mir wird mitgeteilt, dass der Großmeister ins Ausland geflogen sei. So suche ich das Logenhaus in der verwinkelten und engen Rauhensteingasse 3 selbst auf, stehe aber vor verschlossenen Türen. Zu meiner Überraschung wird in der benachbarten Freimaurer-Buchhandlung sogar mein *Schwarzbuch Freimaurerei* verkauft …

Nikolaus Schwärzler jedenfalls bekomme ich während meines Wien-Aufenthalts weder ans Telefon noch zu Gesicht. Auch später nicht, denn es erfolgt keinerlei Reaktion von ihm auf meine Anfragen. Und das, obwohl er selbst in einem Wirtschaftsmagazin im September 2009 noch verkündete, er möchte sich darum bemühen, »den Dialog zwischen Freimaurerei und Gesellschaft fortzusetzen«.

Im Februar 2010 versuche ich es erneut. Dieses Mal kann ich Nikolaus Schwärzler erreichen und sende ihm eine Fragenliste mit der Bitte um Beantwortung. Erst nach langem Hin und Her erhalte ich schließlich ein Fax von ihm, in dem es unter anderem heißt: »Ich kann Ihnen leider nicht in dem Maße dienen, wie Sie dies erhoffen.« Von meinen Fragen beantwortet er nur einige, dennoch möchte ich nachfolgend *alle* Fragen, die ich ihm geschickt habe, aufführen, um dem Leser vor Augen zu führen, welche *nicht* von der österreichischen Freimaurer-Großloge beantwortet wurden und welche doch:

> **Grandt:** *Wie viele Logen gibt es in Österreich, wie viele Mitglieder (Logenbrüder)?*
> **Schwärzler:** *Gerne teile ich Ihnen mit, dass es in Österreich im Rahmen der Großloge von Österreich 70 Logen mit insgesamt 3040 Mitgliedern gibt.*

Grandt: *Sind Freimaurer »politisch« aktiv in Österreich?*
Schwärzler: *Keine Antwort.*
Grandt: *Wie stehen Sie dazu, dass die österreichische Freimaurerei ehemalige NSDAP und/oder SS-Mitglieder bzw. Nazis aufgenommen hat, wie beispielsweise Christoph Klauser, Erwin Frühbauer, Leopold Wagner, Kurt Baresch etc.?*
Schwärzler: *Keine Antwort.*
Grandt: *Welche politischen Logenbrüder aus der jüngeren Vergangenheit gab oder gibt es in Österreich?*
Schwärzler: *... Zwar kann jeder selbst sagen, er sei Freimaurer, aber kein Freimaurer von einem anderen.*
Grandt: *Ewald Stadler nennt weitere Politiker, die Freimaurer sein sollen: Heinz Fischer, Werner Faymann, Franz Vranitzky, Hannes Androsch, Christian Broda, Caspar Einem, Erwin Frühbauer, Peter Ambrozy, Peter Kostelka, Hans Hobl, Kurt Heindl, Michael Ausserwinkler, Herbert Paierl, Alexander Van der Bellen, der zwischenzeitlich jedoch kein Logenbruder mehr sein soll, Kurt Grünewald. Stimmt das?*
Schwärzler: *Zur Aufzählung von Herrn Stadler kann ich nur sagen, dass [...] die Wahrheit weit neben dem liegt, was Herr Stadler annimmt. Würde ich aber von einigen Genannten sagen, sie seien keine Freimaurer, so würden Sie daraus schließen, dass es die anderen (sind), weshalb ich mich zu dieser Liste nicht äußern mag. Herr Stadler scheint gegenüber Freimaurern nun eine besondere Abneigung zu haben, um damit als Politiker vielleicht eine bestimmte Klientel anzusprechen. Ich darf Ihnen aber ein anderes Erlebnis mit Herrn Stadler mitteilen. Es könnte Mitte der neunziger Jahre gewesen sein – eine genaue zeitliche Zuordnung ist mir nicht mehr möglich – als mich Herr Stadler offenkundig im Namen seiner Partei zur Bewerbung um eine hohe staatliche Funktion animierte und wörtlich sagte: »Wir wissen, dass Sie Freimaurer sind und wir wissen auch, dass Sie dem Schottischen Ritus angehören. Das stört uns nicht, denn wir wissen um den Beitrag der Freimaurerei zur abendländischen Kultur Bescheid.« Auch wenn Herr Stadler sich heute nicht*

mehr daran erinnern könnte oder wollte, es ist dennoch die Wahrheit.

Anmerkung: Dazu nimmt Ewald Stadler in einer E-Mail vom März 2010 an mich wie folgt Stellung:

Stadler: *Ich kenne Herrn Dr. Nikolaus Schwärzler schon seit vielen Jahren, da er früher in Vorarlberg zwölf Jahre lang als Landesvolksanwalt (Ombudsmann auf Landesebene) tätig war, während ich als Abgeordneter in der dortigen Landespolitik wirkte, da ich selbst aus Vorarlberg stamme. Dr. Schwärzler war als Landesvolksanwalt dem Vorarlberger Landtag gegenüber berichtspflichtig und nahm als Beobachter an jeder Landtagssitzung teil, sodass sich häufig Gelegenheiten zu Gesprächen mit ihm ergaben. An das von Dr. Schwärzler beschriebene Gespräch kann ich mich nicht mehr erinnern, zumal er selber den Zeitraum sehr vage mit »könnte Mitte der 90er-Jahre gewesen sein« angibt. Ich habe von meiner Funktion als Mitglied des Vorarlberger Landtages im November 1994 in die Funktion des Abgeordneten zum Nationalrat nach Wien gewechselt, sodass sich bis dahin jedenfalls häufig Gelegenheiten zu Gesprächen mit ihm ergaben. Mir sind die genauen Inhalte der Gespräche mit Dr. Schwärzler nach einem Zeitraum von rund 15 Jahren nicht mehr geläufig, weshalb ich umso erstaunter darüber bin, dass Dr. Schwärzler nunmehr heute behauptet, ein angebliches Gespräch »wahrheitsgemäß« und wörtlich wiedergeben zu können. Dies erscheint mir nicht sehr glaubwürdig. Ich kann mich auch nicht mehr genau daran erinnern, wann und von wem ich in Erfahrung gebracht habe, dass Dr. Schwärzler Freimaurer ist. Meine Abneigung gegen die Freimaurerei ist grundsätzlicher Natur und hat nichts mit der politischen Ansprache »einer bestimmten Klientel« zu tun, wie mir dies Dr. Schwärzler unterstellt. Im Einklang mit der römisch-katholischen Kirche (vgl. Deklaration vom 26. November 1983) ist eine Organisation, die sich selbst als »Tempel« (= Quasikirche) ausgibt und einen überkonfessionellen Gott* *postuliert, der im Widerspruch zum dreifaltigen Gott des Christentums steht, für keinen Katholiken akzeptabel. Deshalb sind Katholiken, die einer freimaurerischen Organisation angehören, im Stand einer schweren Sünde und daher vom Hl. Sakrament ausgeschlossen. Ich habe sehr bald nach meinem Wechsel in den Nationalrat im Jahre 1994 eine Serie parlamentarischer Anfragen über Vorgänge in der Österreichischen Großloge an den damaligen Innenminister und Freimaurer Dr. Caspar Einem gerichtet, die in ihrem Duktus keinen Zweifel über meine Ablehnung der Freimaurerei aufkommen ließen. Eine der Folgen dieser parlamentarischen Anfragen war, dass ich eine Reihe von Einladungen zu Mittagessen erhielt, in deren Verlauf mir der jeweilige Gastgeber klarzumachen versuchte, wie unsinnig meine parlamentarischen Anfragen seien, dass der Gegenstand dieser Anfragen doch nichts mit Politik zu tun habe und ich dies doch besser lassen solle. Ich vermute, dass sich das von Dr. Schwärzler erwähnte Gespräch eventuell auch in die Reihe dieser Einladungen stellen lässt. Abschließend möchte ich mein Amüsement nicht verhehlen, dass ausgerechnet der nunmehrige Großmeister der Großloge von Österreich, Dr. Nikolaus Schwärzler, versucht, aus mir einen zumindest ehemaligen wohlwollenden Freund der Maurerei zu machen. Ich nehme an, dass er damit selbst in den eigenen Reihen keinerlei Zustimmung erntet.*

Grandt: *In welchen Parteien in Österreich gibt es die meisten Freimaurer? Immer wieder wird behauptet, die SPÖ wäre ziemlich »maurerlastig«? Manche sprechen von der ÖVP? Wie sieht es diesbezüglich in der FPÖ und dem BZÖ sowie bei den GRÜNEN aus?*
Schwärzler: *Keine Antwort.*
Grandt: *Haben Freimaurer in Österreich Kontakt zur B'nai-B'rith-Loge? Wenn ja, wie sehen diese aus? Gibt es unter den österreichischen Freimaurern auch Banker? Wenn ja, welche haben sich als solche geoutet?*
Schwärzler: *Keine Antwort.*

Grandt: *Ist Bundeskanzler Werner Faymann Freimaurer oder mit der Freimaurerei verbandelt? War nach Erkenntnissen der Großloge von Österreich Jörg Haider Freimaurer (in den siebziger Jahren oder später)? Wenn ja, hat Jörg Haider den Logenschwur gebrochen und galt er als abtrünnig?*
Schwärzler: *Keiner von beiden ist und war jemals Freimaurer.*
Grandt: *Wurde Jörg Haider von Freimaurern »verfolgt«, wie es beispielsweise Ewald Stadler behauptet?*
Haben Kärntner Freimaurer Projekte von Jörg Haider »blockiert«? Arrangierte sich Jörg Haider mit der Loge (in Form eines »Personenpaketes«; sprich er soll u. a. als Landeshauptmann Freimaurer in verschiedene politische Positionen bzw. beim ORF gebracht haben)?
Schwärzler: *Keine Antwort.*
Grandt: *Wie hätte die Großloge von Österreich zur politischen Konstellation einer Koalition zwischen ÖVP/FPÖ/BZÖ gestanden? Wie zu einem »Bundeskanzler« Jörg Haider?*
Schwärzler: *Keine Antwort.*
Grandt: *Jörg Haider war kein Freund »dieser« EU, er wollte sogar eine Volksabstimmung zur EU-Verfassung und hätte damit die Ratifizierung des Lissaboner Vertrages gefährdet. Wäre dies nicht gegen die Interessen der österreichischen Freimaurerei gewesen? Jörg Haider sagte einmal, Franz Vranitzky, der sich für den EU-Beitritt einsetzte, würde dabei »außerösterreichische Aufträge« erfüllen. Das hätte mit seiner »Mitgliedschaft bei den Freimaurern« zu tun. Der (damalige) Bundeskanzler wäre »fremdbestimmt« und würde im »Auftrag der Freimaurer und der Bilderberger« handeln. Was sagen Sie dazu? Jörg Haider wandte sich entschieden gegen das sogenannte »Ostküsten-Establishment«, Stefan Petzner auch. Ist Ihres Erachtens damit auch die amerikanische Freimaurerei gemeint?*
Schwärzler: *Keine Antwort.*
Grandt: *Glauben Sie, dass Jörg Haider so ums Leben gekommen ist, wie es bislang dargestellt wird?*
Schwärzler: *Zu Jörg Haiders Tod habe ich keinen Grund, an*

der Richtigkeit der gerichtlichen und behördlichen Ergebnisse zu zweifeln. Eine Beteiligung von Freimaurern am Tod von Haider schließe ich absolut aus.

Grandt: *Meines Erachtens gab es viele freimaurerische (und/oder) okkulte Symbole am Unfallort – ich sage Tatort – wie beispielsweise Jörg Haiders Schuh, seine Brille, so arrangiert, dass sie direkt auf einen Zeitungsausschnitt blickt, der einen abstürzenden Börsenkurs zeigt, drappiert mit einem Thujazweig, eine Rosenknospe (obwohl es weit und breit keine gibt), einen »rohbehauenen« Stein (Pflasterstein) unter dem Fahrersitz, eine Zahlensymbolik an seinem Sarg (aufgrund dessen, dass der Todesmonat zweimal verwendet wurde etc.) All dies wurde mit »Signalfotos« in Szene gesetzt. Was wissen Sie darüber?*

Schwärzler: *Ob sich die von Ihnen genannten Symbole am Unfallort befanden, entzieht sich meiner Kenntnis, weshalb ich mich dazu nicht äußern kann, sieht man davon ab, dass ich keinen der genannten Gegenstände in Beziehung zu freimaurerischen Symbolen zu bringen vermag.*

Grandt: *Können Sie Mordaufträge, von österreichischen Freimaurern erteilt, komplett ausschließen? Ihr Vorgänger Michael Kraus sagte einmal: »Ein Skandal, nein, eine Katastrophe ist es, wenn ein Freimaurer ein Verbrechen begeht. Das gibt es – in Österreich und in jüngerer Zeit. Ein Mord geschah aus Geschäftsneid, ein anderer aus Eifersucht …«*

Schwärzler: *Zum Zitat meines Amtsvorgängers Kraus darf ich annehmen, dass er nur sagte, was objektiv richtig ist. Es gab den von ihm genannten Mord aus zu vermutendem Geschäftsneid. Der Täter ist nach Verbüßung der Strafe wieder auf freiem Fuß. Er war ein Freimaurer. Der Mord aus Eifersucht ist mir persönlich weder der Sache noch dem Namen nach bekannt.*

Grandt: *Ist der Klagenfurter Staatsanwalt Gottfried Kranz ein Freimaurer, wie Stefan Petzner öffentlich behauptete? »Verfolgte« er, Ihres Wissens nach, Jörg Haider »politisch«?*

Schwärzler: *Keine Antwort.*

Der Großmeister erklärt noch: »*Weil ich mich mit Spekulationen weder pro noch contra befassen kann, bedauere ich es sehr, Ihre Erwartungen nur im bescheidenen Umfang erfüllt haben zu können.*«

Bleibt festzustellen, dass der Großmeister der Großloge von Österreich (natürlich) eine Beteiligung von Freimaurern beim Tod Jörg Haiders ausschließt, keine Antworten zu Mitgliedern (Banker, Politiker) gibt und ebenfalls nichts über den Einfluss der Freimaurer auf die österreichische Politik verlauten lässt. Seltsam allerdings ist, dass Nikolaus Schwärzler nichts von einem Zusammenhang bestimmter Symbole mit der Freimaurerei, wie dem Schuh oder dem roh behauenen Stein, wissen will. Dabei steht die freimaurerische Erläuterung zu diesen Symbolen in (fast) jedem Buch …

19.2 Souveräner Grossorient von Deutschland

Für meine Filmdokumentation über die Freimaurerei habe ich auch bei verschiedenen anderen Großlogen um ein Interview vor laufender Kamera gebeten – auch in Bezug auf Haider. Doch kein Logenbruder war dazu bereit. Schließlich stellte sich eine hochrangige Freimaurerin zur Verfügung: Kirsten Frellsen, Meisterin vom Stuhl der Europäischen Wanderloge Phoenix und Mitglied des Großbeamtenrates des Souveränen Großorient von Deutschland (SGOvD). Der SGOvD versammelt gemischte Logen unter einem Dach, also solche, die nicht nur Männer, sondern auch Frauen aufnehmen und gleichberechtigt nach freimaurerischen Ritualen arbeiten. Der SGOvD, gegründet 2003 in Offenbach, will das kulturelle und soziale Brauchtum der freimaurerischen Bruderschaften reformieren. Humanität und Toleranz gelten als seine höchsten Grundsätze. Das »Freundes-Netzwerk« reicht durch ganz Europa: Portugal, Frankreich, Belgien, Luxemburg, Österreich, Schweiz, Polen und die Türkei.

Mein Kamerateam und ich haben Kirsten Frellsen in einem Hotel in Hamburg getroffen, in dem ich auch das folgende Interview geführt habe. Nachfolgend eine Abschrift[35] bezüglich der Fragen und Antworten zu Jörg Haider und der Freimaurerei:

Grandt: *Können Sie sich vorstellen, dass ein Mord an Jörg Haider mit Freimaurerei zu tun hat und deshalb diese Symboliken hinterlassen wurden, damit die Eingeweihten wissen, um was es dabei geht?*
Frellsen: *Das ist eine von diesen Theorien, über die ich schmunzeln muss. Es ist nicht sehr wahrscheinlich, dass ein Freimaurer, ein richtiger Freimaurer, einen Mord an einem Bruder und auch nicht an einem »Weggegangenen« verübt. Die »Entlassung« aus der Loge reicht schon. Diese Spur ist* (gemeint sind die Symboliken am Tatort; Anm. d. Verf.), *wenn man die freimaurerische Symbolik kennt, nicht nachvollziehbar, weil das ein Durcheinander ist, das keinen Sinn gibt. Auch wenn man punktuell sagt, diese Details kann man auch bei den Freimaurern wieder finden […] Ich habe noch nie von einem Mörder gehört, der bewusst einen Mord begeht, vorausgesetzt es handelt sich um einen solchen, und dann so deutliche Spuren hinterlässt! Wozu? Mehr als tot kann man nicht sein […] man könnte ja auch die Hypothese aufstellen, dass vielleicht jemand durch veränderte Tatsachen wie »falsche Spuren« versucht hat, für einen Außenstehenden einen Zusammenhang mit den Freimaurern zu erbringen, damit dieser zu diesem Fehlschluss kommt.*
Grandt: *War Jörg Haider Freimaurer?*
Frellsen: *Ob Haider Freimaurer gewesen ist oder nicht, kann ich nicht sagen. Wenn er auch zur Bruderkette gehört hätte, wäre ich nicht besonders stolz darauf gewesen […] Auch wenn er ein Freimaurer gewesen wäre, kann ich es mir nicht vorstellen, dass so ein Mord stattfinden sollte […] Mit meinem Wissen, das ich von freimaurerischer Symbolik habe und mit dem Wissen von dem, was wirkliche Freimaurerei ist und wofür sie steht […] ist das ein ziemlich absurder Gedanke.*

In Bezug auf Mozarts »Zauberflöte« (Mozart war Freimaurer) erklärt Kirsten Frellsen, dass darin von einem der Hauptprotagonisten gesagt wird: »In diesen heiligen Hallen kennt man die Rache nicht.«

Frellsen: *Das entspricht nicht dem, einen Bruder oder einen normalen Menschen zu ermorden. Und damit haben sich […] viele Thesen erledigt, denn das würde kein richtiger Freimaurer machen! Und Spuren dieser Art zu hinterlassen, wenn das so ist, wie Sie das erwähnt haben, ist dann einfach eher komisch.*

19.3 Altgrossmeister einer deutschen Loge

Schließlich findet sich noch ein hochrangiger Freimaurer, allerdings *out of records*, der sich zum Thema »Logenmord« an Jörg Haider äußert. Der ehemalige Stuhlmeister, stellvertretender Großmeister und nun Altgroßmeister einer deutschen Großloge möchte anonym bleiben. Auch wenn seine Antworten vorsichtig und knapp ausfallen, sind sie äußerst interessant.

Grandt: *Es gibt viele freimaurerische und okkulte Symbole am Unfallort – ich spreche vom Tatort – an und im Wagen von Jörg Haider.*
Altgroßmeister: *Vergessen Sie nicht: Symbole kann man auch faken.*
Grandt: *Ist es für Sie dennoch vorstellbar, dass Jörg Haider von Freimaurern ermordet worden ist?*
Altgroßmeister: *Denken kann ich mir alles. Wenn Menschen anfangen zu hassen, ist alles möglich und nichts mehr regelbar. In diesen Reihen gibt es auch Menschen, die machtbesessen sind und Mittel haben, andere dazu zu bringen, so etwas zu tun!*
Grandt: *»Andere« heißt auch kriminelle Kontakte?*
Altgroßmeister: *Ich kenne selbst einen Bruder, der kommt mit dem Revolver unter dem Arm zur Logenarbeit. Er ist Mitglied einer sehr bekannten Gang …*
(Er nennt mir den Namen und ich bin überrascht, gebe ihn an dieser Stelle aber nicht wieder, um den Altgroßmeister nicht der Gefahr der Identifikation durch Dritte auszusetzen).

Grandt: *Jörg Haider hatte viele Gegner in der Politik …*
Altgroßmeister: *Staatsminister in Österreich, die Feinde von ihm waren, geben sich nach seinem Tod als beste Freunde. Das ist scheinheilige Doppelmoral.*

Exkurs IV: Freimaurer üben Kritik an der Freimaurerei[36]

Ende 2009 nehmen Freimaurer (Stuhlmeister, Logenbrüder verschiedener Obedienzen, Mitglieder verschiedener Erkenntnisstufen) Kontakt zu mir auf, zu denen nach eigener Aussage auch ehemalige Bundestags-, Landtags- und Europaabgeordnete gehören. Sie lehnen die »klassische« Form, die »orthodoxe« Freimaurerei ab. Nachfolgend möchte ich einige ihrer brisanten Aussagen veröffentlichen, die den Kontext dieses Buches aus maurerischer Sicht ergänzen:

> *Wir sind hochgradige und aktive Freimaurer in allen Erkenntnisstufen mit tiefer Verwurzelung in der Historie der Freimaurerei, aber in großer Sorge um die freimaurische Zukunft, freimaurische Standpunkte und Werte und verbittert über den Umgang der Großlogen mit den Tatsachen der Geschichte im letzten Jahrhundert und der aporischen Uneinsichtigkeit samt des verniedlichenden Umgangs mit dem Bild des Weiblichen in der Gesellschaft. Die deutsche Freimaurerei ist alles andere als frei …*
>
> *Sie wissen sehr gut, nichts an der Freimaurerei in Deutschland gegenwärtig ist ehrlich demokratisch geordnet, auch die Beziehungen zur englischen Großloge nicht …*
>
> *Freimaurer – es sind keine freien Denker, sie sind nicht der Aufklärung und der Rationalität verpflichtet, sie sind nicht international offen, sie pflegen – anstatt diese zu bekämpfen – alle Arten von Vorurteilen. Die Form einer demokratischen Gesellschaft haben sie nie erreicht. Starr in Form und Aussage, stockkonservativ bis reaktionär, ewig gestrig und extrem frauenfeindlich, teilweise rassistisch, innerlich fast tödlich zerstritten und geistig verpuppt. Weit weg von jedem Toleranzgebot, einem eigentlich freimaurerischen Wert …*
>
> *Sie hören das nicht gerne, denunzieren Kritik meist mit der*

Bezeichnung »Verrat« oder verdächtigen die Kritiker, entweder abgewiesene Interessenten zu sein oder eine Art »Verschwörung« gegen sie machen zu wollen. Dabei ist ihr Verhalten lediglich eine Art »Wagenburg«-Mentalität gegen Kritik und jeden neuen Ansatz. Sie tun alles, um Kritiker klein und unbedeutend und ihr Anliegen sektiererisch scheinen zu lassen …

Manche zitieren den Satz: »Brüderlich ist gut, reich ist besser« […] Es ist erstaunlich, wie viel den Großlogen unkritisch und ungeprüft einfach geglaubt wird und wie sorglos falsche und groteske Dinge verbreitet werden […] Da herrscht scheinbar eine Art »Rudel-Journalismus«. Einer schreibt vom anderen ab …

Dazu zählt auch die Legende vom freimaurischen Widerstand gegen die Nazis in den dreißiger Jahren. Anstelle Widerstand: Das Gegenteil ist richtig. Viele Logen haben sich den Nazis angedient. Aus den Logen wurden »deutsche Orden« schon vor 1933. Bereits 1932 vermeldete die Berliner Loge »Zu den drei Weltkugeln«, man sei nun »judenfrei«…

Es gibt zu viele Lügen und Unwahrhaftigkeiten in der gegenwärtigen Praxis der deutschen Freimaurerei …

20. Interviews mit Vertrauten Jörg Haiders

Im Zuge meiner Recherchen in Österreich habe ich mich mit vielen anonym bleiben wollenden Informanten aus den unterschiedlichsten Gesellschaftsschichten getroffen, die mir inoffiziell viele Tipps und Indizien lieferten, die nach intensiver Prüfung Eingang in dieses Buch gefunden haben, sowie mit Politikern, die ich *offiziell* interviewen konnte. Zwei dieser Interviews möchte ich nachfolgend wiedergeben. Dabei handelt es sich zum einen um das Gespräch mit Jörg Haiders engstem Vertrauten Stefan Petzner (BZÖ) und zum anderen um ein Gespräch mit dem Politiker, der wohl die meiste Ahnung von Politik und Freimaurerei in Österreich hat: Ewald Stadler (BZÖ).

Beim Büro des jetzigen Bundesobmanns der FPÖ, Hans-Christian Strache, habe ich ebenfalls um ein Interview gebeten, leider jedoch keine Antwort darauf erhalten.[37]

20.1 Stefan Petzner (BZÖ): Enger Vertrauter und Berater[38]

Biografie Stefan Petzner
Abgeordneter zum Nationalrat

Geb.: **17.1.1981**, Tamsweg

Pressesprecher von Landeshauptmann Dr. Jörg Haider **2004–2008**, Generalsekretär des BZÖ **2008.** Vorsitzender des »Ringes Freiheitlicher Studenten« **2003–2004**, Bundesparteiobmann-Stellvertreter des BZÖ **seit 2006**, geschäftsführender Landesparteiobmann-Stellvertreter des BZÖ Kärnten **seit 2006**, designierter Bundesparteiobmann des BZÖ **seit 12.10.2008**, Klubobmann-Stellvertreter des Parlamentsklubs des BZÖ **seit 28.10.2008**, Abgeordneter zum Nationalrat

(Quelle: Homepage des *Parlaments der Republik Österreich*)

Mit Stefan Petzner, dem ehemals engsten Vertrauten von Jörg Haider, ein Interview zu vereinbaren ist nicht einfach. Aus einem morgendlichen Termin, den wir auf 9 Uhr fixiert hatten, wird schließlich 20 Uhr abends. Doch im Gegensatz zu manch anderem Politiker, den ich für meine Recherchen kontaktiert habe, hält Stefan Petzner trotz seiner vielen und oft »unplanmäßigen« Termine seine Zusage ein. Wir treffen uns in einem gemütlichen und modernen Café hinter dem österreichischen Parlamentsgebäude in Wien. Es wird ein sehr interessantes und informatives Gespräch.

An dieser Stelle möchte ich ausdrücklich erwähnen, dass Stefan Petzner das nachfolgend veröffentlichte Interview schriftlich autorisiert hat.

Grandt: *Herr Petzner, seit wann waren Sie für Jörg Haider tätig?*
Petzner: *Seit Mai 2004 habe ich für ihn als Pressesprecher, Parteistratege und Stellvertreter gearbeitet.*
Grandt: *Kritiker der Unfallversion zerren immer wieder den leitenden Staatsanwalt Gottfried Kranz ins Rampenlicht und betonen sein Unvermögen …*
Petzner: *Kranz ist SPÖ-Mitglied und Freimaurer, Mitglied der Loge Zu den drei Säulen im Süden in Klagenfurt. Jörg Haider wusste das natürlich und hat nie ein Blatt vor den Mund genommen. Wenn es Anzeigen gegen Jörg Haider gab, hat der Kranz die aufgenommen und Ermittlungen eingeleitet. Jörg Haider sagte einmal, Kranz würde ihn politisch verfolgen. Und tatsächlich ist Kranz dauernd mit ihm im Clinch gelegen.*
Grandt: *Was hat Ihnen Jörg Haider noch über die Freimaurerei erzählt?*
Petzner: *Er hat sie als Gefahr gesehen, die gegen ihn arbeitet. Ein mächtiger Zirkel, den man nicht unterschätzen dürfte und mit dem man sich besser nicht anlegte. Früher war seine Gegnerschaft zur Freimaurerei, oder die zu ihm, latenter, als in den letzten Jahren.*
Grandt: *War Haider Ihres Erachtens Freimaurer?*
Petzner: *Nein, sicher nicht.*

Grandt: *Wie sah oder sieht die Gefahr der Freimaurer denn konkret aus?*
Petzner: *Die Freimaurerei in Österreich ist traditionell politisch gefärbt und durchsetzt: und zwar schwarz-rot, also SPÖ und ÖVP lastig. Zum Beispiel war auch der Großmeister der Kärntner Freimaurerlogen Dr. Ulrich Polley, ehemals Anwalt der SPÖ. Jörg Haider war der ärgste Gegner dieses politische Systems, hatte diesem als Einziger Paroli geboten …*
Grandt: *… und er wusste …*
Petzner: *… viel über die tatsächlichen Dimensionen der Finanzkrise, deren erste Ausläufer erst Ende September 2008 langsam erkennbar wurden. Aber wie weit diese Krise tatsächlich gehen würde, war damals noch nicht absehbar. Aber Jörg Haider wusste es schon, denn er hatte hochbrisante, umfassende Informationen darüber. Beispielsweise welche österreichischen Banken […], die ja auch weltweit vernetzt sind, wo welche Gelder angelegt, wie viel sie verloren hatten und vor allem, wer für dieses Desaster verantwortlich war! Wer aus der Hochfinanz, aus der Politik! Er kannte die Namen der Verantwortlichen in Österreich für die größte Wirtschaftskrise, den größten Finanzskandal seit dem Ende des Zweiten Weltkrieges! Im Nachhinein haben sich seine Informationen alle bestätigt …*
Grandt: *Hat Haider mit Ihnen darüber gesprochen?*
Petzner: *Natürlich. Ich war sein engster Berater, sein engster Vertrauter. Er sprach mir gegenüber von diesen Informationen als eine »politische Bombe«. Und er fragte mich auch: »Was mache ich bloß mit diesen Informationen? Die sind gefährlich! Hochexplosiv!« Er war nervös und besorgt, dass er sie hatte, denn es ging ja um korrupte und verzockte Bankensysteme, um Milliarden, um die Mächtigsten der Mächtigen! Jörg wusste genau, was im Zuge der Wirtschafts- und Finanzkrise auf uns zukommen würde: Banken, die pleitegehen würden, Massenarbeitslosigkeit […] Dazu muss man wissen, dass man die österreichischen Bankkonzerne in »schwarze«, also der ÖVP, und in »rote«, also der SPÖ, nahestehende Banken unterteilen*

muss. Beispielsweise ist die Bank Austria eine SPÖ-Bank, die Raiffeisen-Bank eine ÖVP-Bank. Ihr Chef, Christian Konrad, gilt als der mächtigste Mann Österreichs. Zu seinem Imperium gehören auch die Nachrichtenmagazine PROFIL und NEWS. Natürlich sitzen diese mächtigen Banker auch in der Parteipolitik drin. Und natürlich wusste das Jörg Haider. Auch welcher Landeshauptmann bei welcher Bank Steuervermögen angelegt hatte und welche durch fehlerhafte Spekulationen verloren waren. Das Geld des Volkes, das nichts davon wusste! Einfach weg, verzockt, verspekuliert. Und Jörg wusste, wer dies alles verbrochen hatte!

Grandt: *Hätte Jörg Haider diese Informationen an die Öffentlichkeit gebracht, dann wäre tatsächlich eine politische Bombe in Österreich geplatzt, und es wären sicher auch Köpfe der Verantwortlichen gerollt …*

Petzner: *… ja, wie bereits gesagt: Jörg Haider war der Einzige, der diese Informationen schon vorher hatte, der den Mächtigsten der Mächtigen sozusagen mit seinem Wissen im Weg stand.*

Grandt: *Woher hatte Haider denn diese brisanten Informationen?*

Petzner: *Er war ein Netzwerker und hatte viele Informanten, die ihm zugearbeitet haben …*

Grandt: *Haider galt vor den Nationalratswahlen im September 2008 außerhalb Kärntens als politisch erledigt …*

Petzner: *Das stimmt. Dann hatte er diesen unerwarteten, fulminanten Wahlsieg! Nun waren auf einmal sämtliche Mehrheiten möglich. Alles war denkbar. Er hatte mit der ÖVP und den GRÜNEN Geheimgespräche geführt, um Koalitionen auszuloten. Vor allem mit HC Strache von der FPÖ. Nur mit der SPÖ nicht. Von den anderen Parteien hatte keine eine Koalition mit der BZÖ ausgeschlossen! Nach den Nationalratswahlen 2008 hatte Jörg Haider wieder Anlauf genommen, die SPÖ/ÖVP-Dominanz zu brechen. Aber wenn man sich mit dieser Macht anlegt, dann ist es auch gefährlich …*

Grandt: *Sie fordern, dass der Tod von Jörg Haider neu untersucht wird. Weshalb?*

Petzner: *Ich halte die bisherigen Ermittlungen für einen Justizskandal! Staatsanwalt Kranz ist im Fall Haider befangen, kann nicht mehr als unabhängig bezeichnet werden und ist somit untragbar! Er hat ungesicherte Informationen veröffentlicht, um Jörg Haider in ein schlechtes Licht zu rücken und um eine ganz bestimmte Unfallversion zu verbreiten. Die Frage ist: Warum und in wessen Auftrag? Staatsanwalt Kranz hat zudem – ob absichtlich oder nicht – schwere Ermittlungsfehler gemacht. Er hat die Ermittlungen in einer ungelösten Causa gestoppt. Es müssen neutrale, unabhängige Richter und Experten die Fakten neu prüfen!*
Grandt: *Herr Petzner, Sie waren der engste Vertraute und Berater von Jörg Haider. Wer steckt Ihrer Meinung nach hinter dem Mord?*
Petzner: *Meines Erachtens sind dies internationale Kreise aus der Hochfinanz, die auch parteipolitisch durchsetzt sind.*
Grandt: *Herr Petzner, vielen Dank für dieses sehr aufschlussreiche Gespräch.*

20.2 Ewald Stadler (BZÖ): Freimaurerexperte und politischer Weggefährte[39]

Biografie Mag. Ewald Stadler
Abgeordneter zum Nationalrat

Geb.: **21.5.1961**, Mäder (Vorarlberg)
Jurist, Volksanwalt a. D.

Gemeindevertreter von Mäder **1985–1996**, Mitglied des Gemeindevorstandes von Mäder **1990–1994**, Abgeordneter zum Vorarlberger Landtag **1989–1994**, Mitglied der Niederösterreichischen Landesregierung **1999–2001**, Klubobmann des Landtagsklubs der FPÖ Vorarlberg **1991–1994**, Landesparteiobmann-Stellvertreter der FPÖ Vorarlberg, Mitglied der Landesparteileitung der FPÖ Vorarlberg, Mitglied des Landesparteivorstandes der FPÖ Vorarlberg, Mitglied der Bundesparteileitung der FPÖ, Mitglied des Bundesparteivorstandes der FPÖ, Landesparteiobmann-Stellvertreter der FPÖ Niederösterreich **1998,** Klubobmann-Stellvertreter des Freiheitlichen Parlamentsklubs **30.10.2006–6.3.2007,** ist am **7.3.2007** aus der FPÖ ausgetreten, gehörte aber bis zum **20.8.2008** dem Freiheitlichen Parlamentsklub an, Klubobmann-Stellvertreter des Parlamentsklubs des BZÖ seit **28.10.2008,** Bündnisobmann des BZÖ-Niederösterreich, Volksanwalt **1.7.2001–29.10.2006,** Bürgeranwalt des BZÖ, Abgeordneter zum Nationalrat

(Quelle: Homepage *des Parlaments der Republik Österreich, Homepage BZÖ*)

Zunächst verabrede ich mich mit Ewald Stadler in der politischen Akademie des BZÖ in der Innenstadt Wiens, der sogenannten Zukunftsakademie Österreichs. Letztlich aber treffen wir uns in einem Kaffeehaus. Bei diesem Gespräch sind außerdem noch anwesend: Patrick Blackmore, der parlamentarische Mitarbeiter Stadlers, sowie Robert Stelzl, der für den außenpolitischen Bereich der BZÖ zuständig ist und viel mit Jörg Haider im Ausland unterwegs war. »Er hat nie viel getrunken. Als ich hörte, dass er anscheinend 1,8 Promille in seinem Blut hatte, wurde ich sofort stutzig«, sagt mir Stelzl. »Jörg war eine sehr charismatische Person. Politisch hat er eine ganze Generation geprägt. Er war die Hoffnung aus der ewigen politischen Regierungspacht der SPÖ. Er fehlt uns enorm als Integrationsfigur …«

An dieser Stelle möchte ich ausdrücklich erwähnen, dass auch Ewald Stadler das nachfolgend veröffentlichte Interview schriftlich autorisiert hat.

Grandt: *Herr Stadler, wie würden Sie Jörg Haider in kurzen Worten charakterisieren?*

Stadler: *Seit über 25 Jahren kannte ich Jörg Haider. Vor allem*

seine Kritiker mögen es nicht glauben, aber er war sehr harmoniebedürftig und vor allem war er immer für das Volk und auch für jeden Einzelnen da. Es schien so, als hätte er jeden persönlich gekannt, vor allem in Kärnten. Das hat ihn ausgezeichnet.

Grandt: *Was halten Sie von Stefan Petzner?*

Stadler: *Ich schätze den Stefan sehr!*

Grandt: *Was macht das BZÖ aus?*

Stadler: *Das BZÖ ist eine bürgerliche Alternative für die ÖVP und die vernünftigen Wähler der FPÖ.*

Grandt: *»Die Presse« berichtet am 13. Februar 2008 darüber, dass HC Strache und Jörg Haider vom Büro für Interne Angelegenheiten überwacht worden sein sollen …*

Stadler: *Ja, das stimmt. Das Büro für Interne Angelegenheiten ist die Privat-Stasi des Innenministers …*

Grandt: *Sie sind wohl der bestinformierte Politiker Österreichs in Bezug auf die Freimaurerei. Wie kommt das?*

Stadler: *Seit vielen Jahren beschäftige ich mich mit den Freimaurern. Zudem hatte ich einen Informanten bei den Logenbrüdern.*

Grandt: *Seit wann gehen Sie offensiv gegen die Freimaurerei und ihren Einfluss in der österreichischen Politik und der Europäischen Union vor?*

Stadler: *Seit 15 Jahren habe ich eine Auseinandersetzung mit der Freimaurerei. Doch gleich vorneweg: Alles, was ich hierzu gesagt habe und sage, kann ich auch belegen!*

Grandt: *Inwiefern hat die Europäische Union Ihres Erachtens mit der Freimaurerei zu tun?*

Stadler: *Die EU ist das wichtigste Instrument der freimaurerischen Politik, sozusagen ihr Motor und Wirkhebel. Schauen Sie, die Symbolik der EU ist von der Farbe Blau der Flagge bis zu den zwölf Sternen eindeutig maurerisch! Da wird die Geschichte von den zwölf Sternen der Muttergottes ein frommes Märchen. Die Freimaurer haben es verstanden, ihr Gedankengut überall zu verbreiten, sodass eine Zeitgeist-Realität entstanden ist, vor der alle knien! Generell würden sich die*

Logenbrüder und ihre Parteien gegen jede staatliche Autorität stellen, bis sie unter maurerische Kontrolle gebracht ist. Kurz gesagt, die EU ist ein Sammelbecken der Freimaurer mit einem antichristlichen Kurs. Es hat sich herausgestellt, dass in der EU jemand mit einer katholischen Einstellung gar nicht erwünscht ist. Und dagegen will ich ankämpfen.

Grandt: *Wenn Sie von der EU sprechen, dann fällt mir auf Anhieb der viel diskutierte Beitrittskandidat Türkei ein …*

Stadler: *Neben London und Paris ist Istanbul ein entscheidendes Zentrum der Freimaurerei. Natürlich ein weiterer Grund, die Türkei in die maurerische EU zu holen. Beispielsweise war der Begründer der laizistischen Türkei, Mustafa Kemal Atatürk, ein bekannter Hochgradfreimaurer.*

Grandt: *Akzeptieren Freimaurer den bestehenden Staat?*

Stadler: *… nur, wenn sie ihn beherrschen!*

Grandt: *1997 machte die Kärntner FPÖ gegen die Freimaurerei mobil. Die Freiheitlichen forderten, dass Politiker per Gesetz ihre Logenmitgliedschaft offenlegen sollten. Letztlich ist das Vorhaben gescheitert …*

Stadler: *Die Idee dazu kam von mir. Ich habe auch zwischen 1996 und 1998 an den damaligen Innenminister und Hochgradfreimaurer im Schottischen Ritus, Caspar Einem (SPÖ), eine ganze Anzahl von parlamentarischen Anfragen im Parlament eingebracht. Daraufhin habe ich Einladungen von den Freimaurern bekommen, die mir gesagt haben, dass dies doch keine Angelegenheit eines Parlamentariers wäre. Sie wollten mich umstimmen, aber es gelang ihnen nicht. Seit jener Zeit hat die Freimaurerei beschlossen, mich als Feind zu betrachten.*

Grandt: *Sind Freimaurer gegen Sie vorgegangen?*

Stadler: *Direkt nicht. Nur indirekt. Sie haben beispielsweise in der Partei Stimmung gegen mich gemacht.*

Grandt: *Haben Sie Angst vor den Freimaurern?*

Stadler: *Nein. Freimaurer sind auch nur Menschen, sind bekämpfbar. Wenn man in Österreich die Freimaurerei offensiv angeht, dann ist man auch in der Lage, Siege zu erringen. Man sollte sie ruhig beim Namen nennen.*

Grandt: *Gab es in der FPÖ, der Sie und Jörg Haider vor dem BZÖ angehörten, einen maurerischen Einfluss?*
Stadler: *Die Maurerei war auch wegen Haider aus der FPÖ draußen. Seitdem Hans-Christian Strache* (der neue Bundesobmann der FPÖ; Anm. d. Verf.) *die Freiheitlichen führt und ich mit ihm gebrochen habe, ist der Einfluss der Freimaurer wieder gestiegen.*
Grandt: *Wie stark ist dieser Einfluss in der SPÖ?*
Stadler: *Die Sozis sind traditionell maurereiverhaftet. Doch seit den neunziger Jahren hat die Freimaurerei ihre traditionell sozialdemokratische Dominanz in der Politik auch auf die christdemokratische ÖVP ausgeweitet.*
Grandt: *Gibt es österreichische Politiker, die sich auch esoterisch betätigt haben bzw. betätigen?*
Stadler: *Mir fällt da auf Anhieb Harald Ofner (FPÖ) ein, der von 1983 bis 1987 Bundesminister für Justiz war. Der hat beispielsweise Anträge ausgependelt und ist vor wichtigen Entscheidungen sogar zur Wahrsagerin gegangen!*
Grandt: *War Jörg Haider Freimaurer?*
Stadler: *Meines Erachtens hatte Jörg Haider in den siebziger Jahren Kontakt zu den Freimaurern. Er wurde in eine Loge aufgenommen. Aber so, wie es der Jörg eben hatte – er hat das eher folkloristisch gesehen, nicht so ernst genommen, ein Jux, und hat dann wieder darauf gepfiffen. Das haben ihm die Freimaurer nicht verziehen und ihm auch sehr übel genommen, denn er hatte das Wort, das er in der Loge gegeben hatte, gebrochen und galt daher als abtrünnig. Haider war sehr lange von denen verfolgt worden, das hatte er mir selbst gesagt. Als Landeshauptmann in Kärnten hatte er mit den Logenbrüdern Auseinandersetzungen, weil er eben als Abtrünniger galt.*
Grandt: *Was hat Jörg Haider Ihnen genau darüber erzählt?*
Stadler: *Dass er nicht mehr den Fehler machen würde, die Freimaurerei auf die leichte Schulter zu nehmen. Er hatte mich auch mehrfach ermahnt, den Krieg mit den Logenbrüdern aufzugeben.*
Grandt: *Und was noch?*

Stadler: *Dass er sich nicht mehr mit der Freimaurerei in Kärnten anlegen möchte, weil die ihm alle Projekte blockiert hätten! Alles. Er brachte keine Investitionen mehr zusammen. Nichts. Schließlich arrangierte er sich mit der Freimaurerei, ging aber nicht mehr in die Loge.*
Grandt: *Wie hatte er sich mit den Freimaurern geeinigt?*
Stadler: *Die Loge arrangierte ein Personenpaket mit ihm. Danach hatte er seine Ruhe.*
Grandt: *Wie sah dieses Personenpaket genau aus?*
Stadler: *Beispielsweise, dass der Hochgradfreimaurer Gerhard Draxler, der frühere Landesintendant des ORF-Landesstudios Kärnten, von Haider auf einem FPÖ-Ticket in die ORF-Führungsetage gebracht wurde* (2002 wurde Gerhard Draxler zum ORF-Informationsdirektor bestellt; seit 2006 ist er Landesdirektor des ORF-Landesstudios in der Steiermark; Anm. d. Verf.). *Auch Haiders früherer Bürochef Dieter Platzer ist ein bekennender Logenbruder und ist von den Freimaurern zum Chef des Landeshauptmannbüros Dr. Haider gemacht worden! Er war sogar für die Nachfolge des Sozialisten und Hochgradfreimaurers Dr. Sablatnig vorgesehen, den Haider damals in seiner Funktion als Landesamtsdirektor belassen hatte, obwohl er angekündigt hatte, ihn abzusetzen. Ein weiterer Beweis, wie sehr sich Jörg Haider damals mit der Loge arrangiert hatte!*
Grandt: *Hatte Haider einen Kontaktmann in der Freimaurerei?*
Stadler: *Ja, den Günther Hödl, den inzwischen verstorbenen Rektor der Uni Klagenfurt. Auch er war Hochgradfreimaurer und er war extra für die Kontakte zwischen der Kärntner FPÖ und der Loge abgestellt worden.*
Grandt: *Woher wissen Sie das alles?*
Stadler: *Ich habe meine Informanten und ich hatte beispielsweise eine Mitgliederliste des freimaurerischen Systems Royal Arch* (auch »Königlicher Bogen« genannt; Anm. d. Verf.), *auf der österreichische Politiker aufgeführt sind. Denn auch bei uns ist die Liste der Verstrickungen und Überschneidungen*

zwischen österreichischen Politikern und Logenbrüdern sehr lange …

Grandt: *… nennen Sie ein paar Beispiele …*

Stadler: *Von der SPÖ: Bundespräsident Heinz Fischer, Bundeskanzler Werner Faymann, Ex-Bundeskanzler Fred Sinowatz, Ex-Bundeskanzler Franz Vranitzky, Ex-Vizekanzler und ehemaliger Bundesminister für Finanzen, Hannes Androsch, Ex-Justizminister Christian Broda, Ex-Bundesinnenminister und Ex-Bundesminister für Wissenschaft und Verkehr, Caspar Einem, Ex-Verkehrsminister Erwin Frühbauer, der stellvertretende Bundesparteivorsitzende Peter Ambrozy, der ehemalige Obmann des SPÖ-Klubs im Nationalrat Peter Kostelka, der ehemalige Landeshauptmann von Kärnten Leopold Wagner, der ehemalige burgenländische Landeshauptmann Theodor Kery, der ehemalige Unterrichtsminister und Bürgermeister von Wien Helmut Zilk, Ex-Landesparteivorsitzender der SPÖ-Oberösterreich Ernst Koref, der ehemalige Nationalratsabgeordnete Hans Hobl, der Ex-Nationalratsabgeordnete Kurt Heindl, Ex-Bundesminister für Gesundheit, Sport und Konsumentenschutz, sowie der Ex-Landeshauptmann der Kärntner SPÖ und Ex-Landeshauptmannstellvertreter von Kärnten, Michael Ausserwinkler. Von den GRÜNEN: Nationalratsabgeordneter Alexander Van der Bellen, der zwischenzeitlich jedoch kein Logenbruder mehr sein soll, wie er mir selbst gesagt hat, und der Nationalratsabgeordneter Kurt Grünewald. Von der ÖVP: der frühere steirische Landesrat Herbert Paierl und der verstorbene Wiener Landtagsabgeordnete Jörg Mauthe …*

Grandt: *Ist Ex-Bundeskanzler Wolfgang Schüssel (ÖVP) Freimaurer?*

Stadler: *Nein.*

Grandt: *Wie sieht es mit Freimaurern in der FPÖ aus?*

Stadler: *Von Peter Fichtenbauer, der auch im ORF-Stiftungsrat sitzt und einer der Hauptberater des FPÖ-Bundesobmanns HC Strache ist, weiß ich es nicht genau. Zumindest aber scheint er der Loge sehr nahe zu stehen. Als ich noch bei den*

Freiheitlichen war, ist er fast gar militant gegen mein Bestreben vorgegangen, katholische Politik in der FPÖ platzieren zu können. Fichtenbauer hat einen verheerenden Einfluss auf die Freiheitlichen. Leider ist es auch Norbert Steger, dem ehemaligen Bundesparteiobmann der FPÖ, Handelsminister und Vizekanzler gelungen, wieder Einfluss auf die Freiheitlichen zu gewinnen, und der ist ganz eindeutig in der Freimaurerei tätig!

Grandt: *Ist Hans-Christian Strache ein Logenbruder?*

Stadler: *Nein.*

Grandt: *Vor der letzten Nationalratswahl im September 2008 haben Sie explizit vor einer Freimaurer-Koalition gewarnt?*

Stadler: *Genauer vor einer Koalition unter dem Hochgradfreimaurer und Bundeskanzler Werner Faymann (SPÖ) mit dem damaligen Freimaurer und Vizekanzler Alexander Van der Bellen (GRÜNE) und Heide Schmidt (Liberales Forum), die von dem Industriellen und Hochgradfreimaurer Hans-Peter Haselsteiner gefördert und finanziert wird. Eine derartige linke Koalition hätte in Österreich einen Schaden für 20 oder 30 Jahre angerichtet!*

Grandt: *Sie sprechen in Ihren Vorträgen auch immer wieder von einer Entnazifizierung durch die Logen …*

Stadler: *Das ist richtig. In Kärnten, Wien, Oberösterreich und dem Burgenland wurden Nationalsozialisten durch Freimaurerlogen »entnazifiziert«! Namen wie Wagner, Frühbauer, Doll, Koref sprechen Bände dazu …*

Grandt: *Sie kritisieren auch Christian Broda, der von 1960 bis 1966 unter Kanzler Julius Raab und von 1970 bis 1983 unter Bruno Kreisky SPÖ-Justizminister war …*

Stadler: *Dank seiner Freimaurerkontakte hat Broda Anfang der achtziger Jahre den NS-Arzt und SPÖ-Parteifreund Heinrich Gross geschützt, der zweimal unter Anklage gestellt wurde. Und dennoch wurde kein Verfahren gegen ihn eröffnet! Gross ist ein mutmaßlicher Massenmörder, der an einer Wiener Euthanasieklinik gearbeitet hatte. Broda gehört zu jenen Logenbrüdern und Sozialdemokraten, die sich am* *massivsten um die »Karriereförderung« ehemaliger Nazis bemühten. Kurz gesagt: Alt-Kommunist und Ex-Kommunist und Freimaurer Broda hat für Alt-Nazi und Ex-Nazi Gross die Strafverfahren niedergeschlagen! Wenn es um die maurerische Bruderkette geht, spielt die ehemalige ideologische Zugehörigkeit keine Rolle mehr …*

Grandt: *Herr Stadler, herzlichen Dank für das sehr informative Gespräch.*

21. Interview mit Claudia Haider[40]

Zu Claudia Haider nehme ich ebenfalls Kontakt auf. Ich stelle ihr Fragen zum Tod ihres Mannes und über ihre eigene Zukunft.

Grandt: *Unzählige Menschen sind Ihrem Mann auch nach seinem Tod treu, diskutieren in verschiedenen Foren über die Umstände, halten das Andenken ihres einstigen Landeshauptmannes in Ehren. Was sagen Sie dazu?*
Claudia Haider: *Mein Mann ist nun fast zwei Jahre tot und trotzdem tragen ihn die Menschen noch in ihrem Herzen. Das macht mich dankbar und zeigt, wieviel er ihnen gegeben hat. Er war ein Politiker des Volkes, mit hoher sozialer Kompetenz, hatte ein Gespür für Fragen, die die Menschen wirklich bewegten und gab Antworten in Form von Lösungen. Er hat die Menschen wirklich geliebt, war ihnen nahe, hat ihre Sprache gesprochen, sich für sie eingesetzt – das verbinden sie mit der Politik Jörg Haiders und das vergessen sie ihm nicht. Auch nicht nach seinem Tod.*
Grandt: *Glauben Sie an die »offiziellen« Ermittlungsergebnisse, dass Ihr Mann bei einem normalen Unfall ums Leben gekommen ist?*
Claudia Haider: *Wenn Gott einen Punkt setzt, stelle ich kein Fragezeichen, denn das, was ich möchte, bekomme ich nicht mehr zurück: meinen Mann.*
Grandt: *Wissen Sie, ob Ihr Mann ein Freimaurer war? Ob er Probleme mit diesen hatte, sie gar als Gefahr ansah, so wie es politische Weggefährten erzählen?*
Claudia Haider: *Mein Mann war allen Menschen gegenüber aufgeschlossen, hatte zu allen gesellschaftlichen Gruppen Kontakt, und daher kann ich nicht ausschließen, dass bei den unzähligen Begegnungen mit Menschen der eine oder andere Freimaurer dabei war.*
Grandt: *Werden Sie selbst irgendwann einmal in die Politik einsteigen?*
Claudia Haider: *Politik war und ist für mich ein Lebens-*

bestandteil. Momentan betrachte ich die Politik aus der Sicht des Wählers. Ob ich selbst noch einmal, wie zwölf Jahre im Gemeinderat, politisch tätig werde, kann ich heute nicht beantworten.

Grandt: *Sind die politischen Ideen und Visionen, das intellektuelle Vermächtnis Ihres Mannes mit seinem Tod begraben?*

Claudia Haider: *Mitnichten. Seine politisch-zukunftsweisenden Ideen von einer Gesellschaft, in der sich die Menschen frei nach ihren persönlichen Möglichkeiten entfalten können, unabhängig vom parteipolitischen Machtgefüge, werden weiterleben. Wir haben die Jörg-Haider-Gesellschaft gegründet, einen gemeinnützigen Verein, der nicht auf Gewinn ausgerichtet ist. Die JHG nimmt sich der politisch-philosophischen und menschlichen Hinterlassenschaft meines Mannes an, um sie intellektuell und humanitär zu sichern und weiterzuentwickeln. Sie versteht sich als überparteipolitische Plattform, soll auch hilfsbedürftige Menschen unterstützen, Spenden und Stipendien an Bedürftige und Unterstützungswürdige gewähren, Hilfe in Notfällen und Katastrophen leisten. Das Gemeinwohl soll gefördert werden durch den Einsatz für die Einhaltung hoher ethischer Grundsätze im öffentlichen Leben, insbesondere den Einsatz für grundlegende Werte wie Freiheit und Heimat, wie sie von meinem Mann stets vertreten wurden. Dazu gehört auch der Geist gegenseitiger Achtung und gegenseitigen Verständnisses durch die Pflege internationaler Beziehungen zu fördern und ein Forum für eine umfassende und freie Diskussion aller Angelegenheiten von öffentlichem Interesse zu bilden.*

(Anmerkung: Die Homepage der Jörg-Haider-Gesellschaft finden Sie unter: http://www.joerg-haider-gesellschaft.at/index.html)

Grandt: *Es wurde darüber berichtet, dass Sie sich eines tibetischen Jungen angenommen haben?*

Claudia Haider: *Mein Mann hatte zeit seines Lebens Beziehungen zu Tibet und dem Dalai Lama. Er hat die tibetische Kultur sehr geschätzt und 2006 auch für ein Tibetzentrum in*

Hüttenberg mit dem Dalai Lama den Grundstein gelegt. Nach dem Tod meines Mannes hat das religiöse Oberhaupt der Tibeter einen Gesandten zum Kondolenzbesuch geschickt, und so habe ich davon gehört, dass in dem Monat, in dem mein Mann ums Leben gekommen ist, die Eltern eines neunjährigen tibetischen Jungen ermordet wurden und er jetzt einen Paten suchte. Ich habe ihm zunächst Briefe geschickt und ihn sogar in Indien besucht, wo er nun lebt. Daraufhin bin ich seine Patin geworden. So ist es mir möglich, diesem jungen Menschen die Ausbildung und die Zukunft zu sichern. Auf der einen Seite ist das Leben oft sehr grausam, auf der anderen Seite aber auch wiederum hoffnungsvoll.

Grandt: *Frau Haider, viel Glück für Ihren weiteren Lebensweg und herzlichen Dank für das Interview.*

Nachwort[41]

»Geheimnisse sind nun mal Geheimnisse.«
Inspektor Jean-Claude Mules von der Pariser Polizei (maßgeblich an den Ermittlungen zum Tod von Lady Di beteiligt)

Wie ich in diesem Buch ausführlich dargestellt und mit vielen Fakten und Indizien belegt habe, kam meiner Meinung nach der BZÖ-Politiker Jörg Haider nicht bei einem (selbstverschuldeten) Unfall ums Leben, sondern wurde *ermordet!* Ebenso bin ich davon überzeugt, dass Freimaurer in seinen mysteriösen Tod involviert waren – ihn veranlassten und ausführen ließen, auch wenn letztlich die juristische Beweisbarkeit fehlt. Der Kärntner Landeshauptmann hatte viele Gegner, manche sprechen von »Feinden« ob im eigenen Land, in der Europäischen Union, in den USA oder in Israel, bei Banken und Freimaurern. Diese Letztgenannten wiederum sind teilweise mit Personen aus Politik, Wirtschaft und Finanz verbandelt oder gar selbst Logenbrüder. Hier schließt sich sozusagen der Kreis.

Im Zusammenhang mit dem tragischen Tod Prinzessin Dianas am 31. August 1997 im Almatunnel in Paris (die »offiziell« ebenfalls bei einem Autounfall ums Leben kam) sprachen ausgezeichnete Rechercheure und Enthüllungsjournalisten wie Noel Botham oder David Cohen von »mysteriösen oder dunklen Kräften im Hintergrund«. Eine Bezeichnung, die nicht etwa aus den kruden Gehirnen irrer Verschwörungstheoretiker stammt, sondern von niemand anderem als der amtierenden britischen Queen Elizabeth selbst! Sie fügte noch hinzu, dass viele nicht wollten, dass die Wahrheit ans Licht kam! Auch Prinzessin Diana hatte selbst immer wieder von den »unbekannten, grauen Herren aus dem Palast« gesprochen, die sie beschatteten und abhörten. Damit sollte sie tragischerweise auch Recht behalten. Ein Journalist bezeichnete diese Clique als »Hüterin der königlichen Ordnung«, die sich als solche auch selbst verstehe. Bei diesen *mysteriösen* und *dunklen Kräften,* diesen *Dunkelmännern im Hintergrund* handelt es sich um Personen, die rechtsfrei und unantastbar, gedeckt durch schützende Hände mächtiger Politiker oder Sicherheitsdienstler, im Hintergrund agieren. Sie sind nur den »politischen Stichwortgebern« verpflichtet und werden nur dann gerufen, wenn sie auch gebraucht werden. Sie sind die heimlichen Beschützer des Establishments, unerlässlich für jede elitäre Gruppe, die es schon immer gegeben hat: in jeder Regierung, in jedem Geheimdienst, bei jeder Polizei. Das hat nichts mit Verschwörungstheorie zu tun, sondern mit politischer und geheimdienstlicher Tatsache. Sie werden gebraucht, um das System »sauber« zu halten, um die unbequeme »Drecksarbeit« zu erledigen. Diese Dunkelmänner dienen oftmals verschiedenen Geheimdiensten zugleich, werden von ihnen gelenkt, vorgeschickt, um »unliebsam« gewordene Personen zu eliminieren, zu behindern, zu diskreditieren oder zu kompromittieren. Sie inszenieren Komplotte, um damit nicht nur Ermittlungen in die falsche Richtung zu lenken, sondern auch die öffentliche Meinung. *Genau darüber* haben Ex-Agenten in vielen Enthüllungsbüchern berichtet. Das Wichtigste dabei ist aber, dass die Aktivitäten dieser *Dunkelmänner,* die nach getaner Arbeit genauso schnell und lautlos verschwinden, wie sie gekommen sind und damit unantastbar bleiben, oftmals »Staatsangelegenheiten« sind, sodass die Öffentlichkeit nie ein Protokoll davon zu Gesicht bekommt. Viele Skandale um strengvertrauliche, geheimdienstliche Operationen belegen diese *mysteriösen Kräfte.* Sie agieren oft so verdeckt, so geheim, dass die herkömmlichen Dienststellen weder von ihrer Existenz noch von ihren Aktionen etwas wissen.

Letztlich geht es für das politische Establishment immer um zwei Dinge: Geld und Wählerstimmen. Geld, um ihre eigene Macht zu zementieren; Wählerstimmen, um an diese Macht überhaupt erst zu kommen!

Der emeritierte Professor und Politikwissenschaftler Wilhelm Hennis erklärt dazu: »Wer verstehen will, warum unsere Parteien so maßlos geldgierig geworden sind, muss verstehen, dass sie einen täglichen Krieg führen – alle, ohne jeden Unterschied, gegen uns, die Menschen draußen im Lande. Jeden Einzelnen möchte man einfangen, damit er da sein Kreuz hinsetzt, wo es hingehört. Nur in der Skrupellosigkeit der Mittelbeschaffung zur Auffüllung der Kriegskasse unterscheiden sich unsere Parteien allenfalls noch ein wenig. In diesem Krieg hat es schon Tote gegeben: Jürgen Möllemann und Uwe Barschel auf jeden Fall.«

Ich zähle dazu auch den Kärntner Landeshauptmann Jörg Haider!

Macht erhalten, Macht verteidigen und Macht kontrollieren: Das alles hat, wie die Vergangenheit reichlich bewiesen hat, nichts, aber auch gar nichts mit der Paranoia von Verschwörern zu tun, sondern ist schon seit jeher ein fester Bestandteil der herrschenden Klassen. So und nicht anders läuft dieses Spiel nun einmal, auch wenn es die breite Masse nicht wahrhaben will, die durch die seichte Unterhaltung der Mainstream-Medien ruhiggestellt, ruhiggehalten und über diese Sachverhalte *nicht* informiert wird.

Die mysteriösen Kräfte im Hintergrund, von denen Queen Elizabeth gesprochen hatte, diese *Dunkelmänner* waren meines Erachtens auch am Tod Jörg Haiders beteiligt, hatten schließlich und letztlich seine Ermordung ausgeführt – getarnt als Unfall. Bei den Tätern handelte es sich entweder selbst um Logenbrüder oder sie wurden von Freimaurern beauftragt. Zu *eindeutig* ist ihre »Handschrift«, zu eindeutig sind die am Tatort zurückgelassen Symbole, die bis heute von niemandem »offiziell« hinterfragt wurden! Okkult-freimaurerische Symbole, um die Wissenden zu informieren oder als Warnung für Kritiker und einzelne Eingeweihte in den Ermittlungsbehörden, sich besser nicht mit der Loge anzulegen, um keinen »Bruderverrat« zu begehen.

So stellten Polizei, Staatsanwaltschaft und Justizministerium schnell eine Theorie auf, die bereitwillig, ohne groß hinterfragt zu werden, von den Medien übernommen wurde.

Inspektor Jean-Claude Mules von der Pariser Polizei, der in Frankreich maßgeblich an den Ermittlungen zum Tod von Lady Di beteiligt war, erklärte Clive Goodman, dem Hofberichterstatter von *News of the World* gegenüber: »Wenn man bei einer Ermittlung anfangs von einem Verkehrsunfall ausgeht, kann man die Untersuchung nicht einfach unbenommen ausdehnen, das würde die Ausgangshypothese nur verkomplizieren. Wir als Kriminalpolizisten gehen extrem präzise und rigoros zu Werke. Es wird eine Theorie aufgestellt, anschließend bestätigen wir diese mit den dafür sprechenden Elementen.«

Dieses allgemeine kriminalistische Vorgehen wurde mir, sozusagen »unter der Hand«, von mehreren Kriminalbeamten aus verschiedenen Mordkommissionen bestätigt – es soll auf jeden Ermittlungsfall zutreffen.

Auf die Bemerkung, Mules hätte doch von den Kontakten Henri

Pauls (dem Chauffeur und Sicherheitschef des Hotel Ritz, der die Limousine mit Dodi al-Fayed und Prinzessin Diana in der Todesnacht gefahren hatte) zum britischen Geheimdienst MI6 gewusst, antwortete der Inspektor nur: »Geheimnisse sind nun mal Geheimnisse.«

Niemand sollte damals auf die Idee kommen, das Ganze wäre *absichtlich* arrangiert worden und sei ein *Mordkomplott* gewesen! Politik und Polizei suchten deshalb nach einer einfachen und akzeptablen Erklärung. Es störte die offiziellen Behörden dabei nicht, dass die Version vom Unfall, verursacht durch eine Meute von Paparazzi und einen betrunkenen Fahrer (Beide Versionen waren nicht haltbar) in fast allen Punkten von den Aussagen der Augenzeugen abwich!

Ich glaube, im Fall Jörg Haider war es genauso. Die meisten Ermittler und die Staatsanwaltschaft gingen von Anfang an von einer Unfalltheorie aus.

Wir müssen endlich verstehen, dass Sicherheitsbehörden *nicht* dazu da sind, *uns* vor irgendeiner Gefahr zu schützen, sondern ausschließlich die Regierung, die *Machtelite* eines jeweiligen Landes. Die »unbekannten grauen Herren«, wie sich Prinzessin Diana einmal ausdrückte, hatten meines Erachtens auch am 11. Oktober 2008 zugeschlagen: auf der Loiblpass-Bundesstraße in der Ortschaft Lambichl, nur wenige Fahrminuten von der Kärntner Landeshauptstadt Klagenfurt entfernt. Dieses Mal war das Opfer jedoch nicht eine junge walisische Prinzessin, die dem Establishment gefährlich geworden war, sondern ein Kärntner Landeshauptmann, der sich nach seinem fulminanten Wahlerfolg anschickte, nicht nur Österreich, sondern ganz Europa aus den Angeln zu heben.

Quellenverzeichnis

1 | Georg Lux/Arno Wiedergut/Uwe Sommersguter: *Jörg Haider – Mensch, Mythos, Medienstar,* Wien-Graz-Klagenfurt 2008, S. 55

Nina Horaczek/Claudia Reiterer: *HC Strache – Sein Aufstieg, seine Hintermänner, seine Feinde,* Wien 2009, S. 196

Gerhard Wisnewski: *Jörg Haider – Unfall, Mord oder Attentat?,* Rottenburg 2009, S. 10, 11

Guido Grandt: *11.3. Der Amoklauf von Winnenden – Hintergründe, Widersprüche und Vertuschungen,* Berlin 2010, S. 12, 13, 259

Dalai Lama: *Ratschläge des Herzens,* Zürich 2003, S. 93, 94

2 | »Biografie von Dr. Jörg Haider« in: *parlament.gv.at* (www.parlament.gv.at/WW/DE/PAD_00490/pad_00490.shtml), Zugriff: 6.2.2010

»Jörg Haider« in: *wien-konkret.at* v. 11.10.2008 (www.wien-konkret.at/politik/nachruf/joerg-haider/), Zugriff: 2.7.2009

Georg Lux/Arno Wiedergut/Uwe Sommersguter: *Jörg Haider – Mensch, Mythos, Medienstar,* Wien-Graz-Klagenfurt 2008, S. 16–38, 40

3 | »Kanzler und Regierungen seit 1945« in: *bka.gv.at* (www.bka.gv.at/site/3355/default.aspx), Zugriff: 19.2.2010

4 | Guido Grandt: *Schwarzbuch Freimaurerei – Geheimpolitik, Staatsterror, Politskandale – Von der Französischen Revolution bis zu Uwe Barschel,* Rottenburg 2007, S. 19–32, 89–135 und die darin angegebenen umfangreichen Quellen

5 | Gerhard Wisnewski: *Jörg Haider – Unfall, Mord oder Attentat?,* Rottenburg 2009, S. 118 ff., 249

E-Mail einer Informantin an den Autor v. August 2009, Archiv Grandt

»Ermittlungen zu Haiders Unfall eingestellt« in: *kaernten.orf.at* v. 14.4.2009 (http://kaernten.orf.at/stories/355274/), Zugriff: 30.6.2009

Georg Lux/Arno Wiedergut/Uwe Sommersguter: *Jörg Haider – Mensch, Mythos, Medienstar,* Wien-Graz-Klagenfurt 2008, S. 46

»Politmord an Haider für Petzner möglich« in: *oe24.at* (www.oe24.at/oesterreich/politik/Politmord_an_Haider_fuer_Petzner_moeglich_0486591.ece), Zugriff: 29.6.2009

Pressemitteilung des Autors v. 1.7.2009, Archiv Grandt

E-Mails von InformantInnen an den Autor v. 4.8.2009 und 5.8.2009

»Grandt: Haiders Tod war Ritualmord« in: *Schwarzwälder Bote* v. 3.7.2009

»Grandt: Die Bombe platzt noch« in: *Schwarzwälder Bote* v. 4.7.2009

»Anzeige gegen Unbekannt wegen Mordes an Jörg Haider« des Autors v. 1.7.2009, Archiv Grandt

»Eingabebestätigung« der Staatsanwaltschaft Klagenfurt (Helmut Jamnig) v. 2.7.2009, Archiv Grandt

»Jörg Haider rast mit Tempo 142 in den Tod« in: *BILD* v. 13.10.2008

»Jörg Haider hatte bei seiner Todesfahrt 1,8 Promille!« in: *BILD* v. 16.10.2008

»Haider ist mit 142 km/h in den Tod gerast« in: *diepresse.com* v. 12.10.2008 (diepresse.com/home/politik/innenpolitik/421937/print.do), Zugriff: 10.7.2009

E-Mail des Autors an Staatsanwalt Jamnig v. 3.9.2009, Archiv Grandt

Schreiben der Staatsanwaltschaft Klagenfurt (Staatsanwalt Magister Christian Gutschi) an den Autor v. 8.9.2009, Archiv Grandt

6 | Verschiedene E-Mails von »Nestor« an den Autor, Archiv Grandt

»Mailhilfe Länderkennung« in: *mailhilfe.de* (www.mailhilfe.de/laenderkennung.html), Zugriff: 28.1.2010

Peter-R. Koenig: »Ordo Templi Orientis O. T. O. Phenomenon Books. Der Kleine Theodor Reuss Reader« in: *homepage.hispeed.ch* (http://homepage.hispeed.ch/O.T.O./books/reader.htm), Zugriff: 28.1.2010

7 | Eugen Lennhoff / Oskar Posner / Dieter A. Binder: *Internationales Freimaurerlexikon*, München 2006, S. 54, 462, 489, 490, 588, 589, 715, 760, 804, 807, 817, 821–823

Christa Zettel: *Das Geheimnis der Zahl – Geheimlehre und Numerologie*, München 1996, S. 289 ff.

»Wiens Da Vinci-Code: NEWS über das sagenhafte Geheimnis des Stephansdoms« in: *news.at* v. 25.6.2006 (www.news.at/articles/0625/35/143821/wiens-da-vinci-code-news-geheimnis-stephandoms), Zugriff: 15.9.2009

»Jörg Haider: Polizist verkaufte Fotos des Unfallwagens« in: *Focus-Online* v. 28.10.2008 (www.focus.de/politik/ausland/joerg-haider-polizist-verkaufte-fotos-des-unfallwagens_aid_...), Zugriff: 29.10.2008

»Polizist verkaufte Fotos von Haiders Wrack – suspendiert« in: *oe24.at* (www.oe24.at/zeitung/oesterreich/chronik/kaernten/Polizist_verkaufte_Fotos_von_Haiders...), Zugriff: 29.10.2008

»Haider-Unfall-Fotos-Verkäufer wieder im Dienst« in: *oe24.at* v. 28.6.2009 (www.oe24.at/oesterreich/chronik/kaernten/Haider-Unfall-Fotos-Verkaeufer_wieder_im_Di...), Zugriff: 10.7.2009

»Haider-Unfallfotos: Kein Fall fürs Gericht« in: *Kleine Zeitung* v. 4.8.2009 (www.kleinezeitung.at/kaernten/klagenfurt/klagenfurt/2093849/haider-unfallfotos-fall-fuers...), Zugriff: 6.8.2009

Georg Lux, Arno Wiedergut, Uwe Sommersguter: *Jörg Haider – Mensch, Mythos, Medienstar,* Wien-Graz-Klagenfurt 2008, S. 75

Guido Grandt: *Schwarzbuch Freimaurerei: Geheimpolitik, Staatsterror, Politskandale – Von der Französischen Revolution bis zu Uwe Barschel,* Rottenburg 2007, S. 17

Guido & Michael Grandt: *Satanismus – Die unterschätzte Gefahr,* Düsseldorf 2000, S. 20 ff.

Gerhard Wisnewski: *Jörg Haider – Unfall, Mord oder Attentat?,* Rottenburg 2009, S. 228 ff.

Stefanie Reiffert: »Numerologie: Ein Jahrhundertmoment für Zahlenfreaks« in: *Focus-Online* v. 7.8.2009 (www.focus.de/wissen/bildung/mathematik/tid-15104/numerologie-ein-jahrhundertmoment...), Zugriff: 7.8.2009

»A-I-D-A – oder Wie wird man eigentlich Freimaurer?« in: *Freimaurerloge Zur Deutschen Burg* (www.freimaurer-duisburg.de/cms/NS_Wie-wird-man-eigentlich-Freimaurer.html), Zugriff: 5.2.2010

Sven Berger: »Jörg Haiders Doppelleben« in: *mysteries* 1/09, S. 18–24

»Eine Numerologin aus NÖ ist ins Visier der Polizei geraten, weil sie Haider vor seinem Todescrash gewarnt hat« in: *zeitwort.at* (http://zeitwort.at/index.php?page=Thread&threadID=8246), Zugriff: 7.8.2009

»Tina Puchinger« in: *magischezahlen.at* (www.magischezahlen.at/index.php?id=2184), Zugriff: 7.8.2009

»Tag der Volksabstimmung (10. Oktober)« in: *lexolino.de Enzyklopädie* (www.lexolino.de/c,kultur_feiertage-%D6sterreich,tag-der-volksabstimmung-10-oktober«), Zugriff: 27.7.2009

Die Bibel, Aschaffenburg 1973, 23. Auflage

»Monoalphabetical Cipher« in: *www.simonsingh.net* (http://www.simonsingh.net/The_Black_Chamber/generalsubstitution-WithMenu.html), Zugriff: 27.7.2009

Barbara G. Walker: *Die geheimen Symbole der Frauen,* München 2000, S. 212, 213, 579, 580, 613

Jürgen Werlitz: *Das Geheimnis der Heiligen Zahlen – Ein Schlüssel zu den Rätseln der Bibel,* Wiesbaden 2004, S. 260 ff., 282 ff.

Hans Biedermann: *Handlexikon der magischen Künste,* München 1976, S. 343 ff.

Horst E. Miers: *Lexikon des Geheimwissens,* München 1993, S. 536, 676, 689 ff.

Karl-Heinz Zunneck: *Die geheimen Zeichen und Rituale der Freimaurer,* Rottenburg 2002, S. 216 ff., 226

Herbert Reichstein: *Praktisches Lehrbuch der Kabbala – Magie und Mystik der Namen und Zahlen,* Berlin 1961, 6. Auflage, S. 64 ff.

Papus: *Die Kabbala – Einführung in die jüdische Geheimlehre,* Wiesbaden 1986, 6. Auflage, S. 69

Alfried Lehner: *Die Esoterik der Freimaurer,* Crailsheim 1990, S. 77, 82, 90 ff.

»Lexikon freimaurerischer Begriffe« in: *sgovd.org* (www.sgovd.org/wiki/Lexikon), Zugriff: 10.7.2009)

Dr. Jos. Schauberg: *Vergleichendes Handbuch der Symbolik der Freimaurerei mit besonderer Rücksicht auf die Mythologien und Mysterien des Alterthums,* Zürich 1861, S. 149 ff., 203 ff., 446 ff. (www.internetloge.de/symhandb/symb29.htm), Zugriff: 21.6.2009

»Die Geheimschrift der Freimaurer« in: *phil.uni-passau.de* (http://www.phil.uni-passau.de/histhw/TutKrypto/tutorien/freimaurer.htm#2), Zugriff: 27.7.2009

Sonstige Nachschlagewerke zur freimaurerischen und okkulten Symbolik:

»Tag der Volksabstimmung (10. Oktober)« in: *lexolino.de Enzyklopädie* (www.lexolino.de/c,kultur_feiertage-%D6sterreich,tag-der-volksabstimmung-10-oktober«), Zugriff: 27.7.2009

»Tausende haben um Haider getrauert« in: *oe24.at* (www.oe24.at/oesterrreich/politik/Tausende_haben-um_Haider_getrauert_378127.ece), Zugriff: 8.9.2009

Dieter A. Binder: *Die Freimaurer – Ursprung, Rituale und Ziele einer diskreten Gesellschaft,* Freiburg i. Breisgau 1998, S. 375, 384

»Verschwörungstheorien um Haiders Tod: Von Bomben, dem Mossad und K.-o.-Tropfen« in: *news.at* v. 30.10.2008 (www.news.at/articles/0844/13/223851/verschwoerungstheorien-haiders-tod-von-bomben-...), Zugriff: 30.6.2009

»Das letzte Interview; Fotos von Jörg Haider« in: *news.at* (http://www.news.at/nw1/gen/slideshows/slide/show;politik/inland/bzoe/haider/letztes_interview/;kid;13?flags=ref;/custom?q), Zugriff: 12.2.2010

E-Mail einer Informantin v. August 2009, Archiv Grandt

E-Mail des Autors an H. Bajzek (Beerdigungsinstitut Pax, Klagenfurt) v. 17.2.2010

Aleister Crowley/Michael D. Eschner: *Liber Al vel Legis – Das Buch des Gesetzes mit Kommentaren,* Clenze 1985, S: 168, 169

Michael Kraus (Hrsg.): *Die Freimaurer,* Salzburg 2007 (Foto »rauer Stein« und Bildbeschreibung)

Reinhard Lamer: *Freimaurer in Österreich – Weg und Schicksal der ›Königlichen Kunst‹,* Innsbruck 2001, S. 14

Texe Marrs: *Codex Magica – Secret Signs, Mysterious Symbols, and Hidden Codes of the Illuminati,* Austin/Texas 2006

Michael Kraus (Hg.): *Die Freimaurer,* Salzburg 2007, S. 68

Dr. Cathy Burns: *Masonic and occult symbols illustrated,* Mt. Carmel 2006, 7. Auflage

8 | Komplettes Kennzeichen bekannt

9 | »Sorat, der Sonnendämon« in: *anthroposophie.net* (www.anthroposophie.net/lexikon/printliste.php?id=191), Zugriff: 14.2.2010

»Mystisches Lamm« in *anthroposophie.net*
(www.anthroposophie.net/lexikon/printliste.php?id=192),
Zugriff: 14.2.2010

»Im Zeichen des Tieres« in: *rsarchive.org*
(www.rsarchive.org/RelArtic/HoltD/EAN_UPC/), Zugriff: 14.2.2010

»Widersacher« in: *AnthroWiki*
(http://wiki.anthroposophie.net/Widersacher), Zugriff: 14.2.2010

»Hinweise zum Text, Priestervorträge – GA 346 Priesterkurse V« in:
Freie Verwaltung des Nachlasses Rudolf Steiner
(http: fvn-rs.net/index.php?option=com_content&view=article&id=3641:
hinweise-zum-text&cat…), Zugriff: 14.2.2010

Rudolf Steiner: »Die Apokalypse des Johannes«, GA 104
(Vortrag von 1908), (www.magie-info.de/steiner/st-104-Apok.666.htm),
Zugriff: 14.2.2010

»Austria-Haider Crash/ Duration: 2.28/Date Shot: October 11, 2008«
(Nachrichtenagentur Reuters (6024WD) in: *tagesanzeiger.ch – Videothek*
(www.tagesanzeiger.ch/video_id=9978), Zugriff: 18.2.2010
und »Polizei an Haider-Unfallort« in: *youtube.com* (www.youtube.com/
watch?v=yW8HtQ7VoQE&feature=related), Zugriff: 14.2.2010
und Foto (http://i47.tinypic.com/2pso8wm.jpg), Zugriff: 14.2.2010

E-Mail einer Informantin an das Bundesministerium für Inneres,
Wien v. 18.1.2009, Archiv Grandt

E-Mail des Bundesministerium für Inneres, Wien an die Informantin
v. 20.1.2009, Archiv Grandt

E-Mail des Autors an das Bundesministerium für Inneres,
Wien v. 17.2.2010, Archiv Grandt

E-Mail v. 22.2.2010 von Oberst Rudolf Gollia an den Autor, Archiv Grandt

E-Mail des Autors an das Bundesministerium für Inneres
(Gerhard Pichler) v. 24.2.2010, Archiv Grandt

E-Mail von Gerhard Pichler (BMI) an den Autor v. 24.2.2010,
Archiv Grandt

E-Mail des Autors an Oberstleutnant Gottlieb Türk
(Leiter der Stabsabteilung des Landespolizeikommando Kärnten)
v. 24.2.2010, Archiv Grandt

E-Mail von Gottlieb Türk an den Autor v. 24.2.2010, Archiv Grandt

E-Mail des Autors an Gottlieb Türk v. 25.2.2010, Archiv Grandt

E-Mail von Gottlieb Türk an den Autor v. 25.2.2010, Archiv Grandt

10 | Günter K. Kodek: *Zwischen verboten und erlaubt – Chronik der Freimaurerei in der österreichisch-ungarischen Monarchie 1867–1918 und der 1. Republik 1918–1938,* Wien 2009, S. 5, 193

Roland Bettschart/Birgit Kofler: *Nobelclubs in Österreich – Wo Einfluß, Macht und Geld verkehren,* Wien 1999, S. 7, 8, 11, 12

Robert A. Minder: *Freimaurer Politikerlexikon,* Innsbruck 2004, Editorische Notiz, sowie S. 153–157, 196–201

Guido Grandt: *Schwarzbuch Freimaurerei: Geheimpolitik, Staatsterror, Politskandale – Von der Französischen Revolution bis zu Uwe Barschel,* Rottenburg 2007, S. 26, 125 ff.

»Russland gibt Österreich tonnenweise Akten zurück« in: *diepresse.com* v. 23.6.2009 (http://diepresse.com/home/politik/aussenpolitik/489438/print.do), Zugriff: 30.6.2009

Michael Kraus (Hrsg.): *Die Freimaurer,* Salzburg 2007, S. 10, 117, 118, 156, 157

Eugen Lennhoff, Oskar Posner, Dieter A. Binder: *Internationales Freimaurerlexikon,* München 2006 (5. überarbeitete und aktualisierte Ausgabe), S. 526 ff., 633 ff., 637

Peter Wendling: *Logen, Clubs und Zirkel – Die diskrete Macht geheimer Bünde,* München 2002, S. 44

»Die geheimnislosen Freimaurer – Interview mit dem Großmeister der Großloge von Österreich Nikolaus Schwärzler« in: *Die Wirtschaft* (www.die-wirtschaft.at/ireds-89456.html), Zugriff: 17.2.2010

11 | »Michael Kraus – Daten & Fakten« in: *Salzburger Nachrichten* v. 15.3.2007

E-Mails des Autors v. 2.7.2007 und E-Mail v. 4.7.2007 von Dr. Michael Kraus (Großmeister der Großloge von Österreich) an den Autor, Archiv Grandt

»Netzwerke zum Erfolg« in: *news.at* v. 3.3.2006 (www.news.at/articles/0609/30/135629_s5/netzwerke-erfolg-format-zirkeln-business-elite), Zugriff: 15.9.2009

»Kulturpolitik: Hin und wieder, eher selten, eine Frau« in: *diepresse.com* v. 7.3.2008 (http://diepresse.com/home/kultur/news/368296/print.do), Zugriff: 11.3.2008

»Vor dem Jörg Haider hat keiner Angst« in: *Kleine Zeitung* v. 24.9.2008 (www.kleinezeitung.at/nachrichten/politik/regierung/1545976/print.di), Zugriff: 16.10.2008

»Freimaurer: Boom durch ›Sakrileg‹ & Co.« in: *diepresse.com* v. 14.3.2007 (http://diepresse.com/home/panorama/oesterreich/290961/index.do), Zugriff: 29.1.2010

Günter K. Kodek: *Zwischen verboten und erlaubt – Chronik der Freimaurerei in der österreichisch-ungarischen Monarchie 1867–1918 und der 1. Republik 1918–1938,* Wien 2009, S. 142 ff., 146, 193

Dieter A. Binder: *Die Freimaurer – Ursprung, Rituale und Ziele einer diskreten Gesellschaft,* Freiburg i. Breisgau 1998, S. 196 ff.

Gustav Kuéss/Bernhard Scheichelbaur: *200 Jahre Freimaurerei in Österreich,* Innsbruck 1999, S. 25, 256

Michael Kraus (Hrsg.): *Die Freimaurer,* Salzburg 2007, S. 13, 15, 29, 30, 56, 58, 89–92

12 | Eugen Lennhoff/Oskar Posner/Dieter A. Binder: *Internationales Freimaurerlexikon,* München 2006, S. 471

Reinhard Lamer: *Freimaurer in Österreich – Weg und Schicksal der ›Königlichen Kunst‹,* Innsbruck 2001, S. 64, 72

Gustav Kuéss/Bernhard Scheichelbauer: *200 Jahre Freimaurerei in Österreich,* Innsbruck 1999, S. 45, 49

Biographisches Lexikon des Kaisertums Österreich (60 Bände, 1856–91), 28. Teil in: »austrian literature online« (http://alo.uibk.ac.at/webinterface/library/ALO-BOOK_V01?objid=11777&page=287&zoom=5&ocr=) und *aeiou-Österreich-Lexikon* (http://www.aeiou.at/aeiou.encyclop.a/a229344.htm), Zugriff: 9.7.2009

Robert A. Minder: *Freimaurer Politikerlexikon,* Innsbruck 2004, S. 153–161, 315

»Dr. Karl Renner-Denkmal und Staatsgründungsdenkmal« in: *peter.diem.at* (http://peter-diem.at/Monumente/Renner.htm), Zugriff: 21.7.2009

Guido Grandt: *Schwarzbuch Freimaurerei: Geheimpolitik, Staatsterror, Politskandale – Von der Französischen Revolution bis zu Uwe Barschel,* Rottenburg 2007, S. 125–128

aeiou-Österreich-Lexikon (http://www.aeiou.at/aeiou.encyclop.k/k586206.htm), Zugriff: 9.7.2009

»Auswahl bekannter Freimaurer« in: *sgovd.org* (www.sgovd.org/wiki/VorBilder), Zugriff: 10.7.2009

»Verschlüsselte Botschaften und versteckte Zeichen« in: *Salzburger Nachrichten* v. 6.10.2005

»Logen-Musik – Mozart als Freimaurer« in: *Salzburger Nachrichten* v. 3.12.2005

Günter K. Kodek: »Unsere Bausteine sind die Menschen – Die Mitglieder der Wiener Freimaurer-Logen 1869–1938« in: *falter.at* v. 8.7.2009 (www.falter.at/web/shop/detail.php?id=30231&show=print), Zugriff: 16.9.2009

Günter K. Kodek: *Zwischen verboten und erlaubt – Chronik der Freimaurerei in der österreichisch-ungarischen Monarchie 1867–1918 und der 1. Republik 1918–1938,* Wien 2009

»Biografie Ferdinand Hanusch« in: *parlament.gv.at* (www.parlament.gv.at/WW/DE/PAD_01947/ah_01947.shtml), Zugriff: 6.3.2010

Gustav Kuéss/Bernhard Scheichelbaur: *200 Jahre Freimaurerei in Österreich,* Innsbruck 1999, S. 192–195

13 | Herbert Dachs/Peter Gerlich/Wolfgang C. Müller (Hrsg.): *Die Politiker der Zweiten Republik – Karrieren und Wirken bedeutender Repräsentanten,* Wien 1995, S. 250 ff.

»Bekannte Freimaurer« in: *sgovd.org* (www.sgovd.org/wiki/Vorbilder), Zugriff: 10.7.2009

»Berühmte Freimaurer« in: *Handbuch des Freimaurers;* Forschungsgruppe Alpina (FGA), zit. nach: www.optikus-service.de/html/beruhmte_freimaurer.html), Zugriff: 16.9.2009

Mag. Dr. Harald Schrefler: *Die katholische Kirche und die Freimaurerei* (Dissertation), 12.5.2009, »Eine Auswahl berühmter Freimaurer«, S. 3, Archiv Grandt

»Franz Jonas: Der erste ›Arbeiterpräsident‹ Österreichs« in: *wienerzeitung.at* (www.wienerzeitung.at/linkmap/personen/jonas.htm), Zugriff: 17.9.2009

Eugen Lennhoff/Oskar Posner/Dieter A. Binder: *Internationales Freimaurerlexikon,* München 2006, S. 270, 313, 504

Sabine Weber: »Amikejo, Ort der Freundschaft – Wie mit Esperanto Staat gemacht werden sollte« in: *Deutschlandradio/Deutschlandfunk* v. 12.5.2008 (http://www.dradio.de/dlf/sendungen/dasfeature/783828), Zugriff: 18.9.2009

»Esperanto heute« in: *esperanto.net* (www.esperanto.net/info/detala/de_eo-detala.html), Zugriff: 18.9.2009

»Was ist Esperanto?« in: *esperanto.net* (www.esperanto.net/info/baza/de_eo-baza.html), Zugriff: 18.9.2009

14 | Herbert Dachs/Peter Gerlich/Wolfgang C. Müller (Hrsg.): *Die Politiker der Zweiten Republik – Karrieren und Wirken bedeutender Repräsentanten,* Wien 1995, S.274 ff.

»Die Rolle der SA bei Hitlers Machtergreifung« in: *uni-protokolle.de* (www.uni-protokolle.de/Lexikon/Sturmabteilung.html), Zugriff: 29.1.2010

15 | Guido Grandt: *Schwarzbuch Freimaurerei: Geheimpolitik, Staatsterror, Politskandale – Von der Französischen Revolution bis zu Uwe Barschel,* Rottenburg 2007, S. 125–128

Dieter A. Binder: *Die Freimaurer – Ursprung, Rituale und Ziele einer diskreten Gesellschaft,* Freiburg i. Breisgau 1998, S. 196 ff.

Klaus Ottomeyer: *Jörg Haider – Mythenbildung und Erbschaft,* Klagenfurt/Celovec 2009, S. 146

Georg Lux/Arno Wiedergut/Uwe Sommersguter: *Jörg Haider – Mensch, Mythos, Medienstar,* Wien-Graz-Klagenfurt 2008, S. 74, 75, 102–106, 135, 220

Herbert Dachs/Peter Gerlich/Wolfgang C. Müller (Hrsg.): *Die Politiker der Zweiten Republik – Karrieren und Wirken bedeutender Repräsentanten,* Wien 1995, S. 572 ff.

»Übervater und Ziehsohn – Von Leopold Wagner (SPÖ) zu Jörg Haider (BZÖ)« in: *derstandard.at* v. 12.9.2008 (http://derstandard.at?/url=/?id=1220459174246), Zugriff: 18.9.2009

»Biographie Leopold Wagner« in: *parlament.gv.at* (www.parlament.gv.at/WW/DE/PAD_01394/pad_01394.shtml), Zugriff: 18.9.2009

»Freimaurer-Grossmeister zu Dan Brown« in: *news.at* v. 9.9.2009 (www.news.at/artricles/0937/120/250708/freimaurer-grossmeister-dan-brown-naechste-woc…), Zugriff: 17.9.2009

16 | Herbert Dachs/Peter Gerlich/Wolfgang C. Müller (Hrsg.): *Die Politiker der Zweiten Republik – Karrieren und Wirken bedeutender Repräsentanten,* Wien 1995, S. 186

Dieter A. Binder: *Die Freimaurer – Ursprung, Rituale und Ziele einer diskreten Gesellschaft,* Freiburg i. Breisgau 1998, S. 200, 201

»Bekannte Freimaurer« in: *sgovd.org*
(www.sgovd.org/wiki/VorBilder), Zugriff: 10.7.2009

»Bürgermeister Wien: die Wiener Bürgermeister der Zweiten Republik: Helmut Zilk« in: *stadt-wien.at*
(www.stadt-wien.at/index.php?id=buergermeisterwien), Zugriff: 29.1.2010

Handbuch des Freimaurers; Forschungsgruppe Alpina (FGA);
zitiert nach: www.optikus-service.de/html/beruhmte_freimaurer.html), Zugriff: 16.9.2009

»Biografie von Helmut Zilk« in: *biografie.nurido.at*
(http://biografie.nurido.at/zilkhelmutbuergermeistervonwien.html), Zugriff: 29.1.2010

»Zilk-Affäre-Fekter: Akten wurden vernichtet« in: *vol.at* v. 23.3.2009
(www.vol.at/news/co:austria:politik/artikel/zilk-affaere---fekter-akten-wurden-vernichtet/cn…), Zugriff: 29.6.2009

»Helmut Zilk: Dem Spion, dem alle vertrauten« in: *sueddeutsche.de* v. 22.3.2009 (www.sueddeutsche.de/politik/962/462578/text/), Zugriff: 29.1.2010

»Helmut Zilk war Spion für den tschechischen Geheimdienst« in: *wien-konkret.at* v. 24.10.2008
(www.wien-konkret.at/politik/nachruf/helmut-zilk/), Zugriff: 2.7.2009

»Freimaurer: Boom durch ›Sakrileg‹ & Co.« in: *diepresse.com* v. 14.3.2007
(http://diepresse.com/home/panorama/oesterreich/290961/index.do), Zugriff: 29.1.2010

»Hohe Schule der Brüderlichkeit« in: *wienerzeitung* v. 20.8.1999
(www.wienerzeitung.at/Desktopdefault.aspx?tablID=3946&alias=Wzo&lexikon=Gesellscha…), Zugriff: 2.7.2009

»Gestorben: Helmut Zilk« in: *DER SPIEGEL* 44/2008, S. 182

17 | »Die Politik in der Hand der Freimaurer« in: *kreuz.net* v. 2.10.2006 (www.kreuz.net/article.3968.html), Zugriff: 16.10.2008

»Altkanzler und Lebensmenschen« in: *diepresse.com* v. 28.10.2008
(http://diepresse.com/home/politik/innenpolitik/426156/print.do), Zugriff: 29.10.2008

»Frage und Antwort an Dr. Alexander Van der Bellen« v. 18.9.2008 und 1.10.2008 in: *meinparlament.kurier.at*
(http://meinparlament.kurier.at/dr_alexander_van_der_bellen- 10815-18798.html), Zugriff: 22.6.2009; (http://meinparlament.kurier.at/print.php?frage=139881), Zugriff: 22.6.2009

»Österreich in den Händen der Freimaurer?« in: *haGalil.com* v. 8.10.2006 (www.hagalil.com/archiv/2006/10/stadler.htm), Zugriff: 30.6.2009

»Die Presse am Sonntag: Van der Bellen: ›Ich lasse mir von der Kronen Zeitung keinen Bundespräsidenten diktieren‹« in: *ots.at* v. 5.9.2009 (www.ots.at/presseaussendung/OTS_20090905_OTS0036), Zugriff: 16.9.2009

Gesprächsnotizen zwischen dem Autor und Ewald Stadler v. 14.7.2009 in Wien, Archiv Grandt

E-Mail von Ewald Stadler an den Autor v. 11.8.2009, Archiv Grandt

»Alexander Van der Bellen« in: *Die Grünen* (www.gruene.at/personen/alexander_van_der_bellen), Zugriff: 23.3.2010

18 | Mir liegen sie als Hardcopy vor.

19 | Guido Grandt: *Schwarzbuch Freimaurerei: Geheimpolitik, Staatsterror, Politskandale – Von der Französischen Revolution bis zu Uwe Barschel,* Rottenburg 2007, S. 138–151

20 | Jörg Haider: *Freiheit, die ich meine – Das Ende des Proporzstaates, Plädoyer für die Dritte Republik,* Frankfurt/Main-Berlin, 1993, S. 31

Peter Wendling: *Logen, Clubs und Zirkel – Die diskrete Macht geheimer Bünde,* München 2002, S. 99, 101, 104, 158, 160 ff.

Roland Bettschart/Birgit Kofler: *Nobelclubs in Österreich – Wo Einfluß, Macht und Geld verkehren,* Wien 1999, S. 42 ff., 61 ff.

Wolfgang Ziegler: »Rotary und die Freimaurer – Von Brüdern und Freunden« in: *Rotary* 4/2004, S. 12, 13

Edwin Biedermann: »Service-Clubs – eine Erfindung des 20. Jahrhunderts« in:
Kiwanis Nachrichten, Edition 2005 (Januar, Februar, März 2005), S. 33, 34
Kiwanis Nachrichten, Edition 1 (Jan., Feb., Mrz. 2003)
Kiwanis Nachrichten, Edition 4 (Okt., Nov., Dez. 2002), S. 10
Kiwanis Nachrichten, Edition 1 (Okt, Nov., Dez. 2004), S. 27

Edwin A. Biedermann: *Logen, Clubs und Burschenschaften,* Düsseldorf 2004, S. 18, 27

Literatur über die Bilderberger:

Andreas von Rétyi: *Bilderberger – Das geheime Zentrum der Macht,* Rottenburg 2006, S. 281; siehe hierzu auch die gleichnamige Filmdokumentation von Guido Grandt (Kopp Media), Rottenburg 2009

Daniel Estulin: *Die wahre Geschichte der Bilderberger,* Rottenburg 2005, 2007

Daniel Estulin: *The True Story of The Bilderberg Group,* Walterville OR 2005, 2007

Horst E. Miers: *Lexikon des Geheimwissens,* München 1993, S. 118

Karl-Heinz Lock: *Stichwort Geheimbünde,* München 1994, S. 78

Eugen Lennhoff/Oskar Posner/Dieter A. Binder: *Internationales Freimaurerlexikon,* München 2006 (5. überarbeitete und aktualisierte Ausgabe), S. 82, 83,139, 140, 250, 441 ff., 691

vgl. Karl-Heinz Lock: *Stichwort Geheimbünde,* München 1994, S. 78

Jürgen Holtorf: *Die Logen der Freimaurer – Geschichte, Bedeutung, Einfluss,* München 1991, S. 155

Dieter A. Binder: *Die Freimaurer – Ursprung, Rituale und Ziele einer diskreten Gesellschaft,* Freiburg i. Breisgau 1998, S. 25

»Aktuelle Mitglieder-Statistik Rotary International« in: *rotary.de* (https://rotary.de/mitglieder_service/mitglieder_statistik.php), Zugriff: 11.2.2010

»Hohe jüdische Auszeichnung für Vranitzky« in: *wien.orf* v. 11.11.2005 (http://wien.orf.at/stories/69465/), Zugriff: 3.2.2010

»Auswahl rechtsextremer, antisemitischer, rassistischer und europafeindlicher Äußerungen von FPÖ-SpitzenpolitikerInnen und -Medien«, Stand 2.3.2001 in *Dokumentationsarchiv des österreichischen Widerstands* (www.doew.at/projekte/rechts/fpoe/fpoezitate.html), Zugriff: 16.10.2008

»BZÖ-Strutz: Parlamentarische Anfrage von Faymann wegen Bilderberg-Konferenz« in: *ots.at* v. 17.5.2009 (http://www.ots.at/presseaussendung/OTS_20090517_OTS0014), Zugriff: 15.9.2009

»Pressemitteilung zur Bilderberg-Konferenz« in: *info.kopp-verlag.de* v. 19.5.2009 (http://info.kopp-verlag.de/news/pressemitteilung-zur-bilderberg-konferenz.html), Zugriff: 2.2.2010

»Jörg Haider und seine Brüder« in: *studium generale* v. 8.12.2009 (http://studgenpol.blogspot.com/2009/12/jorg-haider-und-seine-bruder.html), Zugriff: 3.2.2010

»Unerwartete Ehrung für Weihbischof der Erzdiözese Wien« in: *kreuz.net* v. 5.11.2004 (www.kreuz.net/print-article.81.html), Zugriff: 7.11.2007

Martina Forsthuber/Thomas Martinek/Peter Sempelmann: »Wer Österreichs Wirtschaft lenkt« in: *trend 7,* Juli 2009«, S. 50 ff. (http://www.fas.at/news/_downloads/07_2009_TREND_Die_100_wichtigsten_Wirtschaftslenker.pdf), Zugriff: 11.2.2010

»Lebenslauf Dr. Josef Ostermayer« in: *bka.gv.at* (www.bka.gv.at/site/6591/default.aspx), Zugriff: 11.2.2010

»Heinrich Neisser« in: *aeiou-Österreich-Lexikon* (www.aeiou.at/aeiou.encyclop.n/n261904.htm), Zugriff: 3.2.2010

»Franz Vranitzky« in: *aeiou-Österreich-Lexikon* (www.aeiou.at/aeiou.encyclop.v/v989247.htm), Zugriff: 3.2.10

»Vranitzky in Wien mit der Goldenen Medaille von B'nai B'rith geehrt« in: *Israelitische Kultusgemeinde Wien* (www.ikg-wien.at/IKG/Members/irene/1049709045631/1135250732904/1135256903736?...), Zugriff: 30.6.2009

»Interpellationsrecht« in: *aeiou-Österreich-Lexikon* (www.aeiou.at/aeiou.encyclop.i/i717741.htm), Zugriff 3.2.2010

»Heinz-Christian Strache« in: *parlament.gv.at* (www.parlament.gv.at/WW/DE/PAD_35518/pad_35518.shtml), Zugriff: 3.2.2010

»Werner Faymann« in: *parlament.gv.at* (www.parlament.gv.at/WW/DE/PAD_36450/pad_36450.shtml), Zugriff: 29.1.2010

Anfrage (2186/JXXIV.GP) des Abgeordneten Dr. Strutz, Mag. Stadler, Kolleginnen und Kollegen an den Bundeskanzler »betreffend angeblicher Auslandsaufenthalt in Vougliameni, Griechenland« v. 26.05.09 in: *Parlamentarische Materialien* (www.parlament.gv.at/PG/DE/XXIV/J/J_02186/fnameorig_159472.html), Zugriff: 16.9.2009

Anfragebeantwortung des Bundeskanzlers (2156/ABXXIV.GP) v. 17.7.2009 an die Präsidentin des Nationalrats Mag. Barbara Prammer (www.parlament.gv.at/PG/DE/XXIV/AB/AB_02156/fnameorig_165039.html), Zugriff: 16.9.2009

Anfragebeantwortung des Bundeskanzlers (2152/ABXXIV.GP) v. 17.7.2009 an die Präsidentin des Nationalrats Mag. Barbara Prammer (www.parlament.gv.at/PG/DE/XXIV/AB/AB_02152/fnameorig_165041.html), Zugriff: 3.2.2010

»Geheimes Meeting - Kanzler sagt Treffen der Bilderberger ab« in: *oe24.at* v. 31.5.2010 (www.oe24.at/oesterreich/politik/daniel/Kanzler-sagt-Treffen-der-Bilderberger-ab-0717597.ece), Zugriff: 2.6.2010

21 | Parlamentsanfrage 3571/J XX.GP, Archiv Grandt

Parlamentsanfrage 2986/J XX.GP (www.parlament.gv.at/PG/DE/XX/J/J_02986/fnameorig_120532.html), Zugriff: 15.9.2009

Anfragebeantwortung des Bundesministers für Justiz 2956/AB XX.GP (www.parlament.gv.at/PG/DE/XX/AB/AB_02956/fnameorig_134807.html), Zugriff: 15.9.2009

Parlamentsanfrage 1351/J-BR BR, Archiv Grandt

Anfragebeantwortung des Bundesministers für Justiz 1249/AB-BR BR (www.parlament.gv.at/PG/DE/BR/AB-BR/AB-BR_01249/fnameorig_000000.html), Zugriff: 15.9.2009

Parlamentsanfrage 3984/J XX.GP, Archiv Grandt

Anfragebeantwortung des Bundesministers für Justiz 3946/AB XX.GP, Archiv Grandt

»Schmiergeld, Kostenexplosion: Die größten Bauskandale« in: *diepresse.com* (http://diepresse.com/home/wirtschaft/economist/491727/index.do?gal=491727&index=12&direc...), Zugriff: 16.9.2009

22 | »Betrug zwischen Totenköpfen« in: *diepresse.com* v. 14.10.2003

»Skurriler Prozess um Requisiten für geheime Freimaurer-Rituale« in: *Kronen Zeitung* v. 14.10.2003

»Gauner-Pärchen in der Loge?« in: *U-Express* v. 22.4.2002

»Betrug an Freimaurer-Loge« in: *Salzburger Nachrichten* v. 14.10.2003

Michael Kraus (Hrsg.), *Die Freimaurer,* Salzburg 2007, S. 130, 131

23 | Guido Grandt: *Schwarzbuch Freimaurerei,* Rottenburg 2007

24 | Jörg Haider: *Freiheit, die ich meine – Das Ende des Proporzstaates, Plädoyer für die Dritte Republik*, Frankfurt/Main-Berlin, 1993, S. 24

Robert A. Minder: *Freimaurer Politikerlexikon,* Innsbruck 2004, S. 155

»Diskrete Herren« in: *Kärntner Monat,* Mai 2006, S.34–38

»Der Spion ›Dok‹ saß im Zentrum der Macht« in: *Kleine Zeitung* v. 17.8.2009 (www.kleinezeitung.at/kaernten/klagenfurt/2103728/artikel.story), Zugriff: 15.9.2009

»Biografie von Hans Sima« in: *parlament.gv.at* (www.parlament.gv.at/WW/DE/PAD_01869/pad_01869.shtml?P_PRINT=J), Zugriff: 15.9.2009

BSA – Bund sozialdemokratischer Akademiker/innen, Intellektueller und Künstler/innen (www.bsa.at/struktur-des-bsa/bundeslaender/kaernten/news/news-archiv/), Zugriff: 15.9.2009

»Geschichte der Freimaurerei in Kärnten« Forschungsdokumentation/Vortrag v. Johannes Grabmayer (https://campus.uni-klu.ac.at/fodok/print/veroeffentlichung.do;jsessionid=34ECDB18CC77D53A6A4BC181C33D270E?pubid=62244&type=vortrag), Zugriff: 14.9.2009

»Wo Hasen schlaue Bau-Füchse werden« in: *Kleine Zeitung* v. 21.11.2008 (www.kleinezeitung.at/nachrichten/wirtschaft/1650942/print.do), Zugriff: 30.6.2000

Reinhard Lamer: *Freimaurer in Österreich – Weg und Schicksal der ›Königlichen Kunst‹*, Innsbruck 2001, S. 64, 65, 122, 123

Roland Bettschart/Birgit Kofler: *Nobelclubs in Österreich – Wo Einfluß, Macht und Geld verkehren,* Wien 1999, S. 10

Michael Kraus (Hg.): *Die Freimaurer,* Salzburg 2007, S. 9, 110, 111, 130

25 | Cathy Burns: *Masonic and Occult Symbols illustrated,* Mt. Carmel 1998, S. 226, 227, 233

Guido & Michael Grandt: *Satanismus – Die unterschätzte Gefahr,* Düsseldorf 2000, S. 29, 35, 36

Ralph Tegtmeier: *Aleister Crowley – Die tausend Masken des Meisters,* München 1989, S. 52, 96, 97

»Freimaurer-Grossmeister zu Dan Brown« in: *news.at* v. 9.9.2009 (www.news.at/articles/0937/120/250708/freimaurer-grossmeister-dan-brown-naechste-woc…), Zugriff: 17.9.2009

»Schere-Stein-Papier und die Weltpolitik« in: *artfond.de* (www.artfond.de/schnick.htm), Zugriff: 4.2.2010

Sven Berger: »Jörg Haiders Doppelleben« in: *mysteries* 1/09, S. 18–24

»Freimaurer: Im Labyrinth der Logen« in: *DER SPIEGEL* v. 10.1.1962 (www.spiegel.de/spiegel/print/d-45137313.html), Zugriff: 4.2.2010

»Zum ›Unfall‹-Tod Jörg Haiders – einige Hinweise« in: *Symptomatologische Illustrationen – Rundbrief für die Leser und Freunde des Lochmann-Verlages,* XI. Jahrgang, Nummer 66-Dezember 2008/Januar 2009, S. 1

»Fotos von Jörg Haider mit Victory-Zeichen« in: *bild.de* (www.bild.de/BILD/news/fotos/2008/2008-10-11-unfall-haider/joerg-haider-wahlen-1999-.../www.bild.de/BILD/news/fotos/2008/2008-10-11-unfall-haider/joerg-haider-parlamentswa.../ www.bild.de/BILD/news/fotos/2008/2008-10-11-unfall-haider/joerg-haider-victory-zeiche.../ www.bild.de/BILD/news/fotos/2008/2008-10-13-joerg-haider/jungpolitiker-haider-10571..), Zugriff: 14.9.2009

»Vom deutschen Österreicher zum Kritiker der ›Deutschtümelei‹« in: *Wiener-Nachrichten Online* o. D. (www.wno.org/newspages/his23c.html), Zugriff: 16.10.2008

»Vor dem Jörg Haider hat keiner Angst« in: *Kleine Zeitung* v. 24.9.2008 (www.kleinezeitung.at/nachrichten/politik/regierung/1545976/print.do), Zugriff: 16.10.2008

»LH Dörfler: Verein ›Italien – Kärnten‹ als internationale Drehscheibe« in: *ots.at* v. 22.2.2009 (www.ots.at/presseaussendung/OTS_20090222_OTS0020), Zugriff: 11.2.2010

»Der Haider-Coup« in: *News* v. 14.5.2009

Udo Gümpel/Ferruccio Pinotti: *Berlusconi Zampano – Die Karriere eines genialen Trickspielers,* München 2006, S. 22, 33, 53, 388, 389, 510

Gian Trepp: *Swiss Connection – Die verborgene Seite der Schweizer Finanzwirtschaft,* München 1999, S. 225

Brian Freemantle: *Importeure des Verbrechens – Europa im Griff der organisierten Kriminalität,* München 1998, S. 283 ff.

Alexander Stille: *Citizen Berlusconi,* München 2006, S. 74, 75, 76

Eugen Lennhoff/Oskar Posner/Dieter A. Binder: *Internationales Freimaurerlexikon,* München 2006, 287, 321, 496, 497

Dieter A. Binder: *Die Freimaurer – Ursprung, Rituale und Ziele einer diskreten Gesellschaft,* Freiburg i. Breisgau 1998, S. 379, 380

»Italien: Neue Partei ›Volk der Freiheit‹ unter Berlusconi« in: *diepresse.com* v. 29.3.2009 (http://diepresse.com/home/politik/aussenpolitik/465505/index.do), Zugriff: 11.2.2010

Nina Horaczek/Claudia Reiterer: *HC Strache – Sein Aufstieg, seine Hintermänner, seine Feinde,* Wien 2009, S. 212

Jörg Haider: *Freiheit, die ich meine – Das Ende des Proporzstaates, Plädoyer für die Dritte Republik,* Frankfurt/Main-Berlin, 1993, S. 25

E-Mail von Stefan Petzner an den Autor v. 18.2.2010, Archiv Grandt

E-Mail von Ewald Stadler an den Autor v. 11.8.2009, Archiv Grandt

E-Mail von Claudia Haider an den Autor v. 22.2.2010 und 23.2.2010, Archiv Grandt

26 | Jörg Haider: *Freiheit, die ich meine – Das Ende des Proporzstaates, Plädoyer für die Dritte Republik,* Frankfurt/Main-Berlin, 1993, S. 9

Gesprächsnotizen zwischen dem Autor und Ewald Stadler v. 14.7.2009 in Wien, Archiv Grandt

E-Mail von Ewald Stadler an den Autor v. 11.8.2009, Archiv Grandt

E-Mail einer Informantin an den Autor v. 31.5.2009, Archiv Grandt

»Vom deutschen Österreicher zum Kritiker der ›Deutschtümelei‹« in: *Wiener-Nachrichten Online* (www.wno.org/newpages/his23c.html), Zugriff: 16.10.2008

Georg Lux/Arno Wiedergut/Uwe Sommersguter: *Jörg Haider – Mensch, Mythos, Medienstar,* Wien-Graz-Klagenfurt 2008, S. 90, 92

Roland Bettschart/Birgit Kofler: *Nobelclubs in Österreich – Wo Einfluß, Macht und Geld verkehren,* Wien 1999, S. 63

»Ariel Muzicant, Präsident der Israelitischen Kultusgemeinde, Wien: Demokratie heißt auch, daß man sich wehrt« in: *haGalil.com* (www.hagalil.com/austria/gemeinde/artikel/99/muzicant.htm), Zugriff: 30.6.2009

»Anfrage 1312/J XX. GP der Abgeordneten Mag. Stadler und Kollegen an den Bundesminister für Justiz betreffend Schändung des jüdischen Friedhofs in Eisenstadt«, Archiv Grandt

»›Femegericht‹ über FPÖ-Obmann Haider?« in: *Dokumentationsarchiv des österreichischen Widerstandes* (www.doew.at/projekte/rechts/Chronik/1998_09/feme.html), Zugriff: 4.2.2010

»Als Faymann seine Schergen losschickte« in: *diepresse.com* v. 28.6.2009 (http://diepresse.com/home/meinung/kommentare/490983/print.do), Zugriff: 30.6.2009

Sven Berger: »Jörg Haiders Doppelleben« in: *mysteries* 1/09, S. 18–24

»Auswahl rechtsextremer, antisemitischer, rassistischer und euopafeindlicher Äußerungen von FPÖ-SpitzenpolitikerInnen und Medien«, Stand 2.3.2001 in: *Dokumentationsarchiv des österreichischen Widerstands* (www.doew.at/projekte/rechts/fpoe/fpoezitate.html), Zugriff: 16.10.2008

»Parlamentarische Anfrage der Abgeordneten Mag. Posch und GenossInnen an den Bundesminister für Justiz betreffend antisemitische Äußerungen von LH Dr. Jörg Haider« (2628/JXXI.GP), eingelangt am 3.7.2001 (www.parlament.gv.at/PG/DE/XXI/J/J_02628/fnameorig_000000.html), Zugriff: 5.2.2010

»Das politische Phänomen Jörg Haider« in: *wienerzeitung.at* v. 9.10.2004 (www.wienerzeitung.at/linkmap/personen/haider.htm), Zugriff: 6.8.2009

»Die Schande Österreichs« in *haGalil.com* v. 28.10.2008 (www.hagalil.com/01/de/Europa.php?itemid=2894), Zugriff: 30.6.2009

»Jörg Haiders ›antisemitische Weltsicht‹« in: *judentum.net* v. 17.3.2002 (www.judentum.net/europa/haider-1.htm), Zugriff: 30.6.2009

»Haider und Israel« in: *haGalil.com* v. 11.10.2008 (www.hagalil.com/01/de/Europa.php?itemid=2842), Zugriff: 30.6.2009

»Wien: Juden haben Angst vor Haider« in: *haGalil.com* v. 7.10.1999 (www.hagalil.com/archiv/99/10/ikg-wien.htm), Zugriff: 30.6.2009

»Jörg Haider tödlich verunglückt: Ein Autounfall mit noch unklaren Folgen« in: *haGalil.com* (hagalil.com/01/de/Europa.php?itemid=2841), Zugriff: 30.6.2009

»Jörg Haider: Israelische Pressestimmen« in: *haGalil.com* o. D. (www.hagalil.com/archiv/99/04/haider.htm), Zugriff: 30.6.2009

»Europawahl: Sichrovsky kandidiert wieder für Haiders FPÖ« in: *haGalil.com* v. 19.5.1999 (www.hagalil.com/archiv/99/05/gampel.htm), Zugriff: 30.6.2009

»Die Schande Österreichs« in: *Medienspiegel der Deutschen Botschaft Tel Aviv*, 28.10.2008«, S. 5, 6

»Muslime ›besorgt‹ über Wahlergebnis« in: *Kleine Zeitung* v. 2.10.2008 (www.kleinezeitung.at/nachrichten/politik/regierung/1562654/index.do), Zugriff: 6.8.2009

»Ex-FPÖ-Abgeordneter half Israels Geheimdienst« in: *wirtschaftswoche* (wiwo.de) v. 28.5.2005 (www.wiwo.de/politik/ex-fpoe-abgeordneter-half-israels-geheimdienst-102476/print/), Zugriff: 30.6.2009

Peter Wendling: *Logen, Clubs und Zirkel – Die diskrete Macht geheimer Bünde,* München 2002, S. 99, 101, 104, 158, 160 ff.

Roland Bettschart/Birgit Kofler: *Nobelclubs in Österreich – Wo Einfluß, Macht und Geld verkehren,* Wien 1999, S. 42 ff., 61 ff.

Eugen Lennhoff/Oskar Posner/Dieter A. Binder: *Internationales Freimaurerlexikon,* München 2006 (5. überarbeitete und aktualisierte Ausgabe), S. 82, 83,139, 140, 250, 441 ff., 691

Josef Feldner: *Freispruch für Österreich! Die Chronologie einer kalten Demonstration der Macht,* Graz 2000, S. 108–110

Karl-Heinz Lock: *Stichwort Geheimbünde,* München 1994, S. 78

Jürgen Holtorf: *Die Logen der Freimaurer – Geschichte, Bedeutung, Einfluss,* München 1991, S. 155

Dieter A. Binder: *Die Freimaurer – Ursprung, Rituale und Ziele einer diskreten Gesellschaft,* Freiburg i. Breisgau 1998, S. 25

Gerhard Wisnewski: *Jörg Haider – Unfall, Mord oder Attentat?,* Rottenburg 2009, S. 56

»Petzner: ›Haiders Tod neu untersuchen‹« in: *kärnten.orf.at* v. 28.6.2009 (http://kaernten.orf.at/stories/371459/), Zugriff: 28.6.2009

»Petzner sieht Attentat hinter Haider-Tod« in: *Salzburger Nachrichten* v. 27.6.2009 (http://search.salzburg.com/articles/4965714?highlight=Petzner+), Zugriff: 27.8.2009

»Verschwörungstheorien um Haiders Tod: Von Bomben, dem Mossad und K.-o.-Tropfen« in: *news.at* v. 30.10.2008 (www.news.at/articles/0844/13/223851/verschwoerungstheorien-haiders-tod-von-bomben-…), Zugriff: 30.6.2009

Andreas Gößling: *Die Freimaurer – Weltverschwörer oder Menschenfeinde?,* München 2007, S. 269

Georg Lux/Arno Wiedergut/Uwe Sommersguter: *Jörg Haider – Mensch, Mythos, Medienstar,* Wien-Graz-Klagenfurt 2008, S. 30, 140, 146, 220–222

»Dr. Ariel Muzicant« in: *ATID* (Aufschwung-Tradition-Initiative-Demokratie) (http://atid.at/html/team.htm), Zugriff: 19.2.2010

»Einigung in Österreich: Jörg Haiders FPÖ soll mitregieren« in: *berlinonline.de* v. 2.2.2000 (www.berlinonline.de/berliner-zeitung/archiv/.bin/dump.fcgi/2000/0202/seite1/0045/index...), Zugriff: 21.2.2010

»Tom Segev: ›Lieberman mit Haider vergleichbar‹« in: *haGalil.com* v. 11.2.2009 (www.hagalil.com/archiv/2009/02/11/segev/print/), Zugriff: 30.6.2009

»Rechtsextrem in Jerusalem: Israel erlebt einen Haider'schen Sündenfall« in: *profil.at* v. 21.3.2009 (www.profil.at/articles/0912/560/237101/rechtsextrem-jerusalem-israel-haider-schen-suend...), Zugriff: 30.6.2009

E-Mail des Autors an Ariel Muzicant v. 19.02.10, Archiv Grandt

E-Mail von Ariel Muzicant (Christine Soural, Sekretariat Dr. A. Muzicant) v. 22.2.2010 an den Autor

27 | Tom Goeller: *Freimaurer – Aufklärung eines Mythos,* Berlin-Brandenburg 2006, S. 14, 71–74, 83, 99, 100, 185, 186, 196

»Vom deutschen Österreicher zum Kritiker der ›Deutschtümelei‹« in: *Wiener-Nachrichten Online* o. D. (www.wno.org/newspages/his23c.html), Zugriff: 16.10.2008

Dan Burstein: *Die geheime Bruderschaft,* München 2005, Kapitel: »Den Illuminati auf der Spur«, von George Johnson (Preisträger des *Journalism Award* der *American Association for the Advancement of Science*), S. 203 ff., Kapitel: »Die Fröhlichen leben in einem fröhlichen Universum, die Traurigen in einem traurigen«, Ein Gespräch mit Robert Anton Wilson, S. 267

Klaus-Rüdiger Mai: *Geheimbünde – Mythos, Macht und Wirklichkeit,* Bergisch Gladbach 2006, S. 16, 205

Karl-Heinz Zunneck: *Die geheimen Zeichen und Rituale der Freimaurer,* Rottenburg 2002, S. 195, 213

Dieter A. Binder: *Die Freimaurer – Ursprung, Rituale und Ziele einer diskreten Gesellschaft,* Freiburg i. Breisgau 1998, S. 210

Eugen Lennhoff/Oskar Posner/Dieter A. Binder: *Internationales Freimaurerlexikon,* München 2006 (5. überarbeitete und aktualisierte Ausgabe), S. 84, 148, 152, 153, 176, 232, 237, 270 ff., 277, 280, 297, 300 ff., 322, 496, 544, 654, 704, 723, 777, 783

Andreas Gößling: *Die Freimaurer – Weltverschwörer oder Menschenfeinde?,* München 2007, S. 125, 126

Ferdinand Runkel: *Geschichte der Freimaurerei,* Reprint von 1932, o. O. 2006, Zweiter Band, S. 64

Gian Trepp: *Swiss Connection – Die verborgene Seite der Schweizer Finanzwirtschaft,* München 1999, S. 307

Brian Freemantle: *Importeure des Verbrechens – Europa im Griff der organisierten Kriminalität,* München 1998, S. 21, 25, 25, 34, 37–45, 80, 105, 279, 283, 284, 301, 320, 33o, 341, 343, 353, 371–377, 425

»Auswahl rechtsextremer, antisemitischer, rassistischer und euopafeindlicher Äußerungen von FPÖ-SpitzenpolitikerInnen und Medien«, Stand 2.3.2001 in: *Dokumentationsarchiv des österreichischen Widerstands* (www.doew.at/projekte/rechts/fpoe/fpoezitate.html), Zugriff: 16.10.2008

»Heiliger und Bube« in: *DER SPIEGEL* 44/2008, S. 136,137

»Sein letztes Interview: Haider fordert eine Regierung der Einheit« in: *Kleine Zeitung* v. 10.10.2008 (www.kleinezeitung.at/nachrichten/politik/haider/1575885/print.do), Zugriff: 30.6.2009

»Vor dem Jörg Haider hat keiner Angst« in: *Kleine Zeitung* v. 24.9.2008 (www.kleinezeitung.at/nachrichten/politik/regierung/1545976/print.do), Zugriff: 16.10.2008

»Barroso und Sarkozy: ›Gottlose‹ französische Freimaurer sollen dem Islam den Weg ebnen« in: *euro-med.dk* v. 30.4.2008 (http://euro-med.dk/?p=847&print=1), Zugriff: 12.2.2009

»Verdacht: Ist Nicolas Sarkozy ein Freimaurer?« in: *20 Minuten Online* v. 5.2.2009 (www.20min.ch/news/kreuz_und_quer/story/22580853), Zugriff: 12.2.2009

»Die Politik in der Hand der Freimaurer« in: *kreuz.net* v. 2.10.2006 (www.kreuz.net/article.3968.html), Zugriff: 16.10.2008

»Freimaurer von Grand Orient weiter ohne Frauen« in: *borkenerzeitung.de* v. 5.9.2009 (www.borkenerzeitung.de/_ems_cms/_globals/print.php?em_ssc= MSwwLDEsMCwxLDAs…), Zugriff: 9.9.2009

»Ehemaliger Freimaurer verteidigt christliche Wurzeln Frankreichs« in: *civitas-institut.de* v. 15.1.2008 (www.civitias-institut.de/index2.php?option=com_content&task=view&id=30&pop=1&pag…), Zugriff: 12.2.2009

»Freimaurer in Frankreich: Die Worte des Meisters« in: *faz.net* v. 2.7.2008 (http://www.faz.net/s/Rub117C535CDF414415BB243B181B8B60AE/Doc~E4AAECAB47B2347848EE38B502A488E7E~ATpl~Ecommon~Scontent.html), Zugriff: 12.2.2009

»Freimaurerei: Aussteiger erhebt schwere Vorwürfe« in: *idea.de* v. 3.12.2008 (http://www.idea.de/nachrichten/detailartikel/artikel/freimaurerei-aussteiger-erhebt-schwere-vorwuerfe.html), Zugriff: 12.2.2009

»Ich war Freimaurer« in: *kreuz.net* v. 3.2.2005 (www.kreuz.net/article.608.html), Zugriff: 12.2.2009

Vergleichendes Handbuch der Symbolik der Freimaurerei mit besonderer Rücksicht auf die Mythologien und Mysterien des Alterthums von Dr. Jos. Schauberg; Zürich 1861, Band I. – Kapitel VII: Die maurerische Abkürzungszeichen der drei Punkte, S. 92 ff. (www.internetloge.de/symhandb/symb07.htm), Zugriff: 12.2.2009

»Portraitskizzen revolutionärer Freimaurer« in: *Humanistischer Pressedienst* v. 27.10.2009 (http://hpd.de/print/8067), Zugriff: 27.10.2009

Horst E. Miers: *Lexikon des Geheimwissens,* München 1993, S. 118

Karl-Heinz Lock: *Stichwort Geheimbünde,* München 1994, S. 78

Eugen Lennhoff/Oskar Posner/Dieter A. Binder: *Internationales Freimaurerlexikon,* München 2006 (5. überarbeitete und aktualisierte Ausgabe), S. 82, 83,139, 140, 250, 441 ff., 691

Jürgen Holtorf: *Die Logen der Freimaurer – Geschichte, Bedeutung, Einfluss,* München 1991, S. 155

Dieter A. Binder: *Die Freimaurer – Ursprung, Rituale und Ziele einer diskreten Gesellschaft,* Freiburg i. Breisgau 1998, S. 25

Guido Grandt: *Schwarzbuch Freimaurerei – Geheimpolitik, Staatsterror, Politskandale – Von der Französischen Revolution bis zu Uwe Barschel,* Rottenburg 2007

Georg Lux/Arno Wiedergut/Uwe Sommersguter: *Jörg Haider – Mensch, Mythos, Medienstar,* Wien-Graz-Klagenfurt 2008, S. 28 ff.

»›Offengelegt‹ – Auszüge aus der Schüssel-Bio Teil 2« in: *oe24.at* v. 17.9.2009 (www.oe24.at/oesterreich/politik/Schuessel-Bio-Offengelegt-0534908), Zugriff: 17.9.2009

»Kärntner Heimatdienst« aus *Wikipedia* (http://de.wikipedia.org/wiki/K%C3%A4rntner_Heimatdienst), Zugriff: 21.2.2010

»Heimatdienst klagt Slowenenrat« in: *kaernten.orf.at* v. 25.3.2010 (http://kaernten.orf.at/stories/431781), »KHD nicht zu 10. Oktober-Sitzung eingeladen« in: *oesterreich.orf.at* v. 24.11.2009 (http://oesterreich.orf.at/kaernten/stories/405448)

Josef Feldner: *Freispruch für Österreich! Die Chronologie einer kalten Demonstration von Macht*, Graz 2000, S. 4–6, 10, 11, 18, 21, 25–30, 37–42, 74, 79–85, 90, 91, 94, 112, 115 ff., 119, 120, 132, 157, 171

»Kulturpreis 2009 der Stadt Villach an Kärntner Konsensgruppe«, Archiv Grandt

»Heimatdienst will Konsens aller Parteien« in: *orf.at* v. 9.12.2009, Archiv Grandt

»Europäisches Parlament – Informationsbüro für Österreich: Kärntner Konsensgruppe erhält den vom Europaparlament erstmals vergebenen ›Europäischen Bürgerpreis‹« in: *europaparlament.at* (www.europaparl.at./view/de/AKTUELLES/press-release/pr-2009/pr-2009-June/pr-2009-Jun-...), Zugriff: 21.2.2010

»Der Bericht der drei ›Weisen‹ im Wortlaut« in: *uni-kassel.de* (www.uni-kassel.de/fb5/frieden/regionen/Austria/berichtet.html), Zugriff: 21.2.2010

Andreas Gößling: *Die Freimaurer – Weltverschwörer oder Menschenfreunde?*, München 2007, S. 60 ff.

Jörg Haider: *Freiheit, die ich meine – Das Ende des Proporzstaates. Plädoyer für die Dritte Republik*, Frankfurt/Main-Berlin 1993, S. 9, 10, 11, 15, 17, 25

Michael Kraus (Hrsg.): *Die Freimaurer*, Salzburg 2007, S. 96, 97, 150

Literatur über die Bilderberger:

Andreas von Rétyi: *Bilderberger – Das geheime Zentrum der Macht*, Rottenburg 2006, S. 281; siehe hierzu auch die gleichnamige Filmdokumentation von Guido Grandt (Kopp Media), Rottenburg 2009

Daniel Estulin: *Die wahre Geschichte der Bilderberger*, Rottenburg 2005, 2007

Daniel Estulin: *The True Story of The Bilderberg Group*, Walterville OR 2005, 2007

28 | Hervorhebungen durch den Autor

29 | Vgl. hierzu auch: Guido Grandt: *Der Satan von Witten und andere fanatische Ritualmörder,* München 2007 und *Schwarzbuch Freimaurerei,* Rottenburg 2007, S. 33–37, 176–179

Heribert Blondieu (Hrsg.): *Tod auf Bestellung – Politischer Mord im 20. Jahrhundert,* München 2000, S. 13

Die Bibel, Württembergische Bibelanstalt Stuttgart, 1972, S. 683 (AT)

Barbara Ehrenreich: *Blutrituale – Ursprung und Geschichte der Lust am Krieg,* München 1997, S. 78

Ekkehard Franke-Gricksch (Hrsg.): *Der namenlose Krieg,* Leonberg 1989, S. 243, 244

Dr. Friedrich Wichtl: *Freimaurer-Morde. Historische Quellentexte zur Freimaurerforschung,* Wissenschaftliche Faksimile-Dokumentation, Herausgegeben von Wieland Körner, Faksimile-Verlag Bremen 2009, S. 3 (Einführung) (und Faksimile S. 3)

Eugen Lennhoff/Oskar Posner/Dieter A. Binder: *Internationales Freimaurerlexikon,* München 2006 (5. überarbeitete und aktualisierte Ausgabe), S. 313, 314, 638, 687, 754, 830, 902

Karl-Heinz Zunneck: *Die geheimen Zeichen und Rituale der Freimaurer,* Rottenburg 2002, S.121, 122, S. 147 ff., 187 ff., 194

»Masonic Death or serious Injuries« in: *hazingmasonic.blogspot.com* (http://hazingmasonic.blogspot.com/2009/03/william-james-47-shot-during-mick-rite.html), Zugriff: 24.3.2010

»William James, 47, Shot During Mick Rite: Fox News«, 9.3.2004 (http://hazingmasonic.blogspot.com/2009/03/william-james-47-shot-during-mick-rite.html), Zugriff: 24.3.2010

Bill Mason/Zachary R. Dowdy/Stefan Deiters: »Man shot death in club's ritual«, 9.3.2004 in *Newsday.com* o. D. (http://www.newsday.com/news/local/lo...span-headlines), Zugriff: 24.3.2010

Patrick Healy: »A Ritual Gone Fatally Wrong Puts Light on Masonic Secrecy«, 10.3.2004 in: *The New York Times* v. 10.3.2004 (http://www.nytimes.com/2004/03/10/nyregion/a-ritual-gone-fatally-wrong-puts-light-on-masonic-secrecy.html), Zugriff: 11.6.2010

John Hanchette: »Mountain Views: Social Status Dictates Justice: It all depends on who you are« in: *Niagara Falls Reporter,* 11.1.2005 (www.niagarafallsreporter.com/hanchette143.html), Zugriff: 24.3.2010

»Man killed in Masonic gun ritual« in: *BBC News,* New York, 10.3.2004 (http://news.bbc.co.uk/2/hi/americas/3500022.stm), Zugriff: 24.03.10

30 | »Haider: 79 % glauben an Mord!« in: *Heute – Österreichs neue Tageszeitung* v. 28.10.2008 (www.heute.at/print/news.php), Zugriff: 28.10.2008

»Staatsanwalt lässt undichte Stelle bei Geheimdienst suchen« in: *derstandard.at* v. 12.7.2009 (http://derstandard.at/druck/1246542008039/Spionage-Vorwuerfe-Staatsanwalt-laesst-undichte-St…), Zugriff: 15.9.2009

»Brüno: ›Österreich ist stolz auf mich‹« in: *kurier.at* v. 8.7.2009

»Sommergespräch: ›Drohungen habe ich schon oft bekommen‹« in: *Kleine Zeitung* v. 8.8.2009 (www.kleinezeitung.at/kaernten/voelkermarkt/bleiburg/2097538/drohungen-habe-ich-schon…«), Zugriff: 27.8.2009

»Haider: Das Interview und die Ermittlungen: »Meine Familie wurde bedroht« in: *news.at* (www.news.at/nw1/gen/slideshows/slide/show;politik/inland/haider/haider_interview_wg_r…), Zugriff: 29.7.2009

»Attentatsplan gegen Landeshauptmann Dörfler?« in: *krone.at* v. 13.7.2009 (www.krone.at/krone/S32/object_id_152718/hxcms_popup/index.html), Zugriff: 13.7.2009

»Haider-Schau als ›tolles Geschäft‹ für Klagenfurt« in: *derstandard.at* v. 5.8.2009 (http://derstandard.at/druck/1246543827984/Haider-Schau-als-tolles-Geschaeft-fuer-Klagenfurt), Zugriff: 27.8.2009

»Streit um Ort der Haider-Ausstellung« in: *Kleine Zeitung* v. 9.8.2009 (www.kleinezeitung.at/nachrichten/chronik/2097722/streit-um-ort-haider-ausstellung.story), Zugriff: 27.8.2009

»Ausstellung im ›NS-Bergwerk‹« in: *kurier.at* v. 6.8.2009 (www.kurier.at/nachrichten/1928953.php), Zugriff: 7.8.2009

»Haider-Ausstellung: Das Schaukelpferd des kleinen Jörg« in: *zeit.de* v. 23.7.2009 (http://images.zeit.de/text/online/2009/31/haider-ausstellung), Zugriff: 23.7.2009

»Unterirdische Huldigung« in: *sueddeutsche.de* v. 1.8.2009 (www.sueddeutsche.de/I5N38k/2990160/Unterirdische-Huldigung.html), Zugriff: 6.8.2009

Georg Lux/Arno Wiedergut/Uwe Sommersguter: *Jörg Haider – Mensch, Mythos, Medienstar,* Wien-Graz-Klagenfurt 2008, S. 130, 131, 147, 148

»Haider soll ein Museum bekommen« in: *sueddeutsche.de* v. 1.8.2009 (www.sueddeutsche.de/politik/183/482637/text/), Zugriff: 6.8.2009

Josef Feldner: *Freispruch für Österreich! Die Chronologie einer kalten Demonstration von Macht,* Graz 2000, S. 123, 124

»The Times: Wisnewski-Recherchen über Haider-Tod ›peinlich‹ für österreichische Behörden« in: *info.kopp-verlag.de* v. 6.7.2009 (http://info.kopp-verlag.de/news/the-times-wisnewski-recherchen-ueber-haider-tod-peinlich-fuer-oesterreichische-behoerden.html), Zugriff: 6.7.2009

»Murder theory grows over death of Jörg Haider« in: *The Times* v. 4.7.2009

»Geplante Haider-Ausstellung sorgt für Diskussionen« in: *Kleine Zeitung* v. 5.8.2009 (www.kleinezeitung.at/nachrichten/politik/2094330/haider-ausstellung-finanzierung-noch-o…), Zugriff: 6.8.2009

»BZÖ verteidigt Haider-Schau« in: *tt.com* v. 5.8.2009 (http://tt.com/tt/home/story.csp?cid=11864627&fid=21), Zugriff: 6.8.2009

»Pilgerstätte an Haiders Grab nimmt jetzt Gestalt an« in: *Kleine Zeitung* v. 1.7.2009 (www.kleinezeitung.at/nachrichten/chronik/2054981/index.do), Zugriff: 1.7.2000

»Haider-Museum: Verklärung in Klagenfurt« in: *tagesspiegel.de* v. 18.7.2009 (www.tagesspiegel.de/weltspiegel/Joerg-Haider;art1117, 2850565), Zugriff: 20.7.2009

»Die Dr. Jörg Haider Gebetsliga« unter: *wordpress.com* (http://heiligerhaider.wordpress.com), Zugriff: 2.7.2009

»Ein Heiligenschein für ›good old‹ Jörg? Website fordert Selig- & Heiligsprechung« in: *news.at* v. 1.7.2009 (www.news.at/articles/0927/10/245446/ein-heiligenschein-good-joerg-website-selig-heiligs…), Zugriff: 2.7.2009

»Jörg Haider findet einfach keine Ruhe: Über seltsame Souvenirs & seine Seligsprechung« in: *news.at* v. 8.7.2009 (www.news.at/articles/0928/10/246031/joerg-haider-ruhe-ueber-souvenirs-seligsprechung), Zugriff: 8.7.2009

»Nach Haiders Tod – Problemzone Kärnten: Dörfler im ›therapeutischen Streitgespräch‹« in: *news.at* v. 12.8.2009 (www.news.at/articles/0933/10/248497/nach-haiders-tod-problemzone-kaernten-doerfler-th…), Zugriff: 27.8.2009

»Trauerrede Uwe Scheuch am 18.10.2008« in: *wien-konkret.at* (www.wien-konkret.at/politik/nachruf/joerg-haider/scheuch), Zugriff: 28.1.2010 *megatreff.at* (http://megatreff.at/haider_forum.html?&tx_mmforum_pi1[action]=list_post&tx_mmforum_pi[tid]=6702), Zugriff: 28.1.2010

»Journalist behauptet: Haider-Crash war inszeniert« in: *tagesanzeiger.ch* v. 3.6.2009 (www.tagesanzeiger.ch/ausland/europa/Journalist-behauptet-HaiderCrash-war-inszeniert/st...), Zugriff: 30.6.2009

»Petzner: ›Haiders Tod neu untersuchen‹« in: *kärnten.orf.at* v. 28.6.2009 (http://kaernten.orf.at/stories/371459/), Zugriff: 28.6.2009

»Als Faymann seine Schergen losschickte« in: *diepresse.com* v. 28.6.2009 (http://diepresse.com/home/meinung/kommentare/490983/print.do), Zugriff: 30.6.2009

»Verschwörung: Petzner zweifelt an Haider-Unfall« in: *diepresse.com* v. 28.6.2009 (http://diepresse.com/home/politik/innenpolitik/490931/print.do), Zugriff: 30.6.2009

»Dörfler fordert neue Ermittlungen im Fall Haider« in: *ots.at* v. 9.6.2009 (www.ots.at/presseaussendung.php?schluessel=OTS_20090628_OTS0047&ch=politik), Zugriff: 30.6.2009

»Unfall oder Attentat? Petzner bricht sein Schweigen« in: *oe24.at* v. 28.6.2009 (www.oet24.at/oesterreich/politik/Petzner_bricht_sein_Schweigen_0486206.ece), Zugriff: 30.6.2009

»Stefan Petzner hält ein Attentat für möglich« in: *bild.de* v. 28.6.2009 (www.bild.de/BILD/news/2009/06/28/stefan-petzner/haelt-joerg-haider-attentat-fuer-moegl...), Zugriff: 30.6.2009

»Petzner überlegt Unterschriftenaktion für neue Ermittlungen im Fall Haider« in: *Kleine Zeitung* v. 30.6.2009 (www.kleinezeitung.at/nachrichten/politik/2053075/index.do), Zugriff: 4.7.2009

»Petzner sagte zu Haider-›Mord‹ aus« in: *oe24.at* v. 17.7.2009 (www.oe24.at/oesterreich/politik/Petzner-sagte-zu-Haider-Mord-aus-0495621.ece), Zugriff: 20.7.2009

»Petzner nannte Namen für Mord-Theorie« in: *oe24.at* v. 18.7.2009 (www.oe24.at/oesterreich/politik/Petzner-nannte-Namen-fuer-Mord-Theorie-0496337.ece), Zugriff: 20.7.2009

»Haider starb den Polit-Tod!« in: *blick.ch* v. 29.6.2009 (www.blick.ch/news/ausland/haelt-polit-mord-fuer-moeglich-122482), Zugriff: 30.6.2009

»Stimmen aus Kärnten: ›Haider wurde umgebracht‹« in: *derstandard.at* v. 11.10.2008 (http://derstandard.at/fs/1220460569209), Zugriff: 11.10.2008

»FPÖ wirft Grünen Bespitzelung vor« in: *oe24.at* v. 10.7.2009 (www.oe24.at/oesterreich/politik/FPOe-wirft-Gruenen-Bespitzelung-vor-0492737.ece), Zugriff: 10.7.2009

»FPÖ und Kärntner BZÖ fusionieren« in: *derstandard.at* v. 16.12.2009 (http://derstandard.at/1259282055418/Nachlese-FPOe-und-Kaerntner-BZOe-fusionieren), Zugriff: 4.2.2010

»Kreutner: Weisungen an BIA höchstens ›zwischen Zeilen‹« in: *diepresse.com* v. 13.2.2008 (http://diepresse.com/home/panorama/oesterreich/362669/print.do), Zugriff: 10.7.2009

»BIA – Republik Österreich, Bundesministerium für Inneres, Büro für Interne Angelegenheiten« in: *bia-bmi.at* (www.bia-bmi.at/default.asp), Zugriff: 10.7.2009

»Politmord an Haider für Petzner möglich« in: *oe24.at* v. 23.7.2009 (www.oe24.at/oesterreich/politik/Politmord_an_Haider_fuer_Petzner_moeglich_0486591.exe), Zugriff: 28.1.2010

»Der Haider-Coup« in: *News* v. 14.5.2009

»Bandion-Ortner beruft Expertenrat ein« in: *wienerzeitung.at* v. 14.8.2009 (www.wienerzeitung.at/app_support/print.aspx?TablD=3858&alias=wzo&cob=431171&m...), Zugriff: 27.8.2009

»Österreich: Justiz und Prominenz: Schutz für die feine Gesellschaft?« in: *sueddeutsche.de* v. 16.8.2009 (www.sueddeutsche.de/politik/905/484342/text/print.html), Zugriff: 27.8.2009

»Österreich droht Justizskandal« in: *taz.de* v. 13.8.2009 (www.taz.de/1/politik/europa/artikel/1/oesterreich-droht-justizskandal/?type=98), Zugriff: 27.8.2009

»Justiz-Akten holen Ortstafel-Streit aus der Pause« in: *Kleine Zeitung* v. 12.8.2009 (www.kleinezeitung.at/nachrichten/politik/2100255/justiz-akten-holen-ortstafel-streit-pause...), Zugriff: 27.8.2009

»Politische Weisungen im Justizministerium« in: *derstandard.at* v. 11.8.2009 (http://derstandard.at/druck/1246544496280/Geheime-Akten-Politische-Weisungen-im-Justizmini...), Zugriff: 27.8.2009

»Haider-Tod: Auch Witwe Claudia für neue Prüfung« in: *oe.at* v. 30.6.2009 (www.oe24.at/oesterreich/politik/Auch_Witwe_Claudia_fuer_neue_Pruefung_0487209.ece), Zugriff: 30.6.2009

»Haider tot – Pelinka warnt vor Mythenbildung um Jörg Haider« in: *oe1.orf* v. 13.10.2008 (http://oe1.orf.at/inforadio/97214.html?filter=0), Zugriff: 22.7.2009

»Pfiati Jörg« in: *zeitonline.de* v. 12.10.2008 (http://images.zeit.de/text/online/2008/42/haider-kaernten-trauer), Zugriff: 23.7.2009

»›Lucona-Aufdecker‹ Guggenbichler in Konkurs« in: *kaernten.orf.at* v. 21.7.2008 (http://kaernten.orf.at/stories/376957/), Zugriff: 22.7.2009

»News enthüllt exklusiv: FPÖ erteilte brisanten Spitzel-Auftrag gegen Jörg Haider« in: *news.at* v. 8.6.2006 (www.news.at/articles/0623/10/142463/news-fpoe-spitzel-auftrag-joerg-haider), Zugriff: 12.2.2010

»Politmord an Haider für Petzner möglich« in: *oe24.at* v. 29.6.2009 (www.oe24.at/oesterreich/politik/Politmord_an_Haider_fuer_Petzner_moeglich_0486591.ece), Zugriff: 19.2.2010

»Ladendiebe kann ich gleich anklagen – Interview mit dem Klagenfurter Staatsanwalt Gottfried Kranz« in: *Kleine Zeitung* v. 9.2.2010 (www.kleinezeitung.at/nachrichten/politik/2288427/ladendiebe-kann-ich-gleich-anklagen.st…), Zugriff: 19.2.2010

Klaus Ottomeyer: *Jörg Haider – Mythenbildung und Erbschaft,* Klagenfurt/Celovec 2009, S. 43

Gustav Kuéss/Bernhard Scheichelbaur: *200 Jahre Freimaurerei in Österreich,* Innsbruck 1999, S. 206

Brian Freemantle: *Importeur des Verbrechens – Europa im Griff der organisierten Kriminalität,* München 1998, S. 26, 43 ff.

31 | »Nationalratswahl 2006« in: *wien-konkret.at* (www.wien-konkret.at/politik/nationalratswahl2006/), Zugriff: 4.2.2010

»Nationalratswahl 2008« in: *wien-konkret.at* (www.wien-konkret.at/politik/nationalratswahl2008/), Zugriff: 4.2.2010

»Interviews mit Spitzenkandidaten (zur Nationalratswahl 2008)« in: *wien-konkret.at* (www.wien-konkret.at/politik/nationalratswahl2008/spitzenkandidaten/), Zugriff: 4.2.2010

»Haider trifft Strache: Druck machen für Österreich« in: *BZÖ-Pressemitteilung* o. D. (www.bzoe.at/index.php?content=bzoe_themen&detail=511), Zugriff: 6.8.2009

»Große Koalition in Österreich zwischen SPÖ und ÖVP« in: *wissenswertes.at* (www.wissenswertes.at/index.php?id=regierung-oesterreich), Zugriff: 4.2.2010

»Pröll für Koalitionsverhandlung mit SPÖ« in: *newspool.orf.at* v. 13.10.2008 (http://ws4.orf.at/newspool/97213), Zugriff: 22.7.2009

»ORF-Konfrontationen: Jörg Haider vs. HC Strache« (http://www.youtube.com/watch?v=s4asPn_eRZQ&feature=related), Zugriff: 17.2.2010

Sven Berger: »Jörg Haiders Doppelleben« in: *mysteries* 1/09, S. 18–24

»Haider tot, Strache geht auf Distanz zu BZÖ« in: *oe1.orf.at* v. 13.10.2008 (http://oe1.orf.at/inforadio/97220.html?filter=0), Zugriff: 22.7.2009

»Nationalratswahlen in Österreich« in: *wissenswertes.at* (www.wissenswertes.at/index.php?id=nationalratswahlen), Zugriff: 4.2.2010

»Jörg Haider nimmt ›Kronenzeitung‹ in Schutz« in: *diepresse.com* v. 30.8.2008 (http://diepresse.com/home/politik/neuwahlen/410270/print.do), Zugriff: 16.10.2008

»TV-Duell mit erwartetem Schlagabtausch« in: *vol.at* v. 22.8.2008 (www.vol.at/news/TP:vol:neuwahlen/artikel/tv-duell-mit-erwartetem-schlagabtausch/cn/ne…), Zugriff: 29.6.2009

»Ergebnis Nationalratswahl (je Partei und Bundesland)« in: *wien-konkret.at* (www.wien-konkret.at/politik/nationalratswahl2008/wahlergebnis2008), Zugriff: 2.7.2009

»Wahlstromanalyse Nationalratswahl 2008« in: *sora.at* (http://www.sora.at/de/detailprint.asp?ID=1021), Zugriff: 8.7.2009

»Wahlstromanalyse Österreich NRW06-NRW08« in: Institut für Strategieanalysen, Archiv Grandt

»BZÖ-Haider präsentiert Maßnahmepaket gegen Finanzkrise« in: *ots.at* v. 8.10.2008 (www.ots.at/presseaussendung/OTS_20081008_OTS0125), Zugriff: 4.2.2010

»Vom deutschen Österreicher zum Kritiker der ›Deutschtümelei‹« in: Wiener-Nachrichten Online o. D. (www.wno.org/newspages/his23c.html), Zugriff: 16.10.2008

Dan Burstein: *Die geheime Bruderschaft,* München 2005, Kapitel: »Den Illuminati auf der Spur«, von George Johnson (Preisträger des *Journalism Award* der *American Association for the Advancement of Science*), S. 203 ff., Kapitel: »Die Fröhlichen leben in einem fröhlichen Universum, die Traurigen in einem traurigen«, Ein Gespräch mit Robert Anton Wilson, S. 267

Klaus-Rüdiger Mai: *Geheimbünde – Mythos, Macht und Wirklichkeit,* Bergisch Gladbach 2006, S. 16, 205

Tom Goeller: *Freimaurer – Aufklärung eines Mythos,* Berlin-Brandenburg 2006, S. 14, 71–74, 83, 99, 100, 196

Karl-Heinz Zunneck: *Die geheimen Zeichen und Rituale der Freimaurer,* Rottenburg 2002, S. 195, 213

Dieter A. Binder: *Die Freimaurer – Ursprung, Rituale und Ziele einer diskreten Gesellschaft,* Freiburg i. Breisgau 1998, S. 210

Eugen Lennhoff/Oskar Posner/Dieter A. Binder: *Internationales Freimaurerlexikon,* München 2006 (5. überarbeitete und aktualisierte Ausgabe), S. 84, 148, 152, 153, 176, 232, 237, 270 ff., 277, 280, 297, 300 ff., 322, 496, 544, 654, 704, 723, 777, 783

Andreas Gößling: *Die Freimaurer – Weltverschwörer oder Menschenfreunde?,* München 2007, S. 125, 126

Ferdinand Runkel: *Geschichte der Freimaurerei,* Reprint von 1932, o. O. 2006, Zweiter Band, S. 64

Gian Trepp: *Swiss Connection – Die verborgene Seite der Schweizer Finanzwirtschaft,* München 1999, S. 307

Brian Freemantle: *Importeure des Verbrechens – Europa im Griff der organisierten Kriminalität,* München 1998, S. 37

»Martin Purtscher« in: *aeiou-Österreich-Lexikon* (www.aeiou.at/aeiou.encyclop.p/p976993.htm), Zugriff: 5.2.2010

»Bundesregierung: 23.11.2008: SPÖ und ÖVP einigen sich auf eine Fortsetzung der Koalition« in: *wien-konkret.at* (www.wien-konkret.at/politik/bundesregierung/), Zugriff: 2.7.2009

»Auswahl rechtsextremer, antisemitischer, rassistischer und euopafeindlicher Äußerungen von FPÖ-SpitzenpolitikerInnen und Medien«, Stand 2.3.2001 in Dokumentationsarchiv des österreichischen Widerstands (www.doew.at/projekte/rechts/fpoe/fpoezitate.html), Zugriff: 16.10.2008

»Parlamentarische Anfrage der Abgeordneten Mag. Posch und GenossInnen an den Bundesminister für Justiz betreffend antisemitische Äußerungen von LH Dr. Jörg Haider« (2628/JXXI.GP), eingelangt am 3.7.2001 (www.parlament.gv.at/PG/DE/XXI/J/J_02628/fnameorig_000000.html), Zugriff: 5.2.2010

»Das politische Phänomen Jörg Haider« in: *wienerzeitung.at* v. 9.10.2004 (www.wienerzeitung.at/linkmap/personen/haider.htm), Zugriff: 6.8.2009

»Ghadhafi den Marsch geblasen« in: *derbund.ch* v. 4.9.2009 (www.derbund.ch/zeitungen/schweiz/Ghadhafi-den-Marsch-geblasen/story/25501000), Zugriff: 4.9.2009

»Haiders Witwe ist Präsidentin der Österreich-Libyschen Gesellschaft« in: *nachrichten.at* o. D. (www.nachrichten.at/nachrichten/politik/innenpolitik/art385,248986), Zugriff: 27.8.2009

»Fescher Menschenfischer und Tabubrecher« in: *Zollern-Alb-Kurier* v. 13.10.2008

»Haider fischt wieder einmal im Bodensatz« in: *Salzburger Nachrichten* v. 18.12.2003 (http://search.salzburg.com/articles/1719057?highlight=freimaurer+), Zugriff: 15.9.2009

»Heiliger und Bube« in: *DER SPIEGEL* 44/2008, S. 136,137

»Sein letztes Interview: Haider fordert eine Regierung der Einheit« in: *Kleine Zeitung* v. 10.10.2008 (www.kleinezeitung.at/nachrichten/politik/haider/1575885/print.do), Zugriff: 30.6.2009

»Vor dem Jörg Haider hat keiner Angst« in: *Kleine Zeitung* v. 24.9.2008 (www.kleinezeitung.at/nachrichten/politik/regierung/1545976/print.do), Zugriff: 16.10.2008

»Ex-FPÖ-Abgeordneter half Israels Geheimdienst« in: *wirtschaftswoche* (wiwo.de) v. 28.5.2005 (www.wiwo.de/politik/ex-fpoe-abgeordneter-half-israels-geheimdienst-102476/print/), Zugriff: 30.6.2009

»Petzner: ›Haiders Tod neu untersuchen‹« in: *kärnten.orf.at* v. 28.6.2009 (http://kaernten.orf.at/stories/371459/), Zugriff: 28.6.2009

»Petzner sieht Attentat hinter Haider-Tod« in: *Salzburger Nachrichten* v. 27.6.2009 (http://search.salzburg.com/articles/4965714?highlight=Petzner+), Zugriff: 27.8.2009

»Als Faymann seine Schergen losschickte« in: *diepresse.com* v. 28.6.2009 (http://diepresse.com/home/meinung/kommentare/490983/print.do), Zugriff: 30.6.2009

»Unfall oder Attentat? Petzner bricht sein Schweigen« in: *oe24.at* v. 28.6.2009 (www.oet24.at/oesterreich/politik/Petzner_bricht_sein_Schweigen_0486206.ece), Zugriff: 30.6.2009

»BZÖ-Petzner: Lassen uns durch Islamisten nicht von unserem Kurs abbringen« in: *ots.at* v. 29.9.2007 (www.ots.at/presseaussendung.php?schluessel=OTS_20070929_OTS0046&ch=politik), Zugriff: 30.6.2009

»Verschwörungstheorien um Haiders Tod: Von Bomben, dem Mossad und K.-o.-Tropfen« in: *news.at* v. 30.10.2008 (www.news.at/articles/0844/13/223851/verschwoerungstheorien-haiders-tod-von-bomben-...), Zugriff: 30.6.2009

»Jörg Haider und Banken-Mafia« in: *youtube.com* (http://www.youtube.com/watch?v=9VYP0DEv85M), Zugriff: 10.2.2010

Jörg Haider: »Zu Gast bei Saddam – Im Reich des Bösen« in: *amazon.de* (www.amazon.de/Gast-bei-Saddam-Reich-B%C3%B6sen/dp/3850521605/ref=sr_1_2?ie=U...), Zugriff: 11.2.2010

»Verbindung zwischen Unfall & Bankenkrise? Petzners Zeugenaussage zu Haiders Tod« in: *news.at* v. 23.9.2009 (www.news.at/articles/0939/10/251702_s3/verbindung-unfall-bankenkrise-petzners-zeugen...), Zugriff: 25.9.2009

»Haider: ›Raiffeisen macht Druck in Richtung Rot-Schwarz« in: *diepresse.com* v. 30.9.2008 (http://diepresse.com/home/politik/innenpolitik/418682/print.do), Zugriff: 21.6.2009

»Schirm um 100 Mrd. Euro soll heimische Banken schützen« in: *Salzburger Nachrichten* v. 14.10.2008 (www.salzburg.com/nwas/archiv_artikel.php?xm=3477557&res=0), Zugriff: 30.6.2009

Gerhard Wisnewski: *Jörg Haider – Unfall, Mord oder Attentat?*, Rottenburg 2009, S. 21, 22, 41–44, 57, 61-65, 97, 252, 253

Martina Forsthuber/Thomas Martinek/Peter Sempelmann: »Wer Österreichs Wirtschaft lenkt« in: *trend* 7, Juli 2009, S. 50 ff. (http://www.fas.at/news/_downloads/07_2009_TREND_Die_100_wichtigsten_Wirtschaftslenker.pdf), Zugriff: 11.2.2010)

»Ehre, Freundschaft, Freunderlwirtschaft« in: *Der Standard* v. 5.9.2008 (http://derstandard.at/1220457489861), Zugriff: 11.2.2010

Klaus Ottomeyer: *Jörg Haider – Mythenbildung und Erbschaft*, Klagenfurt/Celovec 2009, S. 25, 77

»Dr. Erwin Pröll« in: *parlament.gv.at* (www.parlament.gv.at/WW/DE/PAD_02877/pad_02877.shtml), Zugriff: 11.2.2010

»Dr. Ferdinand Maier« in: *parlament.gv.at* (www.parlament.gv.at/WW/DE/PAD_06155/pad_06155.shtml), Zugriff: 11.2.2010

»Jakob Auer« in: *parlament.gv.at* (www.parlament.gv.at/WW/DE/PAD_00039/pad_00039.shtml.) Zugriff: 11.2.2010

»Viele Araber hielten Haider für den ›Löwen‹« in: *derstandard.at* v. 12.10.2008 (http://derstandard.at/1220460607935), Zugriff: 11.2.2010

»Islamische Fundamentalisten: Haider ›wurde verunglückt‹« in: haGalil.com o. D. (www.hagalil.com/01/de/Europa.php?itemid=2876), Zugriff: 30.6.2009

»Der Schatten des Vaters« in: *Kleine Zeitung* v. 11.8.2009 (www.kleinezeitung.at/nachrichten/politik/2098839/schatten-des-vaters.story), Zugriff: 27.8.2009

»Der Haider-Mythos« in: *zeit.de* v. 15.10.2008 (http://images.zeit.de/text/online/2008/42/haider-mythos), Zugriff: 23.7.2009

»Haiders Tod löst weltweit Reaktionen aus« in: *zeitonline* v. 12.10.2008 (http://images.zeit.de/text/online/2008/haider-reaktionen), Zugriff: 23.7.2009

»›Offengelegt‹: Auszüge aus der Schüssel-Bio Teil 1« in: *oe24.at* v. 16.9.2009 (www.oe24.at/oesterreich/politik/Auszuege-aus-der-Schuessel-Bio-Teil-1-0534677.ece), Zugriff: 17.9.2009

»›Offengelegt‹: Auszüge aus der Schüssel-Bio Teil 3« in: *oe24.at* v. 17.9.2009 (www.oe24.at/oesterreich/politik/Auszuege-aus-der-Schuessel-Bio-Teil-3-0535667.ece), Zugriff: 17.9.2009

»Nationalratswahl 1999 – Wahltag, Stichtag, Gesamtergebnis« in: *Bundesministerium für Inneres (BMI)* (www.bmi.gv.at/cms/BMI_wahlen/nationalrat/1999/Ergebnis.aspx), Zugriff: 12.2.2010

»Jörg Haider: Altgedienter Rechtspopulist und Tabubrecher ist tot« in: *zeitonline.de* v. 11.10.2008 (http://images.zeit.de/text/online/2008/42/haider-nachruf), Zugriff: 23.7.2009

»Haider: ›Raiffeisen macht Druck in Richtung Rot-Schwarz‹« in: *diepresse.com* v. 30.9.2008 (http://diepresse.com/home/politik/innenpolitik/418682/index.do?from=simarchiv)

Eugen Lennhoff/Oskar Posner/Dieter A. Binder: *Internationales Freimaurerlexikon,* München 2006, S. 180

Nina Horaczek/Claudia Reiterer: *HC Strache - Sein Aufstieg, seine Hintermänner, seine Feinde,* Wien 2009, S. 111, 208

Jörg Haider: *Die Freiheit, die ich meine - Das Ende des Proporzstaates. Plädoyer für die Dritte Republik,* Frankfurt/Main, Berlin 1993, S. 26, 80

Georg Lux/Arno Wiedergut/Uwe Sommersguter: *Jörg Haider - Mensch, Mythos, Medienstar,* Wien-Graz-Klagenfurt 2008, S. 10, 28 ff., 31, 32, 37, 83, 84, 114, 151, 155, 163, 164, 218

32 | Jörg Haider: *Freiheit, die ich meine - Das Ende des Proporzstaates. Plädoyer für die Dritte Republik,* Frankfurt/Main-Berlin, 1993, S. 22

vgl: Heiner Gehring: *Versklavte Gehirne - Bewusstseinskontrolle und Verhaltensbeeinflussung,* Rottenburg 2004 (erschienen im Kopp Verlag)

33 | Friedrich Weissensteiner: *Franz Ferdinand - Der verhinderte Herrscher,* Wien 1983, S. 7–9, 10–39, 120, 130–135, 173–176, 179–189, 192, 198, 205–209, 227 f.

Lucian O. Meysels: *Morde machen Geschichte - Politische Gewaltakte im 20. Jahrhundert,* Wien/München 1985, S. 7–35

Gerhard Wisnewski: *Jörg Haider - Unfall, Mord oder Attentat?,* Rottenburg 2009, S. 82, 83

John Keegan: *Der Erste Weltkrieg - Eine europäische Tragödie,* Hamburg 2000, S. 79 ff.

Jim Marrs: *Heimliche Herrscher - Wie verborgene Mächte das Schicksal der Menschheit bestimmen,* Rottenburg 2007, S. 221

Klaus-Rüdiger Mai: *Geheimbünde - Mythos, Macht und Wirklichkeit,* Bergisch Gladbach 2006, S. 314 ff.

Arthur Ponsonby: *Falsehood In War Time: Containing An Assortment Of Lies Circulated Throughout The Nations During The Great War,* 1928, S. 43–49

Wolfgang Eggert: *Im Namen Gottes - Israels Geheimvatikan,* Band 1, München 2001, S. 264–270, 278, 291–328

Wolfgang Eggert (Historiker): *»Im Namen Gottes - Israels Geheimvatikan«,* Band 2, München 2001, S. 159–161

Berliner Monatshefte für internationale Aufklärung,
April 1928, zit. nach Eggert Band 1

G. W. Surya: *Das Übersinnliche und der Weltkrieg,* Freiburg 1921, S. 65 zit. nach Eggert Band 1/Friedrich Würthle: *Dokumente zum Sarajewoprozess,* Wien 1978, S. 112

Dr. M. Boghitschewitsch in: *Le Proces de Salonique Juin 1917,* 1927

C. H. Norman: »Grand Orient – Zwischenfälle am Sonntag dem 28. Juni 1914 in London«, S. 177 ff. in: *Berliner Monatshefte für internationale Aufklärung,* Februarheft 1931 zit. nach Eggert Band 1

Eugen Lennhoff/Oskar Posner/Dieter A. Binder: *Internationales Freimaurerlexikon,* München 2006, S. 75, 76, 199, 180, 409, 582, 608, 681, 740, 744, 745, 778, 840, 841, 858–860, 880, 881,896–898

Peter Diem: »Dr. Karl Renner-Denkmal und Staatsgründungsdenkmal« in: *Dr. Peter Diem – Homepage*
(http://peter-diem.at/Monumente/Renner.htm), Zugriff: 21.7.2009

»Congrès Maconique internationale 1889«, pag. 149 in:
Congrès maconique internationale du Centenaire, Paris 1889, zit. nach *Mecklenburgisches Logenblatt* Nr. 24, 47. Jahrgang, 20. Juli 1919, S. 198, zit. nach Eggert Band 2

»Rivista massonica«, 1889, pag. 82, zit. nach *Mecklenburgisches Logenblatt,* Nr. 24, 47. Jahrgang, 20. Juli 1919, S. 198, zit. nach Eggert Band 2

»Bulletin maconnique de la Grand Loge symbolique écossaisse« v. 2. September 1889, S. 131 ff., zit. nach Eggert Band 2

Franz Graf Conrad von Hötzendorf: *Aus meiner Dienstzeit 1906–1918,* Band 4, Wien/Berlin/Leipzig/München, 1924, S. 15 f.

Prof. Irina Livezeanu: »The Hearing of Gavrilo Princip – 12 October 1914« (Selection from: »The Sarajevo Trial« W.A. Dolph Owings, ed. Pages 54-69) (http://www.ucis.pitt.edu/eehistory/H200Readings/Topic6-R3.html), Zugriff: 23.7.2009

Pharos: *Der Prozess gegen die Attentäter von Sarajewo – Aktenmäßig dargestellt von Prof. Pharos, mit Einleitung von Geh. Justizrat Prof. Dr. Josef Kohler,* Berlin 1918 (Auszüge siehe auch: http://books.google.de/books?id=7OqWZ59Ggo0C&q=pharos&dq=pharos), Zugriff: 21.7.2009; sowie zit. nach Eggert Band 1 (und auch: http://www.zvab.com/displayBookDetails.do?itemId=62748524&b=1), Zugriff. 10.7.2009

Friedrich Würthle: *Dokumente zum Sarajevoprozess. Ein Quellbericht,* Wien 1978 (Auszüge siehe auch: http://books.google.de/books?id=o5oDAAAAMAAJ&q=friedrich+w%C3%BCrthle&dq=friedrich+w%C3%BCrthle/Zugriff: 23.07.09), sowie zit. nach Eggert Band 1

»Kleines ABC zum deutschen Adel: Kekule v. Stradonitz, Stephan« in: *home.foni.net* (Institut Deutsche Adelsforschung; http://home.foni.net/~adelsforschung/lex67.htm), Zugriff: 23.7.2009

»Publikationen von Stephan Kekule von Stradonitz« in: Katalog der Deutschen Nationalbibliothek (https://portal.d-nb.de/opac.htm?method=simpleSearch&query=stradonitz), Zugriff: 23.7.2009 und im »Antiquariat Wilfried Melchior – Volkskunde – Freimaurer« (http://www.buchfreund.de/results.php?q=stradonitz, Zugriff: 23.7.2009

»Stimmen aus Bosnien« v. Juli 1915, S. 11.f (zit. nach Eggert Band 1)

John Daniel: *Two Faces of Freemasonry – A Picture Book Supplement to Volume One – Third Edition of Scarlet and the Beast – A History of the War between English and French Freemasonry,* Day Publishing, Longview TX, 2007, S. 428-430 (http://www.scribd.com/doc/13029897/2-faces-Freemasonry-John-Daniel-Complete), Zugriff: 23.7.2009

Theodor v. Sosnosky: *Franz Ferdinand, der Erzherzog-Thronfolger – Ein Lebensbild,* München und Berlin 1929, S. 212

Graf Ottokar Czernin: *Im Weltkriege,* Berlin/Wien 1919, S. 58

Robert A. Minder: *Freimaurer Politikerlexikon,* Innsbruck 2004, S. 123, 124

Günter K. Kodek: *Zwischen verboten und erlaubt – Chronik der Freimaurerei in der österreichisch-ungarischen Monarchie 1867–1918 und der I. Republik 1918–1938,* Wien 2009, S. 13, 26, 32–39, 192

Dorothy Gies McGuigan: *Familie Habsburg 1273–1918, Glanz und Elend eines Herrscherhauses,* Wien/München 2007, S. 584, 585, 602–609

S. Fischer-Fabian: *Die deutschen Kaiser – Triumph und Tragödie der Herrscher des Mittelalters,* Bergisch Gladbach 2003, S. 61 ff.

Friedrich Weissensteiner: *Die großen Herrscher des Hauses Habsburg – 700 Jahre europäische Geschichte,* München 2009, S. 371 ff., 388 ff.

34 | E-Mail von Hans Kummerer an den Autor v. 22.1.2009, Archiv Grandt

Schreiben vom MvSt Hans Kummerer der »Forschungsloge Quatuor Coronati« v. Februar 2008, Archiv Grandt

Gesprächsnotizen des Autors in Wien v. 14. und 15.7.2009, Archiv Grandt

E-Mail von Nikolaus Schwärzler an den Autor v. 18.8.2009, Archiv Grandt

E-Mail des Autors an Nikolaus Schwärzler v. 18.8.2009, Archiv Grandt

»Die geheimnislosen Freimaurer – Interview mit dem Großmeister der Großloge von Österreich Nikolaus Schwärzler« in: *Die Wirtschaft* (www.die-wirtschaft.at/ireds-89456.html), Zugriff: 17.2.2010

Gesprächsprotokoll zwischen dem Autor und einem Altgroßmeister v. 25.9.2009, Archiv Grandt

Rohmaterial *Film Wisse! Wage! Schweige! – Freimaurerei enthüllt mit einem Interview mit Kirsten Frellsen (SGOvD)*

E-Mail des Autors an Ewald Stadler v. 16.3.2010, Archiv Grandt

E-Mail von Ewald Stadler an den Autor v. 18.3.2010, Archiv Grandt

E-Mail des Autors an Großmeister Nikolaus Schwärzler der »Großloge von Österreich« v. 17.2.2010, Archiv Grandt

Gesprächsprotokoll v. 17.2./23.2./2.3.2010 des Autors mit der Zentrale der Großloge, Archiv Grandt

Fax von Nikolaus Schwärzler v. 2.3.2010, Archiv Grandt

35 | Kirsten Frellsen ist Dänin, spricht relativ gut Deutsch. Dennoch musste ich für diese Abschrift ihre Worte grammatikalisch angleichen, ohne dabei jedoch den Sinn zu verändern.

36 | Vgl. verschiedene E-Mails an den Autor im November 2009, Archiv Grandt

37 | Vgl. E-Mail des Autors an Karl-Heinz-Grünsteidl (FPÖ) v. 10.7.2009, Archiv Grandt

38 | Politikbiografie »Stefan Petzner«: *parlament.gv.at* (http://www.parlament.gv.at/WW/DE/PAD_51581/pad_51581.shtml), Zugriff: 29.7.2009

Gesprächsnotizen zwischen dem Autor und Stefan Petzner v. 15.7.2009 in Wien, Archiv Grandt

E-Mail von Stefan Petzner an den Autor v. 18.2.2010, Archiv Grandt

»Politmord an Haider für Petzner möglich« in: *oe24.at* v. 29.6.2009 (http://www.oe24.at/oesterreich/politik/Politmord_an_Haider_fuer_Petzner_moeglich_0486591.ece), Zugriff: 29.6.2009

39 | Politikbiografie »Ewald Stadler«: *parlament.gv.at* (http://www.parlament.gv.at/WW/DE/PAD_02849/pad_02849.shtml), Zugriff: 29.7.2009

»Der Bürgeranwalt« in: *bzoe.at* (http://bzoe.at/), Zugriff: 4.2.2010

»Mag. Ewald Stadler, Stellvertretender Klubobmann und Bürgeranwalt« in: *bzoe.at* (http://bzoe.pixelpoint.biz/mag.-ewald-stadler-stellvertretender-klubobmann-und-b%C3%BCrger...), Zugriff: 25.3.2010

Gesprächsnotizen zwischen dem Autor und Ewald Stadler v. 14.7.2009 in Wien, Archiv Grandt

E-Mail von Ewald Stadler an den Autor v. 11.8.2009, Archiv Grandt

»Droht eine Freimaurer-Koalition?« in: *kreuz.net* v. 26.9.2008 (www.kreuz.net/article.7904.html), Zugriff: 21.6.2009

»Ewald Stadler auf Wahlkampftour im Ländle« in: *vorarlberg.online* v. 31.5.2009 (www.vol.at/news/vorarlberg/artikel/ewald-stadler-auf-wahlkampftour-im-laendle/cn/news-...), Zugriff: 29.6.2009

»Österreich in den Händen der Freimaurer?« in: *haGalil.com* (Jüdische Meldungen gegen Antisemitismus) v. 8.10.2006 (www.hagalil.com/archiv/2006/10/stadler.htm), Zugriff: 30.6.2009

»Die Politik in der Hand der Freimaurer« in: *kreuz.net* v. 2.10.2006 (www.kreuz.net/print-article.3968.html), Zugriff: 7.11.2007

»Welche Rolle spielt die Freimaurerei?« –
Vortrag von Ewald Stadler in Wels, 25.3.2007

»Welche Rolle spielt die Freimaurerei?« –
Vortrag von Ewald Stadler in Wels v. 25.3.2007 in: *youtube.com* (http://www.youtube.com), Zugriff: 13.7.2009

»Platzer soll Geschäfte führen« in: *Kleine Zeitung* v. 23.7.2009 (http://www.kleinezeitung.at/nachrichten/politik/2087342/platzer-soll-geschaefte-fuehren.story), Zugriff: 29.7.2009

»Landesdirektor Gerhard Draxler, Steiermark« in: *ORF Kundendienst. ORF.at* (http://kundendienst.orf.at/unternehmen/menschen/geschaeftsfuehrung/draxler.html), Zugriff: 29.7.2009

40 | E-Mail des Autors an Claudia Haider v. 13.2.2010 und 16.2.2010, Archiv Grandt

E-Mail von Claudia Haider an den Autor v. 22.2.2010 und 23.2.2010

41 | Vgl. hierzu: David Cohen: *Diana – Tod einer Göttin*, München 2004

Noel Botham: *Der Mord an Prinzessin Diana – Die wahren Hintergründe ihres Todes*, München 2005

»Bemerkenswerte Zitate« in: *Literaturzeitschrift LZ 7* (http://www.walthari.com/lz7.html), Zugriff: 30.3.2010

Erstmals hat der Autor alle großen Volksparteien in Deutschland, Österreich und der Schweiz sowie die Freimaurergroßlogen dieser drei Länder zu der brisanten Thematik befragt. Mit erstaunlichem Ergebnis!

Dieses Schwarzbuch beleuchtet die Schattenseite und die Geheimpolitik der Freimaurerei!

Guido Grandt belegt mit seriösen und zumeist Insiderquellen die Kehrseite der Freimaurerei, die so noch nie veröffentlicht wurde.

Das Schwarzbuch enthüllt und klärt auf über die Freimaurerei und • Magie und Okkultismus • den Geheimbund der Illuminaten • die Zusammenarbeit mit der Mafia • die weltweite, aktive Politik • Verschwörungen, Politaffären, Staatsterror und Skandale • das wahre Geheimnis, das an der parlamentarischen Demokratie zweifeln lässt • politische Ritualmorde • unehrenhafte Logenbrüder

Grandt beantwortet brisante Fragen. Dabei stützt er sich überwiegend auf freimaurerische Quellen:

• Wurde der schleswig-holsteinische Ministerpräsident Uwe Barschel von Freimaurern ermordet? • Wie mächtig war und ist die kriminelle Freimaurerloge *Propaganda Due* (P2), die Italien in einem Sumpf aus Korruption, Staatsterror und Mord versinken ließ, und deren Verbindungen bis nach Deutschland reichten? • Betreiben Freimaurer hinter den Kulissen Geheimpolitik und wie hat diese die Welt verändert? • Was sagen deutsche, österreichische und Schweizer Parteien zur Freimaurerei und wie kritisch sind sie ihr gegenüber? • Welche Politiker sind heute Mitglied in der »diskreten Gesellschaft«?

gebunden
416 Seiten
ISBN 978-3-938516-55-3
9.95 €

Kopp Verlag
Pfeiferstraße 52
D-72108 Rottenburg
Telefon (0 74 72) 98 06 0
Telefax (0 74 72) 98 06 11
info@kopp-verlag.de
www.kopp-verlag.de